中央民族大学国家“十五”“211工程”建设项目

金炳镐 主编

中国共产党民族工作发展研究

第二编（新疆 西藏篇）

新疆篇/熊坤新 严 庆 著

西藏篇/乌小花 吴 敏 刘 珲 著

中央民族大学出版社

图书在版编目（CIP）数据

中国共产党民族工作发展研究/金炳镐主编. —北京：中央民族大学出版社，2007.8

ISBN 978-7-81108-351-4

Ⅰ.中… Ⅱ.金… Ⅲ.中国共产党-民族工作-研究 Ⅳ.D633

中国版本图书馆 CIP 数据核字(2007)第 059860 号

中国共产党民族工作发展研究·第二编(新疆　西藏篇)

主　　编　金炳镐
责任编辑　郑玉琴
美术编辑　赵秀琴
出 版 者　中央民族大学出版社
　　　　　北京市海淀区中关村南大街 27 号　邮编:100081
　　　　　电话:68472815(发行部) 传真:68932751(发行部)
　　　　　　　68932218(总编室) 68932447(办公室)
发 行 者　全国各地新华书店
印 刷 者　北京华正印刷有限公司
开　　本　880×1230（毫米）　1/ 32　印张：46
字　　数　1187 千字
印　　数　1000 册
版　　次　2007 年 8 月第 1 版　2007 年 8 月第 1 次印刷
书　　号　ISBN 978-7-81108-351-4
定　　价　90.00 元（全三册）

目 录

新疆篇

西 藏 篇

新疆篇

第一章　新 疆 概 况

第一节　新 疆 概 况

一、新疆的地理位置与行政区划

新疆维吾尔自治区，简称新，位于东经 73°40′～96°23′和北纬 34°25′～49°10′之间，南北宽约 1500 公里，东西长约 1900 公里，面积 166.04 万平方公里，占全国国土总面积的六分之一，是中国面积最大的省级行政区。人口密度每平方公里不足 12 人，是我国人口密度最低的省区之一。①

新疆地处亚欧大陆腹地，亚洲大陆的地理中心、亚欧大陆的地理内心都位于新疆境内。新疆是我国陆地边界线最长的地区，陆地边境线 5600 多公里，约占全国陆地国界线总长的四分之一。周边与俄罗斯、哈萨克斯坦、吉尔吉斯斯坦、塔吉克斯坦、巴基斯坦、蒙古、印度、阿富汗等八个国家接壤，在历史上是古丝绸之路的重要通道，现在又成为第二座“亚欧大陆桥”的必经之地，战略位置十分重要，历来是祖国的西北屏障。②

新疆，古称西域，自古以来就是中国不可分割的一部分。公元前 60 年，西汉中央政权设立西域都护府，新疆正式成为中国

---

① 参见胡文康主编：《中国西部——新疆手册》，第 3 页，新疆人民出版社，2000 年版。

② 参见胡文康主编：《中国西部——新疆手册》，第 3 页，新疆人民出版社，2000 年版。

领土的一部分。1884年清政府在新疆设省。1949年新疆和平解放，1955年10月1日成立新疆维吾尔自治区。新疆是我国5个实行民族区域自治的省区之一，是新中国成立后第一个实行民族区域自治的省级民族自治地方。①

新疆现有14个地、州、市，88个县（市），其中边境县（市）33个；牧区县有22个；半农半牧区县15个；国家扶贫工作重点县有27个。地级市两个：乌鲁木齐市和克拉玛依市。自治区直辖市三个：乌鲁木齐市、克拉玛依市和石河子市。新疆维吾尔自治区首府为乌鲁木齐。新疆生产建设兵团是新疆的重要组成部分，是集党、政、军、企合一的特殊的社会组织，有174个团场，遍布天山南北70多个县市，是一支建设新疆、稳定新疆、保卫新疆的重要力量。②

新疆是我国5个民族自治地区中唯一的三级自治地方俱全的自治地区。有自治州五个：巴音郭楞蒙古自治州、克孜勒苏柯尔克孜自治州、昌吉回族自治州、博尔塔拉蒙古自治州、伊犁哈萨克自治州；有自治县六个：焉耆回族自治县、察布查尔锡伯自治县、木垒哈萨克自治县、和布克赛尔蒙古自治县、塔什库尔干塔吉克自治县、巴里坤哈萨克自治县；有民族乡43个。③

二、新疆的特殊环境、资源与生态

新疆的地形特点是：山脉与盆地相间排列，盆地被高山环抱，北为阿尔泰山，南为昆仑山，天山横亘中部，把新疆分为南

① 参见胡文康主编：《中国西部——新疆手册》，第4页，新疆人民出版社，2000年版。

② 参见胡文康主编：《中国西部——新疆手册》，第5页，新疆人民出版社，2000年版。

③ 参见胡文康主编：《中国西部——新疆手册》，第6页，新疆人民出版社，2000年版。

北两半，南部是塔里木盆地，北部是准噶尔盆地，形成“三山夹两盆”之势。习惯上称天山以南为南疆，天山以北为北疆。塔里木盆地位于天山与昆仑山中间，面积约 53 万平方公里，是中国最大的盆地。塔克拉玛干沙漠位于盆地的中部，面积约 33 万平方公里，是中国最大、世界第二大流动沙漠。塔里木河全长 2179 公里，是中国最长的内陆河。在新疆东部有吐鲁番盆地，最低点－154 米，是中国海拔最低的地方。新疆维吾尔自治区内山脉融雪形成众多河流，共有 570 多条，绿洲分布于盆地边缘和河流流域，绿洲总面积约占全区面积的 5%，具有典型的绿洲生态特点。①

新疆属典型的温带大陆性干旱气候，冬季长、严寒，夏季短、炎热，春秋季变化大。新疆有仅次于黑龙江省漠河县的全国第二寒极——富蕴县可可托海（－51.5℃），也有全国最为炎热的地方——吐鲁番（47.7℃）。因有天山横亘，同一时期内南北疆气温的差异悬殊。年平均气温南疆为 10℃，北疆为 2.5℃～7.5℃。新疆是干旱区，降水较少且分布不均匀，北疆在 150 毫米～200 毫米以上，南疆不足 100 毫米，托克逊县年降水量不足 10 毫米；西部伊犁地区的降水量差不多是东部哈密地区的 6 倍；天山山区、准噶尔西部山区和阿尔泰山区的降水量约 500 毫米左右，伊犁河谷的巩乃斯林场年降水量达 840 毫米。②

新疆具有得天独厚的水土光热资源。日照长，气温高，昼夜温差大，无霜期长，对农作物生长十分有利。新疆现有耕地 6038 万亩，人均占有耕地 3.12 亩，为全国人均数的 2.1 倍。新疆是全国五大牧区之一，牧草地总面积 7.7 亿亩，仅次于内蒙古、西藏，居全国第三。新疆水资源稳定，农田灌溉面积占耕地

---

① 参见新疆维吾尔自治区统计局编：《新疆年鉴》(2003)。

② 参见新疆维吾尔自治区统计局编：《新疆年鉴》(2003)。

面积的80%以上。新疆地处欧亚大陆腹地，气候干旱，年均降水量145毫米，水资源受季节因素影响，时空分布极不平衡，地表水蒸发量大，致使一些地方水资源不足，存在干旱、盐碱、风沙三大生态问题。①

新疆矿产种类全、储量大，开发前景广阔。目前发现的矿产有138种，占全国已发现矿种的80.70%，其中有9种储量居全国首位，32种居西北地区首位。石油、天然气、煤、金、铬、铜、镍、稀有金属、盐类矿产、建材非金属等蕴藏丰富。新疆石油资源量208.6亿吨，占全国陆上石油资源量的30%；天然气资源量为10.3万亿立方米，占全国陆上天然气资源量的34%。全疆煤炭预测资源量2.19万亿吨，占全国的40%。黄金、宝石、玉石等资源种类繁多，古今驰名。②

此外，新疆旅游资源丰富而独特。生物资源种类繁多、品种独特、品性优良。

三、新疆的民族与宗教

截止2004年底，新疆人口为1963.11万人，其中少数民族人口约占60.5%。③ 新疆共有47个民族成分，其中世居民族有13个。各民族中，维吾尔族897.67万人，占总人口的45.73%；汉族780.25万人，占39.75%；哈萨克族138.16万人，占7.04%。

新疆13个主要民族大都保持着各自独具特色的民族文化，有自己传统的语言文字、宗教信仰和风俗习惯。以农业生产为主

① 参见新疆维吾尔自治区统计局编：《新疆年鉴》(2003)。

② 参见新疆政府公众信息网站：新疆概况（http://www.xinjiang.gov.cn）。

③ 参见新疆维吾尔自治区党委宣传部编：《新疆民族与宗教知识百题》，第33、34页，新疆大学出版社，2002年版。

的民族有维吾尔、汉、回、锡伯、达斡尔等；主要从事畜牧业的民族有哈萨克、蒙古、柯尔克孜、塔吉克等；乌孜别克、塔塔尔族从事商业的人数较多。

新疆是多民族语言文字地区，13 个主要民族使用 10 种语言，分属 6 个语族。维吾尔、哈萨克、柯尔克孜、蒙古、锡伯、俄罗斯等民族都有通用的传统文字。各民族都有不同程度的彼此互通语言文字的情况。新疆有 10 个民族信仰伊斯兰教，具有清真饮食的习俗，"肉孜节"和"古尔邦节"为信仰伊斯兰教的各族人民最为重要的传统节日。

新疆目前共有 6 种宗教信仰，即：伊斯兰教、佛教、道教、天主教、基督教（新教）、东正教。维吾尔、哈萨克、回、柯尔克孜、乌孜别克、塔吉克、塔塔尔、东乡、撒拉、保安等 10 个民族信仰伊斯兰教。信仰佛教（包括藏传佛教）的有汉、蒙古、锡伯、达斡尔等民族；信仰道教、天主教和基督教的主要是俄罗斯族。还有一些民族信仰萨满教，如满族、锡伯族等。[①] 各级宗教团体 88 个，其中自治区级、地州级、县市级伊斯兰教协会 79 个。[②]

由于民族分裂主义、宗教极端主义和暴力恐怖主义加紧利用宗教进行分裂破坏活动，加强对宗教的依法管理，消除非法宗教活动变得尤为重要。

四、新疆的经济发展状况

新中国成立前的新疆，国民经济是以农牧业为主体的自然经

① 参见新疆维吾尔自治区党委宣传部编：《新疆民族与宗教知识百题》，第 186～187 页，新疆大学出版社，2002 年版。

② 参见新疆维吾尔自治区党委宣传部编：《新疆民族与宗教知识百题》，第 186～187 页，新疆大学出版社，2002 年版。

济，工业十分落后，没有一寸铁路，没有像样的工厂和矿山，一些地方粮荒不断，人民生活贫困不堪。1949 年 9 月 25 日，新疆和平解放。1955 年 10 月 1 日，新疆维吾尔自治区成立，掀开了新疆历史发展的新篇章。在党和国家的一贯重视和大力支持下，在全国人民和各兄弟省区市的大力支援下，新疆各族人民艰苦创业、团结奋斗，在经济建设和各项社会事业方面都取得了令人瞩目的成就。

如 2000 年实现全区生产总值比 1980 年翻三番、人均生产总值翻两番半的目标，人民生活总体上实现了由温饱向小康的历史性转变。进入新世纪特别是实施西部大开发战略后，新疆坚定不移地实施优势资源转换战略，不断加大改革开放、结构调整和基础设施建设力度，综合经济实力有了明显增强。2004 年，全区国内生产总值达 2200 亿元，是 1955 年的 42 倍；全区财政收入 329 亿元，其中地方一般预算收入 155 亿元，是 1955 年的 90 倍。①

农业生产持续发展，主要农产品大幅度增加，2004 年农业总产值达到 750 亿元，比 1955 年增长 17 倍；粮食总产达到 828 万吨，比 1955 年增长 5.6 倍；② 棉花总产达到 175 万吨，比 1955 年增长 70 倍，已建成我国最大的商品棉生产基地。现代畜牧业稳步发展，占大农业的比重继续上升。林果园艺业快速发展，形成了 1004 万亩的特色优质林果产品产业带。③

工业生产从无到有，建立了以石油天然气、石油化工、钢

① 《新疆基本情况及 50 年经济社会发展成就》，《经济导报》，2005 年 7 月 19 日。

② 参见新疆维吾尔自治区党委宣传部编：《新疆民族与宗教知识百题》，第 186～187 页，新疆大学出版社，2002 年版。

③ 《新疆基本情况及 50 年经济社会发展成就》，《经济导报》，2005 年 7 月 19 日。

铁、煤炭、冶金、机械、电力、轻工、纺织、食品、建材、有色金属等为主的门类齐全的现代工业体系，工业在国民经济中的主导作用越来越突出。第三产业发展势头很好，已占全区 GDP 的三分之一。由于坚持“东联西出、西来东去”，实行“引进来，走出去”相结合的方针，注重发挥向西开放的地缘区位优势，充分利用国际国内两个市场、两种资源，逐步完善全方位、多层次、宽领域的开放格局，新疆的对外贸易和经济技术交流与合作规模不断扩大。2004 年全区完成进出口总额 56 亿美元，比 1978 年增长 244 倍。①

得益于改革开放，新疆各族人民群众的物质生活水平快速提高。2004 年，全区城镇人均可支配收入 7503 元，农牧民人均纯收入 2245 元，分别比 1955 年增长了 24 倍和 19 倍。② 各族人民生活和居住条件进一步改善，城乡居民消费水平显著提高。

以水利和交通为重点的基础设施的日益完善，是新疆经济社会进一步发展的条件；农林牧副渔业的跨越发展是新疆经济社会进一步发展的基础；能源和资源的富足是新疆经济社会进一步发展的优势；教育和科技的进步是新疆经济社会进一步发展的动力。新世纪的新疆经济将更加繁荣、社会将更加稳定、民族将更加团结、边防将更加巩固。

第二节　新疆多民族多宗教历史概述

一、新疆的多民族聚居的历史

新疆多民族聚居格局的形成经过了四个发展阶段：史前时期

① 国务院新闻办公室：《新疆的历史与发展》，《人民日报》，2004 年 2 月 27 日

② 国务院新闻办公室：《新疆的历史与发展》，《人民日报》，2004 年 2 月 27 日

是新疆多种族形成和奠基的时期，这一时期虽然尚未形成现代意义上的民族，但不同人种的分布已经为多民族聚居格局的形成提供了前提条件；汉唐是新疆民族迁徙和融合时期，这一时期多民族分布的格局已经形成，但多民族分布的格局并不是简单的存在，而是在相互之间不断融合的基础上有所发展；宋辽金元为新疆各民族进一步发展的时期，这一时期为现代新疆多民族分布格局的确立奠定了基础，众多新民族尤其是回鹘的迁入，促进了新疆现代多民族分布格局的形成；明清为新疆多民族共存格局的确立时期，这一时期新疆的 13 个世居民族不仅在民族融合的浪潮中形成，而且相互之间结成了密切的关系，共同成为多元一体中华民族的组成部分。在新疆多民族聚居格局长期发展的过程中，特别值得指出的是：各民族之间的互补和融合是其突出的特点，也是新疆各民族发展过程中的客观规律。

先秦两汉时期的新疆民族。距今一万年左右的新石器时代早期，新疆地区才开始有了人类的活动，曾有许多部落、民族在新疆聚居。关于新疆居民族属的明确记载是从汉代开始的，当时主要有：塞、月氏、乌孙、羌、匈奴和汉人。①

塞人，原游牧于东起伊犁河、楚河流域，西抵锡尔河地区，因被月氏排挤而西迁，一部分退至锡尔河北岸，另一些南下帕米尔，散居各地。月氏人，战国时期活动于河西走廊到塔里木盆地的广大地区，秦汉之际最为强盛。公元前 176 年前后，受匈奴的攻击，被迫向伊犁河流域迁徙，驱走那里的塞人而居其地。乌孙，最初活动于河西走廊。秦末汉初，受月氏人的攻击而依附于匈奴，后在匈奴的支持下，袭击月氏人，并将其逐出伊犁河流域。羌人，最初活动于黄河中上游地区。春秋战国时期，一部分

① 参见陈超著：《正确阐明新疆民族史》，第 7 页，新疆人民出版社，2001 年版。

羌人经河西走廊，沿祁连山、昆仑山向西迁徙，从而在新疆留下了足迹。正是由于羌族人曾在新疆活动过，才留下了“若羌”这个地名。匈奴人，主要是在公元前176年前后进入新疆的。汉人，是较早进入新疆地区的民族之一。公元前101年，汉朝军队开始在轮台、渠犁等地屯田，后来扩大到全疆各地，各屯田点成为汉人进入新疆后最初的分布区域；公元前60年西域都护府设立以后，或为官、或从军、或经商，进入新疆的汉人连续不断。①

魏晋南北朝时期，是中国民族大融合时期，各民族迁徙往来频繁，又有许多古代民族进入新疆，如柔然、高车、嚈哒、吐谷浑等。柔然，是北方草原古老民族东胡人的后裔，五世纪初兴起于蒙古草原，公元402年建立了强大政权，同北魏争夺西域。高车，亦称敕勒、铁勒，最初游牧于贝加尔湖及鄂尔浑河、土拉河流域。公元487年，高车副伏罗部首领阿伏至罗与其弟穷奇率所属十余万部落（户）西迁，在车师前部（今吐鲁番交河故城）西北建立高车国。嚈哒，起于塞北（古指长城以北地区），五世纪末东进塔里木盆地，南攻月氏，建立政权，并越过帕米尔高原，曾一度控制南疆部分地区。吐谷浑源于鲜卑，四世纪初自辽东（泛指辽河以东地区）西迁，逐渐控制了今甘南（甘肃南部地区）、四川和青海地区的氐、羌等民族，建立了政权。

隋唐时期，突厥、吐蕃等古代民族对新疆历史进程产生了重要影响。突厥是公元6世纪到8世纪活跃于中国西北和北方草原的古代游牧民族。公元552年突厥首领土门打败柔然，以漠北（蒙古高原大沙漠以北地区）为中心建立政权，尔后分裂为东西两部，为争夺汗权争斗不休。8世纪中叶，东、西突厥汗国相继

① 参见陈超著：《正确阐明新疆民族史》，第7页，新疆人民出版社，2001年版。

灭亡，其后裔融入了其他民族之中。吐蕃是藏族的祖先，6世纪末兴起于青藏高原，占领青海后，开始与唐朝争夺西域。公元755年，中原地区爆发“安史之乱”，大批驻守西域的唐军调往内地，吐蕃则乘机占领了南疆及北疆的部分地区。

公元840年，大批回鹘人进入新疆。回鹘，原称回纥，是铁勒诸部之一。最初活动于色楞格河和鄂尔浑河流域，后迁居土拉河北。公元744年，发展壮大了的回鹘于漠北建立政权，并两次出兵帮助唐朝中央政权平息“安史之乱”。公元840年，回鹘汗国因自然灾害侵袭、统治集团内讧及黠戛斯的进攻等原因而崩溃，其部众大部分向西迁徙。其中一支迁往今吉木萨尔和吐鲁番地区，后建立高昌回鹘王国；还有一支迁往中亚草原，分布在中亚至喀什一带，与葛逻禄、样磨等民族一起建立了喀喇汗王朝。自此，塔里木盆地周围地区受高昌回鹘王国和喀喇汗王朝统治，当地的居民和西迁后的回鹘互相融合，这就为后来维吾尔族的形成奠定了基础。①

1124年，辽朝皇族耶律大石率众西迁，征服新疆地区，建立西辽政权，一批契丹人由此进入新疆。13世纪初，成吉思汗率军进入新疆后，把他征服的地方分封给其子孙。回鹘人进一步同化、融合了部分契丹人、蒙古人。

瓦剌，是明代对漠西蒙古的总称，初分布于叶尼塞河上游地区，后不断向额尔齐斯河中游、伊犁河流域扩展。17世纪初，逐渐形成了准噶尔、杜尔伯特、和硕特、土尔扈特四部。17世纪70年代，准噶尔占据伊犁河流域，成为四部之主，并统治南疆。

18世纪60年代以后，清朝政府为进一步加强新疆边防，从

---

① 参见厉声主编：《中国新疆历史与现状》第1～65页，新疆人民出版社，2003年版。

东北陆续抽调满、锡伯、索伦（达斡尔）等族官兵驻防新疆，他们成为新疆少数民族中的新成员。以后，又有俄罗斯、塔塔尔等民族移居新疆。至 19 世纪末，新疆已有维吾尔、汉、哈萨克、蒙古、回、柯尔克孜、满、锡伯、塔吉克、达斡尔、乌孜别克、塔塔尔、俄罗斯共 13 个民族，以维吾尔族为主体，形成了新的多民族聚居分布格局。①

正是历史上多源、多向的民族汇流与迁徙，形成了今天新疆的人口现状和民族分布的格局。

二、新疆的多种宗教并存与传播的历史

新疆地区宗教的演变和发展历史大致经过了四个不同的阶段：从原始宗教到多种宗教并存时期、以佛教为主的多种宗教并存时期、佛教和伊斯兰教同为主要宗教的多种宗教并存时期、以伊斯兰教和藏传佛教为主导的多种宗教并存时期。

新疆是东西方经济文化交流的主要通道和枢纽，自古以来就是一个多种宗教并存的地区。早在伊斯兰教传入前，祆教、佛教、道教、摩尼教、景教等多种宗教，就相继沿着丝绸之路传播到新疆，与当地土生土长的原始宗教一起在各地流传。伊斯兰教传入后，新疆不仅继续维持了多种宗教并存的局面，而且又有基督教、天主教等宗教的传入。②

在外来宗教传入以前，新疆的古代居民信仰本地土生土长的原始宗教及由原始宗教发展而成的萨满教。至今新疆的一些少数民族都还程度不同地保留着原始宗教和萨满教的观念及遗俗。

---

① 参见国务院新闻办公室：《新疆的历史与发展》，《人民日报》，2004 年 2 月 27 日。

② 参见国务院新闻办公室：《新疆的历史与发展》，《人民日报》，2004 年 2 月 27 日。

公元前4世纪前后，产生于古代波斯的琐罗亚斯德教即中国所称之祆教（俗称拜火教）经中亚传入新疆。南北朝至隋唐时期，祆教流行于新疆各地，吐鲁番地区尤为盛行。当时的高昌政权专门设置了机构和官员来加强对祆教的管理。新疆一些信仰伊斯兰教的民族历史上曾信仰过祆教。①

公元前1世纪前后，产生于印度的佛教经克什米尔传入新疆。不久，佛教就在各地统治者的大力推行下，发展成为新疆的主要宗教。佛教鼎盛时期，在塔里木盆地周围各绿洲，佛寺林立，僧尼众多，还形成了于阗、疏勒、龟兹、高昌等著名的佛教中心。新疆佛教在造像、绘画、音乐、舞蹈、寺院和石窟建筑艺术等方面，都达到了很高的水平，留下了大量珍贵的文化遗产，丰富了中国和世界的文化艺术宝库。

公元5世纪左右，中国内地盛行的道教随着汉人的不断到来传入新疆。但是传播范围不广，主要盛行于汉人比较集中的吐鲁番、哈密等地。直到清代，道教才传播到全疆各地。

公元6世纪前后，摩尼教由波斯经中亚传入新疆。9世纪中叶，以摩尼教为国教的回鹘西迁新疆后，促进了摩尼教在新疆的发展。信仰摩尼教的回鹘人在吐鲁番地区建造寺院，开凿洞窟，翻译经典，绘制壁画，弘扬摩尼教教义和文化。在摩尼教传入前后，景教（基督教的早期派别聂斯脱利派）也传入了新疆，但早期传播不够广泛。到元朝时，才因为大量回鹘人接受景教而兴盛起来。

9世纪末至10世纪初，伊斯兰教经中亚传入新疆南部地区。10世纪中叶，信仰伊斯兰教的喀喇汗王朝发动了对于阗佛教王国历时40余年的宗教战争，于11世纪初灭亡于阗，把伊斯兰教

① 参见新疆维吾尔自治区党委宣传部编：《新疆民族与宗教知识百题》，第141～187页，新疆大学出版社，2002年版。

推行到和阗地区。从 14 世纪中叶起，在察合台汗国（蒙古成吉思汗二子察合台在西域建立的藩属国）的强制推行下，伊斯兰教逐渐成为察合台汗国的蒙古人、维吾尔人、哈萨克人、柯尔克孜人、塔吉克人等信仰的主要宗教。16 世纪初，伊斯兰教最终取代佛教成为新疆的主要宗教。

伊斯兰教成为维吾尔等民族信仰的主要宗教后，原来主要由这些民族信仰的袄教、摩尼教、景教在新疆随之逐渐消失，但佛教、道教仍然存在。从明朝起，藏传佛教还有了重大发展，成为与伊斯兰教并列的新疆两大主要宗教。17 世纪后期，伊斯兰教白山派首领阿帕克和卓借助藏传佛教的力量，消灭了自己的政敌黑山派和卓势力，并灭亡了叶尔羌汗国，足见当时藏传佛教势力之大。大约从 18 世纪起，基督教、天主教相继传入新疆，佛教、道教和萨满教也有了较大发展。这些宗教的寺院、教堂遍布天山南北，有些穆斯林甚至改信了基督教等其他宗教。①

历史上，新疆的宗教虽然一直在不断演变，但自从外来宗教传入以来所形成的多种宗教并存的格局却一直保持下来。现在新疆主要有伊斯兰教、佛教（包括藏传佛教）、基督教、天主教、道教等。萨满教在一些民族中仍然有较大影响。

总之，宗教是在新疆普遍存在的一种社会现象，其现实格局无疑是新疆历史上各种宗教传承、替代、竞争的结果。

三、新疆的多元文化共存与整合的历史

从新疆的历史和现状来看，其文化的发展史具有多种文化并存、交融与互补的显著特点，新疆文化的发展史也是多元文化的整合史。新疆文化的发展大致经历了多元文化的汇聚、多元文化

① 参见新疆维吾尔自治区党委宣传部编：《新疆民族与宗教知识百题》，第 141～187 页，新疆大学出版社，2002 年版。

的发展与交流、多元文化的融合和多元文化并存格局的确立四个阶段。[①]

距今4000年前，新疆即有人类活动，其中南疆的绿洲和北疆的草原使新疆文化在形成时期即呈现出以农业文明和牧业文明为主的多元特色。现有的考古资料和文献记载已经证明，这些文化是最早活动在新疆地区的塞人、羌人创造的。这种多元文化的汇集，为新疆多元文化的发展与交流奠定了基础。两汉魏晋南北朝至隋唐时期是新疆多元文化的发展与交流阶段，以高昌、鄯善、于阗等文化为代表的绿洲文明凝聚了当地、中原和南亚及中亚乃至欧洲众多的文化因素，使新疆文化在多元中得到发展；在北疆地区，乌孙、匈奴、柔然、突厥等游牧文化在各自的发展过程中不断相互影响，使北疆文化在游牧文化状态下也呈现出多元的特色；而随着汉人和吐蕃人的进入，中原文化和吐蕃文化也成为新疆文化的主要构成因素，使新疆文化在众多文化因素的交融中不断发展。宋至明时期，新疆文化依然呈现多元的特点，一方面回鹘、契丹、蒙古等民族先后进入新疆，为新疆文化带来了我国北方草原地区的文化因素，不同的文化开始在这里汇集、融合；另一方面伊斯兰教传入新疆，并在传播的过程中对新疆文化的发展产生重要影响，最终随着维吾尔等民族的形成，新疆文化具有了鲜明的伊斯兰特色。清代是新疆多元文化并存格局的确立阶段，以绿洲维吾尔文化、草原卫拉特文化、满汉文化为主体，包括众多其他民族文化并存的格局最终确立。[②]

多民族的共存是多元文化产生的前提。民族是文化的载体，

---

① 苗普生、田卫疆著：《新疆史纲》，第49～55页，新疆人民出版社，2004年版。

② 苗普生、田卫疆著：《新疆史纲》，第49～55页。新疆人民出版社，2004年版。

文化是民族的印记，新疆多元文化的形成和不断发展得益于新疆历史上多民族共存格局的不断演变和相互影响，这种多民族的共存格局是新疆多元文化产生的前提。新疆的早期文化是由塞人、羌人创造的，而依据学者对古人类遗骨的研究，史前新疆古人类具有蒙古人种、欧罗巴人种及两类人种的混合型三个不同的类型，也反映着新疆的古老居民已经有了多元的特征，由此也决定了史前新疆文化的多元特点。进入汉代以后，众多绿洲城邦民族的分布使南疆地区出现了各具特色的绿洲文化，而随着中原汉族的迁入和印度犍陀罗文化的传入，南疆逐渐形成了以汉文化为主体、东西文化交融为特点的高昌文化圈，以佛教文化为主体的于阗、龟兹文化圈，以及两种文化体制并行的鄯善文化圈。北疆则由于乌孙、匈奴、柔然、突厥等游牧民族的存在和迁入，文化尽管具有一般游牧文化的特征，但由于这些不同民族的存在也呈现出不同的特色。这一时期新疆多民族分布格局所导致的多元文化在发展过程中又因为汉唐时期大量汉人和吐蕃人的迁入而更加丰富多彩。唐代以后，回鹘人的西迁和伊斯兰教的传入虽然导致了南疆地区文化的突厥化和伊斯兰化，多元文化的发展呈现出融合的趋势，但由于多民族的并存，尤其是契丹、蒙古等民族的迁入，新疆文化的多元性并没有消失。进入清代，新疆的多民族分布格局基本确立，维吾尔、汉、哈萨克、回、蒙古、柯尔克孜、塔吉克、锡伯、乌兹别克、满、达斡尔、塔塔尔、俄罗斯等 13 个世居民族的并存决定了这一时期的新疆文化依然具有多元的特征。因此，多民族的共存是新疆文化呈现多元特点的重要原因之一。①

在新疆各民族的交流与互补中，汉文化、伊斯兰特色的维吾

① 苗普生、田卫疆著：《新疆史纲》，第 49～55 页，新疆人民出版社，2004 年版。

尔文化以及集游牧文化之大成的卫拉特文化是多元文化的主流，影响深远。多民族的存在和新疆地处欧亚大陆的接合部，不仅决定了新疆文化的多元特点，而且也决定了多种文化的交流与互补是新疆文化发展的主要特征之一。

汉文化是较早进入新疆的文化因素之一。据《山海经》、《竹书纪年》等先秦时期的古籍记载，先秦时期中原与西域即有交往。西汉统一西域之后，伴随着大量汉人进入西域，汉文化不仅传入西域，而且对西域文化的发展起到了促进作用，凿井技术、礼仪制度、汉语言文字、书籍等在西域的传播，使汉文化一方面成为西域文化的重要组成部分，另一方面也对其他文化的形成起到了决定性的作用，高昌文化的兴起即是明显的例证。进入唐代，汉文化对西域文化的影响不仅更加明显，而且也成为了西域文化的主体组成部分之一，大量的汉文文书的发现以及史书的记载充分证明了这一点。宋代之后，虽然突厥化、伊斯兰化成为新疆文化发展的主要特征，但汉文化的因素也并没有消失。清王朝统一新疆之后，随着汉人的又一次大量迁入，汉文化在新疆文化中的主体地位最终得以确立，成为新疆文化的主要组成部分之一。

伊斯兰特色的维吾尔文化是随着伊斯兰教传入和维吾尔民族的出现而形成的。9 世纪末 10 世纪初，塔里木盆地周围地区为喀喇汗王朝、高昌回鹘王朝辖有，由于操突厥语的居民占多数，这一地区居民的回鹘化成为一种趋势，而在伊斯兰教传入并取得主导宗教的地位，至 15、16 世纪，伴随着维吾尔民族的形成，具有鲜明伊斯兰特色的文化也最终成为新疆文化的主要组成部分之一。①

① 苗普生、田卫疆著：《新疆史纲》，第 49～55 页，新疆人民出版社，2004 年版。

蒙古文化进入新疆是随着蒙古汗国对新疆的征服开始的，但由于元朝灭亡之后察合台、叶尔羌等汗国的蒙古人都融入到了维吾尔族之中，所以具有蒙古文化特点并成为新疆文化主体之一的是卫拉特文化。卫拉特是明末清初准噶尔、杜尔伯特、和硕特、吐尔扈特四部的合称，卫拉特蒙古人和在清代迁入的察哈尔蒙古人构成新疆蒙古族的主体。卫拉特蒙古人信仰藏传佛教，有自己的文字，初为回鹘式蒙古文，后为托忒蒙古文，经济则以游牧为特点，因而形成了集游牧文化之大成的文化，不仅为新疆文化增加了新的内涵，也是新疆文化的主要组成部分。①

文化是民族物质生活和精神生活的沉积，文化的流传是一个长期的过程，在文化流传的过程中，受多种因素的影响，不同文化在不同的历史时期占据着不同的位置。冲突、交融、借鉴都是文化间彼此选择与认同的结果。文化的多样性基于文化间的差异。新疆文化是由众多具有不同特点的民族文化构成的，这些民族文化本身虽然没有优劣之分，但却存在明显的差异。承认这些差异，并积极促进不同文化之间的认同，一方面是新疆文化整体发展的需要，另一方面也是政治认同的基础与前提。“和而不同”，“求同存异”，是新疆各民族多元文化并存共生性的必然选择。

第三节　历代中央政府对新疆的治理

新疆与中原地区的密切联系由来已久。西汉之初，西域各地处在匈奴统治之下。公元前 138 年，为击退匈奴对汉朝边境地区

---

① 苗普生、田卫疆著：《新疆史纲》，第 49～55 页，新疆人民出版社，2004 年版。

的劫掠，汉朝派遣张骞出使西域。公元前121年，汉军大败驻牧在河西走廊一带的匈奴军队，汉朝在此先后置武威、张掖、酒泉、敦煌四郡。公元前101年，西汉王朝在天山南部的轮台、渠犁等地驻兵数百人进行屯田，并设“使者校尉”（后改称“护鄯善以西使者”）地方官员统领之。①

公元前60年（汉宣帝神爵二年），设置“西域都护府”。当时，匈奴统治层内部发生动乱，驻守西域的匈奴日逐王贤掸“率其众数万骑”自愿归服汉朝，西汉王朝委任郑吉为“西域都护”，驻乌垒城（今轮台县境内），治理西域全境，西域各地的首领和主要官吏均接受西汉赐予的印绶。西域都护府的设立，标志着西汉开始在西域行使国家主权，新疆成为中国统一多民族国家的一个组成部分。②

一、汉至隋唐时期对新疆的治理

东汉政府在西域先设“西域都护”，后置“西域长史”，继续行使对天山南北各地的军政管辖。公元221年，三国（魏、蜀、吴）曹魏（公元220年—公元265年）政权继承汉制，在西域设“戊己校尉”，治设高昌（吐鲁番），后又置西域长史以对西域各地诸多民族进行管理。西晋末年，前凉政权（公元301年—公元376年）创建者张骏发兵西征，占领高昌地区，设立高昌郡。北魏王朝设置鄯善镇、焉耆镇，加强对西域的治理。

隋唐时期，中央政府加强对新疆的统治。公元6世纪末，隋朝统一中原，隋炀帝即位之初，就派遣吏部侍郎裴矩到张掖、武

① 参见《新疆维吾尔自治区概况》编写组：《新疆维吾尔自治区概况》第21～22页，新疆人民出版社，1985年版。

② 参见《新疆维吾尔自治区概况》编写组：《新疆维吾尔自治区概况》第21～22页，新疆人民出版社，1985年版。

威主管与西域的互市，了解西域民情。公元608年，隋军进驻伊吾，建筑城郭，设鄯善（今若羌）、且末（今且末西南）、伊吾（今哈密境内）三郡。

公元7世纪初，唐朝代隋而兴。公元630年，原属西突厥的伊吾城（今哈密）主率所属七城归顺唐朝，唐朝设西伊州（后改称伊州）。公元640年，唐军击败随突厥反唐的高昌麴氏王朝，于该地置西州，又于可汗浮图城（今吉木萨尔）设庭州；同年在高昌设安西都护府，这是唐朝在西域建立的第一个高级军政管理机构，后迁至库车，改置为安西大都护府。唐朝打败西突厥后，统一了西域各地，于公元702年在庭州设置北庭都护府，后又升为北庭大都护府，管理天山北麓及新疆东部地区的军政事务，而安西大都护府管理天山南部和葱岭以西的广大地区。唐玄宗年间，唐朝又在两大都护府之上设“伊西节度使”，是当时全国八大节度使之一。[①]

唐朝中央政府对西域各地实行的是藩汉分别管理制度，即在汉民集中居住的伊州、西州和庭州等地，行政上采用与内地一样的府、州、县、乡、里管理制度；经济上推行“均田制”（唐朝田制）与“租庸调制”（唐朝赋税制度）；军事上实行“府兵制”（唐朝军事制度）。非汉民聚居区，则设置“羁縻府州”，即继续维护当地本民族首领的行政管理制度，冠以唐朝都护、都督、州刺史的名号，允其以旧俗治理其部众。同时，还在龟兹、于阗、疏勒、碎叶（一度是焉耆）设军事建制，史称“安西四镇”。

二、唐以后到元明时期对新疆的治理

五代宋辽金时期，因中原地区诸朝争夺统治权而无暇顾及西

---

① 参见中国大百科全书总编辑委员会《民族》编辑委员会：《中国大百科全书·民族》第448～449页，中国大百科全书出版社，1986年版。

域，西域出现了几个地方政权并列的局面。其中主要有高昌、喀喇汗和于阗等地方政权，但它们同中原诸王朝都保持着密切关系。

高昌与喀喇汗王朝都是公元840年漠北回鹘汗国覆灭后，由西迁西域的回鹘人汇同其他操突厥语诸族建立的地方政权，前者以吐鲁番地区为中心，后者控制包括天山南部、中亚河中等广大地区。

回鹘人落居西域及其建立的这些地方政权与中原王朝关系十分密切，喀喇汗王朝的统治者就自称“桃花石汗”，意即“中国之汗”，表示自己是属于中国的。1009年，占领于阗地区的喀喇汗王朝派出使臣向北宋进献方物。1063年，北宋册封喀喇汗王朝可汗为“归忠保顺鳞黑韩王”。北宋建立后第三年，高昌回鹘就派遣使者42人前往北宋进贡方物。于阗系塞人居地。唐朝以后，于阗尉迟王族执政，与中原地区往来密切，因曾受过唐朝册封而自称李姓。公元938年，后晋高祖遣张匡邺、高居诲出使于阗，封李圣天为“大宝于阗国王”。北宋初，于阗使臣、僧人向宋朝进贡不断。①

元朝时期成吉思汗完成对天山南北的政治统一。蒙古汗最初设立“达鲁花赤”、“别失八里等处行尚书省”等军政管理机构，对西域进行军政管辖。元朝建立后，在发展西域各地社会经济的同时，在吐鲁番地区设立提刑按察司，以后，又在吐鲁番等地建立交钞提举司（印钞机构）和交钞库等机构，设置“别失八里元帅府”，以总管派往该地的“新附兵”（元朝以俘降的南宋士卒组成的军队）屯垦事务，派兵到和阗、且末等地屯田，在别失八里设立冶场“鼓铸农具”。在畏兀儿（元朝称回鹘为“畏兀儿”）地

① 参见中国大百科全书总编辑委员会《民族》编辑委员会：《中国大百科全书·民族》第449～500页，中国大百科全书出版社，1986年版。

区实行“计亩输税”。1406年，明朝设立了哈密卫，任用哈密当地的世族首领为各级官吏统辖当地军政事宜，维持中西商贸通道之安全，并对西域其他地区实施羁縻控制。①

三、清朝对新疆的治理

清朝政府对西域的统一规模和管辖范围。1757年，清朝平定长期割据西北的准噶尔政权。两年后，清朝平定伊斯兰教白山派首领大、小和卓叛乱，巩固了对西域各地的军政统辖。在管理制度方面以1762年设立的“伊犁将军”统一行使对天山南北各地的军政管辖，官府驻地在“惠远城”（今霍城县境），分设都统、参赞、办事、领队大臣管理各地军政事务。清朝政府依据“因地制宜”、“因俗施治”的原则，对天山北部汉、回族居住区实行郡县制管理；在伊犁地区和天山南部各地维吾尔族中维持当地的“伯克制”，但是伯克的任免权归于中央，并严格实行政教分离；对蒙古族和哈密、吐鲁番地区的维吾尔族则实行“扎萨克制”，即册封王、贝子、公等世袭爵位。清朝政府在官员的任用方面还采取了以满族为主、各族官员并用的政策；经济方面，推行以农业为主，农牧并举的经济措施，采取减轻赋税，确定财政定额补贴制度等。清朝统治时期，新疆的社会经济得到了稳步的发展。②

1840年鸦片战争以后，新疆受到沙俄等列强的侵略。1875年，陕甘总督左宗棠就任钦差大臣，督办新疆事务。到1877年底，清军陆续收复了中亚浩罕汗国（费尔干纳）阿古柏侵占的天

---

① 参见中国大百科全书总编辑委员会《民族》编辑委员会：《中国大百科全书·民族》第449～500页，中国大百科全书出版社，1986年版。

② 参见中国大百科全书总编辑委员会《民族》编辑委员会：《中国大百科全书·民族》第449～500页，中国大百科全书出版社，1986年版。

山南北诸地。1881年2月，清政府收复被沙俄强行占领长达十一年之久的伊犁。1884年，清政府连续发布两道上谕，标志着新疆省的建立。[①] 清政府正式在新疆建省，并取“故土新归”之意改称西域为“新疆”。新疆建省，是清朝政府对历朝各代治理新疆的一次重大改革。自此，由巡抚统管全疆各项军政事务，新疆军政中心由伊犁移至迪化（今乌鲁木齐）。至1909年，新疆省下辖4道，道以下共隶有6府、10厅、3州、21个县或分县，新疆行政建置与内地完全一致。[②]

1911年辛亥革命爆发后第二年，革命党人在伊犁策动起义成功，成立新伊大都督府，宣告了清朝在伊犁地区政治统治的结束。民国政府建立后，不断强化新疆防务。

1949年9月25日新疆和平解放。随着全国解放形势的发展和新疆各族人民革命斗争形势的高涨，国民党新疆警备司令陶峙岳、新疆省政府主席包尔汉宣布起义，中国人民解放军第一野战军第一兵团在王震将军率领下进驻新疆。1949年10月1日，新疆各族人民同全国人民一起，迎来了中华人民共和国的成立。

综上所述，自汉朝于公元前60年在新疆设“西域都护府”之后，中国历代中央政府都对新疆进行军政管辖。由于中央历代王朝的统治时强时弱，故中央政府对新疆地区的管辖也时强时弱。虽然不同时期中央政府对新疆的治理方式不同，但总的发展趋势是中央王朝对新疆的管理不断深化；新疆和内地的联系不断加强，由此也形成了新疆是我国领土不可分割的重要组成部分。

---

① 参见齐清顺、田卫疆著：《中国历代中央王朝治理新疆政策研究》，第315页，新疆人民出版社，2004年版。

② 参见中国大百科全书总编辑委员会《民族》编辑委员会：《中国大百科全书·民族》第449～500页，中国大百科全书出版社，1986年版。

第二章　新民主主义革命时期中国共产党在新疆的民族工作（1921—1949）

第一节　新民主主义革命时期新疆的社会局势

一、动荡的政局

1911年，辛亥革命的成功以及中华民国的建立，鼓舞了当时新疆伊犁新军和省城迪化的革命党人。1912年1月7日，伊犁革命党人发动武装起义，并于次日凌晨控制惠远城，起义取得成功。2月12日，清朝宣统皇帝退位。5月18日，袁世凯政府任命杨增新为新疆提督，主持与伊犁革命党人的和谈，杨增新利用革命党人的不成熟，迫使革命党人做出妥协，攫取了新疆军政大权，自此新疆陷入到了军阀割据的时期。[①]

1912年至1928年，军阀杨增新主新达17年之久，他闭关自守，割据一方，经历了外强觊觎，内困重重，军政贫弱的危机后，新疆社会逐步安定，经济缓慢发展，内外平和。1928年4月，国民党南京民国政府成立。杨增新按照“认庙不认神”的策略，6月即通电宣布服从南京民国政府，奉行三民主义，悬挂青天白日旗，但其“独裁如故”的统治很快招致公开反对。7月7日，杨增新遇刺身亡，杨的时代结束，金树仁就任新疆省府临时主席兼总司令。金树仁通过整顿吏治和整编军队，将政权、军权

① 方文：《天山风雪》，第163页，辽宁人民出版社，1986年版。

控于手中，强化了自己的统治，但新疆社会矛盾却日益激化，具体表现为帮派军政、官员腐败、扩军增税、物价暴涨、民不堪负。其在哈密实行的“改土归流、废除王制”一举引发了民族矛盾，激起了哈密地区的农民暴动，由民族压迫导致的民族反抗致使新疆局势动荡，甘肃军阀马仲英以“解救伊斯兰教兄弟”为名，为扩张地盘出兵新疆，将内地军阀混战引入新疆。1933 年的“四一二政变”迫使执政新疆五年的金树仁在重重危机中倒台。在政变者的鼓励和让步下，盛世才依仗手中军事实力，出任新疆边防临时督办要职，窃取了政变果实。

盛世才出任边防督办后，为巩固自己的统治地位，以标榜亲苏进步和信仰马列主义为手段，多方与苏联接触，争取支持和军事援助。1931 年和 1937 年，苏军两次进疆协助盛世才击败马仲英军队，基本结束了军阀混战的局面；1935 年后，成批苏联人员被派往新疆担任多个部门的顾问或技术指导，在政治上帮助新疆省政府制定和实施“反帝、亲苏、民平、清廉、和平、建设”六大政策，在经济上帮助制定和实施“三年经济计划”，推动经济的恢复和发展，在军事及保安方面协助新疆整编军队，建立公安和边务机构，并提供各种军事装备；为缓和民族关系的紧张和消减民族冲突产生的影响，在苏联的帮助下，盛世才制定了以民族平等和民族和解为主要内容的民族政策，并采取相应措施改善新疆民族关系。1938 年 8 月，盛世才秘密访问苏联，在莫斯科受到斯大林的三次接见，并被破格接收为联共（布）党员，组织关系归属于苏联政治局，党证号为 1859118[①]。正是在这种情况下，盛世才开始谋求中国共产党的支持与合作，他多次提出或通过苏联转达，要求中国共产党人前来新疆参加社会经济建设。

1941 年苏、德战争爆发后，国内外形势发生了重大变化。

① 方文：《天山风雪》，第 163 页，辽宁人民出版社，1986 年版。

1942年盛世才开始投靠国民党，走上反苏反共的道路，破坏抗日统一战线，要求撤回在新疆的工作人员和军队。苏联中断了对新疆的政治、军事和经济支持，撤回了在新疆的工作人员和军队，并开始支持和组织反对盛世才统治的斗争。盛世才害怕中国共产党在新疆各族人民中的威望进一步扩大，炮制了所谓的“四一二阴谋暴动案”，开始诬陷和大规模迫害共产党人，1942年9月17日，盛世才下令逮捕了陈潭秋、毛泽民、林路基等中共领导人，随后又将140多名中共在新人员逮捕入狱。1943年9月27日，经蒋介石批复，盛世才杀害了陈潭秋、毛泽民、林路基等人。

1944年8月，伊犁、塔城、阿山（金阿勒泰）三个专区爆发了各族反抗军阀盛世才和国民党反动统治的武装斗争，在苏联的支持下，成立了“临时政府”。1945年雅尔塔会议后，在苏联的调解下，1945年10月至1946年6月，国民政府代表张治中与三区代表进行和平谈判，6月6日，和谈胜利完成，并签订了《和平条款》。1946年7月1日，正式成立新的新疆省联合政府，国民党开始从政治和军事上强化对新疆的控制。《和平条款》的签立标志着三区革命运动终于从艾力汗·吐烈集团的分裂和反汉排汉的方向性错误中解脱出来，实现了自身的又一次革命。1946年12月，三区革命和人民革命党主要领导人之一的阿不都克里木·阿巴索夫利用在南京出席国民大会的机会，与中国共产党开始了秘密接触，并拜会了董必武，表达了三区革命政府希望接受中国共产党领导的愿望。自此，三区革命与中国共产党之间有了直接联系。1949年8月，中共中央派遣邓力群赴伊宁联络三区革命力量，三区革命正式接受中国共产党的领导。

1947年8月以后，联合省政府破裂，新疆又恢复了三区政府和国民党政府对立的局面。随着解放战争的节节胜利，新疆国民党警备总司令陶峙岳、省政府主席包尔汉等爱国将领和爱国人士，决心与蒋介石集团决裂，归向人民。1949 年 9 月 25、26 日，分别发表起义通电，新疆宣告和平解放。

二、脆弱的民族关系

中国封建社会的民族压迫政策，造成了中国历史上的民族歧视与民族隔阂，这一点对新疆近代的民族关系具有深刻的影响。军阀以及国民党在新疆依然实行大汉族主义色彩浓厚的民族压迫政策，是造成新疆早期民族关系不和谐的主要原因。

割据于新疆的军阀利用民族矛盾巩固自己的统治，实施的民族压迫和剥削制度又往往激化社会矛盾和民族矛盾，从而影响到民族关系。1931 年，军阀金树仁在维吾尔族哈密王管辖的地区实行“废除王制、改土归流”，原来向哈密王府交纳租税的维吾尔农民改向政府交纳赋税，但政府规定既要交纳 1931 年的赋税，又要交纳 1930 年的赋税，引起维吾尔族农民的愤怒。随后做出的损害维吾尔族农民利益的“另行垦荒，照旧纳税”、“领照耕种”等规定，更使维吾尔族农民频生怨恨。当地驻军也参与破坏，敲诈勒索，强取豪夺，无恶不作。如小堡驻军排长强娶维吾尔族民女为妻，遂激起共愤，引发了哈密地区的农民暴动。暴动者的一部分将仇恨指向了在改土归流中得到政府分配土地而占有维吾尔族农民土地的甘肃汉族灾民，导致甘肃灾民被杀遭逐。哈密王府挑起民族事端，散布政府要将维吾尔族农民的土地全部拨给汉族人耕种，维吾尔族妇女要嫁给汉族等流言，使事态不断扩大，加之因前往镇压暴动的又是以汉族为主的省军，于是暴动在某种程度上便变成了民族对抗和仇杀。1932 年 8 月，马仲英军队南路由马世明率领攻占鄯善，杀害 300 多户无辜汉族平民，继而举起宗教旗帜，号召开展伊斯兰圣战。省军收复鄯善后，又以谋乱罪名滥行捕杀维吾尔族平民。这样，民族压迫不但激化了阶级矛盾，而且还引发了民族矛盾，严重地破坏了新疆的民族关系和社会稳定。

军阀盛世才掌握新疆军政大权后，为了巩固统治、调解尖锐的民族矛盾，在苏联共产党和中国共产党的帮助下，制订了“反帝、亲苏、民平、清廉、和平、建设”的六大政策。新疆民族关系得以初步缓和。1935 年，新疆各族人民在迪化（今乌鲁木齐）成立了反帝斗争的群众性组织——新疆民众反帝联合会，大力宣扬反帝爱国。抗日战争全面爆发后，新疆又开展了声势浩大的支援前线“献金”和“募集寒衣”等运动，到 1939 年底，全疆人民共捐款 200 余万元。

但盛世才在其统治后期却投靠了国民党，使国民党的势力涌入新疆。自 1944 年以后，新疆已处于国民党的直接统治之下。国民党统治新疆时期，在政治上继续了民族歧视和民族压迫政策，阶级矛盾和民族矛盾急剧尖锐，在经济上则是通货膨胀、物价飞涨，苛捐杂税多如牛毛，人民生活朝不保夕。民族矛盾和阶级矛盾再次尖锐化，终于导致了 1944—1949 年的反抗国民党反动统治的民族民主革命运动。在南疆表现为蒲犁革命，在北疆有伊犁、塔城、阿尔泰三区革命。三区革命者建立了临时政府，组建了民族军，公开同国民党反动统治展开武装斗争，但在斗争初期由于封建宗教上层势力篡夺和保持了领导权，出现了伤害民族感情的一些情况。三区革命领导人勇敢地正视和纠正初期在民族问题上所犯的错误，号召加强民族团结，反对地方民族主义、泛突厥主义，坚决维护祖国统一。而国民党政府则在 1947 年 5 月任命了泛突厥主义分子麦斯武德为新疆省政府主席，这就为分裂祖国统一的反动思潮大肆传播和泛滥提供了一个千载难逢的契机，这种倒行逆施的做法激起了新疆各民族人民和三区革命力量的强烈反抗。

三、影响极坏的分裂活动

1.“双泛主义”与分裂主义源头

20世纪初，“泛伊斯兰主义”和“泛突厥主义”已完全成为一种被奥斯曼帝国封建宗教上层所控制的具有偏激宗教狂热和民族沙文主义的社会思潮。这种超阶级、超国家、超民族的极端宗教观和民族观，自20世纪初开始向新疆渗透。因为当时新疆具备这种思潮传播和蔓延的土壤：一是新疆各族人民长期受封建剥削压迫，反抗压迫剥削、要求解放的政治意识不断加强。二是自1884年新疆建省后，有30多年相对稳定的发展，民族意识随着社会经济的发展有所发展。三是共同的伊斯兰教信仰的宗教意识，容易形成共鸣。[①]“双泛”思潮被商人和出境留学或朝觐的人员带入新疆；奥斯曼帝国派员以“办教育”的名义积极向新疆输出“双泛”思想；接受“双泛”思想的新疆人士，在土耳其人的协助下，参与“双泛”思想的传播活动。此外，奥斯曼还通过境外或中国内地直接向新疆各地邮寄“双泛”思想宣传品。通过以上途径，“双泛”思想构成了20世纪新疆分裂主义的源头。麦斯武德·沙比尔、穆罕穆德·伊敏、沙比提大毛拉等分裂势力把中央政府和地方当局的统治视为殖民统治，声称要反对中国殖民统治，争取民族独立，妄图把新疆从祖国怀抱里分裂出去。

2. 两个分裂政权的先后建立及其危害

1932年，穆罕穆德·伊敏和其兄弟阿布都拉、努尔·阿哈买提等在和田秘密成立了泛突厥组织“民族革命委员会”，成员300多人。1933年初，沙比提大毛拉在英国指使下，从印度返回新疆，加入该集团。1933年2月，在英国谋划下，该委员会劫

① 参见厉声主编：《中国新疆历史与现状》，第168页，新疆人民出版社，2003年版。

袭了金树仁从印度购买的一批军火，在墨玉举行暴动，成立临时政府——“和田伊斯兰王国”，沙比提大毛拉任总理，伊敏自称“和田王”，号称“艾米尔（国王）一世”。所控各地严格实行伊斯兰教戒律，具有强烈的泛伊斯兰与泛突厥结合的色彩。同时，中亚“巴斯马奇”匪帮反共头目贾尼拜克带1000多人进军喀什。阿富汗人组成的卫队，则随阿布都拉在莎车作战。表明了中外泛突厥分子的结合。1933年夏，一部住在喀什的和田人和部分喀什商人、乌孜别克人，建立了“和田政府驻喀什管理局”，目的在于利用和田暴动者的优势和兵力同喀什联合成立一个政府，经费由和田政府提供。[①] 后来经从土耳其回来的一些人干预，沙比提大毛拉由拥有300名乌孜别克逃民秘密武装的叙利亚人陶菲克巴依接到喀什，于1933年9月10日在喀什单独成立了政府——“东突厥斯坦独立会”，取代了和田驻喀什管理局，沙比提为主席。同时组成了“青年喀什噶尔党”，为建立分裂政权打下了基础。1933年11月12日成立的伪东突厥斯坦伊斯兰共和国宣称：东突厥斯坦是“永久独立国家”，“东突厥斯坦人之东突厥斯坦”[②] 这个代表民族和宗教上层利益，以封建军权和神权相结合的伪政权，其实质上是19世纪中期阿古柏政权的翻版。聘请土耳其人当军事教官；接受英帝武装，遣使印、阿富汗、日、德国，请求军援，甚至要求外国军队入境保护。“东突厥斯坦”遂成为新疆分裂主义的旗号。

“东突厥斯坦伊斯兰共和国”虽然是20世纪30年代前半叶，在新疆军阀混战、农民暴动此起彼伏的特定时期偶发的一次分裂运动的产物，虽然它只存在了3个月，但其危害极大，它开创了

---

① 参见《新疆文史资料选辑》第18辑，第89页，新疆人民出版社，1987年版。

② 参见洪涤尘：《新疆史地大纲》，第329页，新疆人民出版社，1980年版。

建立分裂政权的先例，产生了分裂主义“领袖”，鼓吹反对民族压迫与分裂国家的一体行为。

1944年8月，在伊犁巩哈县（今尼勒克县）爆发了反抗盛世才和国民党反动统治的暴动，11月7日，又爆发了伊宁起义。由于起义的领导权被艾力汗·吐烈为首的封建宗教上层势力所把持，致使北疆伊宁出现了又一个分裂政权。这个分裂政权不仅在名称上承袭了1933年南疆分裂政权“东突厥斯坦伊斯兰共和国”的成分，而且将政权建立的时间也选在了11月12日（南疆分裂政权出笼的时间）。1944年11月12日，“伊犁解放组织”宣布成立“东突厥斯坦共和国”临时政府，艾力汗·吐烈为政府主席。1945年1月5日，“临时政府”通过政府宣言，主要鼓吹“独立”和“分裂”，还公开列入政府提倡和鼓励实行伊斯兰教的内容。随后，“临时政府”采取了反汉排汉的一些做法，伤害了汉族群众的感情。该分裂政权存在了一年零8个月，对新疆政治社会的稳定造成了极其严重的危害。

两个分裂政权的出现充分表明：在反对民族压迫的斗争中，分裂主义分子虽然只是少数，但在反动统治阶级的剥削压迫和极端贫困落后的社会历史环境下，他们所宣扬的“双泛”思想，却会迎合部分高涨的民族主义情绪，致使民族意识过度发展。当他们在篡夺到领导权后，就会将反压迫的斗争引入歧途。一般来讲，凡是分裂活动，背后大多都有境外势力在插手。如1933年建立的分裂政权“东突厥斯坦伊斯兰共和国”就是20世纪初以来境外“双泛”思想直接渗透和传播的结果；1944年建立的“东突厥斯坦共和国”既是“双泛”思想的惯性影响，也是苏联直接影响的结果。因为共产国际和苏俄当局将新疆人民反抗剥削压迫的国内政治斗争错误地定位为民族解放运动。实际上，新疆人民反对的只是军阀统治和专制制度，而境外宣传材料却误导为反对汉族的民族独立运动。①

年轻的中国共产党人，就是在这样复杂而动荡的环境下，开始了在新疆的民族工作。

第二节　新民主主义革命时期中国共产党在新疆的民族工作

一、建立、巩固和扩大新疆抗日民族统一战线

中国共产党人在新疆的革命活动，开始于20世纪30年代初。当时，共产国际派遣一批共产党人到新疆帮助盛世才政府工作，在那些联共党员中，有些是中共党员。他们是最早到新疆进行革命活动的中国共产党人。中国共产党在同盛世才政府建立抗日民族统一战线以后，也就是20世纪30年代，开始有组织地向新疆派遣干部。

1937年4月，中国工农红军西路军左支队400余名指战员经过浴血奋战，冲破敌人的围追堵截，到达甘新交界的星星峡；由中共中央特派到新疆迎接西路军的陈云（化名施平）、滕代远（化名李广）等5人从莫斯科到达迪化。在苏联的推动下，盛世才表示欢迎西路军左支队进入新疆。5月8日，西路军左支队进入迪化，休整后驻扎在东门外营房，对外称“新兵营”。中共中央任命陈云为中国共产党驻新疆代表，负责同盛世才的统战工作，并领导“新兵营”。在第一任党代表陈云离任后，邓发和陈潭秋相继任党代表。1937年10月，周小舟奉命以中央军委联络

① 参见厉声主编：《中国新疆历史与现状》，第164～166页，新疆人民出版社，2003年版；刘汉太、都幸福著：《中国打击“东突”报告》，第22～31页，新疆人民出版社，2003年版。

员的身份前往新疆，经盛世才同意，在迪化成立八路军驻新疆办事处。不久，由滕代远接替调回延安的周小舟任八路军驻新疆代表。早期在疆工作的党员和干部主要来自延安和“新兵营”，还有一部分去苏联治病或从苏联回国途经新疆的干部，经中共中央同意后留疆工作。他们在中共驻新疆代表的领导和各族人民的支持下，积极参与盛世才亲苏政府的多项工作，立足于政府的各个部门，借鉴苏联解决民族问题的经验，克服诸多困难，尽最大努力开展并做好了以下几个方面的民族工作：

1. 整体确定新疆的少数民族，突破国民党中央政府不承认少数民族是民族（称之为“宗族”）的做法，从新疆实际出发，确定新疆有 14 个民族，并且确定了维吾尔、柯尔克孜、塔吉克、塔塔尔族汉译的标准写法

这一工作为承认新疆各少数民族的地位，保障各民族的权利和利益以及为进一步缓和新疆的民族矛盾，促进新疆民族关系的发展打下了基础。

2. 通过积极努力，吸收少数民族上层人物参加各级政权，促进了新疆抗日民族统一战线的建立和发展

在省政府的副主席、省政府委员等职位上，在农林厅、财政厅、教育厅、省银行、民政厅等部门中都注意吸收了少数民族上层人物参政，哈萨克族地方领袖沙里夫汗被任命为省政府委员兼阿山行政长，维吾尔族知识分子包尔汉被任命为土产公司经理，不少县还配了少数民族副县长。尽管在这些少数民族上层人物中有些人是“双泛”思想的鼓吹者、实践者，但在当时的情况下，吸收他们参政在一定程度上促进了当时新疆的局势稳定，也是符合当时全国抗日斗争的需要的。

3. 召开全省范围的人民代表大会

1934 年 4 月召开了第一次全疆人民代表大会，1935 年 4 月召开第二次全疆人民代表大会，1936 年 8 月召开全疆哈萨克、

柯尔克孜两族人民代表大会，1937 年 2 月召开全疆蒙古族人民代表大会，1938 年 9 月召开第三次全疆人民代表大会，1939 年 9 月召开蒙、哈、柯三族人民代表大会。这种广泛的社会动员和社会力量汇集的方式，有利于当时进步思想的传播，有利于当时全疆各种社会力量的整合。

4. 重视和发展民族文化教育

为发展各民族文化和教育，在迪化成立了维吾尔文化促进会、哈萨克柯尔克孜文化促进会、蒙古文化促进会、回族文化促进会、锡（伯）索（伦）满文化促进会；在伊犁地区还有塔塔尔文化促进会、归化族（俄罗斯）文化促进会等，并还在各地成立了分会。

为改变当时新疆文化落后的状况，1938 年，林基路出任新疆学院（新疆大学前身）教务长，实际负责全院工作。他制定了“教用合一”的教育方针和“团结、紧张、质朴、活泼”的校训，编写进步歌曲，开设新课程，聘请共产党人和进步人士授课，将学院办成了学术气氛浓厚、蓬勃向上的高等学府，成为培养各种人才、宣传马克思主义、宣传抗日民族统一战线各项方针政策的重要阵地。

在中共党人的努力下，新疆各级教育行政机构逐步健全，公办学校大量兴建，教育经费不断增加，多种形式的社会教育大大发展，各民族师资队伍不断壮大。新疆的教育事业空前发展，焕发出勃勃生机。到 1942 年，全疆公立学校达 2463 所，在校生 27.11 万人，大中学校 8 所，学生 3787 人。此外还有扫除文盲的民众学校 846 所，学生 146911 人。①

发展新疆民族教育不仅有助于新疆各民族素质的提高，各类

① 中共新疆维吾尔自治区委员会党史研究室：《中共新疆地方史》第一卷，第 63 页，新疆人民出版社，1999 年版。

人才的培养，而且还使得先进的思想和中国共产党的主张在新疆各族群众中得以传播。

5. 保障信教自由

具体表现为：各族相信各族的宗教，不受异族政治上的限制和干涉；各族人民不得以宗教信仰的不同互相诽谤，互相仇恨；各族同胞要发扬和广大各族的教义，来拥护新政府，来执行新政府的六大政策。这就是说宗教不得干预行政，宗教活动不得违背六大政策。① 新疆各族人民信仰宗教的现象非常普遍，信教自由政策的实施有利于促进新疆的宗教和睦；政教分开的思想有助于让各族人民正确认识宗教现象及其本质，有助于各族人民识破某些势力利用宗教进行分裂祖国的图谋与行径。

6. 宣传马克思主义和进步思想

王小川等十多名中共党人在新疆日报社分别负责采稿、编审、出版等部门的工作，他们在利用《新疆日报》宣传抗日救国和革命思想，介绍和转载中国共产党领导人的文章、讲话方面发挥了重要作用。他们改组报社，从社长、编辑到制版、校对、印刷等工作，几乎都由中共党人担任。他们还选派干部到和田、喀什、阿克苏担任地方报社社长和编辑。经过共产党人的努力，这些报纸从宣传内容到编排、印刷都发生了显著变化，成为宣传抗日的重要舆论阵地，深受读者的喜爱和欢迎。这个时期新疆日报大量报道国内外形势、八路军的战绩和抗日根据地的情况；新疆各族人民献金、募捐寒衣支援抗战的事迹；新疆经济、文化建设事业的发展等。刊登毛泽东《论持久战》、《新民主主义论》等光辉著作以及共产党人撰写的文章等。报社印刷厂还翻印发行了马克思、恩格斯、列宁、斯大林和毛泽东著作及国内外进步书刊及

① 中共新疆维吾尔自治区委员会党史研究室：《中共新疆地方史》第一卷，第63页，新疆人民出版社，1999年版。

党的《新华日报》等。

在中国共产党的影响和努力下，以杜重远、萨空了、沈雁冰、张仲实、赵丹、朱今明、王为一、徐韬、高滔、鲁少飞等为代表的文化界进步人士、学者分赴新疆，他们与中共党人密切合作，齐心协力，通过办学板报、演出新戏、教唱革命歌曲等形式，大力宣传马克思主义，宣传抗日救国和抗日民族统一战线，宣传新文化、新思想。

林基路坚持马列主义关于民族问题的原则立场和“六大政策”中关于民族平等的精神，非常重视民族团结，提倡各民族学生交朋友，培养了三区革命领导人之一的阿巴索夫等优秀民族分子。其他在疆工作的干部和党员也都率先垂范、以身作则，从细微处着手，随时随地的宣传中国共产党关于民族问题的正确主张，在一定程度上为民族关系改善和发展奠定了思想基础。在舆论宣传工作方面，使各族民众及时了解到抗日前方更多的情况，了解到我们党坚持抗战、团结抗战、全面抗战的政策主张，提高了各族人民特别是广大青年的政治觉悟，极大地振奋了抗日爱国热情。

7. 围绕抗日民族统一战线开展工作

1937 年全民族抗日战争爆发前后，中国共产党与盛世才建立抗日民族统一战线的条件已经成熟。当时，中国共产党团结抗日的政治主张已为全国人民所接受，也得到了新疆各族人民的赞同和响应，盛世才采取亲苏、反帝、联共抗日政策，使中国共产党与盛世才建立统一战线成为可能，苏联与盛世才的密切关系，也为中国共产党与盛世才建立统一战线创造了条件，苏联起到了重要的纽带作用。

1938 年初，中共党人高度重视做好“新疆各族民众反帝联合会”（简称反帝会）的工作。反帝会是于 1934 年 8 月在迪化成立的盛世才的官办群众组织。该会成立后，组织很不健全，活动少，会员少，在群众中的影响小。根据盛世才的要求，中共党人黄火青等积极参加反帝会领导工作，进行整顿改造，并在全疆各地建立分会，利用其合法性积极开展各项活动，把反帝会建设成为新疆各族人民反对日本帝国主义、广泛而富有活力的群众性进步组织，成为中国共产党领导新疆各族人民一致抗日的指挥部。反帝会创办有《反帝战线》、《新疆青年》等进步刊物，经常举办各种训练班，培训干部，组织群众大会，开展文化宣传活动，还开展节约活动、劳动竞赛和推销公债活动。反帝会多途径、多形式地发动群众、组织群众、教育群众，扩大抗日民族统一战线，特别是在发动各族各界有力出力，有钱出钱，支援抗日前线的爱国捐献活动中，反帝会发挥了重要的组织领导作用。中共党人还积极团结和领导中苏文化协会、妇女协会、工人救国会、民众联合会、学生联合会、抗日救国后援会等新疆群众组织，积极投身于反帝抗日活动。

总之，在新疆工作的共产党人按照中国共产党的指示和要求，注重研究民族问题，宣传党的民族政策，加强民族团结，培养少数民族干部，并通过他们做好本民族的工作，重视做好民族上层人士和宗教上层人士的统战工作，争取他们的支持。大力宣传抗战，开展政治上的动员和声援，旗帜鲜明地宣传中国共产党领导下的抗日救亡运动和中共的政策，宣传八路军和抗日根据地，发动社会各界广泛持久地开展抗战捐献，给全国抗战以巨大的精神支持和物质支援。据统计，仅 1939 年 9 月至 1940 年 5 月，新疆各族人民就捐款折合现大洋 332 万元。1939 年，以捐款的 152 万元购买了 10 架战斗机，命名为“新疆号”，送往抗日前线。

应该说，在当时动员和团结一切抗日力量，建立最广泛的抗日民族统一战线，是抗战时期中国共产党的首要任务，也是共产党人在新疆工作的重点。

二、将“三区革命”引入中国革命的洪流

1. 督促国民党和平解决新疆问题

1944 年，新疆“三区革命”爆发后，由于当时的情况极为复杂，导致革命初期领导权被以艾力汗·吐烈为首的封建宗教上层人士掌握，寄生出“东突厥斯坦共和国”分裂政权，成立了“临时政府”，叫嚣独立。1945 年雅尔塔会议后，苏联对待三区革命的政策由全力支持其争取独立的民族解放运动，转变为在维护民国政府对新疆领土和主权完整的前提下，取消独立的“东突厥斯坦共和国”，进而促成其与中央政府谈判。中国共产党敦促国民党和平解决新疆问题。苏联政策的变化，加速了三区内部分裂与反分裂的斗争，在苏联的强力干预下，以阿合买提江、阿巴索夫为代表的革命派迅速崛起，与分裂派开展了坚决不懈的斗争。1945 年 10 月中旬，三区革命政府更换原谈判代表，派出了以阿合买提江为首的谈判代表，与国民党中央政府派遣的以张治中为首的谈判代表和谈。1946 年 6 月 6 日，和平谈判结束，确立《和平条款》，“东突厥斯坦共和国政府”和艾力汗·吐烈失去了其合法地位，三区政权重新回归为中国新疆省的一个区域性地方政权。6 月 17 日，苏联内务部和国家安全部将艾力汗·吐烈召回苏联。1946 年 6 月 18 日成立了新疆省民族民主联合政府，张治中任省政府主席，阿合买提江和包尔汉为副主席。至此，三区革命重新汇入中国人民争取解放斗争的洪流中，成为中国新民主主义革命的一部分。

2. 领导三区革命

积极回应三区革命领导人接受中国共产党领导的要求。三区革命领导人阿巴索夫 1946 年 12 月利用出席伪“国大”的机会在中共驻南京办事处会见了董必武同志，阿巴索夫在向董必武报告工作时，主动提出要中共中央派干部到三区直接领导三区政权，

并提出三区主要领导人要加入中国共产党的要求。经中共中央同意，董必武派联络员彭长贵同志携带一部电台随阿巴索夫回新疆，并指示“新疆的进步组织能合并的话经过协商合并起来，这样有利于形成力量，更好地斗争。但在组织名称上，考虑到新疆情况复杂，群众的觉悟程度和接受能力，不宜过早打出共产主义、社会主义的旗帜。”① 1947 年 2 月，遵照董必武同志的指示，有无产阶级性质的政党——人民革命党与新疆共产主义者联盟合并，成立了民主革命党，这个党得到了中共中央的承认和支持，并向其派遣了联络员。三区革命与中国共产党直接联系的建立对三区革命中后期能保持正确方向，能与中共在解放战争时期的政策一致，起了关键作用，使其真正成为中国人民民主革命的一个组成部分，对全新疆和全国的解放作出了贡献。

进一步加强与三区政府的联系。1947 年 8 月联合省政府破裂后，三区革命领导人回到伊宁，领导三区各族人民进行了艰苦的革命斗争，对国民党反动派的疯狂进攻予以坚决反击，提出了包括汉族人民在内，各族劳动人民团结一致、争取民主的口号。1948 年 8 月 1 日，阿合买提江等人发起成立了“保卫新疆和平民主同盟”。“新盟”是新疆各族人民的统一战线组织，它的主要任务是：加强和巩固各族人民的团结，反对帝国主义和国民党反动派的统治，到 1949 年 8 月，盟员发展到 8 万人。中国共产党根据解放战争形势的发展，决定进一步加强了与新疆三区政府的联系。1949 年 7 月，中共中央电示在苏联访问的刘少奇派人直接从苏联到新疆，8 月 14 日，邓力群同志以中共中央联络员的身份被派往新疆三区，他带领 3 名工作人员及电台等从莫斯科取道阿拉木图至伊宁。通过“力群电台”，中共中央于三区政府建立了工作联系。三区政府通过电台向中共中央系统汇报政治、经

① 《新疆三区革命大事记》，第 209 页，新疆人民出版社，1994 年版。

济、军事、文化、民族、宗教等各方面的情况。

邀请三区政府派代表进京参政议政。1949年8月17日，中共中央正式邀请新疆三区政府代表出席即将在北京召开的“新政治协商会议”。1949年8月18日，毛泽东以“新政治协商会议”筹备会主任的名义正式向三区政府并阿合买提江发出邀请，毛泽东指出：“你们多年来的奋斗，是我全中国人民民主革命运动的一部分，随着西北人民解放战争的胜利发展，新疆的全部解放已为期不远，你们的奋斗即将获得最后的成功。我们衷心欢迎你们派出自己的代表5人，前来参加全国人民政治协商会议的全体会议。”[①] 8月23日，阿合买提江、伊斯哈克别克、阿巴索夫、达列里汉4位三区革命领导人及新疆民主革命迪化区委会负责人罗志一行5人自伊宁出发，绕道苏境前往北平，因转乘的苏联飞机失事不幸遇难。9月8日，应中共中央邀请，由三区领导人赛福鼎·艾则孜、阿里木江·哈肯木巴耶夫及新疆战斗社重要成员涂治三人组成的代表团前往北平出席“新政治协商会议”。18日，代表团成员在中南海受到毛泽东、刘少奇、周恩来、朱德、林伯渠等中央领导的接见。次日，周恩来与赛福鼎等就未来新疆省人民政府组成、三区民族军改编等事项进行了商讨。9月21日，当选为大会主席团成员的赛福鼎在中国人民政治协商会议第一次全体会议上发言，表明新疆人民和中国境内的其他人民同样坚定了实行新民主主义的信心和希望。1949年10月15日，赛福鼎同志向中共中央递交了入党申请书，毛泽东主席亲自批准了他的申请。同年12月27日，赛福鼎同志光荣地加入了中国共产党，成为新疆维吾尔族中最早的共产党员。

新疆三区革命具有民族民主革命的性质，在新疆少数民族近现代革命史上具有重要的历史意义，它是在中国共产党领导中国

① 《新疆三区革命大事记》，第308页，新疆人民出版社，1994年版。

人民反帝反封建革命斗争影响下，在新疆一部分少数民族先进分子的领导下产生和发展起来的，其目的是反对国民党的反动统治和帝国主义的侵略，要求改善各族人民的政治、经济地位，是正义的、进步的革命斗争。三区革命中，参加起义的有维吾尔、哈萨克、柯尔克孜、蒙古、汉、锡伯、塔塔尔等10多个民族，各族人民的共同斗争，推动了三区革命的向前发展。三区革命打击了国民党反动派在新疆的专制统治，粉碎了帝国主义的侵略阴谋，牵制了新疆的10万国民党军队，有力地支持了全国尤其是西北的解放战争，并为新疆的和平解放创造了极为有利的条件。

三、和平解决新疆问题

随着解放战争的不断胜利，动摇了国民党在新疆的统治。1948年5月，陶峙岳出任新疆警备司令，掌握了军警大权，并成为主张谈判、和平起义的代表人物。新疆省政府主席包尔汉周围也聚集了一批主张和平解放新疆的人士。而在北平脱离国民党，投入革命的张治中成为了新疆省驻军和省政府主张起义力量的支持者。1949年8月，兰州的解放加速了进步人士的决策步伐，主张和平起义的新疆军政决策者通过苏联驻迪化副总领事叶谢耶夫于9月2日向中共在伊宁的联络员邓力群同志转达了新疆方面起义、无条件接受中共和平解决新疆问题的意见。9月10日，中共中央着手实施和平解决新疆问题的方案，并电示邓力群转告三区与迪化方面，均可提出新疆问题的解决方案，最后由中央决定。同时，请邓力群面告陶峙岳和包尔汉派员到兰州与彭德怀副司令洽商和平解决新疆问题。三区方面按照中共中央的指示，提出了解决新疆问题的方案交由邓力群转呈中央。9月15日，邓力群抵迪化，代表中共与包尔汉、陶峙岳、刘孟纯、屈武等面商和平解决新疆问题之大计。以陶峙岳、包尔汉为首的新疆军政当局在协商中无条件地接受了中国共产党提出的和平起义的要求，新疆和平起义进入实质性操作阶段。12月17日，新疆省人民政府和新疆军区成立，新疆各族人民迎来了解放，步入到了新的历史时期。

新疆的和平解放避免了10万国民党官兵的无谓牺牲，避免了地方秩序的混乱，避免了人民流离失所和民族仇杀的发生。中国共产党力主新疆和平解放的原则，符合新疆各族人民的意愿，维护了新疆各族人民的利益，是一项特殊的民族工作。

第三节　新民主主义革命时期中国共产党在新疆民族工作的特点

20世纪三四十年代的新疆正值军阀割据和国民党统治的后期，反动力量逐步衰弱，反民族压迫、阶级压迫的斗争不断高涨，加上苏联的特别“关注”，致使新疆局势变化快、反复大，民族矛盾与阶级斗争、分裂与反分裂的斗争交织在一起，情况极其复杂。加上新疆远离内地，地广人稀，中国共产党的影响力尚小等因素，便决定了中国共产党的民族工作具有以下特点：

一、与盛世才建立抗日民族统一战线

在苏联的影响下，盛世才主动邀请中共派人进疆协助其工作，建立抗日民族统一战线。鉴于当时新疆的局势，中共没有在新疆建立和发展地方组织，所有在新疆工作的党员干部一律以个人身份化名在新疆活动，到新疆工作的中共党人主要在行政、财政、民政、教育、新闻、文化部门和民众团体中担任领导职务。他们主要在驻新疆党代表和八路军办事处的领导下，立足本职，开展工作。工作的范围主要集中在大、中城市。工作的形式以发挥积极影响，协助盛世才政府制定正确政策、措施为主，以抗日

救国的宣传为主。盛世才破坏抗日民族统一战线，迫害共产党人后，党的民族工作被严重削弱，直至后来在“三区革命”中才发挥作用。

二、积极引导三区革命走向正确的道路

1947年，民主革命党主席阿巴索夫第一次将反对“双泛”写入该党章程。阿合买提江、阿巴索夫等三区领导人多次在各种场合反复阐述和宣传民族的敌人不是汉族，而是以往专制制度下的汉族腐败官吏。1947年7月，阿合买提江专门给塔城专区负责人写信，针对当地民、汉关系一度紧张的局面，强调了纠正以往错误、维护民族团结的重要性。1948年8月，阿合买提江等人发起成立了“保卫新疆和平民主同盟”。“新盟”的总纲领是：各民族包括维吾尔、哈萨克、柯尔克孜、蒙古、回、汉、乌孜别克和其他民族团结起来，为永远消灭贫穷、落后和无权的奴隶地位，把新疆建设成一个和平、友爱、政治、真理、自由的社会而斗争。① 可见，这一纲领已大致与中国民主主义革命的内容相符合了。“三区革命”运动还公开反对麦斯武德、穆罕默德·伊敏、艾沙等“双泛”分子出任新疆联合政府领导职务。“三区革命”反对分裂的斗争离不开中国共产党的影响。

三、多渠道、多形式地开展具体的民族工作

毛泽民任新疆省财政厅副厅长及代厅长期间，大刀阔斧地整顿财税金融，努力发展经济，促进了农牧业和工矿企业、交通运输业的恢复和发展，既造福了各族人民，也为支援抗战创造了条件。1941年毛泽民任民政厅代厅长后，加强民政建设，废除乡约农官制，受到各族人民的欢迎。在各地担任行政职务的共产党

① 《新疆三区革命史》，第194页，北京：民族出版社，1998年版。

员大力维护各族人民利益，增强民族团结，勤政清廉，体察民情，解除冤狱，兴修水利，架桥修路，救苦恤贫，发展教育，为各族人民办了许多好事。

林基路在新疆学院，参照延安抗日军政大学的办学方针，以“团结、紧张、质朴、活泼”为校训，采用理论联系实际的教学方针，倡导新的工作作风，宣传中国共产党的抗日主张和方针政策，讲述“抗日救国十大纲领”，带领学生走出课堂，走向社会，广泛开展爱国抗日宣传活动，使广大师生明白抗日战争的正义性，动员师生员工以实际行动支援抗战。在林基路等中共党员的培养教育下，许多青年学生走上了革命道路，新疆学院的面貌也发生了显著的变化。林基路在就任库车和乌什两县县长期间，忘我地工作，紧密联系群众，深入调查研究，规划开发建设，兴办教育事业，释放被关押的无辜群众，提拔正直、可靠、有能力的各族官员，建立养老院和孤儿院，注意减轻人民负担，鼓励农民开荒造田，大力发展农业生产，领导群众兴修水利。

胡鉴等共产党员领导蒲犁边卡大队平叛帝国主义策划的叛乱，为加强边防建设作出了贡献。

中国共产党在迫切急需干部的情况下，仍把一批有经验的干部派往新疆工作，充分表明新疆工作的重要性和党中央对新疆工作的关心重视。在陈云、滕代远、邓发、陈潭秋等同志的直接领导下，八路军办事处作为中国共产党在新疆开展抗日民族统一战线工作的领导机构，卓有成效地发挥了领导核心的作用。在新疆的中共党人远离中央，工作条件艰苦，斗争环境复杂，承担的任务艰巨繁重，他们仍能牢记党的嘱托和自己的责任，把国家和民族的利益放在第一位，认真贯彻落实党关于抗日民族统一战线的政策主张，创造性地开展工作，像一粒粒种子，在各族人民群众的沃野中生根开花，在新疆的经济建设、财政建设、教育文化事业、边防建设、社会改革、民族团结、引导和培养大批少数民族先进分子等各个方面发挥了先锋模范和中流砥柱的作用。新疆各族人民通过中共党人在新疆的实践活动，更好地了解和认识了中国共产党，极大地增强了对中华民族和伟大祖国的向心力和凝聚力。

总之，新疆的“三区革命”没能解决新疆的民族问题，国民党民主派没能解决新疆的民族问题，半封建半殖民地的旧中国不可能消除民族压迫和实现民族平等，也不具备从根本上解决民族问题和清除分裂主义的条件。实际上，解决民族问题和清除民族分裂主义只能由后继的新中国来完成，只有通过中国共产党深入、广泛、科学的民族工作来完成。

第三章　新中国建立初期新疆的民族工作（1949—1956）

新中国成立前，由于反动统治阶级长期推行民族歧视和民族压迫政策，帝国主义列强为了侵略分裂中国，竭力挑拨新疆民族关系，制造民族纠纷，致使新疆民族关系复杂，民族矛盾严重。新疆和平解放后，新疆各族人民在走向社会主义道路的过程中，才真正感觉到祖国大家庭的温暖，才真正感受到新社会、新制度的优越。这是与中国共产党在新疆民族工作的力度不断加大分不开的。

在向社会主义过渡的过程中，全疆开展建党建政、剿匪反霸和土地改革，从根本上清除了民族压迫、敌视、仇杀、斗争的土壤和条件，为全面开展民族工作，建立平等、团结、互助的新型民族关系奠定了政治基础。尤其是民族工作部门的建立，为民族工作的系统开展提供了组织保证。民族工作部门在党和政府的领导下，认真宣传执行党和国家的民族、宗教政策，强调汉族干部要尊重少数民族的风俗习惯，号召少数民族干部要学习汉文汉语，不断对各族干部、群众、解放军指战员加强民族政策的教育，在汉族干部群众中强调要反对大民族主义，在少数民族特别是在少数民族干部中强调反对地方民族主义，促进了平等团结的新型民族关系的进一步加强；民族工作部门在积极贯彻“慎重稳进”的方针下，围绕推行民族区域自治开展工作。1955 年 10 月 1 日，新疆维吾尔自治区成立，标志着平等、团结、互助的社会主义新型民族关系在新疆完全确立，这也从另一个方面充分体现了中国共产党在新疆的民族工作在这一阶段取得了丰硕成果。

第一节 建党建政建自治区

一、党的领导是开展民族工作的前提

新疆和平解放前，中国共产党始终没有在新疆建立地方组织和发展党员。新中国成立后，党中央专门就新疆建党的条件、步骤和方法等问题作出了明确而又具体的指示。在1949年10月12日中共中央发出的“关于成立新疆分局”的指示中，指出“新疆党的领导机关应成立分局，同意以王震为书记，徐立清为副书记，罗元发、张贤约、饶正锡、王恩茂、郭鹏、曾涤、邓力群为委员。自治区只有民主同盟，尚无党的组织（应该建立党的组织）。”① 11月7日，王震率一兵团机关进驻迪化。次日，在迪化军政各界举行的欢迎大会上，王震宣布中共中央新疆分局正式成立。依托进疆人民解放军中各级党组织和3万多名共产党员，从1949年11月起，经过3年的努力，相继建立了中共中央新疆分局，喀什、迪化、伊犁3个区党委，迪化市委和喀什、和田、莎车、阿克苏、迪化、哈密、焉耆、伊犁、塔城、阿山（阿勒泰）10个地委和81个县（市）委。新疆建党工作的突出特点是：第一，人民解放军起了十分重要的作用，新疆各级党组织基本是在人民解放军进疆部队各级党委基础上组建的，军队党员占有很高的比例。第二，各级党组织的建立，采取了公开地自上而下、由大到小的方法和步骤。首先，成立中共中央新疆分局，然后建立3个区党委；其次，成立了1个市委和10个地委，最后完成了县（市）委的建立。第三，把发展少数民族党员和吸收少数民族党员进入各级党的领导机构放在优先地位。在发展新疆本

① 《建国以来毛泽东文稿》第一册，第49页，中央文献出版社，1989年版。

地各族进步分子入党时采取了由上而下，由城市到乡村，由进步知识分子到工人农民，不要候补期，入党后就可以参加党的各级领导机构任委员的办法。[①]

截至 1951 年 4 月，全疆发展党员 1087 名，包括 11 个民族，其中维吾尔族占 45%，汉族占 19.5%，其他少数民族占 35.5%。1951 年 4 月至 1952 年 8 月的第二个建党期，发展少数民族党员 428 名，其中大部分是机关干部。1952 年 8 月以后为新疆建党的第三个时期，随着土地改革地进行，有领导有计划有步骤地在农村、机关、工厂进行了简单工作，到 1953 年 6 月，全疆共发展党员 5002 名，其中汉族党员 1086 名，少数民族党员 3916 名。截至 1955 年底，农业区共发展党员 1.5 万余名，68% 的农业乡建立了党支部。1955 年上半年在牧区试办建党，先后在新源、特克斯、阿勒泰、吉木乃、哈巴河、玛纳斯、乌鲁木齐、乌恰、阿图什等 9 个县建立 9 个临时党支部，发展党员 67 名，其中牧工 26 名，贫苦牧民 13 名。[②]

中国共产党新疆地方党组织的建立，使新疆各族人民有了自己坚强的领导核心，为开展民族工作，为处理和解决新疆民族问题提供了根本性的组织保证。尤其是发展少数民族党员意义重大而深远。吐鲁番一个维吾尔族县长告诉一位维吾尔族老太太，说他是共产党员，老太太表示非常惊喜，她说："我们维族人也能当共产党，那就好了。"[③]

中共中央新疆分局，坚决贯彻执行党的民族理论和民族政策以及中央的工作部署，为在新疆建立平等、团结、互助的社会主

---

① 《新疆日报》2005 年 6 月 21 日第一版。

② 参见新疆组织部、区党史工作委员会、区档案局编印：《中国共产党新疆维吾尔自治区组织史料》(1937—1987 年)，第 1272、1286 页。

③ 参见新疆组织部、区党史工作委员会、区档案局编印：《中国共产党新疆维吾尔自治区组织史料》(1937—1987 年)，第 1272、1286 页。

义民族关系，进行了卓有成效的工作。为了加强党对民族工作的领导，1950年5月中共中央新疆分局设立了民族部，1951年6月改为统战部。坚持党对民族工作的领导，在新疆的社会主义过渡时期得到了贯彻。

二、政权建设是开展民族工作的基础

新疆在进行建党工作的同时，开始建立新型的人民民主政权。1949年9月26日，毛泽东就新疆省人民政府组建问题致电彭德怀并告西北局：省政府改组，包尔汉应仍为主席。委员应是汉族占少数，维吾尔及其他民族占多数。1949年11月27日，西北军政委员会主席彭德怀指出：新疆已和平解放，还必须从政治上、军事上、经济上进行必要的改革，以巩固和平与团结，使各族人民获得彻底解放。一切问题的合理解决，都必须在民族平等和民主的原则下，从长远的全面的利益出发。毛泽东和彭德怀的指示，表明了中国共产党在新疆建政问题上的态度和原则立场。①

1949年12月17日，经中央人民政府政务院会议批准，新疆省人民政府宣布成立，同时颁布《新疆省人民政府目前施政方针》。从1950年1月开始，新疆省人民政府从驻疆人民解放军抽调干部战士和从内地调来的干部以及在新疆吸收的本地各级干部一起组成工作队，经过3年的努力，在7个专区对旧政权进行了接管和彻底改造；同时考虑到"三区革命"的特殊性，对伊犁、塔城、阿山3个专区的地、县两级政权在保留的基础上进行调整和充实，使之顺利过渡为人民民主政权，共在全省先后建立起了10个专区、1个市、80个县、1个中心区的人民民主政权。对于基层政权的建立，采取了农牧区区别对待，先农区后牧区的办

① 参见邓力群：《新疆往事回忆》，《新疆党史工作通讯》，1989年第2期。

法。在农区，将旧的乡（镇）公所改造成为区人民政府，坚决废除了保甲制度，设立乡人民政府，乡以下设村。在牧区，经过民主协商，建立区、乡基层政权以取代民族部落制。乡以下暂沿用原有的百户、五十户组织，待条件成熟后再予以废除。

这样，到 1952 年底，新疆从省到地、县（市）、基层和企事业单位等都建立了党的组织。同时，还普遍建立起来了真正代表新疆各族人民根本利益的各级人民政权。

在这里特别要强调的是，在 1949 年 12 月成立的以包尔汉、高锦纯、赛福鼎为领导的，由新疆各族各界代表组成的新疆省人民政府中，专门设立了民族事务委员会管理民族工作。省人民政府还制定了"新疆境内各民族一律平等、实行团结互助"的施政方针。这就是说，在新疆有了专门的民族工作机构，有了开展民族工作的指导方针。

三、以建党建政为基础，稳步向民族区域自治推进

民族区域自治制度是新中国解决民族问题的一项基本政治制度。如何推行民族区域自治，解决好新疆的民族问题，事关新疆的前途和命运。新疆和平解放后，党中央就新疆建立省级自治区的原则、方针、步骤作出了明确的指示。中央指出，在新疆实行民族区域自治是一项极为重大的政治任务，必须强调爱国主义教育，这在新疆有更为重大的实际意义；必须坚持有利于民族团结的原则，要通过推行民族区域自治，更进一步加强和发展新疆各族人民的团结与合作。遵照中央的意见，在中共中央新疆分局的部署下，在全疆开展了党的民族政策的学习和宣传活动。

1952 年 9 月，新疆第一届二次人民代表大会通过了《关于执行〈中华人民共和国民族区域自治实施纲要〉的决议》，成立了新疆民族区域自治筹备委员会。筹委会成立后，依照《实施纲要》的原则，结合新疆实际，制定了《新疆民族区域自治实施计

划》和《新疆民族区域自治实施办法》，并获中央批准。随后，新疆先从维吾尔族以外的其他民族开始由小到大建立各级民族自治地方。从1953年9月至1954年11月，先后建立了10个乡级自治区；焉耆回族、察布查尔锡伯族、木垒哈萨克族、和布克赛尔蒙古族、塔什库尔干塔吉克族、巴里坤哈萨克族6个县级自治区；巴音郭楞蒙古族、克孜勒苏柯尔克孜族、昌吉回族、博尔塔拉蒙古族、伊犁哈萨克族5个专署和行署级自治区。1955年2月，依据《中华人民共和国宪法》规定，将乡级自治区改为民族乡，县级自治区改为自治县，专署和行署级自治区改为自治州。

1955年4月，中共中央复电新疆分局，同意新疆建立省级民族区域自治的名称为“新疆维吾尔自治区”，同时还指示：在实行民族区域自治的过程中，务必深入进行教育工作，除继续防止和克服汉族干部中的大汉族主义思想残余外，亦须注意防止和克服维吾尔族干部（特别是高级干部）中的地方民族主义思想倾向。中央重申：维吾尔族是新疆地区的大民族，在实行民族区域自治后，应该更加注意照顾其他少数民族，以利进一步增加新疆各民族的团结，进一步发展新疆各民族的政治、经济和文化事业。1955年9月13日，全国人民代表大会常务委员会第二十一次会议通过决议，批准国务院总理周恩来的议案，成立新疆维吾尔自治区，撤销新疆省建制，并以原新疆省的行政区域为新疆维吾尔自治区的行政区域。至此，成立新疆维吾尔自治区的准备工作就绪。

1955年9月20日，新疆省第一届人民代表大会第二次会议在乌鲁木齐隆重召开；9月30日，会议选举产生了新疆维吾尔自治区人民委员会组成人员，正式成立了中华人民共和国新疆维吾尔自治区，撤销新疆省建制。赛福鼎·艾则孜（维吾尔族）当选为新疆维吾尔自治区主席，高锦纯、买买提明·伊敏诺夫（维吾尔族）、帕提汗·苏古尔巴也夫（哈萨克族）当选为副主席，委员 37 人，有维吾尔族、汉族、哈萨克族、蒙古族、回族、柯尔克孜族、塔吉克族、塔塔尔族、乌孜别克族、锡伯族、达斡尔族等民族构成。1955 年 10 月 1 日，乌鲁木齐各族各界群众 6 万多人在人民广场举行盛大集会，庆祝新疆维吾尔自治区成立，这是新疆各族人民政治生活中的一件大事，也是我国执行民族区域自治政策的重大胜利。

第二节 建立新型民族关系

随着新疆民族区域自治的实施和社会主义改造的完成，剥削制度被推翻，剥削阶级作为一个阶级已不存在，劳动人民不仅政治上翻了身，成为国家的主人，在经济上也同样翻了身，成为社会主义的劳动者，劳动人民成为各民族的主人。这一时期新疆的党、政、军主要是围绕建立社会主义民族关系来开展民族工作的。10 月 23 日，毛泽东起草的《中央关于新疆问题给彭德怀的电报》中再次强调：人民解放军只有和维吾尔族以及其他民族建立兄弟般的关系，才有可能建设人民民主的新新疆。新疆是少数民族聚居的地区，维吾尔族是新疆的主体民族，因此，搞好民族团结至关重要，这是进行各项工作的前提和基本保证。人民解放军进疆后，各族人民在中国共产党和人民政府的领导之下，执行共同纲领的民族平等团结政策，根本上改变了历史上的民族关系，实行了民族平等团结，建立了各族人民友爱合作的新关系。

一、进行社会主义改造，为确立社会主义民族关系奠定经济基础

1952 年 5 月 17 日，中共中央批准西北局对新疆若干工作方针的意见指出“实行土地改革，不容动摇，在步骤上，必须慎

重，切戒急躁。实行社会改革，应充分估计到民族和宗教的特点。”[①] 根据这一指示，结合中共中央制定的过渡时期的总路线，从1954年初开始，新疆逐步对农业、手工业和资本主义工商业进行社会主义改造。1953年前，新政府采取慎重缓进的方针分三步完成了农业地区的土地改革：试办减租、减租反霸、土地改革。经过土地改革，彻底废除了封建土地所有制；在财经方面采取一系列有力措施稳定金融物价，统一财经管理，搞活经济，改善人民生活。

同时，从1953年起开始实施第一个五年经济建设计划。新疆对农业的社会主义改造任务于1956年末基本完成，对畜牧业和手工业的改造任务基本完成于1957年。三大改造的完成，标志着在新疆基本消灭了剥削制度，确立了社会主义经济制度。

中国共产党从国民党政府手中接过来的新疆是个经济崩溃、充满民族仇恨、社会文化极其落后的烂摊子，要真正实现民族关系的根本转变，消除几千年遗留下来的民族歧视、民族压迫和民族间布满仇恨心理的事实，无疑需要付出一定的时间，需要付出艰辛的劳动和制定正确的民族宗教政策，必须首先从经济上根本扭转落后的局面，消灭产生民族压迫、民族歧视的根源，为社会主义民族关系在新疆的真正确立打下牢固的物质基础。

二、采取多种措施，努力改善民族关系

在中央人民政府的领导下，新疆各级政府采取了一系列有力措施改善民族关系，加强各民族人民之间的信任和理解。具体表现在：

1. 以多种形式增进汉族和少数民族之间的了解，消除民族

---

① 新疆维吾尔自治区民族事务委员会：《新疆民族词典》，第677页，新疆人民出版社，1995年版。

间的隔阂

派遣大批懂民族宗教政策，了解少数民族风俗习惯的汉族干部组成贸易队、医疗队和工作组进驻新疆，为各族农牧民服务，彻底纠正带有歧视或侮辱少数民族性质的称谓、地名、碑碣、匾联等。批判和克服民族关系中的大汉族主义思想，派出民族访问团、代表团和慰问团深入边疆地区宣传党的民族政策。帮助各族人民解决生产生活中的困难。组织少数民族参观团、观礼团到内地参观学习，增强汉族和少数民族之间的互动与了解等。

1951 年政务院发布了《关于处理带有歧视或侮辱少数民族性质的称谓、地名、碑碣、匾联的指示》。根据这一指示，1954 年 2 月，经政务院批复同意，新疆省人民政府更改了一批歧视少数民族的地名，如“迪化”改为“乌鲁木齐”，“镇西”改为“巴里坤”，“巩哈”改为“尼勒克”，“乾德”改为“米泉”，“孚远”改为“吉木萨尔”，“绥来”改为“玛纳斯”，“景化”改为“呼图壁”，“承化”改为“阿勒泰”等，改变后的名称大多是恢复了当地的民族语文地名。

1950 年 8 月 29 日，中央西北各民族访问团一行 50 余人，由团长沈钧儒和副团长萨空了（蒙古族）、朋斯克（蒙古族）、马玉槐（回族）率领乘专机抵达迪化市。随后访问团到南北疆各地进行访问，传达中央人民政府和毛泽东主席对新疆各族人民的关怀。1952 年 11 月 22 日，新疆各民族体育代表参观团一行 66 人，由团长赵凌云、副团长肉孜·乌斯满（维吾尔族）率领赴北京；1953 年 3 月 22 日，新疆各民族教育参观团一行 58 人，由团长安尼瓦尔·汗巴巴（维吾尔族）率领前往北京；9 月 13 日至 12 月 13 日，新疆少数民族参观团先后到内地九省和八大城市参观工业建设、学校和名胜古迹；11 月 24 日，新疆、甘肃、青海等边境各民族参观团先后于 11 月 24 日、26 日抵达北京；1954 年 1 月 6 日，新疆水利参观团一行 26 人（包括 6 个民族）

前往全国各地参观水利工程；1955 年 8 月 11 日，新疆少数民族“国庆”参观团一行 112 人，由团长麦提明（维吾尔族）率领前往北京参加国庆观礼活动。

2. 保证新疆各民族在政治上享有权利

通过在新疆各地进行的减租反霸、土地改革、肃清特务土匪、建立各级人民政权等活动，使广大各民族人民真正成为了国家的主人。

1950 年 7 月 17 日，信仰伊斯兰教的各族群众欢度解放后第一个传统节日“肉孜节”；9 月 23 日，维吾尔、哈萨克、回等信仰伊斯兰教的少数民族群众热烈欢度解放后的第一个民族传统节日“古尔邦”节；1951 年 4 月 19 日至 5 月 10 日，新疆举行首届各族各界人民代表会议，会议听取和讨论了关于开展减租运动等问题的报告；从 1951 年 9 月开始，在全疆农业区普遍开展减租反霸斗争。至 1952 年 5 月，在全疆 9 个专区的 58 个县，1500 多个乡，近 400 万人口的地区完成了减租反霸任务；1952 年 8 月 22 日至 9 月 10 日，新疆省首届二次各族各界人民代表会议召开，会议听取和讨论通过了关于牧区工作、政治工作、土地工作、民族问题等工作报告。①

1952 年冬，全疆人民政权组建完成时，全疆政府专员、县长 156 人，其中维吾尔族 57 人，哈萨克族 35 人，柯尔克孜族 5 人，回族 4 人，蒙古族 3 人，塔塔尔族 2 人，俄罗斯族 1 人，少数民族占 68.59%。另据迪化市等 7 个县 1011 个区乡、村干部成分的统计，劳动人民占 92.19%。其中：工人占 4.56%，雇农占 7.5%，贫农占 52.43%，中农占 26.51%，牧民占 1.8%，富农商人占 7.8%。这在新疆历史上堪称是破天荒第一次实现了由

① 参见朱培民、陈宏、杨红著：《中国共产党与新疆民族问题》，第 48 页，新疆人民出版社，2004 年版。

各族人民当家作主。

3. 党和国家在经济上大力帮助新疆

在党和国家的领导下，新疆地方政府对原有的工矿企业、财政金融、文教卫生进行了整顿，并投资兴建了一批新工矿企业，大中型水利工程、公路、桥梁等。

1951 年成立中苏石油公司，对独山子油田进行钻探，扩大油田。1955 年 1 月 1 日，中苏石油公司移交我方，改名为新疆石油公司。1955 年 7 月 1 日，克拉玛依第一口探井开钻，10 月 29 日完井出油。1951 年开始建设头屯河八一钢铁厂，1952 年 7 月，炼出第一炉铁和钢，1954 年春，八一钢铁厂基本完成基建任务，建成了一个由原料开采到生产钢材成品的小型钢铁联合企业。1953 年 12 月 30 日，新疆历史上第一座现代化火力发电厂——苇湖梁电厂建成。1952 年乌拉泊水电站建成。新疆驻军还建成了十月汽车修配厂、六道湾露天煤矿、水泥厂、木工厂等 10 个厂矿，开启了新疆现代工业发展的序幕。[①]

针对新疆处于干旱半干旱地区，简陋的水利设施制约新疆农业发展的情况，在党和政府的关怀下，驻疆人民解放军在垦荒的同时，积极兴修水利，规划了一个 5 年内（1950—1954）完成 500 万亩水利灌溉工程的计划。到 1952 年底，新疆驻军分别兴建了焉耆解放一渠、库尔勒十八团大渠、哈密红星一渠、伊犁卡普克东西大渠、红雁池水库。随后又建成了玛纳斯蘑菇湖水库、玛纳斯河中游西岸大渠、东岸大渠、迪化猛进水库、哈密红星二渠、焉耆解放二渠、阿克苏胜利大渠等大型水利工程，极大地改善了新疆的农业灌溉条件，支援了新疆的农业生产。

4. 发展教育、文化和医疗卫生事业，废除旧的教育制度，

① 参见朱培民、陈宏、杨红著：《中国共产党与新疆民族问题》，第 49 页，新疆人民出版社，2004 年版。

建立民族的、大众的教育制度

驻新疆的人民解放军先后帮助扩建了新疆学院，创建了八一农学院，为新疆培养各民族科技人才和民族干部做出了贡献。

整顿原有的医疗机构，培养和训练各民族卫生医务人员，不断组织巡回医疗队下乡，开展农村的卫生宣传工作，免费为各民族农牧民防病治病，减少各种疾病的发生和蔓延。

1951 年 3 月 15 日，新疆人民出版社成立，该社以维、汉、哈、蒙等文字出版学生课本、政治读物，编译各种通俗书刊；1953 年 6 月 15 日，新疆人民广播电台维吾尔语广播台建成开始播音；10 月 6 日，第一所蒙古师范学校在迪化市成立。

新疆国民经济的恢复和发展，初步改善了各民族人民的物质、文化生活，翻身作主的各族人民积极投身于社会主义改造运动，为新疆社会主义改革的完成做出了贡献。所有这些，都使得新疆的民族关系逐渐得到了改善。

5. 剿匪平叛，捍卫成果

在社会主义民族关系的确立过程中，国内外民族分裂主义势力对新疆的分裂、颠覆活动，从来没有停止过。他们一方面歪曲历史、伪造历史，大造民族分裂主义的舆论，攻击党的政策，鼓吹新疆“独立”；另一方面反汉排汉，挑起民族矛盾、寻衅煽动闹事；成立反动组织，策动武装暴乱；勾结国外反动势力，进行渗透和颠覆。1954 年 12 月 31 日，和田地区以阿不都依米提为首的反革命暴乱，是泛突厥主义分子伊敏在新疆解放前夕出逃国外路经南疆时有预谋的行动，其目的是要推翻共产党的政权，建立“伊斯兰共和国”。1954 年 12 月 31 日晚，阿不都依米提纠集了墨玉、和田、洛浦三县受蒙蔽的群众（均为依禅教徒）300 多人，袭击墨玉县劳改农场，当场打死我指导员 1 人、班长 1 人、战士7人，抢夺了部分武器和一辆汽车，并企图进攻和田县城。[①] 中共中央新疆分局得到报告后，果断采取政治瓦解和武装围剿相结合的方针，至1955年1月3日，将暴乱平息。

6. 人民军队进行大生产，努力减轻新疆各族人民负担，积极为新疆建设作贡献

要解决民族问题，搞好民族团结，就必须为各族人民多办好事。驻疆人民解放军遵照毛主席关于你们到新疆去的主要任务是为各族人民多办好事，要以替历史上压迫少数民族的反动统治者"还债"的精神在那里工作的指示，发扬人民解放军既是战斗队，又是工作队、生产队的优良传统，胜利地进行了剿匪平叛的斗争，保护了人民生命财产，稳定了社会秩序；参加地方建党、建政工作，结束了各族人民被压迫被奴役的历史，使各族人民真正成了国家和社会的主人。特别是驻疆人民解放军，在王震领导下，响应毛泽东关于军队参加生产的号召，弘扬延安精神，开展大生产运动，取得了丰硕的成果。王震明确指出：我们不是与民争食，相反的要助民求食，我们要以集体劳动、集体经济的优越性，示范于新疆人民。王震从长远的观点出发，把军队屯垦看成建设边疆，减轻新疆各族人民负担，加强民族团结，巩固西北边疆的战略措施。

新疆和平解放后，王震率人民解放军一兵团二、六军进驻新疆，加上原起义部队和民族军，新疆部队总数达20万人。当时农业生产水平极其低下，20万人的粮食供应成了一个严重问题。为了减轻新疆各族人民的负担，以王震为首的新疆军区坚决执行中央指示，开展了大生产运动。1950年1月，王震发表讲话，动员全军将士，一面保卫祖国边防，肃清土匪特务，一面从事生

① 参见贾东升：《新疆基层政权建设》，第276页，新疆人民出版社，1999年版。

产建设，依靠全体官兵的亲手劳动，开垦荒地，就地取得生活资料。在王震的带领下，解放军官兵在天山南北的辽阔土地上摆开战场，展开了轰轰烈烈的大生产运动。

将士们一手拿枪，一手拿镐，在极其困难的条件下开荒垦地、修渠引水。经过一年的艰苦奋斗，全军将士用辛勤的汗水，换来了丰硕的成果。1950 年，驻疆部队开垦土地 6.4 万公顷，共收获粮食 3427 万公斤，棉花 35.7 万公斤，油料 186 万公斤，瓜菜 2254 万公斤；此外还喂养禽畜 16.6 万头（只）。这样就解决了部队 7 个月的用粮，蔬菜则全部实现自给。农业大生产不仅解决了驻疆部队的粮食问题，还给国家节约了大量经费，更为重要的是减轻了当地人民的负担。其后，随着屯垦生产规模的扩大，到 1952 年，部队生产的粮食达 9500 万公斤，综合自给率达到 65％。① 军队大生产及军垦相结合的实践，使新疆各族人民亲身感受到了共产党领导的人民军队全心全意为人民服务的一片赤诚。

为了践履为新疆各族人民多做好事的诺言，驻疆人民解放军在开展农业大生产的同时，又开始了创办新疆现代工业的建设。

为了筹集工业建设最需要的资金，王震司令员号召广大指战员节衣缩食，积累资金投入建设：军人每年两套军装，节约一套，两件衬衣，节约一件；一年一套棉军装改为两年一套；鞋子、袜子、帽子都酌减供给，甚至连衬衣领上的翻领也省去，军衣的口袋由四个减为两个。粮食、菜金、办公费都挤出一部分用于工业建设。就这样，一点一滴，驻疆解放军硬是从自己的衣食中省出了新疆工业建设急需的经费。没有技术人员，就去聘请、去动员、去培养，凭着对新疆工业建设的诚心，聚拢了一批技术人才。工作条件艰苦，大家就想方设法去克服。仅用了短短 3 年

① 参见《新疆日报》，2005 年 6 月 23 日，第一版。

的时间，驻疆人民解放军就在新疆空旷的戈壁滩上，先后建起了六道湾露天煤矿、乌拉泊水电站、新疆水泥厂、七一棉纺厂、八一钢铁厂、十月拖拉机厂、新疆机械厂、八一面粉厂等一大批大型工矿企业，为新疆现代工业的发展奠定了基础。

1954 年 10 月由毛泽东主席亲自决定：建立新疆军区生产建设兵团（以下简称兵团）。兵团的建立是一种创举，是毛泽东屯垦思想在新疆的成功实践。兵团不是一般的农垦部队，而是一支武装的生产部队；不是一般的企业组织，是以中国人民解放军集体转业为基础，肩负保卫边疆、建设边疆的历史使命，执行生产队、工作队、战斗队三大任务，工农兵学商结合、党政军一体的特殊组织。它是自治区经济建设的强大力量，民族团结的强大力量，维护治安、巩固安定团结政治局面的强大力量，保卫祖国边防、巩固祖国统一的强大力量，也是汉族人民支援兄弟民族进行建设的一种有效形式。新疆地处祖国的西部边陲，有 5400 多公里的国境线，战略地位十分重要。新疆又是祖国最大的一个省区，地大物博，资源丰富，交通不便，人口稀少，经济文化比较落后，亟待开发建设。兵团就是在这样一种客观条件下应运而生的，兵团的诞生和发展是新疆客观实际的需要。

三、一系列政策的实施赢得了民族关系的初步发展

中华人民共和国的成立，标志着中国社会的重大变革，从此中国逐步结束阶级剥削的时代，开始进入了一个向社会主义过渡的新时代。全面、稳步、科学地实施党的民族政策，使得这个阶段新疆民族关系呈现出新的特点：

1. 建立政治新秩序，努力构建社会主义民族关系

党和政府为了帮助新疆各民族人民翻身解放，派遣中国人民解放军，在新疆起义部队和各民族爱国人士的帮助下，开展建党建政、民主改革、剿匪镇反、军民一起恢复和发展生产等一系列

工作，用实际行动教育了各族群众，消除民族隔阂，为实行民族区域自治，建立社会主义民族关系奠定了基础。

2. 新疆民族关系的空前发展

由于党和政府的政策和措施实施得当，基本上消除了长期以来新疆各民族，特别是少数民族与汉族之间形成的民族隔阂，彻底改变了旧中国不正常的民族关系，出现了空前团结、统一的局面，各族人民心悦诚服地接受共产党的领导，紧密地团结在毛主席和党中央周围，以极大的热情和高度的主人翁精神投入到了社会主义建设事业中。尤其是土地改革的完成，使各族农民不仅摆脱了汉族反动统治阶级的压迫和剥削，而且结束了本民族内部的以地主阶级为代表的封建势力的压迫和剥削，真正在政治上、经济上得到了翻身。各族农民欢欣鼓舞，他们更加热爱毛主席，更加信赖中国共产党。1952 年 3 月 23 日，疏附县帕哈太克里乡维吾尔族农民在庆祝土地改革胜利的大会上，以长诗形式给毛泽东写了一封致敬信——《献给毛泽东》，倾诉过去的苦难生活，描述土改翻身的喜悦，抒发他们对中国共产党和毛主席无比热爱的深厚感情。8 月 30 日，毛泽东复信给帕哈太克里乡全体农民，鼓励他们“在爱国丰产的口号之下，更加团结，努力生产，改善自己的物质生活；并在这个基础之上，一步一步提高自己的文化水平。”随着社会主义改造顺利完成，我国进入了社会主义建设时期，各民族之间形成了平等、团结、互助的社会主义新型民族关系。这一时期是新疆民族工作和民族关系的第一个黄金时期。①

3. 历史遗留下来的民族隔阂依然存在

新中国成立初期，新疆民族工作面临的形势是极其复杂的。由于历史上的反动统治者长期实行民族压迫政策，各民族之间，

① 参见朱培民：《毛泽东与新疆》，摘自（人民网）《毛泽东百周年纪念》。

主要是少数民族和汉族之间存在着很深的隔阂；少数民族对新成立的人民政府心怀疑虑；有些地方在暗藏的反革命分子的挑拨下，甚至还存在着严重的民族对立：一些汉族干部和群众中存在着严重的大汉族主义思想，这些都是影响民族关系的不利因素。要完全消除这种历史上遗留下来的残余思想，无疑还需要很长的时间，还需要做艰巨的工作。

第三节　围绕向社会主义过渡全面落实民族政策

一、针对新疆当时的实际情况，体现出政策的针对性

1949年底新疆省人民政府委员会第一次会议通过的《新疆省人民政府委员会目前施政方针》（以下简称《施政方针》），是在中国人民政治协商会议第一届全体会议通过的《共同纲领》的基础上，结合新疆的实际情况而制定的。这一方针突出强调了新疆各民族一律平等。这是针对新疆长期的民族压迫所造成的影响而提出的，这一方针突出强调了反对大民族主义即大汉族主义和狭隘民族主义即地方民族主义，因为这是影响新疆民族关系发展的根源之所在。同时，这一方针还突出强调了反分裂斗争。因为这是由于外部势力长期插手我国内政，部分势力企图分裂中国的严峻形势所决定的。

《施政方针》第三条规定，坚决执行政协共同纲领规定的民族政策，新疆境内各民族一律平等，实行团结互助，反对各民族内部人民公敌，反对大民族主义和狭隘民族主义，反对英美帝国主义及其走狗所倡导的大土耳其主义。规定“宗教信仰自由”、“宗教不得干涉司法行政”的内容等等。此外，《施政方针》还规定了发展新疆经济，实行土地改革，发展各民族文化、教育和医

疗保健等各项民族政策。《施政方针》实际上是党的民族政策在新疆的具体体现，在后来的贯彻实施中即以此为纲领。

二、密切结合新疆实际，实施“慎重稳进”的方针政策

中华人民共和国建立后，即在广大汉族地区开始进行社会改革。新疆是多民族地区，中共中央在实施这一改革中充分考虑到新疆的特点，一再指示要采取“慎重稳进”的方针。1950 年 6 月，毛泽东在中共七届三中全会上指出：“少数民族地区的社会改革，是一件重大的事情，必须谨慎对待。我们无论如何不能急躁，急了会出毛病。条件不成熟，不能进行改革。一个条件成熟了，其他条件不成熟，也不要进行重大的改革。”[①] 1952 年 5 月 17 日，毛泽东在签发《中共中央关于新疆土改工作的指示》时强调指出：“在新疆农业地区，今年实行土地改革，消灭地主阶级，这是一个坚决的革命的进攻，不容动摇。但在实行这个进攻的具体步骤上，必须十分慎重，切戒急躁。必须准备充足的力量，一步一步地实行进攻，以便获得全胜。在新疆实行社会改革，充分地估计到民族和宗教的特点，有意识地在民族和宗教问题上做一些让步，以换取整个社会改革的胜利，是完全必要的。”[②] 中共中央认为，新疆是多民族地区，各项工作都必须照顾到民族特点，都要联系到民族问题来进行考虑，应充分估计到新疆宗教问题的复杂性和群众的落后性。中央承认新疆的特殊性，因此，某些中央规定的法令，在新疆可以缓行，如果条件成熟，群众自动起来要求若干社会改革（如减租减息等），可以进行调解，实行若干改革，但必须经过请示，而且要征得少数民族

---

① 《毛泽东文集》第六卷，第 75 页，人民出版社，1999 年版。

② 参见《中国共产党新疆历史大事记》第一册，第 70 页，新疆人民出版社，1994 年版。

中经过群众选举的领袖的同意。1950 年 7 月，中共中央再次指示新疆分局，在新疆进行社会改革必须采取稳重和谨慎的步骤，在今年除极少数地区进行试验性的减租外，一般不要进行减租，但应积极准备。因此，新疆的社会改革进行得特别慎重，分三步才完成。而且在具体实施中也充分考虑到新疆各个民族各个地方的具体情况。例如，在土地改革中制定了适合新疆情况的具体政策：

1. 坚决保护畜牧业

在纯畜牧业区及半农半牧区不进行土改；凡农业区地主兼营畜牧业，对畜牧业部分，不论其牧群大小，也不论属于何种牧畜，一律不得没收分配。

2. 保留宗教土地

清真寺、麻扎、宗教学校、喇嘛庙现有的土地及在乡村中属于公共所有的各种宗教土地及其出租的房屋，均一律保留；在划分阶级成分时，宗教人士的阶级成分只能按其自有土地数，而不能按寺、庙拥有的宗教土地数来划定。保护寺院、庙宇及其他一切文物古迹不受破坏。

3. 在同地主阶级进行斗争时，必须实行区分对待的政策

如地主愿意服从土改法令，可不必进行斗争，这样的情况越多越好。在土地分散、地主很少、缺乏土改的实际意义的一些地区，可不提出进行土改的口号。这些从新疆实际出发制定的政策，是党的民族政策在新疆的具体内容，它的具体执行保证了减租反霸和土地改革的顺利进行。如从 1954 年开始新疆逐步开展了对农业、手工业和资本主义工商业的社会主义改造。在改造中最突出的特点是针对新疆的具体情况对牧区实行了特殊的改造政策：一是确定了牧区的工作方针。即必须继续贯彻党在牧区“慎重稳进”的既定方针及现行的保护与发展包括牧主经济在内的畜牧业政策，继续实行“三不”即“不斗、不分、不划阶级”和

"两利"即"牧工、牧主两利"等政策。对畜牧业的社会主义改造，应该和必须采取和平改造的政策。二是对牧主经济的改造采取公私合营、先建立公私合营牧场，然后转变为国营牧场或有区别、有限制地允许牧主加入畜牧业合作社；对个体牧民经济的改造，采取了个体牧民经济合作化的形式，通过互助组，合作社引导其走社会主义道路。三是在政策上，允许牧民和牧主自留乘骑和生活必需的少量牲畜：对牲畜入社先实行"保股保畜"，逐步过渡"保股值"，对参加公私合营牧场的牧主，除按股分红外，一般不分配其担任场内的管理工作。

此外，还采取对各族各界上层人士和民主人士及专家采取"保护过关"，在土改中尽力消除旧社会所造成的民族隔阂和仇视的政策

总之，这一时期党在新疆的民族政策既"慎重稳妥"，又紧密结合新疆各地区各民族的实际，逐步地、深入地贯彻落实，从而赢得了各族各界各阶层的信任和拥护。

三、有效的政策措施发挥了重大作用

这一阶段，是新疆建党建政迈向民族区域自治的关键阶段，这一阶段的民族工作表现在党、政、军齐抓共管，既建立了民族工作部门，又有了各级党的领导和组织保障，民族工作初步体系化，系统化。三大改造的完成，经济建设的开展为民族工作开展提供了物质基础；反分裂教育，反对大汉族主义和狭隘民族主义的教育为民族工作开展提供了思想舆论基础；果断有力的剿匪平叛举措为民族工作的开展提供了良好的社会环境。除此之外，以下三个方面的措施所发挥的效用是不可低估的：

1. 高度重视思想的统一

1950—1951年，对新疆民族问题的解决有四种不同主张：一是主张新疆独立；二是主张并入苏联，在新疆成立加盟共和

国；三是主张成立自治共和国；四是主张民族区域自治。在这种情况下，中共中央和新疆分局对这些主张采取了以下办法：一是态度要坚决，反对什么、坚持什么十分明确。新疆分局明确宣布：第一种主张是反动的，第二、三种主张是错误的，第四种主张是正确的。二是多做说服教育工作，统一思想认识，为此，1951年4月13日至19日，中共中央新疆分局召开了以统一民族政策思想为中心内容的分局扩大会议。会议形成共识：新疆各族人民是拥护中国共产党的领导，拥护共同纲领，欢迎人民解放军和汉族干部帮助的。会议要求全体党员要为加强新疆各民族的团结而努力，号召外来干部克服大汉族主义思想，本地民族干部克服狭隘民族主义思想，为团结成为和睦友好的大家庭而奋斗。

中共中央还致电王震、张邦英并习仲勋，指出：王、邓前电主张将全省分成维、汉、哈三族为主的三个等于行署或省的自治区，是不妥的，不应再提出。1953年4月2日，中共新疆分局召开第20次常委会，赛福鼎传达中央对新疆民族区域自治工作的指示：1. 新疆有13个民族，其中又以维吾尔族为主，因此，在实行民族区域自治过程中或以后，维吾尔族必须主动照顾其他民族。同时，由于哈萨克自治区也有13个民族成分，因此，哈萨克族也要照顾自治范围内的其他民族。这样，才能有利于民族团结，使各民族都没有意见。2. 必须贯彻“慎重稳进”的方针，实行民族区域自治的过程还可以拉长一点时间，不要着急，以做好工作，进一步加强各民族的团结。实行民族区域自治时，不仅要照顾各民族目前的聚居情况，而且必须照顾将来的发展条件，以利于各民族在经济上、文化上的发展。必须加强爱国主义教育。3. 中央认为：（1）新疆名称不改好，行政地位相当于省级，属中央领导。（2）伊犁应划入哈萨克自治区内。（3）实行民族区域自治的步骤应由：“自下而上”改为“有小而大”更为明确。省级自治区不一定在1954年5月成立，应看具体情况，下半年成立亦可。(4) 为照顾柯尔克孜族将来的发展，应在该民族自治区附近，适当划给一部分农业区。(5) 训练民族区域自治工作所需要的干部，只能限于领导骨干，一般干部需要长期培养解决。[①] 这样，思想上的统一，就保证了行动上的一致，从而为增强民族团结，实现各民族同心同德共谋发展奠定了基础。

2. 大力进行党的政策学习和宣传教育工作，赢得了各族群众的支持

做好宣传工作是贯彻好民族政策、提高群众觉悟、保证民族政策顺利实施的重要前提。新疆党政部门不仅利用一定的会议或专门座谈会，向广大干部宣传民族政策，而且还安排各级组织和各级干部学习党的民族政策。为配合干部学习与对群众宣传的需要，还编印了维、哈、汉、蒙、锡、俄等六种文字的《民族政策文件》和哈、蒙文的《民族政策学习参考资料》共计 24 400 册，并利用报纸、广播、电影等群众所喜闻乐见的形式向各族群众宣传党的民族政策。

实践证明，正确、及时、到位的民族政策宣传能够聚合民心，击败谣言，能够提高各族群众参政议政、管理自己事务的自信心和自豪感，能够培养各族群众的爱国主义情感。

3. 大力培养少数民族干部

毛泽东指出："政治路线确定之后，干部就是决定的因素。"[②] 1949 年 11 月，毛泽东在《对西北少数民族工作的指示》中还说："要彻底解决民族问题，完全孤立民族反动派，没有大批少数民族出身的共产主义干部，是不可能的。"[③] 20 世纪 50 年

① 参见《中国共产党新疆历史大事记》第一册，第 70 页，新疆人民出版社，1994 年版。

② 《毛泽东选集》第 2 卷，第 526 页，人民出版社，1991 年版。

③ 转引自图道多吉主编：《中国民族理论与实践》，第 224 页，山西教育出版社，2002 年版。

代初，新疆认真贯彻“普遍而大量地培养少数民族干部的方针”，一方面在减租反霸、土地改革、社会主义改造、推行民族区域自治等社会实践中培养了大批干部，另一方面又积极选送少数民族同志到内地民族学院和新疆自己举办的各级各类干部培训班学习深造。当时的中共中央新疆分局地方干部训练班被王震将军誉为“制造人民干部的工厂”，中共中央新疆分局干校三年培养干部5345人，其中少数民族干部4043人，省干校培养了6000多名干部。民政厅、教育厅、财政厅、公安厅、电信局、邮政局等部门还分别开办了训练班培养部门和行业干部。自治区成立时，新疆少数民族干部已由解放初的3000多人发展到46 000人，干部数量翻了15倍多。1954年9月，中共中央作出具有深远意义的重要决策，在中央党校创办新疆民族干部班。

培养和造就大批懂政策、知政策的民族干部是切实保证民族政策制定合理、实施到位、效果有保证的关键。

江泽民指出：“新中国的民族工作主要有两大历史任务：一是通过进行社会制度的变革，引导翻身解放的各族人民走上社会主义道路；二是通过进行社会主义建设，加快各民族特别是少数民族和民族地区的经济社会发展，促进各民族的共同繁荣。”[①]这是对我国社会主义时期民族问题发展规律的新认识和新概括。新疆从和平解放到三大改造完成，主要完成了第一大历史任务，即通过进行社会制度的变革，引导翻身解放的各族人民走上社会主义道路。

---

① 国家民委、中央文献研究室编：《民族工作文献选编》（1990—2002年），第210～211页，中央文献出版社，2003年版。

第四章　全面建设社会主义时期新疆维吾尔自治区的民族工作（1956～1966）

1955 年 9 月 30 日，全国人民代表大会常务委员会第 21 次会议通过决议，批准国务院总理周恩来提出的议案，成立新疆维吾尔自治区，撤销新疆省建制。新疆维吾尔自治区成立后，在新疆各族人民的努力下，在国家和兄弟省区的大力支援下，新疆的社会主义革命和社会主义建设事业有了突飞猛进的发展。民族工作也实现了向第二个历史任务——促进民族地区和少数民族的经济社会发展的转移。随着社会主义建设在新疆的全面展开，各民族之间的凝聚力得到加强，各民族间的关系基本上成为各族劳动人民之间的关系，社会主义民族关系由此得以确立和发展，但 1957 年反右斗争期间及以后几年内出现的“过渡”做法，也影响到了民族关系的健康发展。

第一节　民族工作与全面建设社会主义

全面建党立政工作在新疆的完成，新疆维吾尔自治区的成立以及社会主义三大改造的完成，标志着社会主义制度已经在新疆建立。民族工作的第一个历史任务在新疆已顺利完成，民族工作的重点已经转向通过开展全面的社会主义建设，促进了新疆以及新疆各民族经济社会的发展。在这一时期，开展民族工作就是要全面进行社会主义建设，全面建设社会主义新新疆就成为国家的一项重要的民族工作。

一、百业建设全面起步

1. 中央对新疆建设的关心

以毛泽东为首的第一代中央领导集体，高度重视新疆的全面建设，他们从全国经济发展的总体布局出发，对新疆的经济和社会发展进行了一系列的战略思考，他们有的亲自到新疆视察，有的专门就新疆建设发展问题做出重要指示

1958 年 9 月 4 日至 25 日，中共中央副主席朱德到新疆南北疆进行了考察，视察了新疆的生产建设、民族团结等方面的工作。1965 年 7 月 5—6 日，周恩来总理视察新疆生产建设兵团石河子垦区，并在新疆维吾尔自治区党、政、军负责干部会议上讲话，就新疆建设问题提出八点要求。1965 年 10 月 1 日，自治区首府乌鲁木齐市举行盛大集会，庆祝自治区成立十周年，中央代表团团长贺龙副总理到会并向新疆各族人民赠送礼品。1966 年 3 月 20 日至 4 月 16 日，刘少奇主席和陈毅副总理出国访问前在乌鲁木齐停留期间，听取了区党委的工作汇报，并视察了和田、喀什和克孜勒苏等地。

1963 年 9 月 27 日，毛泽东在北京约请周恩来、杨成武、王恩茂等人，讨论新疆出现的问题，对新疆工作作了重要指示。他强调新疆地区要经常注意了解边境情况，加强边境地区的反颠覆斗争。在毛泽东对新疆工作的指示中，最突出的是强调必须要做好新疆的经济工作。他指出，在新疆："第一，要做好经济工作，农业、畜牧业、工业要一年比一年发展，经济要一年比一年繁荣，人民生活要一年比一年改善。"① "发展社会主义建设事业要有积累，但积累不能过多；粮食要征购，但任务不能过重，征购

① 朱培文：《毛泽东与新疆》摘自（人民网）《毛泽东百周年纪念》。

不能过头。要减轻人民的负担，改善人民的生活。”“新疆经济的发展和人民生活的改善，不仅要比国民党时期好，而且要比苏联好。”[①]“第二，要政治挂帅，加强思想政治教育”。[②]“要注意搞好民族关系，增强民族团结。”[③]

周恩来总理曾经指出：“我们社会主义的民族政策，就是要使所有的民族得到发展，得到繁荣。所以，我们国家的民族政策，是繁荣各民族的政策。”[④]“我们不能设想，只有汉族地区工业高度发展，让西藏长期落后下去，让维吾尔自治区长期落后下去，让内蒙牧区长期落后下去，这样就不是社会主义国家了。我们社会主义国家，是要所有的兄弟民族地区、区域自治的地区都现代化。”[⑤]这说明，社会主义社会是各民族共同繁荣的社会，加快新疆维吾尔自治区的建设与发展是社会主义的建设任务之一。

1957年8月4日，周恩来在《关于我国民族政策的几个问题》的讲话中指出：“以新疆来说，那里有石油资源，有各种有色金属资源，有可以开垦的农田，适宜种植棉花，但这只是好的条件，不要忘记那里还有困难。新疆水利不够，要大大地改善水利系统，才能开发。交通也很困难，不仅要修通兰州到新疆的铁路，而且要修通北疆到南疆的铁路，才能开发。”[⑥]“要在新疆建立包括克拉玛依油田和乌鲁木齐地区将来的工业中心，如果没有

① 朱培文：《毛泽东与新疆》摘自（人民网）《毛泽东百周年纪念》。
② 朱培文：《毛泽东与新疆》摘自（人民网）《毛泽东百周年纪念》。
③ 朱培文：《毛泽东与新疆》摘自（人民网）《毛泽东百周年纪念》。
④《周恩来统一战线文选》，第383页，北京：人民出版社，1984年版。
⑤《周恩来统一战线文选》，第383页，北京：人民出版社，1984年版。
⑥《周恩来统一战线文选》，第383页，北京：人民出版社，1984年版。

新疆各民族和内地汉族的共同努力，就搞不成功。”①“仅仅依靠新疆一个自治区五百万人口，不可能积累多少资金，而且人力也不够。必须依靠全国的力量，国家的力量，中央的力量，把我们计划经济中能够积累的资金拿出一部分投资到新疆增加财力，从内地动员一部分人力到新疆增加劳动力，这样才能使得新疆大发展。”②

1965年7月3日，周恩来率中国代表团出访巴基斯坦和坦桑尼亚归来后抵达新疆，先后深入到喀什、石河子垦区和乌鲁木齐等地的农村、工厂、机关、学校参观视察。7月5日，周恩来在新疆建设兵团石河子垦区写下了这样一幅题词：“高举毛泽东思想的胜利红旗，备战防边、生产建设、民族团结、艰苦奋斗、努力革命、奋勇前进。”③7月6日，周恩来在新疆维吾尔自治区党、政、军负责干部会议上再次对各族干部讲话。在讲到“搞好民族团结”问题时，他强调：“要做长期的工作，要各个方面打破界限才能够团结。首先，要学习语言，汉族干部先要学好维吾尔语；其次，要尊重这个地区的民族风俗习惯；再次，汉族干部和青年，要有决心在新疆工作和革命。”④最后，他留给支边的青年两句诗：“埋骨岂须桑梓地，人生处处有青山。”⑤在新疆期间，周恩来还特别提倡要发扬艰苦奋斗的精神。他对干部们严肃地说：“不能大手大脚，否则我们这一代创业，我们这一代也会毁业。”⑥

---

① 《周恩来统一战线文选》，第367、368、376～377页，人民出版社，1984年版。

② 《毛泽东、周恩来情系新疆》，《光明日报》，2004年11月28日

③ 《毛泽东、周恩来情系新疆》，《光明日报》，2004年11月28日

④ 《毛泽东、周恩来情系新疆》，《光明日报》，2004年11月28日

⑤ 《毛泽东、周恩来情系新疆》，《光明日报》，2004年11月28日

⑥ 《毛泽东、周恩来情系新疆》，《光明日报》，2004年11月28日

周恩来还曾就新疆农业发展指出：新疆首先要发展农业，抓好粮食生产，解决吃饭问题。还要大力发展棉花，争取为国家多做贡献。1966年1月，在全国棉花生产会议上，周恩来专门就新疆棉花生产做出指示：一是新疆要在1965年棉花单产60斤的基础上，1966年要进一步提高单产，在三五年内达到或超过苏联1964年单产92斤水平；二是新疆棉花生产布局要调整，应在南疆扩大棉花种植面积。

1966年三四月，刘少奇在新疆考察时提出新疆要大力发展畜牧业。他指出，新疆有这么大的草原，很好，你们要保护草原，建设牧区，并且明确指出，新疆应实行农牧结合，增产更多的畜产品。一定要汲取国内外先进经验，注意改良草原，合理利用草原，搞好草原机具改革，要在草原上撒种子种草，搞好草原的水利灌溉，防止草原退化。在牧区要搞半牧半读，给牧民增加一些文化，这是提高生产力最重要的办法。1966年3月24日，刘少奇在听取新疆维吾尔自治区党委工作汇报时指出，新疆应该加大植树造林力度，使新疆的自然环境能有一个根本的改变，把新疆建设好。他还反复强调一定要把改造戈壁这件事抓好。

1958年9月，中共中央副主席、国家副主席、中国人民解放军总司令朱德视察克拉玛依油田，他对克拉玛依油田的开发给予了高度评价。他勉励石油职工："不论是准噶尔，还是塔里木，凡是能开发的地方，你们都要把它开发出来，大力发展我国的石油工业。"① 在视察哈密时，朱德强调要改变环境，种植草木。

以毛泽东为核心的第一代中央领导集体，关于发展新疆经济建设的设想是符合新疆实际的，是符合新疆各族人民的根本利益的。

---

① 朱培民、陈宏、杨红著：《中国共产党与新疆民族问题》，第124页，新疆人民出版社，2004年版。

2. 开展全面建设，提高各族人民生活水平

(1) 积极推动各方面建设

20世纪50年代，新疆维吾尔自治区党委从当时新疆耕地少、水源未被充分利用的实际情况出发，提出了“扩大耕地面积与提高单位面积产量并举，以扩大耕地面积为主”的方针，号召各族农民和国营农场职工大量开荒造田，增加耕地面积。到1960年，全区耕地面积从1949年的1814万亩增加到4717万亩，从而促进了解放后连续九年的农业生产的稳定增长，为新疆农业生产能够较快发展创造了条件。新疆还一直把坚持不懈地兴修水利，作为农业基本建设的重点。20世纪60年代，自治区党委在全疆推行生产建设兵团进行农田规划建设的经验，提出“兵团方向，公社特点，全面规划，逐步实现”的五好农村规划建设方针，在全疆范围内，开展了以治水改土为中心，实行山、水、田、路、林综合规划建设的群众性建设高潮，取得了显著成绩，形成了渠、路、林、田配套的新型耕作区，大大改善了农业生产条件。在积极开荒造田、兴建水利、大搞农田建设的同时，党和政府还注意引导各族农民进行农业技术改造，改革农具，改革耕作技术，培育优良品种，作好植物保护等工作，努力发展农业生产力。到1957年已基本实现了改浅耕为深耕；改撒播为条播；改土种为良种；改不选种为精选种子；改白地下种为药剂拌种；改不施肥为施肥等耕作技术的改革。棉花、油料、甜菜、瓜果等主要农作物的产量增加，提高了各族农民的生活水平。

党和政府在牧区进行了一系列卓有成效的工作。安定牧区社会秩序，进行畜牧业的社会主义改造，贯彻了一系列有利于发展畜牧业生产的方针政策和具体措施。保护草原，修建棚圈，搞好配种、保胎和接羔育幼，大力开展牲畜品种改良和畜禽疾病防治，积极改善饲养管理条件，做好抗灾保畜工作，千方百计地扭转靠天养畜的落后状态，牲畜储量获得较快发展。从1949年到

1965年，牲畜头数连续16年稳定增长，各种牲畜从1038万头发展到2697万头，畜牧业得到发展，牧区各族人民的生活水平得以提高，生活条件得以改善。

在林业方面，加强阿勒泰林区、天山林区和南疆胡杨林三个主要林区的建设。在加强护林防火工作的同时，注意合理采伐，适时更新。为防治风沙，调节气候，减轻大气干旱，改造盐碱地，满足农牧业稳产高产的需要，解决农村用材、烧材困难，新疆各族人民在党的领导下，大搞群众性植树造林。贯彻依靠集体造林为主，积极发展国营造林和社员私人植树的方针，调动广大群众的植树造林积极性。1963年，自治区党委提出的农村规划建设方针，把植树造林列为农田基本建设的重要内容，推进了以建造农田防护林为主的植树造林运动。为了降低风沙、干旱、盐碱等自然灾害对新疆工农业生产和各族人民生活的影响，新疆维吾尔自治区根据1958年西北五省区第一次治沙会议精神，统一安排了对沙漠的全面调查和重点治理。1959年用人工、畜力、飞机直播等不同方式，固沙造林52万亩，设置沙障14 500米，同时开展群众性的封沙育草、育灌，在一定程度上改善了生活在附近地区的各族人民的生活条件。

与此同时，自治区的水利事业、农机事业、气象事业、农业科学事业等也都跟随农业发展的步伐起步发展。

在全面建设时期，新疆的现代轻工业建立起来，直接服务于各族人民的日常生活。1958年，由新疆生产建设兵团的军垦职工资助1500万元的转业费，石河子八一糖厂开始兴建，1959年12月1日正式建成了一座日处理1千吨甜菜的现代化大型糖厂，结束了新疆不生产机制糖的历史。1963年，为了满足各兄弟民族的生活需要，又增加了牛奶糖、水果糖的生产，此外还生产酒精、人造血浆和味精等。1958年，新疆开始建造纸厂，1959年开始生产及制纸，年产量13吨，石河子造纸厂于1962年正式产纸，年产量达4500吨。地毯编制和棉纺、毛纺等企业在产量和工艺等方面也有了较大的提高。

在全国十六个省区的支援下，成千上万的有志青年云集克拉玛依，参加大规模的油田勘探和建设，推动了新疆石油工业的迅猛发展。1959年1月10日，我国第一条全长147公里的克拉玛依至独山子的输油管线建成投产，1月17日，当时我国最大的釜式焦化车间在独山子炼油厂建成，7个焦化锅正式投产。到1960年，新疆石油年产量达到166万吨，占全国产量的五分之二。1956年，国家从其他省市抽调煤田地质勘探队伍入疆，开始大范围的煤田勘测工作。从第二个五年计划起，国家对新疆煤炭工业给予了大量的投资，着手建设骨干矿井。新疆的冶金工业，随着1952年八一钢铁厂的建成而迅速发展。从1954年到1957年，八一钢铁厂的铁产量每年平均增长45%，钢产量每年增长60%，钢材每年增长66.6%。

新疆的机械、电子等工业起步快、发展快。20世纪50年代，机械工业部门从南北疆的耕作条件和畜力条件出发，因地制宜地设计和制造了50多种农牧业机具。在第二个、第三个五年计划期间，新疆综合电厂、新疆轴承厂、新疆机床厂、新疆水利机械厂、乌鲁木齐通用机械厂、东风锅炉厂成为重点建设项目。在这期间，由其他省市还迁入了新疆低压电器厂、巴音郭楞蒙古自治州电机厂等，给新疆派来不少技术人员和技术工人，充实了新疆机械工业的技术力量。1958年后，新疆的电力事业开始向农牧区发展，造福基层各族人民。除了电网向农村顺延送电，农村还自建小水电、小火电，从而使广大农牧区逐步有了电。

新疆无化学工业的历史也被随之改写。1958年到1960年，新疆化工企业由2个发展到94个，能够生产硫酸、盐酸、烧碱、磷肥、氨肥、农药、医药等29种产品。1965年后，新疆化学工业的发展重点向化肥、农药的生产转移，直接服务于农业生产第一线。新疆最大的新疆制药厂于1959年投产，大大改善了新疆的医药使用条件。1965年，新疆梧桐化工厂经过技术突破，元明粉生产获得成功。

经历了1958年大跃进的曲折发展之后，1961年1月，中共八届九中全会通过了“调整、巩固、充实、提高”的八字方针。到1965年，新疆国民经济结束了调整，又转向全面发展。全区工农业总产值达到24.38亿元，比1957年增长132.5%。其中农业总产值12亿元，比1957年增长98%；工业总产值12.38亿元，比1957年增长179.8%。工农业主要产品产量有很大的增长。其中：粮食总产量达到52.35亿公斤，比1957年增长65%；棉花产量1965年创历史最高水平，达到152万担，比1957年增长2.13倍；年末牲畜存栏头数2 697.5万头，比1957年增长58%；钢4.72万吨，比1957年增长2.2倍；原煤387万吨，比1957年增长2.5倍；原油97万吨，比1957年增长9.2倍；棉布1.4亿米，比1957年增长3.75倍。人民生活有了改善，全区零售物价指数下降到1957年的水平，城镇居民年末存款余额1965年达到2.59亿元，比1957年增加1.61亿元。①

交通运输业方面也获得了喜人的发展。兰新铁路于1958年7月通入新疆，结束了新疆没有铁路的历史。1963年初，铁路通到乌鲁木齐，使新疆和祖国内地的联系更加密切起来。解放前，整个新疆只有几条简易的公路，平均每500万公里的面积才有一公里公路。解放后，自治区公路建设部门依靠群众，普及与提高相结合，以普及为主，面向农村、牧区、工厂、矿山等偏僻地区，将公路以乌鲁木齐为中心，伸向四面八方，大大改善了新疆的交通运输环境。1959年，自治区客运专业公司成立。货运方

① 参见朱培民、陈宏、杨红著：《中国共产党与新疆民族问题》，第161～162页，新疆人民出版社，2004年版。

面，大量的农业机械、农具、化肥、种子、农田建设物质等通过铁路、公路运入新疆农牧区，农牧区的农牧产品又运入城市，物资的交流大大方便了各族人民。

在全面开展的社会主义建设中，新疆邮电建设不断掀起高潮。到 1956 年底，自治区自办邮电所 372 个，比 1951 年增加了 4 倍；1959 年底，全区自办邮电局所发展到 733 个，其中设在农村的自办机构达 511 个；1966 年，全区邮电机构发展到 768 个，其中设在农村的达到 606 个。1956 年，中央投资架设从乌鲁木齐到南疆的喀什、和田全长 2025 公里的长途电信线路，1959 年 11 月全部建成。从此，使沿途 6 个地、州、41 个县、市结束了不曾有过有线电话的历史。同时还架设了乌鲁木齐通往阿勒泰、塔城等地的线路。1964 年，建成了乌鲁木齐——奇台——阿勒泰线路。1951 年 5 月 1 日，自治区邮电管理局解决了有关技术问题，开通了维吾尔文电报，开创了少数民族文字电报的先例，不久，又开通了哈萨克文电报。这些举措，无不受到少数民族人民的热烈欢迎。

从教育方面来看，1957 年全区民族小学生达 424 500 余名，为 1949 年的 2.3 倍；民族中学生达 49 500 余名，为 1949 年的 26.2 倍；民族中专生达 8500 余名，为 1949 年的 6.7 倍；民族大学生达 2537 人，为 1949 年的 13.7 倍。按当时民族人口计算，每万人口中有小学生 892.2 人，中学生 104.13 人，中专生 17.87 人，大学生 5.33 人。到 1965 年，除因调整中专，使民族中专生比 1957 年减少 18%以外，民族小学生达 704 002 人，为 1957 年的 1.7 倍；民族中学生 76 000 人，为 1957 年的 1.5 倍；民族大学生达 3129 人，为 1957 年的 1.2 倍。少数民族与汉族之间在教育上的差距大为缩小，民族教育体系基本形成。1956 年至 1966 年，新疆教育出版社出版维、哈、蒙、柯、锡伯五种文字的教材达 1654 种，2145 万余册。

在这一时期，新疆的科学研究、新闻出版、文化艺术、医疗卫生、体育事业等也都有了突破性的发展，各民族的文化素质有了很大程度的提高。

（2）内地各族人民支援边疆建设

为了给新疆的各方面建设提供人力资源保障，国家先后从湖南、湖北、山东、江苏、广东、天津、上海等兄弟省市组织动员大批各行各业新疆急需的人才到新疆工作，其中包括各级干部、复转军人、青壮年支边者、各类学校分配到新疆的学生以及自愿献身边疆建设事业的各类人员，总数达百万之众。

内地省市人员支边西进大潮始于当时王震将军的一个提议。1950年春，中共新疆分局第一书记王震给湖南省委第一书记黄克诚去信，提出“在湖南招收大量女兵”参加支援新疆建设的请求，得到湖南省的大力支持。由新疆省人民政府和新疆军区在湖南一次招入8000名女青年进到新疆军营；不久，新疆军区又在山东等地招入了大批青年女兵。她们的到来既充实了部队，为驻疆部队官兵成家立业、扎根边疆作出了贡献，也由此拉开了内地省市大力支边的序幕。其后，国家采取一系列措施给新疆以强力支持：在高校毕业生和复转军人的分配上，给新疆以特殊照顾，使一批批知识分子、大批复转军人源源不断地充实到新疆各行各业；抽调了新疆急需的专业人才充实高校和科研队伍；号召动员四川、安徽、河南等地的农村青壮年充实新疆农业生产战线；整厂整建制的调迁一批工业企业进入新疆，如新疆七一棉纺厂、新疆低压电器厂、新疆农机厂等由上海迁入；新疆第一、第二建筑公司分别由长春、天津迁入；新疆冶金建筑公司由兰州迁入；新疆电力安装公司由西安迁入等等。这些人员和企业的到来不仅填补了新疆工业的空白，而且为新疆经济输入了新的血液，从而使新疆的建设事业得以迅速发展。

1962年，时任农垦部部长的王震考察了新疆生产建设兵团塔里木垦区后，经请示国务院，提出动员上海知识青年支援兵团开发建设的建议，得到了周恩来总理的支持和上海市委的响应。10万上海知识青年因此来到新疆，成为兵团百万屯垦大军的有生力量，掀起了开发塔里木的新高潮。在此期间，为了开发克拉玛依大油田，内地数万名建设者响应党的号召，从祖国四面八方、各条战线汇集到亘古戈壁沙漠，用青春和汗水勘探开发大油田。

到20世纪60年代中期，先后有湖南、四川等十几个省市的一百多万青壮年告别家乡，投身于新疆社会主义建设。他们与新疆各民族人民同呼吸、共命运，为开发边疆、建设新疆、加强民族团结、巩固祖国边防作出了贡献。

二、妥善解决“伊塔”事件，维护社会主义建设环境

1962年4月26日，塔城、裕民、霍城等边境县6万余中国居民，携带几十万头牲畜和大批财物强行越界逃往苏联，造成边境地区的严重混乱，使社会安定和生产建设遭到极大破坏。5月29日，在苏联驻伊宁领事馆策动下，数百人冲击伊犁哈萨克自治州政府，抢劫文件、行凶打人，制造了伊宁反革命事件。

发生在1962年四五月间的伊犁、塔城边民逃苏事件和伊宁反革命暴乱就是苏联当局有计划、有组织、有步骤策动的。“伊塔事件”发生后，新疆维吾尔自治区党委和人民政府根据中共中央、中共西北局的指示作了迅速处理。鉴于新疆历史的、民族的和社会的特殊情况，对开始发生的边民外逃事件按人民内部矛盾处理，坚持说服教育；当事态发展到暴乱的时候，则按照敌我矛盾处理，坚决打击，迅速平息，因而既打击了敌人，又得到了广大人民群众的拥护和支持。事件平息后，新疆维吾尔自治区先后召开了一系列会议总结经验教训，检查执行党在民族政策上存在的问题，采取了一系列措施全面贯彻执行党的民族政策，从而增强了各民族团结。在此基础上，加快恢复和发展农牧业生产，改

善了人民群众的生活状况。同时，还在干部群众中广泛进行了爱国主义教育，解决好一个祖国（中华人民共和国）、一条道路（走社会主义道路）、一个领导（中国共产党的领导）的问题。加强边防工作，改变了过去“有边无防”的状况。在一些边境地区，由生产建设兵团派出生产部队，实行代耕、代牧、代管，减少给生产造成的损失，并由生产建设兵团在这些地区建立了国营农场，把发展生产和保卫边防结合起来，稳定了这些地区的社会局势。抓紧处理了苏侨协会、苏侨和非法苏侨的问题，打击了不法分子的违法活动。

为了维护国家主权和法纪，保障自治区的社会秩序和社会主义建设，1962 年 8 月和 1963 年 4 月，自治区人民政府先后发布两个《新疆维吾尔自治区人民政府命令》，1962 年 8 月《新疆维吾尔自治区人民委员会命令》宣布了对边民外逃和伊宁反革命暴乱的处置方针，宣布了对外侨、自称外侨、外国公务机构以及中国公民出境等问题的态度和政策。1963 年 4 月《新疆维吾尔自治区人民委员会命令》宣布：对犯有制造谣言、煽动组织居民越境外逃、分裂祖国统一、破坏民族团结、带头聚众闹事、策划反革命暴乱、接受外国势力指使从事情报活动或颠覆活动者，一律依法惩办。

两个《命令》明确地划清了中国人和外国人、革命和反革命的界限，对这起由国外势力煽动的中国居民非法越境外逃和反革命暴乱事件，作了正确的分析，对事件中的各类犯罪分子，规定了区别对待的政策。两个《命令》的贯彻落实，特别是在边境地区的广泛宣传和执行，对打击分裂祖国统一、破坏民族团结的犯罪活动，对稳定新疆社会秩序和巩固祖国边防起到了重要作用，受到了各族广大人民群众的坚决支持和拥护

“伊塔事件”发生的原因，主要是苏联当局长期以来有组织、有计划地策动的结果。但我们对各族人民生活安排不好，照顾不

够，也是一个重要原因。为此，毛泽东于 1963 年专门就新疆的稳定与发展问题做出了指示。这是毛泽东生前对新疆广大干部和各族人民的殷切厚望和巨大关怀，它为解决新疆问题指明了方向。毛泽东的指示实际上提出了发展和稳定是当代新疆的两大主题，是解决新疆问题的关键。民族团结，社会稳定是发展经济的前提条件，没有民族团结、社会稳定，一切都无从谈起。所以，要加强思想政治工作，增强各民族团结，只有生产一年比一年发展，经济一年比一年繁荣，人民生活一年比一年改善，才会有真正的坚固的民族团结和社会稳定。因此，发展经济是新疆第一位的工作。

毛泽东提出的发展和稳定是当代新疆的两大主题，是解决新疆问题的关键，准确地阐明了民族团结与边防巩固的关系，经济发展与人民生活改善的关系，稳定与发展的关系，对新疆工作提出了总体上的战略要求，为确定新疆以后的工作方针起了重要的指导作用。

因为马克思主义最重视社会生产力的发展。马克思主义认为生产力是一切社会发展的最终决定力量，社会主义尤其要致力于发展生产力，社会主义制度的巩固和发展，也必须靠解放和发展生产力。因此，把发展经济作为第一位的工作符合马克思主义唯物史观的基本原理。

因为发展经济，改善人民生活，乃是新疆各族人民的根本利益之所在。新疆是多民族聚居的地区，新中国成立以来，虽然各民族之间在政治、法律上实现了民族平等，但是勿庸讳言，少数民族地区和内地汉族地区、西部地区与沿海地区在经济和文化发展上的差距还是很大的。所以，只有大力发展少数民族地区的经济，才能逐步缩小这个差距，才能真正实现各民族之间的共同繁荣，才会有更加坚固的民族团结。

因为新疆地处祖国西北边陲，与原苏联、蒙古、阿富汗、巴基斯坦、印度等5国接壤，战略地位十分重要。只有生产发展了，经济繁荣了，人民生活改善了，社会安定了，才会有巩固的边防，才能显示出中国社会主义制度的优越性。在新疆，经济是否发展，人民生活是否改善，不仅对内影响民族团结，而且对外直接有国际影响。当时毛泽东就曾提出，新疆各族人民生活的改善，不仅要比国民党时期好，而且要比苏联好。

三、新疆生产建设兵团的重大贡献

从1954年到1966年，随着全国和新疆大规模社会主义经济建设的顺利推进，新疆生产建设兵团进入快速发展阶段。兵团以屯垦戍边为已任，以经济建设为中心，朝着工农商学兵相结合，农林牧副渔全面发展，工交建商服综合经营的方向发展。到20世纪60年代，兵团已成为促进新疆经济发展的骨干力量，在各行业中发挥着排头兵的作用，无论是对于新疆的建设发展还是对新疆的社会稳定都做出了突出贡献。

1966年，兵团工农业总产值由1954年的6000多万元增长到9.77亿元，平均每年递增18.1%，递增速度高于自治区6.3个百分点，工农业总产值占自治区工农业总产值的28.3%。全兵团共有农牧场158个，其中正规化、机械化国营农场137个。耕地面积达1212万亩，播种面积835万亩，粮食总产量7.2亿公斤，占自治区的21.8%；生产皮棉2499万公斤，占自治区的31%；甜菜24万吨，占自治区的90%；油料1454万公斤，占自治区的16.8%。兵团上缴国家的农牧产品商品率逐年提高，1960年—1966年缴售粮食累计达9.7亿公斤，为解决“南粮北调”的格局，做到北疆粮食自给有余，做出了贡献。

兵团的农牧团场、工交建商企业依法在向当地政府纳税的同时，积极支援地方建设，每年抽调大批技术人员到附近县、乡、村举办种植、农机、财会等各类培训班，推广先进技术；从

1964年起，每年筹集资金，帮助地方搞规划和建设，为各族群众送医送药，给予多方面的帮助。为支持新疆地方工业发展，兵团还把已经建立起来的规模较大的一批企业无偿交给地方。

兵团积极致力于新疆社会治安的稳定建设。1958年9月至1959年6月，平息加米西提汗和达列力汗于富蕴、青河发动的武装暴乱，1958年10月在平息乌苏蒙古族喇嘛暴乱的斗争中，兵团的武装民兵发挥了重要作用。“伊塔事件”发生后，根据中共中央的统一部署，兵团代管庄稼78万亩，代耕土地42万亩，收拢失散牲畜32.7万头。根据需要，兵团到1966年底，共建成边境农场38个，耕地面积234.13万亩，总人口15.55万人，分布在昌吉回族自治州、克拉玛依、伊犁地区、塔城地区、博尔塔拉自治州、阿勒泰地区、哈密地区、阿克苏地区的边境线附近。兵团边境农场的国境线2019公里，基本上形成了一条纵深10～30公里的边境农场带，充实了边防，筑起了国防屏障。

第二节 民族工作的进步与曲折

一、民族工作中的进步

1. 继续开展参观访问活动，推动民族团结进步事业

1956年8月5日，新疆少数民族“国庆”参观团一行151人由团长沙伊托夫率领进京参加“国庆”庆祝活动；1957年8月5日，新疆少数民族参观团一行110人，由团长阿不都热依木·力提甫率领到北京参观观礼；1958年，毛泽东主席及党和国家领导人亲切接见了参观全国农业展览会的新疆参观团，毛泽东主席还特意接见了执意骑着毛驴向毛主席献礼的库尔班·土鲁木；9月23日，新疆少数民族“国庆”参观团一行60人，由团长胡赛因·巴伊莫拉托夫率领赴北京观礼；1959年，新疆少数

民族参观团一行73人，到北京参加建国10周年庆典，同时，新疆社会主义建设成就展在北京民族文化宫展出；1960年，到北京参加“五一”和“国庆”庆祝活动的少数民族参观团人员达到136人；1961年，新疆少数民族“国庆”参观团成员52人；1962年5月8日，中央领导亲切接见新疆少数民族“五一”参观团成员、参加中央民族工作会议的新疆代表和中央民族学院新疆应届毕业生；1963年，新疆少数民族“国庆”参观团成员73人；1964年8月5日，新疆少数民族作者参观团一行16人赴北京、东北、华北等地参观；1964年、1965年、1966年分别共有196名新疆少数民族参观团成员进京参加“五一”和“国庆”庆祝活动。

可见，这一时期逐渐增加了“五一”参观活动，这就使更多的新疆各民族代表有机会亲临北京，与党和国家领导人一起交流、沟通，感受国家对少数民族的重视与关心。

2. 积极落实民族语言文字政策

1956年，新疆维吾尔自治区语言文字改革委员会召开了自治区民族语文科学讨论会。会议讨论确定了维吾尔、哈萨克、柯尔克孜、锡伯等4个民族的文字采用斯拉夫字母重新制定；乌孜别克、塔塔尔两个民族的文字分别采用苏联乌兹别克族和鞑靼族目前使用的斯拉夫字母文字；蒙古族文字的改革将根据内蒙古自治区制定的新文字方案实施。11月，新疆人民教育出版社成立，其主要任务是翻译出版维吾尔、哈萨克、蒙古、柯尔克孜和锡伯等五种民族文字的中、小学课本。12月，自治区人民委员会第13次会议通过自治区《关于改革维吾尔、哈萨克、蒙古、柯尔克孜、锡伯、乌孜别克、塔塔尔等民族文字与帮助尚无文字的民族创立新文字的决议》。

1957年3月3日，自治区党委发出《关于改进和加强汉族干部学习本地民族语文的指示》和《关于自治区本地民族干部学习汉文的指示》。8 月 19 日，中国科学院少数民族语言调查第六工作队，在近一年的时间内考察收集了维吾尔、哈萨克、柯尔克孜、锡伯、塔吉克等七个民族的大量语言、文字材料，为各民族的文字改革提供了较系统的资料。自治区决定从 9 月份起，自上而下有重点地推行维吾尔、哈萨克、蒙古、锡伯、乌孜别克等民族新文字。

1958 年 11 月 3 日，新疆维吾尔自治区人民广播电台蒙古语广播节目开播；1960 年 3 月 21 日，自治区人民委员会公布维吾尔、哈萨克新文字方案（草案）；1965 年 1 月 7 日，自治区人民委员会公布维吾尔族新文字和哈萨克族新文字方案。

民族语言文字改革工作的进行体现了对民族历史和文化的尊重，体现了民族平等原则；汉族和少数民族干部互相学习语言的规定，对于促进并改善民族关系，互相学习民族文化，沟通并增进民族感情具有战略意义。

3. 民族干部队伍快速发展壮大

截止到 1965 年 9 月 5 日，全疆共有维吾尔、哈萨克、回、蒙古、锡伯、乌孜别克等十几个少数民族的干部 10.6 万多人，比解放初期增加了 4 倍半，比自治区成立时增加一倍半。以克孜勒苏柯尔克孜自治州为例，1963 年，该州本地少数民族干部比自治州成立时增加 2.5 倍，其中柯尔克孜和维吾尔族干部占 70%。民族干部成了增进党和各级政府与各民族群众密切联系的纽带和桥梁。

4. 妥善解决了部分新疆世居民族群众回迁的工作

由于历史和战乱的原因，部分新疆世居民族群众在解放前被迫背井离乡，离开了世代生活和居住的土地。在党和政府的大力关怀下，1956 年由维吾尔、哈萨克等民族人员组成的自治区访问团，于 6 月 27 日到甘肃和青海访问哈萨克牧民，历时两个半月。11 月 22 日，中共中央复示青海、甘肃省委和新疆维吾尔自治区党委关于阿尔顿曲克和阿克塞两地哈萨克族群众搬回新疆的问题，指出应当采取自愿态度，愿走者走，愿留者留。1957 年 3 月 15 日，迁居在阿尔顿曲克的一批哈萨克牧民重新返回了新疆。这种回迁事件，完全是社会主义制度和社会主义民主重新赋予了他们安家立业的自由。

5. 在“伊塔事件”发生后，进行了贯彻党的民族政策，加强民族团结方面的检查

1962 年 8 月，新疆维吾尔自治区党委召开了自治区民族工作会议，检查了 1958 年“大跃进”以来的民族、宗教、统战工作，总结了新中国成立 12 年来自治区民族工作的经验教训，对以后一段时间的民族工作做出了许多重要的决策。

(1) 关于民族区域自治问题

针对有的人认为“民族问题已经解决了”，“民族特点不必要照顾了”，甚至有的人认为“民族区域自治已经过时了”的错误认识，会议认为必须在思想上明确民族问题的长期性，只要民族存在，就有民族特点，就会有民族问题，就要很好地解决民族问题，就要坚定不移地坚持民族区域自治这一基本政策。自治民族当家作主的权利不但要继续坚持，而且还要不断得到充实和发展。

(2) 关于反对大汉族主义和地方民主主义的问题

会议认为：应该肯定，12 年以来，经过多次检查批判，大汉族主义和地方民主主义已大大克服了，但还没有完全克服。对于存在的无论是大汉族主义或地方民族主义，都必须继续坚决克服。从民族问题来说，汉族同志必须注意 3 个方面的问题：坚持民族平等，坚持宪法特别赋予少数民族人民的权利和自由；坚持照顾各少数民族和民族地区的特点；坚持党的民族政策。少数民族同志必须特别坚守：只有一个祖国，即中华人民共和国；只有一条道路，即社会主义和共产主义道路；只有一个领导，即中国

共产党的领导。鉴于历史和现实原因，新疆少数民族教育受苏联影响很深，长期以来用的是苏联课本，从小没有很好培养对中华人民共和国的认同感。因此，会议作出决定在少数民族干部中进行“三个一”的教育。

（3）关于尊重少数民族风俗习惯的问题

会议认为：12 年的实践说明各少数民族的风俗习惯是思想意识形态上的问题，任何时候都必须坚持党关于尊重少数民族的风俗习惯的政策。对于那些对社会主义建设和民族发展繁荣有利的风俗习惯，应采取促进和发扬的态度；对那些对社会主义建设和民族的发展繁荣无益而又无害的，可以不加干涉并应予以尊重；对于那些对社会主义建设和民族的发展繁荣不利的风俗习惯，首先还是尊重，在尊重的前提下进行教育，启发群众的觉悟，提高群众的认识，使其自觉自愿地自己动手去进行改革。关于尊重少数民族风俗习惯的政策，应做好几项工作：加强对干部和群众的教育，特别要加强对新疆的汉族干部和群众的教育，使其深刻认识尊重少数民族的风俗习惯，是各民族政治上平等的具体表现；要建立健全尊重少数民族风俗习惯的制度，诸如生活、婚丧、节日、禁忌等等，都规定具体制度并在日常工作中加以照顾和执行；迅速改变一些不妥当的做法。

（4）关于贯彻执行党的宗教信仰自由政策问题

会议认为：新疆维吾尔自治区有 7 个民族全民信仰伊斯兰教，蒙古族信仰喇嘛教。宗教问题不仅是个人的信仰问题，而且同民族问题密切关联。因此，正确执行党的宗教政策，对于增强民族团结和调动各民族建设社会主义的积极性，具有极为重要的意义。总结 12 年处理宗教问题方面的基本经验是：从实际出发，慎重地坚决地贯彻执行党的宗教信仰自由政策。要充分认识民族地区宗教问题的长期性和复杂性，对待任何一个宗教方面的问题都应采取十分慎重的态度；宗教制度的改革要结合各个时期的中心工作逐步进行，不单独搞改革运动；处理宗教方面的问题必须严格区别两类不同性质的矛盾。对于宗教界的反革命活动必须坚决地予以打击，对于宗教界的一般性的违法活动则必须按人民内部矛盾去处理。从自治区情况看，宗教方面的人民内部矛盾是大量的。应纠正当前一些地方挖麻扎、不让做礼拜、封闭清真寺的错误作法。

（5）关于对上层人士的统战工作问题

会议认为：党在新疆地区的一切工作，都离不开组织一个民族民主统一战线。无论进行民主改革、社会主义改造或社会主义建设，都必须通过加强统一战线工作来加强各民族各阶层人民的团结，保证社会主义事业的顺利发展。今后在开展统一战线的工作任务时，应进一步调整统一战线内部的各种关系，加强对民族、宗教上层和党外人士的团结，发扬民主，加强思想政治工作，团结一切爱国的人士，充分调动一切积极因素，共同克服困难，争取社会主义建设的新胜利。①

为维护祖国统一，反对民族分裂主义，1963 年 8 月 18 日，自治区党委正式下发经过中共中央审定的《关于处理里通外国分子的决议》，较好地解决了由于历史和社会的原因而造成的新疆干部队伍中存在的政治不纯的复杂情况，减少了苏联对新疆社会稳定工作的干扰和破坏。

以上这些决议，是基于对 12 年民族工作实践的客观总结，找准了问题，抓住了要害，使全疆上下对民族工作的认识回到了正确的轨道，对于当时及以后新疆的民族工作的进一步开展都具有指导意义。

---

① 参见吕剑人：《进一步贯彻执行党的民族政策，加强民族团结，为争取社会主义建设的新胜利而奋斗》，《我的回忆》，第 392～427 页，陕西人民出版社，1997 年版。

二、民族工作中的曲折

为了加强执政党的建设，处理好人民内部的各种矛盾，1957年4月27日，中共中央正式发布《关于整风运动指示》，决定在全党进行一次以处理人民内部矛盾为主题，以反对官僚主义、宗派主义和主观主义为内容的整风运动。1957年下半年至1958年间，新疆维吾尔自治区也普遍开展了整风和反对地方民族主义的运动。同时在群众中进行了一些重大问题的辩论，如关于少数民族地区发展道路问题的讨论，关于建设社会主义路线问题的讨论，关于少数民族地区能否参加“大跃进”的讨论等等。

在全国总体形势的直接影响下，民族工作中“左”的思想日益抬头，并对民族关系的发展形成直接而严重的干扰。“左”的思想使很多人都不能清醒地认识当时少数民族地区的实际，更难以接受一些实事求是的正确意见和建议，甚至将这些建议视为右倾保守，乃至视为阶级斗争和两条路线斗争。政治上和思想上的强大压力成为助长“左”倾思想发展的恶势力，为一系列“左”的行为开辟了的道路，并进而发展为全国性大规模的反右派斗争。在以阶级斗争为纲的年代里，在各民族中制造了大批冤、假、错案，残酷地打击迫害了广大少数民族干部和群众，致使社会主义民族关系得不到健康的发展。

在1957年反右斗争期间及以后的几年内，在一些少数民族地区，进行了批判地方民族主义的斗争。当时，在一些少数民族中，地方民族主义倾向有所滋长，进行这场斗争，对加强民族团结，巩固祖国统一，是必要的，但是也存在着扩大化的偏向。在批判地方民族主义的斗争中，划出了一批地方民族主义分子，有的被戴上了“右派分子”的帽子，有的被戴上了“地方民族主义”的帽子。大量的人民内部矛盾被当作敌我矛盾来处理，在少数民族干部中错划了一批“右派”和“地方民族主义分子”，在少数民族地区“挖出”了不少“右派集团”。新疆维吾尔自治区在这一时期中也先后“挖”出了孜牙·赛买提、依不拉音吐尔的、阿不都拉热依木·艾沙、阿赛德、阿不列孜·卡里等“地方民族主义分子”和“右派分子”，有2300多位干部被划为“右派”。①

随着全国性大规模的反右派斗争，造成了阶级斗争扩大化。后来又错误地提出我国社会的主要矛盾是无产阶级同资产阶级的斗争、社会主义道路同资本主义道路的斗争。

三、民族工作中的教训

1. 一定要坚持实事求是的态度，正确处理人民内部矛盾问题，不扩大、不越线

由于当时全党在指导思想上的失误，致使1958年方向本来正确的反对地方民族主义的斗争出现扩大化错误，把一些说过错话，做过错事，甚至在工作中讲了不同意见，但并非主张民族分裂的党内外干部、知识分子、爱国人士，也划为“地方民族主义分子”，予以批判斗争和组织处理。在这次斗争中，被划为“地方民族主义分子”的共1612人，挫伤了不少民族干部。这一错误直到十一届三中全会以后才彻底纠正过来。从1957年以后，“左”的指导思想逐渐有了发展。在民族问题上，“左”的指导思想认为民族问题的实质是阶级问题，解决民族问题是一个阶级斗争问题、革命问题。一些民族文化、民族文物被当作封建糟粕、封建迷信予以摧毁；少数民族自治地方的自治权利被削弱。

2. 一定要把经济社会发展作为民族关系发展的坚实基础

理论上的错误必然导致实践上的错误。在“民族问题的实质

---

① 新疆组织部、区党史工作委员会、区档案局：《中国共产党新疆维吾尔自治区组织史资料》（1937—1987年），第74～75页。

是阶级问题”这一提法的影响下，在少数民族和民族地区造成了严重的危害，破坏了社会生产力，阻碍了经济、文化建设事业的正常发展。在完成民主改革后不是实事求是地发展经济，而是照搬汉族地区的经验，很快地建立初级社、高级社、人民公社。在人民公社化过程中搞“一平二调”、“一大二公”、“吃大锅饭”、割“资本主义尾巴”等。在全国发动了“大跃进”运动和农村人民公社化运动，使得以高指标、瞎指挥、浮夸风和“共产风”为主要标志的“左”倾错误严重地泛滥起来，造成我国国民经济的严重困难，这一影响也波及到新疆，有些地区甚至连温饱问题都未得到很好的解决。

1963 年至 1965 年间，新疆国民经济进行了全面调整，使国民经济比“一五”时期有所发展，走上了健康发展的道路。但是，由于阶级斗争扩大化的错误在思想上和理论上没有得到彻底的清算，从 1962 年 9 月召开的党的八届十中全会开始，这种错误在政治和思想文化领域再度蔓延。“千万不要忘记阶级斗争”，“阶级斗争要年年讲，月月讲，天天讲”成为整个社会主义历史阶段的基本路线。阶级斗争扩大化，“左”倾错误继续发展，最终导致了“文化大革命”的爆发。

3. 一定要以科学的态度对待民族问题，做好民族工作

民族问题的发展有着其自身的客观规律，这一点是不以人的意志为转移的。新疆当时的民族问题取决于当时的社会经济条件。我党执政历史短和执政经验少使得我们在那个年代对民族问题的认识缺乏深刻性，对民族问题的复杂性、长期性、敏感性的特点认识不够充分。同时，由于苏联的影响和民族跨境分布的格局的特殊性，致使新疆民族问题极为复杂多变。超越民族问题发展阶段，想在短时间内解决民族问题，犯了急功近利的错误。

第三节　民族工作对民族关系的影响

一、民族区域自治的实施与民族关系的发展

这一时期新疆维吾尔自治区民族关系的发展从整体上讲是好的，但又是曲折的。

新疆维吾尔自治区的建立极大地促进了新疆民族关系的良性发展。实行民族区域自治，有力地保障了新疆少数民族的合法权利和利益，又促进了新疆各民族间的团结。民族区域自治的灵活性，能够最大限度地满足各少数民族人民当家作主，实现自己管理自己内部事务的愿望和要求。实行民族区域自治，充分地调动新疆广大少数民族劳动人民的社会主义积极性。

新疆维吾尔自治区在1955年10月1日成立时，根据新疆各民族的聚居情况，在自治区境内共建立了5个自治州、6个自治县。这不仅充分体现了民族因素和区域因素相结合、政治因素和经济因素相结合的原则，而且也更有利于各民族行使自治权。这一举措大大促进了自治区工农牧业生产和文化教育事业的发展。随着550多个近代工业企业的建立，由少数民族出身的工人阶级队伍已经形成和发展起来，各族人民之间、军民之间、生产建设兵团同地方之间的团结更加紧密；民族区域自治制度开始站稳脚跟，一大批优秀的少数民族干部已经成长起来，各族人民在三年困难时期坚决反对民族分裂主义行为，经受住了严峻的考验，维护了祖国统一和民族团结。新疆维吾尔自治区的建立对新疆民族关系的良性发展产生了深远的影响。

实行民族区域自治，既可以充分保障少数民族在政治上的平等地位和平等权利，又有利于促进各民族间的团结合作，共同发展。民族区域自治，是民族压迫制度废除后，我国国内各民族平

等团结的主要标志。民族区域自治，由于它固有的灵活性，最大限度地满足了各少数民族积极参加国家政治生活的要求，充分实现了大小民族的平等地位和权利，受到了新疆各民族人民普遍而热烈的欢迎和拥护，异口同声地歌颂这是“千年的铁树开了花，少数民族当了家”。

民族平等的实现和民族区域自治的实施，大大地消除了新疆历史上遗留下来的民族隔阂，在各民族间建立了真挚的相互信任和互助合作的亲密关系。这就最大限度地把汉族人口众多、发展比较先进和少数民族地区广大、资源丰富的特点结合起来，取长补短，互济互利，从而使各民族都能迅速改变贫穷落后的面貌，共同发展繁荣，逐步消除历史造成的彼此间经济文化发展不平衡的状态。

实行民族区域自治，有利于调动新疆广大少数民族劳动人民的革命积极性，推动各民族地区革命和建设事业的发展。民族区域自治的实现，开始了各少数民族人民当家作主、管理本民族内部地方性事务的新阶段。砸碎了枷锁的奴隶、农奴和翻了身的贫苦农牧民当上了人民代表，直接参与管理国家大事；过去被歧视、禁止的民族语言文字，成了自治机关执行公务和人们之间互相交往的工具；特别是众多的本民族出身的干部在各种国家机关和社会团体中担任各种职务（尤其是领导职务）；自治地方在革命和建设过程中，注意结合本民族本地区政治、经济、文化的特点，因地制宜地采取切合实际的步骤和方法等等，都使自治地方自治机关成为密切联系人民群众、深受各民族人民拥护和爱戴的政权，因而能够充分动员和发挥各民族人民的革命性和创造性，推动本地区革命和建设事业不断迅猛地向前发展。

这一时期新疆民族工作的另一个重点是继续贯彻执行民族区域自治政策。总的来说，民族自治地方的建制得到了一定发展。自治地方在大力培养、选拔和任用少数民族干部的工作方面取得了很大成绩，少数民族干部人数增加了，民族地区干部构成也开始多元化，以适应民族地区社会主义建设的发展需要。

新疆维吾尔自治区通过1959—1961年对经济的调整和对急躁冒进的纠正，缓和了国家、集体和社员之间的矛盾，重新调动了广大农牧民的生产积极性。新疆少数民族地区的农牧业生产下降的局面得到了扭转，工农业生产在调整中有了发展。新疆维吾尔自治区民族关系也开始呈现良性发展的态势。

二、民族工作中的失误对民族关系的影响

“大跃进”和人民公社化运动对民族关系产生了不利的影响。新疆维吾尔自治区的“大跃进”和人民公社化运动忽视了客观的经济规律，造成了新疆维吾尔自治区经济的严重混乱，给民族工作带来的消极后果严重地影响了社会主义民族关系的发展。

“大跃进”和人民公社化运动破坏和干扰了新中国建立以来在民族工作中一贯坚持的“慎重稳进”的方针，助长了民族工作中的主观主义和唯意志论，致使“浮夸风”、“共产风”以及主观主义、官僚主义在民族地区泛滥，给新疆维吾尔自治区民族关系造成了很大的破坏。

1962—1965年，民族工作的指导思想偏离正确方向。1962年9月，中共八届十中全会提出阶级斗争要“年年讲、月月讲、天天讲”。于是，“以阶级斗争为纲”就成为一切工作中必须坚持的指导思想。在这样的形势下，新疆维吾尔自治区不仅中断了对“大跃进”中违反民族政策的纠正，而且使民族工作的指导思想又出现了更大的偏差，使1957年以来，民族工作方向的“左”倾错误进一步发展，并提出了社会主义时期“民族问题的实质是阶级问题”的错误口号。这样一来，在广大民族工作者的思想上，又一次造成了混乱。在这场运动中，新疆维吾尔自治区的民族关系受到了不良冲击，以往所一贯坚持的党的民族政策和所开展的民族工作遭到了不同程度的冲击和破坏。

第五章 “文化大革命”时期新疆维吾尔自治区的民族工作（1966—1976）

第一节 “文化大革命”殃及新疆的民族工作

“文化大革命”给新疆留下的历史教训是：在新疆这样一个多民族地区任何时候都不能破坏安定团结的政治局面；任何时候都必须从新疆的实际出发，按经济规律办事，把经济建设放在首位，发展生产，提高各族人民的生活水平。

一、“文化大革命”中的无序状态

新疆的社会动乱始于1966年下半年，结束于1976年10月。新疆的大动乱，发端于所谓“9·3事件”。为庆祝毛泽东8月31日在北京检阅数十万“红卫兵”动员开展“文化大革命”，9月2日，乌鲁木齐召开了群众大会，自治区党委第一书记王恩茂讲了话。会后，在进疆串联的部分首都红卫兵煽动下，一些学生认为王恩茂的讲话是“大毒草”，要求交出讲话稿供他们批判。9月3日，上千名学生包围和冲击自治区党委，并静坐、绝食。此后，运动的矛头主要转向自治区领导机关，并且很快蔓延到自治区各单位、各地区。乌鲁木齐市人民广场和街头到处贴满了大字报。在“批判资产阶级反动路线”的借口下，一批又一批各民族领导干部被揪出来批判、打倒，或拉出游街。1966年“九三事件”

以后，自治区及各单位均处于半瘫痪状态，自治区各单位、各地区、各自治州、市和部分县先后被造反派夺了权，社会秩序混乱。

1967 年，上海“一月风暴”席卷全国，新疆也随之掀起夺权狂潮。1 月 26 日，兵团农八师，两派在夺权中发生武斗，开了枪，打死 27 人，打伤 70 余人，酿成新疆“文革”中第一次大规模流血事件。事发后，中共中央为稳定兵团和新疆局势，2 月 17 日，颁发了《关于新疆生产建设兵团文化大革命的决定》（即“十二条”），规定兵团实行军事管制，在中共新疆生产建设兵团委员会（简称兵团党委）领导下进行“文化大革命”。除文教、卫生、科研部门外，一概不夺权，不介入地方的“文化大革命”。为了扭转新疆的混乱局面，2 月末，中共中央、国务院、中央军委指示，由中共新疆军区委员会（简称新疆军区党委）代行自治区党委和政府的权力，对重要部门实行军事管制。3 月以后，基本上由军队控制了新疆的局势，社会秩序和工作、生产秩序暂时有所好转。但林彪、江青集团在新疆的走卒掀起批判“三月黑风”的恶浪。他们把 3 月份新疆军区奉命对一些地方单位实行的军管，称为“三月黑风”，并同所谓“二月逆流”挂起钩来批判，矛头主要指向新疆军区，急欲搞乱军队，夺取军队政权。军队的权威被削弱，局势又陷入混乱。1967 年间，武斗范围由乌鲁木齐扩展到全疆，据统计当年全疆共发生武斗事件 117 起，经济损失无法估量。

1967 年冬，在周恩来一再亲自干预和军区部队耐心工作下，两派的武斗逐步得到控制。1968 年夏，中央又招集新疆两派群众组织的代表、军队负责人和部分领导干部，集中于北京办学习班。9 月 1 日，中共中央、国务院、中央军委、中央文革作了《关于成立新疆维吾尔自治区革命委员会的批示》。9 月 5 日，作为全国（除台湾省外）最后两个省级革命委员会，新疆维吾尔自治区和西藏自治区革命委员会（简称革委会）同时成立。

1968年9月，新疆维吾尔自治区革命委员会成立，局势出现了转机。但是，这个形势仅仅维持了两三个月。1968年11月，新疆军区四级干部会议和自治区革命委员会二级全委扩大会议同时召开。会议的主要内容是对已经担任自治区革委会副主任、新疆军区政委的王恩茂进行批判。对待王恩茂的问题，是新疆“文革”中两派争执的焦点之一，它涉及对“文革”前新疆17年工作的评价，牵涉到对在新疆工作的一大批干部的评价问题。

从1970年起，开始“清理阶级队伍”和“一打三反”（即打击现行反革命，反贪污盗窃、反铺张浪费、反投机倒把）运动，大多数党政机关干部被送至“五·七干校”劳动。1970年，在开展“革命大批判”中，自治区革委会主要负责人认为50年代在新疆牧区实行的“不斗、不分、不划阶级”的政策是阶级投降主义，因而又在阿勒泰牧区划分了阶级成分。1969年三四月间，各地区、自治州革委会相继成立。1969年4—6月，各县市革委会也先后成立。各级革委会实行“一元化”领导，拥有中共各级委员会、政府、人民代表大会的全部权力。原有的中共各级委员会、各级人民代表大会、各级民族自治机关、各级人民政府，事实上都不复存在了。

社会的急剧动荡破坏了新疆正常的政治生活，造成了民族工作的停滞。

二、“文化大革命”对经济建设的影响

大动乱造成大破坏，新疆的经济发展由巅峰一下跌入谷底。1967年同上年相比，工农业总产值下降8.96%，市场供应紧张。1968年经济继续恶化，市场供应全面告急。但广大农村、牧区却较为安定。1966年，生产基本上能正常进行，加之有前几年打下的基础，因而这一年创造了经济发展水平最好的纪录：社会总产值完成50.2亿元（按可比价格计算，下同），比上年增长12.34%；国民收入2401亿元，比上年增长114%；工农业总产值完成28.64亿元（按1957年不变价格），增长17.45%；农业连续五年增产，1966年粮食总产量3302亿多公斤，比上年增长2754公斤，库存粮多达65亿公斤。

但随后便进入了新疆工业发展最缓慢的历史时期。在近十年的时间里，工业总投资19.74亿元，主要用于“小三线”和“大三线”建设，建成了一批军工企业和“五小”工业。工农业总产值年平均增长2.1%，农业总产值年均下降0.73%，工业总产值年均增长5.0%。农业生产发展不快，造成了有的地区群众生活相当困难。一些日常生活必需品也供应不足。有些边境县的肉食供应标准低于乌鲁木齐市。牧区群众所需用的羊毛，留量不足。民族特需商品，更没有很好安排，数量和品种都很少。对各族人民群众的疾苦关心得很不够，某些严重影响群众健康的地方疾病，如布氏杆菌病、甲状腺肿大、赖皮病、头癣病等，没有抓紧研究防治。

三、“文化大革命”对文化教育事业的影响

“文化大革命”时期，新疆整个教育千疮百孔，教育质量严重下降。不少民族教师被戴上里通外国和民族分裂主义等帽子而遭到迫害，民族特点被抹杀，民族语言被忽视，大量民族学校被挤占，使民族教育遭受严重的破坏。不少适龄儿童不能上学，柯尔克孜族、蒙古族没有高中。教材出版工作也被迫停止。新疆文艺界和全国一样，遭受了深重的灾难。文艺界的领导干部、各民族的优秀作家、艺术家及广大专业文艺工作者，被加上了“文艺黑帮”等政治罪名，惨遭迫害，大量好的和比较好的文艺作品，一律被诬为“毒草”。

长达十年的“文化大革命”，使新疆的经济文化建设事业遭到空前破坏，社会发展经历了一次空前大倒退，给新疆留下的历史教训应该永志不忘。“文化大革命”期间，林彪、“四人帮”在阴谋篡党夺权、迫害大批汉族干部群众的同时，否定马克思主义关于民族问题长期存在的科学论断，攻击民族区域自治制度，破坏各族人民的团结，把社会主义时期的民族问题同阶级斗争问题混为一谈；许许多多的少数民族干部、知识分子、工农群众和宗教人士被打成“反革命分子”、“里通外国分子”、“走资派”等等。清真寺和喇嘛寺被大量关闭，党的民族政策、宗教政策和统战政策遭到严重破坏，社会主义民族关系遭到严重践踏，工农牧业生产长期停滞不前。但是，即使在这种逆流横行的日子里，各族人民还是患难与共，同林彪、“四人帮”的倒行逆施进行了坚决斗争，证明了各族人民之间的深厚情谊和战斗团结是摧不垮的。

第二节 民族政策遭到严重破坏

“文化大革命”期间是党的民族政策遭到破坏、民族工作大倒退的时期。

“文化大革命”中，林彪、“四人帮”肆意践踏党的民族、宗教政策，全盘否定建国以来党的民族工作和宗教工作。全国统战、民族、宗教工作部门被扣上“执行投降主义路线”的帽子，民族宗教工作遭到极大的破坏。新疆也由于极“左”路线的推行，使新疆在贯彻执行党的民族政策方面存在的问题相当严重，个别地方民族关系很紧张。1971 年 5 月，在新疆维吾尔自治区第二次代表大会上全盘否定了“文革”前 17 年新疆的包括民族宗教工作在内的各项工作。

一、把民族问题的实质当作阶级问题造成严重后果

“左”的指导思想的影响，导致把民族问题的实质当作是阶级问题。“民族问题实质是阶级问题”这一提法，不仅在理论上造成了混乱，而且更重要的是在实践上给民族工作和少数民族人民带来了深重的灾难，给汉族和少数民族的关系造成了很大的破坏。“民族问题实质是阶级问题”在理论上的错误，主要是：否认我国社会阶级关系和各民族内部阶级结构的根本变化，否认我国各民族关系的根本变化，认为在社会主义条件下还存在着剥削阶级，还会产生资产阶级或其他剥削阶级，还会把社会主义民族关系变成资本主义的民族关系；否认各族劳动人民之间存在着民族问题，认为民族问题都是剥削阶级问题，主要是少数民族剥削阶级的问题；否认民族矛盾基本上属于人民内部矛盾，解决民族问题是一个综合治理问题，而认为在民族问题上应坚持“以阶级斗争为纲”，只有进行彻底的革命才能解决民族问题。

随着“阶级斗争”扩大化错误的发展，“民族问题的实质是阶级问题”就被认为是观察和处理民族问题的理论和方法，并成为在民族地区推行极“左”路线的理论基础。林彪、“四人帮”在各民族地区，制造了大批冤、假、错案，把广大少数民族干部和群众当作阶级敌人加以打击，据 1971 年 11 月统计，全疆在“一打三反”（即打击反革命破坏活动，反对贪污盗窃、投机倒把和铺张浪费）运动中，被揪斗的各族干部群众达 16 万多人，因逼、供、信死亡的有 2300 多人（不含兵团）。①

二、违反党的民族区域自治政策

伊犁哈萨克自治州于 1954 年经国务院批准成立，行政区辖

① 《自治区党委工作会议情况报告》，1971 年 12 月 1 日。

塔城地区、阿勒泰地区和伊宁等9个直属县、市，并代管博尔塔拉蒙古自治州，还建立了伊犁区党委，是自治区党委的派出机构。1968年9月，新疆维吾尔自治区未经中央批准，错误地将伊犁哈萨克自治州行政区划作了变动，将一个行署级机构，改为直辖伊宁等9个县、市的地区一级机构。

三、没有执行少数民族干部政策

据1971年年底统计：自治区革委会机关和各局中，少数民族干部还不到10%；革委会机关各大组及所属各小组和各局革命领导小组的正副组长共142人，只有12名少数民族干部。25个局中只有6个局有少数民族领导干部。1965年，正副专员、州长、市长中有少数民族干部36人，占64%；1972年，12个地、市、自治州革委会96名正副主任中，少数民族只有13人。83个县（市）革委会533名正、副主任中，少数民族只有96人，占18%。11个地州市党委51名正、副书记中，少数民族只有9名，占17%；市、县、自治县223名党委正、副书记中，少数民族仅53名，占23%。

四、尊重少数民族风俗习惯、使用少数民族语言文字政策执行不力

有的干部把少数民族的风俗习惯视为“落后”；有的少数民族职工较多的单位不办民族食堂；有的地区对禁猪的少数民族没有贯彻自愿养猪的原则，甚至变相强迫养猪；对古尔邦节、肉孜节等民族节日不重视，供应很差。

对使用民族语言文字不够重视。少数民族文字的书刊翻译出版很少，许多下达的文件，只用汉文，有的会议文件不翻译。

五、忽视统一战线工作

对民族上层宗教中的爱国人士，没有很好地执行区别对待的政策，团结、教育、改造的工作长期没有管起来。宗教方面的问题很多，一方面没有认真执行宗教信仰自由的政策，另一方面对宗教界中反动分子破坏活动又打击不力。政策界限不清，没有及时研究解决。许多寺庙、教堂被封闭、占用或拆除，全疆1万多座寺庙只剩下1千多座，不少宗教人士受到打击迫害，群众正常的宗教活动受到干涉。

1972年毛泽东针对当时许多地区违反民族政策的情况指出：“政策问题多年不抓了，特别是民族政策。现在地方民族主义少些，不突出了，但大汉族主义比较大，需要再教育。”① 而且，国务院随后派出3个调查组分赴内蒙、新疆、云南调查违反民族政策的情况和少数民族群众生产生活方面的问题。但在“文化大革命”的动乱背景下，不可能真正解决以上存在的问题。

---

① 《当代中国的民族工作》上册，第151页，北京当代中国出版社，1993年版。

第六章 改革开放时期新疆维吾尔自治区的民族工作（1978—1992）

第一节 民族工作的拨乱反正

一、民族工作的正确回归

1. 五年的徘徊与过渡

1976年10月，江青反革命集团被粉碎，长达十年的“文化大革命”随之结束。但由于指导思想上“左”的错误仍然存在，以致到中共十一届三中全会以前的两年间，全国的工作处于徘徊的局面。新疆的工作则徘徊了整整五年。特别是中共十一届三中全会以后的三年中，全国的工作重点都已转移到经济建设的轨道上，而新疆却迟迟未能真正转移，甚至出现了新的不安定因素。

从1976年10月“文化大革命”结束至1981年下半年，由于接连发生失误，新疆的工作不仅没有打开局面，反而增加了不安定的因素，局部地区甚至多次发生群众闹事、民族纠纷及反革命暴乱事件，其中影响较大的是1981年10月30日发生的喀什部分少数民族群众闹事事件。这些事件的接连发生，影响了工作、生产和社会秩序，影响了民族团结。

中央对新疆的这种情况十分关注，多次专门研究，从1980年9月到1981年5月，三次派政治局委员王震视察新疆，了解情况，帮助、指导工作，稳定局势。1981年8月10日至19日，邓小平与王震、王任重来新疆视察工作，并作了重要指示。1981

年10月，中共中央决定调整自治区党委领导班子，调王恩茂任自治区党委第一书记，从此，新疆工作走上了全面发展的轨道，结束了连续五年的徘徊局面。

2. 国民经济的恢复与发展

新疆国民经济的恢复和发展，经历了两个阶段。

从1976年10月到1978年底为第一阶段。在这两年多时间里，新疆各族干部、群众响应中共中央的号召，艰苦奋斗，克服十年浩劫造成的重重困难，使遭受严重破坏的国民经济逐步得到了恢复。1978年，农业战胜了自然灾害，夺得丰收。全区农业总产值由上年的17.7亿元增加到20亿元，粮食总产量达到37亿公斤，超过历史最高水平；棉花总产量5.49万吨，比上年增产12.8%；油料总产量10.33万吨，比上年增产16.3%；牲畜年末存栏头数达到2477万头，比上年增长33%。工业总产值达到29亿多元。公路、铁路客货运量全面超额完成计划。公路黑色路面，南面铺至喀什，北面铺至新源。基本建设是几年来完成最好的一年，国家预算内投资完成额比上年增长74.46%，由于石油、电力收入增加和农垦系统的亏损比上年减少，财政收入由1977年的3.6亿元猛增到7亿多元，超过历史最高水平。

从1979年1月到1981年10月为第二阶段。这期间，自治区党委和人民政府根据中共中央的部署和要求，采取了有力措施，促进以农牧业为中心的国民经济的发展。这三年里，农业连年增产，畜牧业也增产，粮、棉、油、糖、畜产量分别达到或超过历史最高产量，工业总产值年平均增长73.5%，农牧业总产值年平均增长85%。

随着各项生产的恢复与发展，新疆各族人民群众的生活有所改善。全民所有制单位职工年均工资1981年达到935元，从1977年到1981年的四年中，平均每年增加61.25元，增长率达到了6.6%。1981年全区城镇职工年末存款余额达12.29亿元，比上半年增长29.14%。全区平均每个农牧民从集体分得的收入，1977年73元，

1978 年 84.8 元，1979 年 102 元。两年共增加了 40%。但是，南、北疆群众的收入相差悬殊，南疆的喀什、和田和克孜勒苏生产发展缓慢，居住在那里的维吾尔、柯尔克孜、塔吉克等民族人民生活相当贫困。为此，1979 年，自治区党委和人民政府作出《加速发展南疆三地、州农牧业生产的决定》，并采取了相应的扶持措施，帮助三地、州实行了“口粮田”等更灵活的经济责任制；调整、压缩了粮食征购任务，减轻了农牧民的负担；扩大生产队的自主权，允许和扶持社员经营自留地、自留畜和家庭副业；对特别贫困的一些队，由国家拿出一部分钱（包括支援穷队资金和社会救济款），购置生产母羊，直接贷给无自留畜的社员；将一部分荒山、荒地、荒滩划分给社员植树造林，规定林木永远归社员所有，以解决社员的烧柴、用材问题。同时，组织自治区各有关部门从财力、物力等方面扶持困难地、州。从 1980 年起，自治区将 600 万元的扶贫资金和 3296 万元的水利资金、小型水利补助费、发展资金用于三个地、州。通过以上措施，三地、州的农牧业生产发生了明显变化。其中，和田、喀什两地区的粮、棉、油、畜产量增长较快，克孜勒苏柯尔克孜自治州经过调整农牧业结构，粮、棉、油作物面积和产量有所减少，但畜牧业发展较快，1981 年末牲畜存栏达到 11 246 万头，比 1978 年净增 17～29 万头。①

二、民族政策再教育和民族政策的落实

粉碎“四人帮”后，特别是十一届三中全会后，新疆同全国一样开始了民族工作的拨乱反正。

1. 开展民族政策的再教育

1978 年 5 月 25 日，自治区党委发出《关于深入进行民族政

① 参见尹筑光、茆永福：《新疆民族关系研究》，第 137、138 页，新疆人民出版社，1996 年版。

策再教育的通知》，要求继续深入揭批“四人帮”挑拨民族关系、破坏民族团结的罪行，认真落实党的民族政策，加强民族团结。1979年2月至5月，自治区党委先后8次召开了各种类型的民族工作座谈会，区党委第一书记汪锋和其他领导同志听取了各级少数民族干部、工人、农民、宗教界上层人士和爱国人士的意见。自治区党委和革委会分别举行全体会议，认真检查了民族政策执行情况，对如何广泛深入地开展民族政策的再教育问题做了研究部署。1979年9月7日，自治区党委下发《关于认真落实党的民族政策加强民族团结的指示》，明确提出1979年下半年在全疆范围内普遍深入地开展一次民族政策再教育，全面检查党的民族政策执行情况，总结经验，认真解决存在的问题。

1980年5月20日，自治区党委召开常委扩大会议，认真学习讨论《中共中央关于转发〈西藏工作座谈会纪要〉的通知》，联系新疆实际，研究贯彻落实党的民族政策、宗教政策问题。会议指出，新疆是个多民族地区，搞好民族工作极为重要。并要求全区各级党组织认真学习和贯彻执行中央的《通知》精神，结合实际工作，普遍深入地进行民族政策的再教育，对执行民族政策的情况进行一次检查，切实解决存在的问题，全面落实党的民族政策和宗教政策，以大力改善民族关系，加强民族团结。同年6月30日，自治区党委颁布《加强民族团结守则》和《执行宗教政策守则》，在全疆试行。从1979年下半年到1980年底，自治区在一年半的时间里进行了民族政策再教育，就民族政策的执行情况进行了全面反思和认真检查，并在反思和检查中吸取教训。

2. 全面落实民族政策

根据民族工作中存在的问题，自治区采取有效措施，落实各项民族政策。

（1）在理论认识上否定“民族问题的实质是阶级问题”的错误提法

1979年6月15日，在中国人民政治协商会议第五届全国委员会第二次会议的开幕词中，邓小平指出："我国各兄弟民族经过民主改革和社会主义改造，早已陆续走上社会主义道路，结成了社会主义团结友爱、互相合作的新型民族关系。"[①] 这一科学论断一方面指明，我国各民族间的关系基本上是劳动人民之间的关系，我国的民族关系是平等、团结、互助的社会主义新型民族关系；另一方面民族问题大量地表现为人民内部矛盾。民族工作的主题就是要正确处理人民内部的矛盾，加强民族团结，促进民族发展。当然也存在分裂和反分裂的斗争，这是敌我矛盾。

邓小平的这一科学论断的提出，在理论上否定了"民族问题的实质是阶级问题"的判断错误，这是民族理论、民族政策、民族工作方面的重大突破，是民族工作正确指导思想的回归，对于走出"文革"中民族工作的误区具有深远的指导意义。

（2）在实际工作中加快平反少数民族中的冤、假、错案

1978年6月28日，自治区党委向党中央呈送了《关于新疆牧区阶级成分问题的请示报告》，在报告中提出：关于新疆牧区阶级成分问题，我们的意见是对1970年在牧区划定的阶级成分应该推倒，不予承认。牧区的阶级成分仍以1956年牧改时划定的为准，"四清"是搞了试点的，则以试点时划定的成分为准。报告得到了中央的批准。不久，又根据中央的统一部署，给地主、富农摘掉了帽子。

1979年9月7日，自治区党委《关于认真落实党的民族政策加强民族团结的指示》指出：认真落实党的有关政策，继续抓紧平反昭雪少数民族干部和群众中的一切冤、假、错案，实事求是地纠正过去处理错了的问题，增强民族团结，调动各方面的积极性。对过去划的地方民族主义分子，按照中央［1978］55号文件

① 《邓小平文选》第二卷，第186页，人民出版社，1994年版。

精神，做好摘掉其帽子的工作，并进行一次全面的复审。错划的改正，错多少改正多少，不错的不改。对原定的里通外国分子应予复查，凡错划了的要坚决纠正，不错的不纠正。对于受过审查需要做出结论而没有做出结论的，应尽快做出结论。1962年苏联策动我伊、塔地区边民外逃，6万多中国公民被胁迫去苏，这些人中凡在苏有正当职业，没有叛国活动的，应视为华侨，他们在国内的亲属，应视为侨眷，应正确对待，只要他们爱国守法，就要做好团结工作，不要歧视他们，在政治上、经济上要一视同仁。

经过复查，1958年原划地方民族主义分子1 612人（其中95人去了苏联），地方民族主义分子属错划错处理应予改正的94%；"伊塔事件"、"里通外国"斗争中错案予以平反；"文化大革命"中的大量冤、假、错案，均予以彻底平反。

(3) 纠正违反民族区域自治政策的做法，落实民族区域自治政策

恢复伊犁哈萨克自治州原来的建制。民族自治地方行政第一把手均由自治民族的公民担任。据1979年统计：5个自治州的州长都是少数民族同志；8个地区的行政公署的专员中，有6个是少数民族。全区县、市革委会主任中，少数民族占95.6%。越来越多的少数民族干部担任了各级党委的书记、副书记、常委和委员。1979年召开的自治区五届人大二次会议，在728名代表中少数民族代表493名，占代表总数的63%。会议选举产生的自治区人大常委会53名委员中，有少数民族委员29名，占54%；人大常委会主任、副主任15名中，有少数民族8名，占53%。会议决定的人民政府主席、副主席13人中，少数民族7人，占54%。自治区人大常委会主任和自治区人民政府主席都由实行区域自治的维吾尔族同志担任。出席全国五届人大二次会议的68名代表中，少数民族代表有47名，占代表总数的69.1%；人口较少的俄罗斯族也有1名代表，体现了新疆各少数

民族在祖国大家庭内享有平等的权利。截至1978年，自治区少数民族干部已达117 000多人，为解放初期的39.6倍，为自治区成立时的2.75倍。[①]

（4）使用少数民族语言文字，尊重少数民族风俗习惯

自治区党委和人民政府作出规定：县以上各级党政机关发出的各种文件、布告、证件、表册、学习材料等，必须同时使用汉、维两种文字。自治州、自治县则要同时使用汉文和当地自治民族的通用文字。自治区企事业单位的广告、商标、产品说明等，要用汉、维文字印刷。各级党政机关、团体、学校、企事业单位的牌子、印章、各种会议的徽标、标语、口号，以及各种广告等，都要有汉、维两种文字；在自治州、自治县还要有当地自治民族的通用文字。凡有各民族干部、群众参加的会议，都要进行翻译，会议文件和材料，要有译文。公安、司法机关审讯和发布判决书，除使用汉语文外，必须使用当地民族通用的语言文字。对于上述要求，各地、各单位还没有条件完全做到的，要积极创造条件，尽快做到，不得忽视。《新疆日报》和新疆人民广播电台用汉、维、哈、蒙四种文字出版和四种语言广播。1979年12月，恢复使用柯尔克孜文字，在克孜勒苏柯尔克孜自治州恢复出版柯文报纸。学校教育中，分别用维、汉、哈、蒙、柯、锡伯六种语言文字授课。

关于尊重少数民族风俗习惯方面，自治区党委规定：在禁猪的民族中不提倡养猪；要求在有禁猪的少数民族居住的地方，要做到养猪有圈，要求在有禁猪民族职工的单位设立清真食堂。对少数民族的婚丧按本民族的习惯办理。对少数民族的主要节日，如肉孜节、古尔邦节都有假期，并注意组织节日活动，增加节日

① 参见铁木尔·达瓦买提在自治区民委第一次委员（扩大）会议上的讲话，1979年12月29日。

供应。对少数民族的特需用品，除从内地调进以外，自治区也要大力发展少数民族特需用品的生产。

（5）宗教政策再教育以及党的宗教政策的落实

针对“文化大革命”中新疆很多宗教寺庙被关闭或拆除，群众正常宗教活动被禁止的情况，在宗教工作方面拨乱反正的主要任务就是批判极“左”思潮，进行宗教政策再教育，落实党的宗教政策。1979 年，党中央就明确提出要在党内外进行宗教政策的再教育和贯彻落实党的宗教政策。1979 年 3 月 13 日，自治区党委转发自治区党委统战部《关于认真全面地贯彻落实党的宗教政策，加强宗教活动管理的意见》中指出：宗教工作要为全党工作重点转移到社会主义现代化建设上来服务。要加强党对宗教工作的领导，全面贯彻落实党的宗教政策，尊重群众的宗教信仰，团结广大信教群众，继续贯彻对宗教界爱国人士团结、教育、改造的方针，调动一切积极因素，为巩固和发展安定团结的政治局面，实现新时期的总任务而努力奋斗。

落实宗教政策主要体现在：恢复和建立宗教事务管理机构，全区分别成立了宗教事务局和民族宗教事务处等机构；开放宗教活动场所，并加强管理；帮助解决了 7 万多册经文书籍；复查平反宗教界的冤、假、错案；恢复伊斯兰教协会组织及其活动；给宗教界无固定收入的爱国人士发放生活补助费；落实对基督教、天主教的政策。

第二节　民族工作的新局面

一、开创新疆民族工作新局面

20 世纪 80 年代初，是新疆历史上不寻常的一段时期。当时，国际风云变幻，国内资产阶级自由化思潮泛起，社会主义面临新的严峻考验。与此相呼应，在新疆，民族分裂主义势力露头，南疆喀什、叶城等地先后出现了极少数民族分裂主义分子利用宗教煽动群众闹事的事件。而自治区个别领导在执行民族区域政策上产生了某些偏差，有人错误地提出要大批汉族干部退回内地，一些不利于民族团结的错误言论也流传起来。一时人心浮动，全区形势出现新的波动。

当时在新疆思想、政治领域一个十分突出的问题就是民族分裂主义又活动起来，而且一开始就与非法宗教活动联系在一起：有人公然写文章说新疆自古以来就不是中国的领土；有人动用国家或集体资财擅自修建、扩建清真寺；有些宗教人士公开要求干预政治，干预教育，散布不利于民族团结的话；有些宗教教职人员强迫不信教或不参加宗教活动的人信教或参加宗教活动；别有用心的人攻击、排斥老一辈爱国宗教人士，妄图夺取清真寺的领拜权；一些宗教人士和清真寺管理组织恢复已被废除的宗教课税；开办地下经文班（点），甚至借机向青少年灌输分裂思想。一些别有用心的人借一些刑事案件或捏造事实挑起事端，破坏民族团结，制造民族分裂。[①] 1980 年 4 月以后，阿克苏、和田、喀什、巴音郭楞自治州、克孜勒苏自治州、乌鲁木齐市、伊犁等地都发生了一些引起民族关系紧张的事件。1981 年 1 月发生在喀什地区叶城县的骚乱事件、1981 年 5 月发生在喀什地区伽师县的反革命武装暴乱，都打着建立“东突厥斯坦共和国”、“伊斯兰共和国”的旗号，具有民族分裂主义势力与宗教极端势力相结合的特点。

造成以上情况的原因是多方面的，既有国内的原因又有国外的原因，既有处理民族问题的经验不足的原因，也有民族工作判

---

① 参见朱培民、陈宏、杨红著：《中国共产党与新疆民族问题》，第 182、183 页，新疆人民出版社，2004 年版。

断和决策上失误的原因。

1981年8月10日至20日，邓小平同志由王震、王任重等中央领导同志陪同，到新疆实地考察。分别视察了石河子、乌鲁木齐县南山牧区、吐鲁番等地，先后与石河子地区团以上领导干部、老红军及劳动模范代表、哈萨克牧民、自治区党政军领导、先进工作者代表及文艺工作者等座谈交流，在所到的每个场合无不对新疆的发展寄予厚望。

邓小平以无产阶级革命家的睿智和深邃的洞察力，对新疆的民族问题进行了透彻地分析，正确揭示了新疆问题的症结之所在，并对新疆的民族工作提出了极富针对性的指导意见。

1. 要高度重视民族团结工作，反对民族分裂

首先，邓小平同志充分肯定了“两个离不开”的思想。南疆军区政治部副主任乌拉太也夫有关在新疆工作大汉族主义要不得，地方民族主义也要不得，少数民族干部和汉族干部要相互支持和团结的看法的新华社内参，引起了邓小平同志的高度重视，并亲自作了批示予以肯定。1981年7月6日，中央书记处召开会议，专门研究新疆工作，并形成了会议纪要。纪要根据邓小平同志的批示精神提出：“新疆的汉族干部要确立这样一个正确观点，即离开了少数民族干部，新疆各项工作搞不好；新疆的少数民族干部也要确立这样一个正确观点，即离开了汉族干部，新疆各项工作也搞不好。”同年10月，胡耀邦同志在接见全国少数民族参观团负责人时进一步概括指出，中央书记处最近讨论新疆民族问题有一个观点：汉族和少数民族的关系是，汉族离开少数民族不行，少数民族离开汉族也不行。这个关系是相互依存、相互帮助的关系，谁也离不开谁。邓小平同志对此给予了很高评价。他说：“这个观点很正确，很好，大家都这样想问题、处理问题

就好了。”①

其次，必须要反对大汉族主义和地方民族主义。十一届三中全会后，新疆纠正了1958年反对地方民族主义扩大化的错误。于是，在少数民族干部中间出现了不同意见，有的认为只反对大汉族主义，因为地方民族主义是从大汉族主义来的，但也有的少数民族干部提出两个主义都要反对，两个主义都要不得。邓小平在这个问题上明确表态，分清了是非界限。1981年10月中旬，邓小平与王恩茂谈话时说，南疆军区有一个政治部副主任曾经发表过一个意见，他的观点是正确的，就是他认为大汉族主义要不得，地方民族主义也要不得，两个都要不得。他这样讲就对了。

再次，在新时期必须要旗帜鲜明地反对分裂主义，维护祖国统一。邓小平强调说：“新疆稳定是大局，新疆一定要稳定，不稳定一切事情都办不成。”②“不允许搞分裂，谁搞分裂就处理谁。”③

邓小平抓住了一直事关新疆稳定的反分裂问题的要害，对国家政体的认同不够，对民族与国家政治关系认识上的不清晰，才是产生分裂主义行为的深刻原因。

2. 必须坚持和完善民族区域自治制度

1981年8月16日，邓小平在新疆考察期间与当时的自治区党委第二书记谷景生谈话时，针对新疆多次发生的危害国家安全、破坏民族团结的动乱和暴乱事件，明确指出：“新疆的根本性问题是共和国还是自治区的问题。我们和苏联不同，我们不能

---

① 中共中央统战部：《邓小平新时期统一战线理论学习纲要》，第53页，华文出版社，1998年版。

② 《邓小平思想年谱》（1975—1997），第199页，中央文献出版社，1998年版。

③ 《邓小平思想年谱》（1975—1997），第199页，中央文献出版社，1998年版。

搞共和国，我们是自治区。法律上要解决这个问题，要有民族区域自治法。今年下半年开人大常委会，把它肯定下来。”[①] 正是在邓小平这一思想的指导下，1984 年 5 月 31 日《中华人民共和国民族区域自治法》颁布并执行。它以专门法的形式，对民族区域自治制度进行了规范，使我国的民族工作在法制轨道上大大前进了一步，也从制度层面为新疆民族区域自治制度的建设提供了法律和制度保障。1987 年 10 月 13 日，邓小平在会见匈牙利社会主义工人党总书记卡达尔谈到与新疆有密切关系的民族问题时，他又坚定地说：“又如解决民族问题，中国采取的不是民族共和联邦的制度，而是民族区域自治的制度。我们认为这个制度比较好，适合中国的情况。我们有很多优越的东西，这是我们社会制度的优势，不能放弃。”[②] 这些重要指示，后来都成为新疆进行社会主义现代化建设进程的指针。

3. 必须坚持以经济建设为中心，实现各民族共同繁荣

1987 年 6 月 29 日，邓小平在会见美国前总统卡特时说：“中国的资源很多分布在少数民族地区，包括西藏和新疆。如果这些地区开发起来，前景是很好的。我们帮助少数民族地区发展的政策是坚定不移的。”[③] 他深刻指出：“不仅西藏，其他少数民族地区也一样。我们的政策是着眼于把这些地区发展起来。”[④] “观察少数民族地区主要是看那个地区能不能发展起来。如果在那里的汉人多一点，有利于当地民族经济的发展，这不是坏事，

① 邓小平：在听取新疆维吾尔自治区党委负责同志汇报时的指示（1981 年 8 月 16 日），转引自 1998 年 2 月 19 日《人民日报》《新疆各族人民永远怀念邓小平》。

② 《邓小平文选》第三卷，第 257 页，人民出版社，1994 年版。

③ 《邓小平思想年谱》（1975—1997），第 417 页，中央文献出版社，1998 年版。

④ 《邓小平思想年谱》（1975—1997），第 199 页，中央文献出版社，1998 年版。

看待这样的问题要着重于实质，而不在于形式。”[①]

这段讲话说明解决新疆的民族问题，或者说新疆民族工作的重点就是要发展，新疆的发展需要国家的政策支持，需要大批汉族干部、群众与新疆各族人民的共同努力。新疆的民族问题必须通过发展来解决，尤其是要促进新疆的民族经济发展。

4. 必须重视对民族干部的选拔

邓小平同志语重心长地指出：干部问题具有极端重要性，新疆工作能不能搞好，关键是干部问题。前一段新疆出了点儿事，责任主要在领导。选拔干部主要看德才，年龄要考虑；考虑年龄不要忽视德才，要讲德、讲才。干部选拔不能只靠组织部门，那样有很多事情你就不知道，或者不明确，必须考察干部的实绩，实实在在的政绩，实际工作情况，考察群众拥护不拥护。要有这两个条件，就不会出大的问题。要建立一个制度，干部的培养、选拔、使用、提升、培训等都要有章可循，有法可依，避免个人主观因素的干扰。要有一个好的机制。这都是很原则的问题，能保证建设好干部队伍。[②] 邓小平明确指示：对思想作风正派，坚决维护祖国统一和民族团结，又有突出工作表现和一定资历的同志要大胆提上来，甚至放到自治区很高的领导位置上。平息骚乱期间某县有位少数民族干部主动站到第一线做了大量有益的工作。邓小平同志说：这样的干部为什么不能提起来，他是一个干事，能不能让他搞一个县？注意培养和提拔少数民族干部。选拔民族干部的标准，是德才兼备。[③]

① 《邓小平思想年谱》（1975—1997），第199页，中央文献出版社，1998年版。

② 《邓小平思想年谱》（1975—1997），第199页，中央文献出版社，1998年版。

③ 《邓小平思想年谱》（1975—1997），第417页，中央文献出版社，1998年版。

邓小平同志抓住了新疆民族工作的关键环节，那就是干部的问题。首先，干部问题很重要，很关键。其次，干部的选拔标准、制度和程序很关键，能出多少干部、能出怎样的干部、能多快的培养干部要依靠完善的机制。

5. 必须正确对待和处理宗教问题

宗教问题在新疆各族人民群众中是一个敏感、特殊、普遍而重要的问题。宗教工作在新疆民族工作中占有重要的地位，如何正确对待宗教问题，对新疆乃至全国来讲都是一个必须回答好的问题。邓小平同志的宗教理论对回答好这个问题具有重大的指导作用。

1981 年，邓小平主持制定了《关于建国以来党的若干历史问题的决议》，对正确处理宗教问题作了明确阐述：要继续贯彻执行宗教信仰自由的政策；坚持四项基本原则并不要求宗教信徒放弃他们的宗教信仰，只是要求他们不得进行反对马列主义、毛泽东思想的宣传，要求宗教不得干预政治和干预教育。① 1982 年，根据邓小平关于宗教问题的指导思想，中共中央书记处专门研究了宗教问题，制定了《关于我国社会主义时期宗教问题的基本观点和基本政策》。该文件作为中央处理社会主义时期宗教问题的纲领性文件，把马克思主义宗教观和中国宗教问题相结合，将宗教界定为一种社会历史现象，改变了以往仅仅把宗教视为一种意识形态的观点，指出宗教信仰自由政策的出发点和落脚点是使全体信教和不信教的群众联合起来，服务于社会主义现代化建设的共同目标。这个文件大大推动了全国各地对宗教信仰自由政策的落实，使得长期被迫处于地下状态的宗教活动走上地面，从而使信教群众的宗教生活逐步正常化，构成了新时期多姿多彩的

① 《邓小平思想年谱》（1975—1997），第 199 页，中央文献出版社，1998 年版。

社会生活的一个引人注目的侧面。

1983年1月15日，中共中央办公厅、国务院办公厅转发教育部《关于正确处理少数民族地区宗教干扰学校教育问题的意见》，指出：根据新疆、甘肃、宁夏、青海、云南、四川等省、自治区调查反映，今年来出现了宗教干预教育，争夺学生，冲击学校的问题，有的地方还比较突出。在落实宗教政策的过程中，有些干部对出现的问题不愿管、不敢管，或者认为不好管，有些放任自流。除按有关政策规定举办的宗教学校外，在普通学校应当明确规定：（1）不得在学校向学生宣传宗教，灌输宗教思想；（2）学校不得停课集体进行宗教活动；（3）不得强迫学生信仰宗教，不得强迫他们当和尚、喇嘛或满拉等；（4）不得以任何形式在学校开设或讲授宗教课；（5）不得利用宗教干扰或破坏学校的正常教学秩序；（6）不得以任何形式干扰或阻挠学校向学生进行马列主义、毛泽东思想教育和科学文化教育，[①] 这是邓小平宗教理论在新疆民族工作中发挥具体作用的一个反映。

二、贯彻中央解决新疆问题的重大决策

1. 坚持党的正确领导

1981年7月6日，在中共中央书记处第109次会议上，根据党的十一届六中全会通过的《关于建国以来党的若干历史问题的决议》，再次讨论了新疆的工作问题。根据新疆发展的需要，会议决定要解决新疆区党委的领导班子问题。1981年10月，中共中央经过反复研究决定王恩茂重返新疆工作，从吉林省调王恩茂任新疆维吾尔自治区党委第一书记，主持新疆工作。

在王恩茂离开北京回新疆的前一天，邓小平在北京寓所同前来拜访的王恩茂作了长谈。邓小平说：“你对新疆情况比较了解，

① 《新时期宗教工作文献选编》，第81页，宗教文化出版社，1995年版。

对干部比较熟悉，新疆的同志欢迎你回到新疆工作，中央经过反复考虑才决定你回新疆工作。”[①] 邓小平对新疆工作作了重要指示：“第一，要选拔培养中青年干部，要在实际工作中了解、认识符合中央干部条件的中青年干部，把他们提拔起来；第二，不要搞小圈圈，搞小圈圈要犯大错误，要团结大多数；第三，一定要保证政治上与中央保持一致，不允许同三中全会以来的路线、方针、政策有抵触；第四，新疆生产建设兵团，就是现在的农垦部队，是稳定新疆的核心，新疆生产建设兵团要恢复；第五，南疆军区有一个政治部副主任曾经发表过一个意见，他的观点是正确的，就是他认为大汉族主义要不得，地方民族主义也要不得，两个都要不得，他这样讲就对了。”[②]

党中央这个决定是完全正确的。王恩茂没有辜负党中央的希望，没有辜负新疆各族人民的期望。他回到新疆后，同自治区党委的其他领导人通力合作，领导新疆各族人民，开创了新疆工作的新局面。

2. 正确认识与发挥新疆生产建设兵团的作用，促进新疆的稳定与发展

新疆军区生产建设兵团自 1954 年成立到 1975 年撤销兵团建制的 21 年中，在反侵略、反颠覆、反渗透等方面，在保障新疆的安定进而为全国提供一个和平的生活和建设环境方面，在发挥经济建设突击队作用方面，都起到了不可替代的特殊作用。兵团撤销后，屯垦戍边，发展经济和维护新疆稳定的特殊作用明显削弱。面对兵团撤销后出现的新情况和新问题，恢复兵团已成了加快新疆经济发展，维护新疆长治久安的迫切需要。

1981 年 8 月，77 岁高龄的邓小平亲自偕王震、王任重等到

① 《王恩茂文集》下册，第 1～2 页，中央文献出版社，1997 年版。

② 《王恩茂文集》下册，第 1～2 页，中央文献出版社，1997 年版。

新疆视察。邓小平8月13日至14日先后视察了石河子八一毛纺厂、农科院及石河子总场。在石河子总场，他十分认真地听取了连队联产承包、科技种田和连队人员的组成情况，还亲自到农田里，仔细询问和查看了刚刚推广的地膜棉的生长情况。邓小平同志还接见了“献了青春献终身，献了终身献子孙”的石河子垦区团以上干部和老红军、劳动模范代表，他饱含深情地对军垦战士们说：“原生产兵团的业绩，新疆各族人民不会忘记，党中央和全国人民不会忘记。”① 他还指出：“兵团事业要大发展，兵团肩负着屯垦戍边的重任，要为新疆的稳定和发展作出新贡献。”②在多方听取意见，全面调查研究的基础上，邓小平同志认为恢复新疆生产建设兵团的时机已经成熟。

邓小平同志8月19日离开乌鲁木齐返回北京。回京后他在中南海一次重要的小型会议上语重心长地说：“新疆生产建设兵团恢复起来确有必要，组织形式与军垦农场不同，任务还是党、政、军结合。”③ 1981年10月11日，党中央决定调当时担任吉林省委第一书记的王恩茂回新疆工作，并要他很快到北京去。14日，王恩茂同志到了北京，19日中央书记处开会讨论新疆问题，形成了中央书记处领导同志同新疆领导同志谈话的要点。王恩茂同志离京赴新疆前到邓小平同志那里，邓小平同志作了5个方面的指示，其中说：“新疆生产建设兵团，就是现在的农垦部队，是稳定新疆的核心，新疆生产建设兵团要恢复。”④

根据邓小平同志的几次重要指示，国家农委党组和新疆维吾尔自治区党委随即组织起草了《关于恢复新疆生产建设兵团的报

---

① 《王恩茂文集》下册，第1～2页，中央文献出版社，1997年版。
② 《王恩茂文集》下册，第1～2页，中央文献出版社，1997年版。
③ 《回忆邓小平》（下），中央文献出版社，1998年2月版。
④ 《回忆邓小平》（下），中央文献出版社，1998年2月版。

告》，报告指出，从防御霸权主义入侵，维护祖国的领土完整和建设社会主义的富强、文明的新疆的战略考虑出发，建议党中央、国务院和中央军委恢复新疆生产建设兵团的体制。中共中央、国务院、中央军委于 1981 年 12 月 3 日发出了《关于恢复新疆生产建设兵团的决定》。决定指出：生产兵团屯垦戍边，发展农垦事业，对于发展自治区各民族的经济、文化建设、防御霸权主义侵略，保卫祖国边疆，都有十分重要的意义。中央希望兵团各级党委和干部职工总结历史经验，继承革命传统，谦虚谨慎，戒骄戒躁，发扬成绩，克服缺点，认真执行党的民族政策，同新疆各族人民团结一致，艰苦奋斗，为建设边疆、保卫边疆做出新的贡献。

党的十一届三中全会以后，在以邓小平同志为核心的第二代中央领导集体领导下，在邓小平理论的指导下，新疆生产建设兵团先后进行了一系列改革。例如：将国家对农场的“统收统支”的财务制度改为财务包干制度；将平均主义的分配制度改为各种形式的责任制，全面推行各种土地联产承包责任制，建立大农场套小农场的双层经营体制；鼓励农工自筹资金，办开发性家庭农、林、牧、渔场；创立并发展庭院经济；实行多种所有制并存，鼓励发展集体、个体经济，大力发展乡镇企业；推行企业承包经营等。

新疆生产建设兵团的建设与发展，一方面解决了当时拥有 80 万人口的兵团的发展问题。更为重要的是发挥出了兵团在新疆稳定与发展中不可替代的作用。兵团是稳定新疆的核心，兵团的发展有利于巩固新疆边防的稳定，有利于提升对境内外分裂分子的震慑力，有利于促进新疆的社会稳定。同时，兵团是新疆建设发展中的排头兵，兵团在作风、实力等方面都是其他企业、部门所无法比拟的。

三、正确处理涉及民族关系的突发事件

1. 妥善处理“10·30”事件中的两类矛盾，稳定政局

1981年10月30日，喀什地区供销社棉麻经理部雇佣挖排水渠的阿不都克里木·卡德尔等4人，与土产知青门市部的叶欣等人发生争吵、扭打，阿被叶欣用单筒猎枪击中受了重伤，由于围观人群阻挠救护车辆将阿送出医治，导致阿死亡。不明真相的围观民族群众遂在一些人的煽动下，聚集成群，抬尸游行，并发展成针对汉族群众的打砸抢活动。该事件严重地破坏了喀什地区正常的生产秩序、工作秩序、教学秩序和社会秩序，在新疆造成了极坏的影响。

面对复杂而严峻的事态和形势，自治区党委认为对事件的处理不应简单化，认为喀什发生的问题，属于人民内部矛盾，只能采用解决人民内部矛盾的办法予以解决，自治区党委和政府确定了处理方针；采用政治解决的方针，做好群众工作，做好宣传工作，依靠少数民族干部去做工作，迅速把事态平息下来。随后，自治区党委和人民政府派出工作组，赴喀什协助喀什地委、行署处理事件。通过深入的工作，不但教育了盲从的群众，而且挖出了煽动群众、制造事端的反革命组织“中亚细亚维吾尔斯坦青年星火党”的成员。

该事件表明，整个事件中既有人民内部矛盾，也有敌我矛盾，两类不同性质的矛盾同时存在，相互交织。民族冲突作为突发事件本属于人民内部矛盾，但一经破坏分子挑拨、煽动，便出现了严重危害社会治安和损害人民生命财产的反革命行为。自治区党委和政府遂按人民内部矛盾处理该事件，依靠政治手段，发动群众，达到了依法清查和严惩坏人和反革命分子的目的，稳定了政局。

2. “高旭事件”——加强民族团结和军民团结的一个突破

1980年8月2日，乌鲁木齐军区汽车十一团六连在新藏公路执行任务途中，误将叶城县普沙牧场两头牦牛当作野牦牛打死。同日夜间，叶城公路总段二〇四道班根据牧场工人的请求，设置路障，帮助拦截六连车辆。在道班工人砸坏汽车玻璃门窗、争夺方向盘的情况下，战士高旭开枪打死了维吾尔族工人阿皮孜·阿不都拉。高旭被报请判处死刑之后，在部分汉族群众中产生了反响。9月15日，军区军事法院在南疆军区礼堂开庭审判时，发生了疏勒县城、喀什市两三千名汉族群众冲法庭、抢犯人的“高旭事件”，影响到当地的民族团结和军地关系。

事件发生后，党中央、中央军委领导同志非常重视，及时作了重要指示。自治区、军区党委和南疆军区党委、喀什地委做了大量工作，平息了事态，消除了事件留下的后遗症，消除了事件对军民关系、军地关系的影响。“高旭事件”初步平息后，南疆军区政治部副主任乌拉太也夫等同志作了大量调节和民族团结的工作，说服了阿皮孜的亲戚和亲属，稳定了他们的情绪，到位细致的善后工作使阿皮孜·阿不都拉的母亲将仇恨转为同情与慈爱，并到监狱探望服刑中的高旭。高旭的亲属赶至新疆向阿皮孜·阿不都拉的母亲谢罪，高旭所在部队的领导多次到二〇四道班道歉，在多方的共同努力下实现了军地和解。军区汽车十一团和叶城公路总段还开展了以增强民族团结为中心内容的军民共建活动，消除了积怨，密切了关系。

“高旭事件”表明：只要认真贯彻执行党的民族政策，深入开展军民“共建”活动，坚持依法办事，再大的难题也能解决。事件发生后，不论谁做错事，只要真心实意认错，并用实际行动改正错误，消除积怨，增强民族团结的目的就能够实现。事件发生后，带着感情、带着真情做好善后工作，坏事就能够变成好事，受损害的民族感情就能得到修复，并能得到提升。[①]

四、使民族团结教育制度化、经常化

王恩茂重返新疆工作后，自治区党委始终把搞好民族团结作为第一位的大事来抓，大张旗鼓地深入细致地进行民族团结教育，认真落实党的民族政策。

1982年3月，在全区开展“全民文明礼貌月”活动中，自治区党委提出把加强民族团结作为社会主义精神文明建设的一项重要内容。从当年5月中旬开始，全区进行了民族政策和民族团结的集中教育，历时两个多月，收到明显效果。对此中央书记处给予高度评价，指出新疆的做法和提出的要求是正确的，各民族自治区、州（盟）、县（旗）均应按照新疆的做法，从实际情况出发，安排一段时间集中进行一次民族政策和民族团结的教育，检查民族政策的执行情况。同年11月10日至15日，自治区第一次民族团结表彰大会在乌鲁木齐市隆重召开，全体代表一致通过大会倡议，建议将每年5月定为“民族团结教育月”。根据这个倡议，自治区党委决定，从1983年起，在全区开展以每年5月为集中学习党的民族政策、进行民族团结教育的民族团结教育月活动。对自治区加强民族团结的举措和做法，党中央、国务院给予了充分的肯定，指出这是为巩固和发展平等、团结、互助的社会主义新型民族关系的“一个很好的创举”。

1983年4月28日，自治区党委发出《关于在全区开展1983年“民族团结教育月”活动的通知》，要求在民族团结教育月中，集中进行一次马克思主义民族观和党的民族政策的再教育。同日，自治区暨乌鲁木齐市联合召开了开展民族团结教育月活动的

① 朱培民、陈宏、杨红著：《中国共产党与新疆民族问题》，第208～209页，乌鲁木齐：新疆人民出版社，2004年版。

动员大会，自治区第一个民族团结教育月活动正式启动。从此，一年一度的民族团结教育月活动，作为自治区各族人民政治生活中的一件大事、喜事，广泛深入地开展起来，并且坚持做到年年抓5月，5月促全年，推动民族团结进步事业持续不断地发展，并不断取得成效。

从1978年到1989年间，共有近700名少数民族代表、新疆宗教各界代表、新疆各族青年代表、边疆汉族干部代表、新疆民族贫困地区代表分赴北京、上海、内蒙、四川、云南、辽宁、江苏等省市自治区参观考察，加强了与全国各省市和各民族的联系。1979年9月，全国15个省、市、自治区少数民族代表“国庆”参观团一行230人，到新疆吐鲁番、乌鲁木齐市、石河子、伊犁等地参观考察。通过这些活动，加强民族团结教育。

从1978年到1989年，通过开展20多次自治区、州、县庆祝建立民族自治地方的活动，围绕民族区域自治制度的实施和民族团结主题教育活动，自治区组织了民族政策讲师团分赴新疆各地宣讲，开展民族政策再教育活动，组织了民族理论与民族政策骨干人员培训，组织与各界人士座谈，组织对落实民族政策情况的检查。自治区成立了“民族问题五种丛书编委会”，组织编写了《自治地方概况》、《少数民族简史》、《少数民族社会历史调查丛刊》、《少数民族语言简志》等丛书。到1988年底，自治区的少数民族干部达到了22.4万多人，占干部总数的比例为46.36％，有的自治州的少数民族干部比例达到了72％。

在长期坚持的基础上，自治区还形成了民族团结的十条经验：第一，在中国共产党的领导下，各族人民紧密团结在中华人民共和国大家庭之中，坚定不移地走社会主义道路；第二，维护祖国统一、维护民族团结，是社会主义精神文明建设的重要任务，是各族人民的共同责任；第三，贯彻执行维护祖国统一、坚持民族平等、民族团结和各民族共同繁荣的民族工作基本方针和各项民族政策；第四，发展平等、团结、互助的社会主义民族关系；第五，深入进行马克思主义民族观、民族政策和民族团结教育；第六，要把“汉族离不开少数民族、少数民族离不开汉族”，各民族互相离不开、紧密团结作为各族人民的行动准则；第七，各民族要互相信任、互相尊重、互相支持、互相学习、互相谅解；第八，人人都要有民族团结思想，人人都要懂得民族政策，人人都要讲民族团结，人人都要做民族团结的好事；第九，加强民族团结，保证经济发展，努力发展经济，促进民族团结；第十，出现民族团结的好人好事，就要大张旗鼓地宣传表扬，发现破坏民族团结的坏人坏事就要像老鼠过街一样人人喊打。

实践证明，开展民族团结教育月活动，是自治区党委总结和集中新疆各族人民经验与智慧的创举，是加强民族团结工作的一项战略性举措，充分体现了新疆各族人民共同的心愿和要求，反映了民族团结进步事业强大的生命力和求实求新的精神。正是由于这项活动深深地植根于新疆各族人民群众的心中，代表了新疆各族人民的意志和呼声，才能成为新疆各族干部群众自觉的行动，并且迅速成为覆盖全疆城乡、声势浩大、影响深远的全民性教育活动。

第三节　民族工作与经济社会发展

一、民族工作与新疆的发展

1979年中共中央批转中央统战部《新的历史时期统一战线的方针任务》确定把民族工作的重点转移到大力发展少数民族经济文化上来，这对新疆维吾尔自治区的经济社会发展具有极其重要的意义。民族问题大多是由民族差距造成的，而民族之间的差距必须通过发展来解决。民族工作的重点就是要通过发展来解决新疆的民族问题，新疆的民族工作必须围绕促进各民族的共同发展来开展。

1. 党中央帮助新疆制定了20世纪80年代的发展战略

1981年至1986年，中央多次派人到新疆考察，在实际调查研究的基础上，结合整个国家的宏观发展战略，为新疆的发展提出了方向：

（1）高度重视新疆的发展工作，积极开发新疆，开发大西北

充分利用新疆发展农牧业的光、热、水、土四大优势，充分发挥新疆石油资源、各种有色金属矿产丰富的优势，把新疆建成一个重要的畜产品基地、经济作物（棉花、糖料、瓜果）基地和石油能源基地。

（2）实施五大支柱产业并举战略

发展农牧业：对农村产业结构进行战略性调整，在继续抓紧粮食生产的同时，把畜牧业和瓜果园艺业放在突出的位置，使畜牧业、瓜果园艺业和粮棉油大田种植业成为农村经济的三大支柱；新疆瓜果量多质优，拥有多个地域性品牌，应该通过发展园艺业运用现代技术改良品种，对产品进行增值性深加工。发展石油和石油加工业：以石油开采的扩大为龙头，发展系列加工、化工产业。发展食品工业和纺织工业：立足于畜牧业、经济作物、瓜果生产的优势，向纵深发展食品工业、饲料工业和棉毛加工业，增加就业，提高利润。发展动力工业：利用水力资源发展水电，开发煤炭资源发展火电。发展建筑材料工业：发展水泥、砖瓦等工业，以满足新疆经济建设和人民生活需要。

解决水利和交通这一命脉问题，为五大支柱产业发展提供基础设施保证。

（3）坚持对外开放，引进外资，打通商路

1988年1月，国务院特区办公室在《讨论新疆开放工作纪要》中对新疆提出九项优惠政策：继续修建北疆铁路，将乌苏到

阿拉山口段铁路的建设列入国家计划，续建北疆铁路仍采取国家和新疆合资修建的办法，铁道部在机车购置等方面给予支持。扩建乌鲁木齐机场候机楼和跑道，同意购买飞机，国家民航局将给予帮助。外商在新疆投资兴办企业，国家在进口物资方面实行免征关税等优惠待遇。享受这项优惠政策的除已确定的乌鲁木齐、伊宁、石河子、喀什四市外，再增加阿克苏、库尔勒、昌吉、吐鲁番、哈密等五市。同意新疆提出的出口商品基地建设项目建议书，在配套资金比例上给以照顾。新疆向国外派驻经贸机构，除派往港澳和未建交国家须按规定报批外，其他均可由新疆自行审批。简化新疆地方出口手续，除国家限制进口的商品和钢材、木材每年报批外，其他均由新疆自行审批。同意新疆积极发展棉花生产，增加出口，在出口计划安排上给以照顾。新疆霍尔果斯、土尔尕特口岸对第三国（地区）人员开放，第三国（地区）人员只要持有合法证件，可以由这些口岸办理入境手续。同意给新疆分配一些调剂外汇。① 1988 年 7 月 4 日，新疆维吾尔自治区人民政府在北京人民大会堂主持召开新疆对外经济技术合作项目发布会，发布了对外经济技术合作项目和《鼓励外商来我区投资的优惠办法》。9 月 15 日，新疆对外经济技术合作项目及进出口贸易洽谈会在乌鲁木齐开幕，共签订合作项目 7 项，投资总额 687.6 万美元；签订协议 18 项，其中 16 项协议总金额 2 487.5 万美元；还签订意向书 43 项，仅出口贸易成交额达 3300 万美元。

（4）注意生态平衡，加强环境保护

1981 年，邓小平在新疆视察时就提出新疆要发展水利，要带领群众多种树，改善生产生活环境。1983 年中央再次指出：

---

① 《当代中国民族工作大事记》（1949—1988），第 573 页，民族出版社，1989 年版。

新疆首先应大力抓好植树种草，保护好现有的森林和草场。如果没有绿色林带，“固体水库”（冰川）也会失去屏障，土地沙化会日趋严重。所以，种树种草，恢复植被，在全疆来说，是一件大事，可以说关系到今后开发的成败。新疆的水土资源要舍得拿一部分出来，植树种草。新疆的生态破坏是很值得注意的。

新疆维吾尔自治区按照以上方针提出了具体的经济发展计划：1986 年自治区人大五次会议批准的“七五”计划提出：遵照中央关于开发建设新疆的战略部署，本着“积极开发，突出重点，循序渐进”的方针，为逐步建立一个以三大工业、五大经济支柱为主体，水利和交通为前提的具有新疆特色的单独经济区创造条件。1986 年自治区党委和政府又作出“全方位开放，向西倾斜”的决策。1989 年 1 月，自治区党委三届十二次全委（扩大）会议确定了“全方位开放，向西倾斜，内引外联，东联西出”的方针。

2. 20 世纪 80 年代新疆经济和社会发展的成就

（1）经济实力明显增强，国民经济主要比例关系向合理化方向发展

十年中，新疆国民生产总值、工农业总产值和国民收入都翻了一番多，财政收入翻了两番多。1990 年国民生产总值达到 138 亿元，平均每年增长 10.6%；地方财政收入达到 21 亿元，平均每年增长 17.4%；人均国民生产总值和人均国民收入都超过了全国平均水平。

（2）农牧业连续 13 年丰收，农牧区经济发展较快

1990 年，全区农业总产值达 74 亿元，比 1980 年增长 1.5 倍，平均每年增长 9.6%。粮食持续稳定增产，1990 年粮食产量达 660 万吨，比 1980 年的 274 万吨增加了 386 万吨。棉花、糖料基地和畜产品基地建设取得明显进展，产品产量大幅增长。棉

花产量由1980年的8万吨增加到40万吨，甜菜从38.6万吨增长到198万吨，油料从17.6万吨增加到35万吨，牲畜年末存栏头数由2670万头增加到3500万头；肉类产量从12万吨增加到28万吨。全区人均占有粮食由300公斤提高到430公斤；人均油料、棉花居全国第一位。

（3）工业主要产品产量大幅度增长，具有资源优势的行业得以迅速发展

1990年全区工业总产值达到128亿元，比1980年增长了2.2倍，年均增长12.3%。主要产品产量有了大幅度增长：煤产量由1136万吨增加到1900万吨；原油产量由391万吨增加到682万吨；发电量由24亿千瓦小时增加到68亿千瓦小时；钢由10.7万吨增加到33万吨；水泥由91万吨增加到280万吨；面纱由3万吨增加到10万吨；机制糖由4.4万吨增加到15万吨。

（4）重点建设成就显著

十年间共完成全社会固定资产投资累计470亿元，是前31年总和的2.2倍。共建成大中型项目30个。基础产业和基础设施得到加强，兴建了一批骨干水利工程，十年共建成大中型水库18座，小型水库30座，增加水库库容8.47亿立方米；1987年到1990年全区共完成开荒配套面积300万亩，改造中低产田321万亩；建成南疆铁路吐鲁番至库尔勒段和中国——巴基斯坦公路国内段等交通干线；建成了兰新铁路乌鲁木齐至阿拉山口段；第二座亚欧大陆桥架通；新开辟国内航空线11条，国际航空线1条。

（5）经济体制改革稳步进行。农牧区改革在普遍实行家庭联产承包责任制的基础上，统分结合的上层经营体制逐步完善

改革了农牧产品购销体制，调整了农牧产品的价格，大大调动了农牧民的生产积极性。城市改革在坚持公有制为主体的前提下，发展多种经济成分，逐步扩大了地方和企业的权力，推行了

多种形式的承包经营责任制，企业活力有所增强。初步形成了以国营商业为主，多成分、多形式、多渠道、少环节的流通体制。计划、投资、物资、价格、财政、金融、税收、外贸、劳动工资等方面的配套改革也稳步推进。

(6) 对外开放迈出较大步伐

与50多个国家和地区建立了贸易和经济技术合作关系。1990年全区出口总额达到3.5亿美元，比1980年增长近20倍，年均增长35.2%。十年累计利用外资2.8亿美元，建成“三资”企业35个。十年接待海外游客32万人次，创汇8700多万美元。横向经济联合不断扩大，先后与全国29个省、市、自治区，中央19个部委（公司）开展了经济技术合作，签订落实协作项目3800多个，引进国内资金5亿多元。

(7) 城乡市场稳定，人民生活水平显著提高

1990年社会商品零售总额达到115亿元，比1980年增长了2.5倍，平均每年增长13.4%。城乡居民人均消费水平，扣除物价上涨因素，平均每年增长1.6倍；农牧民纯收入达620元，增长2倍多。

(8) 社会主义精神文明建设和其他各项社会事业得到进一步发展

十年全区共取得科技成果2820项，其中41项受到国家级奖励，1069项受到自治区级奖励。基础教育得到加强，小学学龄儿童入学率达97.5%，普通高等学校和成人教育迅速发展，共培养出高、中等专门人才25.6万人。社会主义精神文明建设得到加强，截至1988年底，自治区级文明单位已达78个，各地、州、市命名的文明单位300多个，各县命名的文明单位3600多个，生产建设兵团命名的文明单位1500多个。

(9) 关注南北疆发展和扶贫工作

自治区党委和人民政府组织37个部、委、厅（局）负责同

志，深入南疆调查研究，帮助比较贫困的和田、喀什地区和柯尔克孜自治州制定发展经济，改变落后面貌的规划，优先帮助三地州解决缺水、缺电、少路的困难，拨出专款建立扶贫生产周转金，加快脱贫致富的进程。自治区党委和政府在阿勒泰召开发展北疆牧区经济工作会议，制定出一套切合实际的比较完善的方针政策，提出改变单一的牧业结构，发展多种经营，加强牧区与其他地区和行业的横向经济联系；积极发展牧区商品经济，建立牧工贸"一条龙"的牧业商品基地，建成一个牧区经济新体制。到1988年，新疆扶贫工作累积的34.6万多户贫困农牧户中，有22.8万户摆脱了贫困，基本解决了温饱问题。

可以说，在20世纪80年代，新疆维吾尔自治区围绕加快新疆各民族经济社会发展这一民族工作主题，取得了全方位的成绩，为民族区域自治政策的贯彻执行，为新疆各民族新型社会主义民族关系的发展，为新疆的进一步发展与稳定打下了比较坚实的物质基础。

二、分裂性暴乱、骚乱严重影响着新疆的民族工作和社会稳定

1. 民族工作中存在的隐患

改革开放后，新疆维吾尔自治区的民族工作突出了两个特点：一是开展声势浩大的民族团结教育活动，团结新疆各族人民，促进各民族之间、军民之间的团结进步，充分调动各方面的积极性，为新疆的发展提供良好的环境与氛围；二是大力帮助各民族发展经济文化，进一步消除历史上遗留下来的事实上的不平等。与此同时，自治区党委和人民政府，按照中央统一部署，解放思想，打破民族工作禁区，开展落实民族宗教政策、纠正冤、假、错案等项工作，集中解决了一批影响民族团结的问题。通过落实民族区域自治政策，营建民主的参政议政环境，保障新疆各

族人民共同自治的权利。落实宗教信仰自由政策，解除了信教群众的思想束缚。通过开展民族聚居区重点扶贫工作，解决部分民族群众的温饱问题，提高人民群众的整体生活水平。以上的民族工作，从各方面促进了改革开放后新疆民族关系的发展。

但是，民族工作中也出现了一些隐患，有些是非常要害的隐患。随着向市场经济的过渡，各民族群众的生产、生活方式，思想观念都受到了很大的冲击，部分群众之间、地区之间出现了较大的经济差距；较为宽松的政治环境，使得宗教不断“升温”；实行对外开放后，一些长期寄居在国外的分裂势力找到了渗透的途径和机会；农牧区基层党组织的建设滞后，有的陷入瘫痪或疏于管理。另一方面，残存的分裂主义思想仍然发挥着作用。尽管20世纪50年代平息伊犁和南疆局部地区分裂暴乱，以及20世纪70年代初破获“东突厥斯坦人民党”后对里通外国分子的清理，使新疆分裂势力受到沉重的打击，此后新疆得以保持大约10年没有大的分裂活动出现，但陷入20世纪50—70年代特定的历史大环境，旧中国遗留下来的分裂思潮和“民族解放运动”的错位认识没有得到认真地清理，特别是没有对部分民族知识分子和宗教人士中存在的一些“泛突厥主义”、“泛伊斯兰主义”思想进行认真地清理；也没有在群众中公开进行反分裂斗争的教育，在这种背景下，一度蛰伏的分裂主义思潮，在改革开放后，又沉渣泛起，得以复燃和蔓延，进而凭借事端煽动民族偏激情绪和宗教狂热，组织分裂政党，制造分裂事件，严重地干扰了现代化建设的环境。

2. 分裂性暴乱、骚乱

（1）伽师县的分裂性暴乱

1981年3月26日，伽师县回乡知识青年艾山·司马义等9人宣誓，成立“东突厥斯坦燎原党”，下设“民族人民解放阵线”、“经济事务委员会”、“组织事务委员会”、“纪律检查委员会”等机构。会议通过该党的纲领是“建立‘东突厥伊斯兰共和国’”。规定该党的当前任务是组织武装力量，用伊斯兰的武装力量向异教徒和“帝国主义”宣战，并制定了党的纪律，设计了党旗、印章。该党成立仅两个月，便召开了6次“常委会”，发展党员139人。在其148名党员中，中小学生58人，回乡知识青年和青年农民60人；15岁至20岁之间的占85%，年龄最大的29岁。就是这样一个“年轻”的分裂政党，策划并实施了20世纪80年代新疆第一起也是唯一一起分裂暴乱。1981年5月26日晚，经过精心策划，该党头目艾山·司马义、达吾提·沙吾提纠集党徒150多人，抢走伽师县武装部民兵武器库的152支各类枪支及各类弹药、手榴弹等，准备攻打伽师县城，发现城内已有准备，便聚集在城外3公里处的一片树林中，公然打出了“东突厥斯坦燎原党”和“民族人民解放阵线”的旗号，自称是“圣战者队伍”。当地公安机关和驻军在得到报告后迅速包围了武装暴徒，经过强大的政治攻势，暴乱队伍中的青年人纷纷放下武器自首，暴乱分子全部缴械投降。

（2）南疆的分裂性骚乱

20世纪80年代初，在分裂势力的蛊惑下，南疆局部地区社会出现了民族情绪趋于偏激、宗教氛围狂热的不正常现象，并先后发生了三起较大的分裂性政治骚乱

三起骚乱反映出了一些共同的特点：

（1）以诱发因素为事端，事态发展快，被蒙蔽和裹胁的参与者众多，有鲜明的分裂旗号，持续时间长，对社会稳定和民族关系的影响恶劣。

（2）骚乱所提出的主要政治口号与20世纪三四十年代及五六十年代分裂主义的口号一脉相承，仍然是“赶走汉人”，建立“伊斯兰国”或“东突厥斯坦共和国”。骚乱事件的背后隐藏着历史上延续下来的分裂主义“黑线”。

（3）参与骚乱的成员年龄呈低龄化。骚乱的组织者、骨干以及参与者绝大多数是青年人，其中不少是私办经文学校培养出来的“塔里甫”，他们多在骚乱中充当打头阵的角色。

（4）事件带有明显的偏激的宗教狂热情绪。少数暴徒鼓动：“上街游行就是圣战！”“为宗教而死是英雄，是殉教者，最光荣，死后就会上天国！”等等。利用、煽动宗教情绪，使参与者（尤其是一些青年人）行为非理性化是三起事件中具有的共同特点。

（3）乌鲁木齐的三起分裂性骚乱事件

作为新疆的首府，乌鲁木齐在历史上和解放后政治形势一直相对稳定。改革开放后，蛰伏的分裂分子利用宽松的政治环境蠢蠢欲动，但他们采取了暗中操纵的手段，利用部分民族学生，尤其是大学的部分民族学生达到扰乱社会的目的。

前两起事件是有组织的民族大学生的非法游行闹事，是利用学生采取相对“合法手段”的分裂活动，虽然有别于南疆地区的打砸抢骚乱，但其危害性、蒙蔽性和潜在的危害性更大。参与闹事的学生进行了串联。他们在非法游行闹事活动中，除了呼喊分裂口号外，还大肆攻击国家的基本国策和大政方针。这两起发生在首府的骚乱事件给新疆稳定的全局工作带来了冲击，阿图什、喀什、阿克苏、和田等地连续出现鼓吹分裂、声援乌鲁木齐的传单和标语。“5·19”骚乱则与内地的骚乱有关，是以街头无业游民等社会闲散人员为主发动的一起打砸抢骚乱。在这次骚乱中，有数百名暴徒冲进自治区党委机关大打出手，虽然事态很快平息，但造成的影响十分恶劣。

以上事件和骚乱，引起了新疆各族人民的愤慨与坚决反对，也让自治区党委、人民政府和各族人民群众看到了发展与稳定的重要性，尤其是反分裂斗争的长期性、艰巨性。作为局部性的不和谐因素，事件和骚乱没有影响到新疆社会经济的稳步发展。

3. 意识形态领域中存在的隐患

(1)《东突厥斯坦历史》一书的恶劣影响

参与制造1933年“东突厥斯坦伊斯兰共和国”分裂政权的穆罕默德·伊敏外逃后，于20世纪40年代初，在境外出版了《东突厥斯坦历史》一书。该书从“泛突厥主义”立场出发，把历史上生活在中国北方、西域地方的所有民族，包括操突厥语言和非突厥语言的诸民族都纳入“突厥族”。通过杜撰和篡改历史，竭力从理论上和新疆历史的发展中为分裂主义寻找所谓的“依据”。将历史上分裂主义的政治观、民族观、宗教观条理化、理论化和系统化，形成分裂主义的思想体系，成为分裂势力的“思想和精神支柱”。1940年该书出版后，四下流传。新疆解放后，该书仍在暗中流传。1987年，在安卡拉又出版了增订本。境外分裂组织刊物《东突厥斯坦之声》对该书进行了连篇转载，并通过各种途径流入新疆。

该书在新疆一定范围的流传，扰乱了部分人，尤其是分辨能力较差，对历史知识掌握不够，政治思想意识薄弱的部分人的思想，并进而影响到他们的言行。

(2)《维吾尔人》等三本书的政治错误及其影响

1986年10月至1989年10月，新疆维吾尔自治区文联干部土尔贡·阿勒玛斯公开出版了《维吾尔人》、《匈奴简史》、《维吾尔古代文学史》三本书。这三本书以“泛突厥主义”、“泛伊斯兰主义”为立场，以学术研究为旗号，歪曲、篡改和杜撰历史，散布破坏祖国统一、损害民族团结的错误观点。境外一些组织机构也着手翻译这三本书，并以此作为煽动和宣传分裂主义思潮的又一“典范读本”。这三本书宣扬分裂主义，无视中国历史上各民族之间日益接近、相互吸收、相互依存、共同发展的主流，将中国的民族关系史歪曲成各民族之间互相的矛盾和战争史，特别是竭力渲染历史上边疆民族与中原王朝汉族之间的敌视、仇杀和吞并现象，借以挑拨和制造今天新疆地区民族关系的矛盾和对立。

在宣扬“泛突厥主义”的同时，这三本书任意杜撰维吾尔族的历史，夸大维吾尔的历史地位和作用。其基本内容与《东突厥斯坦历史》大致趋同，实际上是《东突厥斯坦历史》一书的翻版。

这三本借助和利用民族成员的民族自豪感和民族感情，扰乱了一部分干部和群众的思想，尤其使一些对历史情况知之甚少，涉世不深的青年人深受其害。从民族意识的发展规律来看，各民族之间，尤其是在存在着发展差距的民族之间，相对落后的民族往往拥有更为强烈的自尊心。在现实的反差中，寻溯历史上的民族辉煌是一种正常的反映，这是任何一个民族都会拥有的文化依恋和历史溯源。而分裂势力恰恰利用了这一点，歪曲历史，煽动情绪，搞乱意识，撼动稳定的根基。正确的历史观、民族观、祖国观、团结观的教育变得非常必要而紧迫。

三、民族工作的深刻总结

面对紧迫的社会经济发展任务，面对复杂的国内外形势，民族工作的任务艰巨而繁重，正是在这样的境况下，新疆的民族工作出现了一些失误。

1. 教育上的失误

1989 年政治风波之后，邓小平总结改革开放十年的经验教训时说：“我们最大的失误是在教育方面，思想政治工作薄弱了，教育发展不够。”① 他还说：“我对外国人讲，十年最大的失误是教育，这里我主要是讲思想政治教育，不单纯是对学校、青年学生，是泛指对人民的教育。对于艰苦创业，对于中国是个什么样的国家，将要变成一个什么样的国家，这种教育都很少，这是我们很大的失误。”②

---

① 《邓小平文选》第三卷，第 290 页，人民出版社，1994 年版。

② 《邓小平文选》第三卷，第 306 页，人民出版社，1994 年版。

和全国的情况一样，新疆也存在教育失误的问题，尤其是对青少年的反分裂教育。任何一个民族成员的教育都来自四个方面：一是家庭影响，尤其是父母和兄长的影响。如果父母、兄长民族团结的自觉意识强烈，那么出生和生活在这样家庭的青少年自然就会受到良好的感染和熏陶；相反，如果父母、兄长大汉族主义或地方民族主义思想强烈，那么出生在这样家庭里的青少年必然也会受到其消极的影响。二是学校教育的影响。这种影响来自于学校是否重视这方面的教育，也来自于教师的思想和实际表现。三是同辈群体的影响。在家庭之外，同辈群体的志向情趣，道德观念自然要影响到每个成员。四是社会大气候的影响。由于社会本身的复杂性，特别是在改革开放的条件下，国外民族分裂主义、泛突厥主义、泛伊斯兰主义、宗教狂热等都会对青少年产生影响。上面提到的一些分裂性质的暴乱和骚乱中，有不少青少年参与，说明在以上的四个方面中存在着对青少年的不当影响。

2. 对宗教事务管理过宽

自治区党委书记宋汉良曾指出："宗教方面存在的问题，有多方面的因素。从我们工作来检查，首先，我们对新形势下宗教问题的严重性、复杂性认识不足，还没有把宗教问题真正列入各级党委的重要议事日程，作为一项重要的工作来抓。特别是缺乏从反渗透、反颠覆、反和平演变的战略高度考虑新疆的宗教问题。其次，对违法宗教活动制止不力，对如何有效加强对宗教的管理，如何使更多的人尤其是青少年摆脱宗教的束缚，如何有效地同反动的宗教势力作斗争，重视研究不够。第三，在党员、干部中对马列主义无神论的宣传不力，在农村基层基本上没有进行。"① 具体分析，主要问题如下：

（1）大修清真寺

① 《新疆日报》，1990年7月28日。

粉碎“四人帮”后，落实党的宗教政策，在宗教活动场所不足的地方，有计划、有领导的恢复、开放或修复一些清真寺，是完全必要的。但实际上却出现了无限制修盖清真寺，一些基层干部和党员带头修盖的情况。对于群众自发修建清真寺采取了“要做工作，进行劝阻，但是已经修了的，不要加以干涉，更不得强迫拆掉”的态度，致使滥修清真寺成风。“文化大革命”前，新疆共有清真寺 14 114 座，1995 年发展到 24 000 座，清真寺是中小学数量的 2.47 倍；喀什地区有中小学 1400 所，而清真寺达 9587 座，是中小学的 6.84 倍。新疆穆斯林拥有的清真寺数，大大高于全国其他信仰伊斯兰教的地方。全国信仰伊斯兰教的 1800 多万人，拥有清真寺 33 581 座，教职人员 4 万余人；新疆信仰伊斯兰教的 900 多万人，就有清真寺 24 000 座，教职人员近 3 万人。新疆穆斯林人均占有清真寺的数量是世界上最高的。伊朗约有 6000 万穆斯林，清真寺 5400 座；埃及 4300 万穆斯林，清真寺 17 000 座；突尼斯约 700 万穆斯林，清真寺 650 座，简易活动点 2000 多个。①

（2）私自开办经文学校（班），私带塔里甫

1982 年 3 月 27 日，自治区党委《批转〈关于对经文学校处理意见的报告〉的通知》指出：对于引诱、强迫青少年学经文的问题，要在党委的统一领导下，在各有关部门的密切配合下，采取正面说服教育的方法，做好各方面的思想政治工作，切实加以解决，不能放手不管，听之任之。通过这些工作，要使引诱、强迫青少年学经文的问题不再发生，并能很好地团结宗教人士和群众。事实说明仅仅通过思想政治工作不能很好地解决私办经文学

① 马品彦：《宗教事务管理不力：新疆宗教政治化的重要原因》，《维护新疆稳定是一项社会系统工程》，第 69 页，转引自朱培民、陈宏、杨红著：《中国共产党与新疆民族问题》，第 222 页，新疆人民出版社，2004 年版。

校的问题。据1991年1月统计，全区共有私办经文学校（班）938所，塔里甫10 742人。其中喀什地区经文学校（班）350所，塔里甫4000人；和田地区65所，塔里甫1500人；伊犁地区250所，塔里甫1288人；阿克苏地区63所，塔里甫1125人；克孜勒苏柯尔克孜自治州27所，489人。

（3）部分党员参与宗教活动及宗教影响的深刻性

1983年据一些整党试点单位的调查，在宗教影响较大的地区，农村党员信教参加宗教活动的人数一般占20%～30%，个别社队高达60～70%。据1991年1月典型调查，南疆农村党员约有三分之一左右不同程度地参加宗教活动，教师、学生信教也较普遍，墨玉县一半多的中小学教师信教，参加宗教活动，和田师专62%的学生信教，参加宗教活动。[①] 由此可见，宗教在这些地区的影响是深刻而广泛的。宗教的影响也不仅限于群众的信仰问题，而是影响到生活的方方面面。据1988年新疆社会科学院对喀什两个村的学生的调查，有58.02%的小学生和57.14%的中学生认为幸福生活既要靠劳动，也要靠胡达的赐予。[②] 另据对喀什、和田两个乡农民的调查，90%的农民认为收入增加的主要原因是胡达的帮忙，然后才是其他方面的因素。[③]

（4）执行政策中存在的偏差

叶城县加满清真寺原哈提甫阿不力克木·买合苏木大毛拉解放前就是“泛突厥主义”分裂势力的骨干分子。解放后，1955年至1959年，三次因涉嫌反革命活动被拘留，1959年被逮捕，

---

① 参见朱培民、陈宏、杨红著：《中国共产党与新疆民族问题》，第223页，新疆人民出版社，2004年版。

② 参见何炳济：《疏附县两村经济社会情况调查》，续西发主编：《南疆脱贫问题社会学调查》，新疆大学出版社，1991年版。

③ 参见张立红：《劳动力素质对发展农村经济的影响》，续西发主编：《南疆脱贫问题社会学调查》，新疆大学出版社，1991年版。

1965年由喀什人民法院审理，认定其先后担任反革命组织“疏拉委员会”和“东突厥斯坦民族独立党”中重要职务，据此判处有期徒刑20年。1979年刑满释放，表示改过自新，向政府靠拢。因此，1984年被宣布无罪，予以平反。他名声再起，成了叶城的头面人物，先后担任了自治区人大代表、自治区伊斯兰教协会常委、叶城县政协副主席、叶城县伊斯兰教协会会长等职。然而，其反动本质并没有改变。1985年他公费去沙特阿拉伯朝觐，返回时在土耳其与艾沙及其“东突厥斯坦慈善基金会”多次接触，接受“基金会”的黄金1公斤，回新疆后通过经文学校培植分裂力量，起了很坏的作用。新疆维吾尔自治区人大常委会原主任阿木冬·尼牙孜说：“阿不力克木·买合苏木是披着宗教外衣，以培养塔里甫为手段，培养反动势力的典型代表，他培养的塔里甫遍布全疆各地，10多年来发生的所有分裂破坏活动几乎都与他有关，犯罪活动的组织者和骨干大都是他的弟子。”①

对宗教事务管理过宽无疑更易滋长了非法宗教活动。非法宗教活动是一种利用宗教进行违法活动的社会行为，它超越了宪法、法律、法规规定的界限和范围。其主要表现是强迫他人改变信仰、生活习惯和社会活动；干涉教育、司法、婚姻，未经批准兴办社会实体、擅自接受境外捐赠；宗教教职人员违反宗教政策法规，参与经手、收听、传播反动宗教宣传品；利用宗教进行分裂破坏活动；利用宗教进行其他妨害社会秩序、生产秩序、工作秩序、生活秩序的活动。一些深受分裂主义思想浸润的不法宗教分子，往往利用宗教活动，欺骗民众，蛊惑人心，组织和从事破坏祖国统一和民族团结，反对共产党的领导，反对社会主义制度，阴谋颠覆政府，危害人民生命财产和国家安全的严重非法宗教活动。一些文化素质偏低、法制观念淡薄、受社会环境和本民

---

① 阿木冬·尼牙孜：《在叶城县干部大会上的讲话》，1997年6月23日。

族宗教习惯的影响较大人员容易参与非法宗教活动，他们容易受少数人的诱导，有组织地参与非法宗教活动，问题暴露后，不听政府劝阻，并且出现影响社会秩序、工作秩序、生活秩序的行为，成为被利用者。

第七章　建立社会主义市场经济时期新疆维吾尔自治区的民族工作（1992—2005）

20世纪90年代，新疆民族工作面临新的历史性挑战。随着国际局势的发展，民族分裂主义和非法宗教活动成为影响新疆稳定的主要危险。在这一时期，民族分裂主义势力、宗教极端势力、暴力恐怖势力活动相当猖獗。以江泽民为核心的第三代中央领导集体，面对新问题、新挑战，对新疆问题做出了一系列重大决策，指引新疆各族人民不但夺取了反对民族分裂主义斗争阶段性的胜利，而且还取得了经济发展、政治稳定、民族团结、社会进步的新成就。

第一节　新疆民族工作的新挑战

一、复杂的国际影响

20世纪80年代末90年代初，苏联解体，美、苏两霸主宰世界的冷战格局结束，国际局势发生着深刻的变化。世界多极化和经济全球化的趋势在曲折中发展，科技进步日新月异，综合国力竞争尤为激烈。在和平与发展的时代主流中，霸权主义和强权政治出现了新的特点，世界范围内的恐怖主义不断上升。如此的国际局势导致了世界范围内民族宗教问题的争端不断，这种广泛性的影响也波及到了我国以及周边。同时，中亚五国的诞生以及所衍生出来的民族宗教问题、阿富汗的动荡局势也都对我国新疆的稳定与发展产生着地缘性因素的影响。

在东欧剧变、苏联解体、两极格局结束的过程中，世界第三次民族主义浪潮得以爆发，主要表现为民族分离运动，即多民族国家中的一个或多个少数民族努力推动从所在国家分离出去，并进而建立自己的民族国家。国际上的这些民族分离活动，给我国新疆的民族分裂主义势力打了“强心剂”，对我国新疆的稳定与发展产生了不利的影响。

西方敌对势力利用民族、宗教问题加紧对我国进行“西化”、“分化”活动，妄图肢解中国，并付诸于实际行动。

泛突厥主义、泛伊斯兰主义、伊斯兰原教旨主义向我国新疆渗透，境内外民族分裂主义相互勾结，是20世纪90年代新疆民族分裂主义势力、宗教极端势力、暴力恐怖势力活动猖獗的主要原因。

二、“东突”势力的恐怖破坏活动

20世纪90年代以来，在中国境内外的“东突”势力为实现建立所谓“东突厥斯坦国”的目的，策划、组织了发生在中国新疆和有关国家的一系列爆炸、暗杀、纵火、投毒、袭击等恐怖暴力事件，严重危害了中国各族人民群众的生命财产安全和社会稳定，并对有关国家地区的安全与稳定构成了威胁。

在极端主义、分裂主义和国际恐怖主义的影响下，境内外部分“东突”势力转向以恐怖暴力为主要手段的分裂破坏活动。一些“东突”组织公开宣扬要通过恐怖暴力手段达到分裂之目的。在警方查获的“东突伊斯兰党”、“东突反对党”等组织的纲领中明确提出，要“走武装斗争道路”、“在人口集中的地区制造各种恐怖活动”。他们编印的小册子《我们的独立是否有希望》毫不掩饰地宣称要不惜代价在幼儿园、医院、学校等场所制造恐怖气氛。“东突”恐怖势力策划实施了一系列血腥的恐怖事件，手段多样，影响极其恶劣，严重地威胁到社会的稳定和民族的团结，严重地威胁到人民的生命和财产安全。2002 年 1 月 21 日，国务院新闻办公室发表了《“东突”恐怖势力难脱罪责》一文，列数了“东突”恐怖主义活动的种种令人发指的罪行：

（一）制造爆炸

同世界上大多数恐怖势力一样，“东突”恐怖势力热衷于借助把矛头指向无辜平民的爆炸手段，以制造恐怖气氛、扩大影响。从 1991 年到 1998 年，“东突”恐怖势力先后制造多起爆炸事件，造成多人伤亡和公共财产的重大损失，在社会上造成了巨大的恐慌，严重地破坏了社会的正常秩序与安定团结的局面。

（二）进行暗杀

为了破坏民族团结，制造恐怖气氛，恐怖势力不但把矛头对准汉族群众，也对准维吾尔族干部群众和爱国宗教人士，把他们当作“异教徒”杀害。

（三）袭击警察和政府机关

1996 年 8 月 27 日，叶城县江格勒斯乡政府的一名副乡长和一名值班警察被 6 名恐怖分子杀害，随后该伙恐怖分子又闯入该乡的一个村庄，将 3 名治安员和 1 名水管员杀害。1999 年 10 月 24 日凌晨，一伙恐怖分子袭击了泽普县赛力乡公安派出所，枪杀了 1 名联防队员和 1 名留置审查的犯罪嫌疑人，击伤了 1 名警察和 1 名联防人员，并破坏了派出所的设施。

（四）实施投毒、纵火

1998 年春季，“东突解放组织”的成员在喀什市制造了 23 起系列投毒案。1998 年 5 月 23 日，在境外接受过专门训练、被派入境的“东突解放组织”成员在乌鲁木齐市繁华场所制造了 15 起纵火案。1999 年 10 月 11 日，3 名恐怖分子在和田市棉麻公司棉花收购站安放炸弹，制造了爆炸事件。

（五）建立秘密训练基地，筹集、制造武器弹药

“东突”恐怖势力为了培训骨干、扩大恐怖组织，在新疆境内，尤其是在偏僻地区秘密建立训练基地，组织训练班，培训恐怖分子。训练内容涉及宗教极端主义和恐怖主义理论，爆炸、暗杀等恐怖活动的技能、体能训练等。训练班学员多数都参与了1991年至1993年发生在新疆各地的爆炸、暗杀、抢劫等重大恐怖活动。

（六）策划、组织骚乱、暴乱事件，制造恐怖气氛

“东突”恐怖势力为了达到制造恐怖气氛、扩大政治影响的目的，多次通过策划、组织骚乱、暴乱事件，引发打、砸、抢、烧、杀等恐怖活动，对社会稳定和人民生命财产安全造成了严重危害。1990年4月，“东突”恐怖势力制造了阿克陶县巴仁乡恶性恐怖事件；1997年2月，“东突伊斯兰真主党”等恐怖组织策划、制造了伊宁打砸抢骚乱事件；“东突”恐怖势力还在土耳其、吉尔吉斯斯坦等国家制造了恐怖暴力事件，在国际上造成了极其恶劣的影响。

据不完全统计，自1990年至2001年，境内外“东突”恐怖势力在中国新疆境内制造了至少200余起恐怖暴力事件，造成各民族群众、基层干部、宗教人士等162人丧生、440多人受伤。[①]血淋淋的事实铁证如山，足以揭示“东突”势力是为了达到分裂祖国的目的，不惜采取恐怖暴力手段，残害无辜、危害社会的恐怖组织。

大量证据表明，在新疆境内发生的大多数恐怖暴力事件是由境外“东突”组织直接策划、指挥，境内一小撮人呼应，共同制造的。有的甚至是境外“东突”组织派员潜入新疆境内亲自指挥

① 参见国务院新闻办公室：《“东突”恐怖势力难脱罪责》，《人民日报》（海外版），2002年1月22日第一版

并实施恐怖活动的。有的是派遣受过专门爆炸训练的成员潜入新疆和内地省市建立秘密训练窝点，对来自不同地区的恐怖分子进行爆炸技术培训，按照境外提供的配方，大量购置化学原料，秘密制造炸药和爆炸装置。有的是境内分裂分子逃到境外加入“东突”组织，并接受射击、爆炸、暗杀等恐怖训练，被秘密遣送回新疆后，建立组织，发展成员，筹集资金，搜集武器弹药，组织暴力恐怖活动。“东突”恐怖分子还内外勾结，走私偷运武器入境，武装境内的“东突”恐怖分子。①

“东突”恐怖势力与国际恐怖势力有着密切的联系。“东突”恐怖组织不但得到了本·拉登的大力支持，同时又是本·拉登恐怖势力的重要力量。“东突厥斯坦伊斯兰运动”成立以来，本·拉登与中亚、西亚的恐怖组织头目多次密谋，要帮助“东突”恐怖势力在新疆进行“圣战”，要把中国新疆建成一个标准的“伊斯兰”政教合一的国家。本·拉登恐怖势力还为“东突”恐怖势力提供了大量的活动经费和物资援助，本·拉登恐怖势力、塔利班和“乌兹别克斯坦伊斯兰解放运动”还向“东突”恐怖势力提供了大量的武器弹药、交通工具、通讯设备等。本·拉登恐怖势力还直接为“东突”恐怖势力培训人员，受训后，一些“东突”恐怖势力骨干分子被秘密派遣回中国境内发展恐怖组织，策划与从事恐怖活动；有的加入阿富汗塔利班武装，有的参与了俄罗斯车臣恐怖势力的活动，有的则参加在中亚的恐怖活动。②

---

① 参见国务院新闻办公室：《“东突”恐怖势力难脱罪责》，《人民日报》（海外版），2002 年 1 月 22 日第一版

② 参见国务院新闻办公室：《“东突”恐怖势力难脱罪责》，《人民日报》（海外版），2002 年 1 月 22 日第一版

第二节 新疆民族工作的新突破

应对挑战、寻求突破、狠抓稳定、加快发展，是20世纪90年代民族工作的必然选择。十三届四中全会以来，以江泽民同志为主要代表的中国共产党人，站在历史发展和时代要求的高度，敏锐把握国际国内民族问题的发展变化，坚持与时俱进，在毛泽东思想和邓小平理论的基础上，进一步科学地回答了什么是民族问题、怎样解决我国现阶段的民族问题，形成了具有时代特征的崭新的民族理论，为新的历史时期的民族工作指明了方向，也为新疆民族工作的有效开展提供了动力和指向。

一、民族工作指导理论的突破

以江泽民为核心的第三代中央领导集体，高度重视新疆的民族工作。1990年8月22日至9月1日、1998年7月5日至9日，江泽民同志两次到新疆视察工作。李鹏、李瑞环、朱镕基等党和国家的主要领导人也先后到新疆考察指导工作，体现了党和国家对新疆发展与稳定工作的重视。江泽民代表党中央对新疆的民族工作提出了具体的指导：

1. 新疆的稳定工作是长期的、复杂的、艰巨的

1990年9月，江泽民第一次在新疆考察期间强调保持全国的政治稳定是压倒一切的，稳定对于新疆更具有特殊意义。6400公里的边防保卫任务，对于边疆安宁和全疆的稳定极为重要。1996年3月19日，江泽民主持召开中央政治局常委会议，听取了中央政法委关于维护新疆稳定问题的汇报，研究维护新疆稳定的工作，形成了中央政治局常委会关于维护新疆稳定的会议纪要（中发1996年7号文件）。纪要中指出：要充分认识维护新疆稳

定工作的长期性、复杂性和艰巨性。在当前复杂的国际斗争中，新疆面临着许多现实的和潜在的不安定因素，如果不提高警惕，及时加强各方面的工作，很有可能发生一些较大规模的突发事件，甚至影响新疆乃至全国的稳定。1998年7月9日，江泽民第二次视察新疆时强调："保持新疆的社会政治稳定，不仅关系新疆经济社会的顺利发展，也关系到整个西北地区的稳定和发展，关系到全国改革开放和现代化建设的大局"①

2. 维护国家统一，反对民族分裂

影响新疆稳定的主要危险是民族分裂主义和非法宗教活动。1990年，江泽民第一次视察新疆时便指出：反对分裂主义，从全国来讲，"反对把台湾从祖国分裂出去，这是大局。从新疆来讲，就是反对民族分裂主义。无论过去和现在，国内外敌对势力总想在分裂新疆上打主意。建国以来，敌对势力对新疆的渗透、分裂、颠覆活动，从来就没有停止过。特别是近几年，随着国际大气候和国内小气候的变化，国内外分裂势力相互勾结，加紧进行妄图把新疆从祖国大家庭里分裂出去的阴谋活动，成为影响新疆的主要危险。"②

1998年第二次视察新疆时，他再次指出：反对民族分裂，维护祖国统一，是国家最高利益之所在，也是新疆各族人民的根本利益之所在。全区各族干部特别是各级党政主要负责同志，不管是来自哪个民族，都是党和国家的干部，都必须把反对民族分裂主义，作为自己的神圣职责而义不容辞。只要是破坏民族团结和祖国统一的活动，不管是什么人搞的，不管策划和参与这种活

① 《民族工作文献选编》(1990——2002)，第1页，中央文献出版社，2003年版。

② 《民族工作文献选编》(1990——2002)，第1～2页，中央文献出版社，2003年版。

动的人是哪个民族的，大家都要团结起来，坚决加以反对，依法严厉打击，决不手软。在这样的大问题上，不能有半点含糊，不能有任何退让。这也是对全疆各级干部的重要考验。领导干部不仅自己要旗帜鲜明，而且要充分发动和组织各族群众，对民族分裂主义分子形成一种"老鼠过街，人人喊打"的局面。江泽民还深刻地指出："国内外敌对势力搞民族分裂主义活动，一方面是以狭隘的民族主义为号召，挑起民族矛盾，制造民族分裂；另一方面是打着宗教旗号，披着宗教外衣，煽动民族分裂。"①

针对20世纪90年代新疆出现的较为频繁的民族分裂活动，江泽民不仅强调了反分裂斗争的重要性，对于新疆乃至全国稳定的作用，而且还进一步强调了反分裂斗争是新疆各民族人民的共同职责，强调反分裂斗争是全民的义务，这对于形成反分裂斗争坚实的群众基础是非常关键的。同时，江泽民还深刻地剖析了国内外敌对势力搞民族分裂活动的伎俩和方式，便于新疆各族人民正确看清民族分裂主义的真实面目，有利于在反分裂的斗争中提高警惕性，增强防范性，加强针对性。

3. 以经济建设为中心，加快新疆发展，把资源优势转化为经济优势

新疆经济社会的发展既符合新疆各族人民群众的利益需要，也符合进一步保持新疆社会稳定的需要。江泽民将发展和稳定视为新疆民族工作的主题。1998年7月，在对新疆的视察过程中，江泽民说："对新疆的工作，中央历来十分重视，我也非常关心。我对新疆各族人民是有浓厚感情的。新疆是我国西北一个具有战略地位的省区，又是一个多民族聚居的地区。加快新疆的经济发展和社会进步，是一件关系全局的大事，对我们实现跨世纪发展

---

① 《民族工作文献选编》（1990——2002年），第1～2页，中央文献出版社，2003年版。

目标，保障国家的安全和边防巩固，意义重大而深远。……自治区党委和政府制定的新疆经济社会跨世纪发展的战略目标，确定的当前工作重点，我看是切实可行的，体现了中央提出的'一手抓团结稳定，一手抓改革发展'的要求，我完全赞成。"①

江泽民指出，党的十五大确定了我国东部地区和中西部地区协调发展的战略，决定逐步加大对中西部地区的支持力度。在中西部地区，新疆又具有重要的战略地位，发展是硬道理。无论是从政治上还是经济上看问题，我们都应该想方设法加快新疆地区的发展。中央认为，新疆具备加快发展的有利条件，应该成为我国经济发展特别是下个世纪经济增长的重要支点。加快新疆发展，关键是要尽快将新疆的资源优势转变成经济优势，靠资源开发助推新疆经济发展，是实现新疆安定团结的物质保障。

4. 加强民族团结，搞好民族关系

1990 年，江泽民视察新疆时尤其强调了加强民族团结的重要性。他说："新疆是一个多民族聚居的边疆地区，搞好民族团结尤为重要。"② 在新疆维吾尔自治区，维吾尔族占的比例比较大，同时还有汉族和其他民族，共有 47 个民族。"按照党的民族政策和《民族区域自治法》，正确处理好民族关系，不断增强民族团结，是任何时候都必须高度重视的大问题，不可有丝毫的松懈和忽视。我们伟大的中华民族，是由五十六个民族构成的。在我们社会主义祖国的大家庭里，各个民族的关系是平等、团结、互助的社会主义新型民族关系，汉族离不开少数民族，少数民族

① 《新疆日报》1998 年 7 月 15 日；另见刘江海：《新中国成立以来中国共产党三代中央领导人处理新疆问题的历史启示》，《新疆研究文论选》，第 13 页，民族出版社，2005 年版。

② 《党的文献》，第 31 页，1996 年第 2 期；另见刘江海：《新中国成立以来中国共产党三代中央领导人处理新疆问题的历史启示》，《新疆研究文论选》，第 13 页，民族出版社，2005 年 10 月版。

离不开汉族，少数民族之间也互相离不开。”① 正是在新疆考察期间，江泽民根据新疆的民族关系发展状况，结合全国的实际情况，将“两个离不开”发展为“三个离不开”，进一步深化了对我国民族关系特点的新认识。

结合新疆的历史，江泽民继续指出：“新疆的历史，就是包括汉族在内的各民族共同抵御外侮，共同艰苦奋斗，共同开发建设的历史。历史一再证明，团结就兴盛，就繁荣；分裂就动乱，就衰败。这是新疆各民族发展进步的一条重要的客观规律，也是各族人民共同的根本利益和强烈愿望。”② 他叮嘱新疆维吾尔自治区党委要结合新疆的工作，加强对党员和干部进行宣传教育：第一，各民族不分大小、强弱、历史长短、发育阶段高低，都应该一律平等，包括政治上的平等权利，发展经济文化的平等权利，语言文字的平等地位。还包括尊重各民族的宗教信仰和风俗习惯等，坚决反对任何民族歧视，反对大民族主义和地方民族主义。第二，各民族没有高低优劣之分，每个民族所以能够作为一个民族而长期生息繁衍，都有自己生存发展的能力、优点和特点。第三，民族差别、民族问题将存在很长很长的时间。第四，民族问题是社会总问题的一部分，革命时期是这样，建设时期仍然是这样。第五，民族区域自治制度是解决我国民族问题的根本政治制度，《民族区域自治法》是以法律形式把这种制度确定下来的一项基本法律。他还针对性地指出：“从新疆来说，首先要处理好汉族和少数民族的关系，同时也要处理好在当地人口最多

---

① 江泽民：《必须树立马克思主义的民族观和宗教观》（1990年9月1日），《江泽民论有中国特色社会主义》（专题摘编），第354页，中央文献出版社，2002年版。

② 转引自：《深入开展“双拥共建”活动努力开创军政军民团结和民族团结新局面—王乐泉在自治区民族团结教育月动员大会上的讲话》，2006年4月29日。http：//www. tianshannet. com. cn 新疆天山网。

的维吾尔族同其他少数民族的关系。我一路上都强调，各民族之间一定要心连心，同呼吸、共命运，为建设有中国特色的社会主义而共同奋斗。”①

5. 支持生产建设兵团建设，壮大新疆稳定与发展的力量

以江泽民为核心的党中央第三代领导集体从治理新疆的历史经验、新疆特殊的战略地位和国际、国内形势的变化等方面，对新疆生产建设兵团的组建、恢复和发展给予了很高的评价，做出了一系列新的重要指示：

第一，屯垦戍边是治国安邦的战略决策。1997 年 5 月，江泽民在他主持的一次会议上回顾了新疆的历史，系统总结了历代治理新疆的历史经验，指出：在历朝历代对新疆的统治和管理中，都把实行垦屯戍边作为开发新疆、巩固国防的一项重要国策。1998 年 7 月，江泽民到新疆考察兵团工作时，再次提出了“屯垦兴，则西域兴；屯垦废，则西域乱”的精辟论断。② 这表明，中央领导集体对新疆的垦屯戍边工作给予了相当高的肯定。

第二，兵团是担负屯垦戍边使命，实行党、政、军、企合一体制的特殊组织。1990 年江泽民视察新疆时指出：“毛主席曾经要求新疆生产兵团既是生产队，又是工作队和战斗队。后来……大家把生产建设兵团的作用，归纳为四个方面：一是生产建设的作用；二是保卫边防的作用；三是维护社会安定的作用；四是促进民族团结的作用。三个队也好，四个作用也好，都说明生产建设兵团在新疆的社会主义建设中是一支很重要的力量。”③ 中央领导集体认为，兵团的主体是经济组织或企业集团，其主要任务

① 《民族工作文献选编》（1990——2002），第 3～4 页，中央文献出版社，2003 年版。

② 毛公宁主编：《新疆研究文论选》（第二辑）第 16～17 页，民族出版社，2005 年版。

③ 《党的文献》第 31 页，1996 年第 2 期。

是经济建设，同时担负着特殊的政治、社会、军事等职能。

第三，支持兵团的发展与壮大。一是提升兵团的地位，国家实行计划单列，是中央的直属单位；二是明确兵团的性质，是党、政、军、企合一的特殊组织，自行管理内部的行政、司法事务；三是指明改革思路；四是给予优惠政策。

6. 加强干部队伍建设，提高各级干部素质

江泽民指出，要把党的十五大精神贯彻落实好，把中央关于新疆工作的方针政策落实好，把新疆改革和建设的各项事业全面推向前进，关键看全区各族干部的素质和工作水平。为适应新的形势和新的任务，全区各级领导干部的素质需要有新的提高。江泽民为此提出了四点意见：一是要不断提高各级干部的理论素质和知识水平；二是要不断加强干部队伍的思想政治建设，增强各级干部特别是领导干部的政治敏锐性和政治坚定性；三是要大力发扬党的优良传统，在全区各级干部中树立好的思想和作风；四是要大力加强基层建设，认真做好对各族群众的思想工作和组织工作。

在民族聚居区，党的干部，尤其是少数民族干部，是党和各族人民群众联系的桥梁，是确保党的民族政策有效贯彻执行的重要因素。加强干部队伍建设，是开创民族工作新局面的前提条件，干部队伍建设在新疆的稳定与发展中是一项至关重要的工程。

总之，20 世纪 90 年代的新疆民族工作，是国家民族工作整体中很重要的一个组成部分。新疆民族工作的复杂性、艰巨性、重要性、长期性决定了做好新疆的民族工作，既要有正确的理论指导，又要有得力的政策措施作保证。

二、民族工作发展政策措施的突破

稳定与发展是新疆民族工作的主题，求得新疆民族工作的发

展，必须一方面保持新疆的社会稳定，另一方面要加快新疆的发展步伐。20世纪90年代，新疆维吾尔自治区党委和人民政府采取了一系列促进新疆稳定与发展的政策措施，稳定了政局，实现了发展。

1. 制定全面系统的政策措施，极力做好新疆的稳定工作

（1）开展集中有力的整治工作，消除影响稳定的“隐患”

1997年3月，根据中共中央政治局关于新疆稳定工作的意见，决定在新疆重点地区实施集中整治专项斗争，严厉打击暴力恐怖犯罪活动，主动出击，消除隐患。1997年4月9—10日，自治区党委召开专门工作会议，认真学习中共中央政治局常委会《通知》精神和中央政法委批复的《关于在新疆重点地区集中整顿治安，严厉打击暴力犯罪工作的意见》，部署自治区党委和人民政府的具体实施方案。决定从1997年4月至12月，在5个地州市、383个乡镇、1008个村，统一开展集中整治和基层组织建设工作。自治区抽调了近2万名干部，进乡驻村，狠抓严打整治及基层组织建设和整顿工作；各地普遍建立了民兵、治保和治安组织，组建治安联防队和以党团员、民兵为骨干的积极分子队伍。同时，从地县机关选派干部到乡镇任职，大力加强乡镇派出所和人武部建设，保证每一个乡都有一支维护社会稳定的队伍。1998年，对18个重点县市、238个重点乡镇、893个重点村和街道、居委会开展了集中整治。1999年，对25个重点县市、152个乡镇和街道、1122个村和741个居委会，开展了以乡村党组织的整顿建设和社会治安的集中整治工作。此后，各地州市继续进行了集中整治。

新疆维吾尔自治区党委认真贯彻中央的决策和江泽民关于新疆稳定工作的一系列重要讲话精神，高举民族团结的旗帜，高举维护祖国统一和法律尊严的旗帜，对民族分裂势力始终保持“严打高压”的态势，坚持“主动出击、露头就打、先发制敌”的方

针，标本兼治，掌握了反分裂斗争的主动权，一些重大分裂活动在预谋阶段就被及时地消除，提高了反分裂斗争的效益和效率。由于集中整治工作计划周全，组织到位，有干部保证，有队伍保障，达到了打击敌人，净化社会，弘扬正气，教育群众，震慑邪恶的整治目的。

(2) 大力加强基层组织建设，夯实稳定的根基

党的基层组织建设、国家政权的基层组织，是党和国家全部工作的基础，也是社会稳定的根基。基础不牢，地动山摇，加强基层组织建设是一项反分裂、促稳定的基础性工程。自治区党委按照中央的要求和部署，从新疆实际出发，以农村为重点，大力加强基层组织建设。主要做法是按照“精简上层，充实基层”的原则，从地州、县市、乡镇党政机关和企事业单位选派政治性强、懂农业科技知识的青年干部到乡村任职，充实一线，锻炼干部；采取自愿报名、学校推荐、组织人事部门考试考核的办法，由自治区直接选拔录用大专院校毕业生到南疆四地州乡镇工作；从驻疆部队选拔一批优秀连、排长和优秀退伍战士经过培训到基层任职；积极推行国家公务员到村任职，采取国家干部到村任职的做法。

在具体的实践过程中，形成了一些既符合实际又富有成效的经验性做法。其中有叶城县创造的“4211”工作机制：干部双倍配备，四分之二的干部坚持工作不离岗，每月连续工作 20 天（工作时间没有休息日）；四分之一的干部脱产培训或异地挂职；四分之一的干部轮休（每月集中休息 10 天）。这一做法适合边远乡镇党政组织更好地履行发展生产、维护稳定的职责。还有乡镇干部的交流制度，大多数乡镇基层干部不在原籍任职。基层干部培训制度的建立，保证了基层干部对工作目标、工作重点、工作方法的及时掌握，随时交流信息，沟通意见。加强村级组织建设的优势在于确立党支部在行政村的领导地位，党支部带领群众实

干苦干、发展壮大集体经济，取缔宗教特权，加强宗教管理，加强思想政治工作，开展国旗、大喇叭、报纸、标语牌、文艺、电影进村的“六进村”活动，使村民在精神风貌、物质生活、精神生活等方面得到了丰富和充实。关心农村老党员、老干部、老模范，对“三老”政治上关心、生产上扶持、生活上照顾，对“三老”实行普遍走访慰问，使从事民族工作，积极贯彻党的方针政策的“三老”人员，老有所养，心有所安，能够得到政府的关心和社会的尊重。

（3）关心群众，团结群众，依靠群众，构筑反分裂的铁壁铜墙

党的感染力、号召力、亲和力来自于真心实意地为各族人民办实事，解决各族人民群众的实际困难，急群众之所急，想群众之所想。南疆改水工作，就是党中央和新疆维吾尔自治区共同为南疆各族人民缔造的“民心工程”，多位中央领导接力似地倾心关注6年，解决了760万各族人民的饮水防病问题。1994年8月，中共中央政治局常委、全国政协主席李瑞环到南疆视察工作，发现温饱问题已经解决了的部分农牧民还在喝造成多种地方病的“涝坝水”，心情极为沉重，当即表示帮助筹集1500万元，解决当地的改水问题。回到北京后，李瑞环向江泽民总书记作了汇报，并委托中央统战部、全国工商联在不到一个月的时间里为和田县筹集到捐赠款1500万元，李瑞环全家带头捐款2万元。10月4日，全国政协副主席、中央统战部部长王兆国一行，受李瑞环的委托，专程赴疆将改水工程专款赠送和田县。1995年9月，中央政治局常委、国务院副总理朱镕基到新疆考察，主要到南疆解决改水问题。看到初步改水成果后，朱镕基当即指示争取3年内基本解决整个南疆地区农牧民的饮水问题。2000年9月，朱镕基再次到新疆考察，了解到改水工程如期完成，投资15.4亿元，受益各族群众达760万人。

为了解决新疆贫困人口的温饱问题，1994 年，自治区党委、人民政府召开自治区扶贫开发工作会议，制定了《自治区百万人温饱工程计划》，重点解决南疆近 150 万贫困人口的温饱问题。从 2001 年起，新疆扶贫开发坚持进村入户，实施整村推进计划，扶贫开发工作进入到了一个新的历史阶段。到 2005 年，国家和自治区先后投入各类扶贫资金 41.5 亿元。自治区在财政困难的情况下，每年保证配套资金 1.2 亿元足额到位。及时有效的扶贫工作真正解决了部分少数民族群众的生计大事，得到了各族人民群众的高度认可和颂扬。

（4）扬清抑浊，开展意识形态领域的斗争

第一，开展“五观”、“四认同”和“三个一”教育。

承袭 20 世纪 80 年代初开始开展的民族团结教育活动，1998 年初，自治区党委作出了在全区党员干部和各族群众中广泛开展马克思主义的国家观、历史观、民族观、宗教观、文化观（简称“五观”）宣传教育的指示，“五观”教育遂成为民族团结宣传教育活动的重要内容，使新疆的社会主义民族关系得到了进一步的发展。2004 年，自治区党委将“五观”内容规范表述为马克思主义的祖国观、民族观、宗教观、历史观、文化观。进入 21 世纪，根据国内外出现的新形势及随后在全区干部群众中广泛进行的“意识形态领域反分裂斗争再教育”活动，自治区党委提出了在以往“五观”教育的基础上，在全区干部群众中开展“四个高度认同”（即对祖国、中华民族、中华文化、中国特色社会主义道路的认同）的宣传教育。在教育活动中，自治区党委始终坚持把正面教育引导作为意识形态领域反分裂斗争的主要方式，持续进行，力求在内容上做到历史与现实相结合，包括中国历史与新疆历史教育、国情区情教育、政治理论（民族理论、国家理论、政治学理论）教育、法制教育、前途教育等。其中，新疆历史（包括民族史、文化史、宗教史）教育是一个重要方面。通过教育，达到了强化各族干部、群众和广大青年“四个认同”的最终目的，从而使各族干部群众和广大青少年真正懂得：我们伟大的祖国自古以来就是一个统一的多民族国家，各民族共同缔造了伟大的祖国，共同捍卫了祖国的统一；中华民族是我国56个民族互相依存、共同发展凝聚而成的；在历史发展的长河中，智慧、勤劳、勇敢的中华民族创造了千古流芳的中华文化，各民族都为创造和发展中华文化作出了贡献；坚持有中国特色社会主义道路，是中国共产党人的坚定信念，是中国历史发展的必然趋势，也是中国各族人民的必然选择。“三个一”教育主要是从每个民族都有浓厚的历史溯源情节出发，通过讲历史，学历史，让新疆各族人民懂得：新疆自古以来就是中国领土不可分割的一部分；新疆自古以来就是多民族聚居、生活、开发的地区，新疆各民族是中华民族大家庭的一员；由于地处“丝绸之路”的要冲，新疆自古以来就是多种文化、多种宗教聚集、交流、融合的地方，新疆各民族的文化是中华文化的一部分。

“三个一”教育、“四个认同”教育是“五观”教育的升华和具体化，是维护祖国统一，反对民族分裂，保持新疆社会政治稳定的治本之策，是新疆民族团结教育活动的又一创举。实践证明，“五观”教育和“四个认同”教育极大地增强了新疆各民族的向心力和凝聚力，为推动新疆社会的和谐发展创造了良好的环境氛围。

第二，批判“三本书”的政治性错误。

所谓“三本书”，就是指前面提到过的《维吾尔人》、《匈奴简史》、《维吾尔古代文学》。1990年2月，自治区党委宣传部组织有关专家学者对“三本书”进行审读，专家学者们认为：“三本书”打着学术研究的旗号，歪曲、篡改以至杜撰史料，编造历史，完全违背了马克思主义民族观和历史观。在维护边疆稳定统一还是分裂国家统一、加强民族团结还是破坏民族团结、坚持社会主义还是宣扬“泛突厥主义”等大是大非问题上，有着严重的政治错误，是改革开放以来新疆分裂主义思潮的蔓延，是意识形态领域反分裂斗争形势日益严峻的突出表现。“三本书”中的问题并不是什么学术观点的分歧，而是有意识地宣传某种政治观点。对其中的分裂性政治错误必须予以严肃的批判。

1991年2月组织对“三本书”的讨论和批判。1991年2月6日，全国政协副主席、国家民委主任司马义·艾买提出席了在新疆召开的有关《维吾尔人》、《匈奴简史》、《维吾尔古代文学》三本书问题讨论会。他在谈到如何正确对待历史上的民族关系时强调指出，首先必须确立起最基本的观点：我们是统一的多民族国家。这个多民族国家是各民族共同缔造的；各民族都为祖国的统一和发展，为中华民族文化的创造和繁荣，为社会的安定和进步，做出过自己的贡献；统一、团结、昌盛是各民族人民的共同愿望，也是历史发展的必然趋势。自治区党委副书记、自治区主席铁木尔·达瓦买提指出：“三本书”的要害，是否认我国自古以来就是一个多民族的统一的国家，鼓吹独立，煽动分裂，为民族分裂主义炮制历史根据。“三本书”的政治立场和政治观点与“泛突厥主义”思想的代表作《东突厥斯坦历史》一脉相承，在许多问题的表述上，“三本书”就是《东突厥斯坦历史》的翻版，完全抄袭了20世纪三四十年代“泛突厥主义”分子麦斯武德、伊敏、艾沙的观点，并没有什么新东西。“三本书”的出笼，是新疆意识形态领域的一场严重的斗争，要彻底肃清它们的社会影响。

第三，切实采取有效措施，加强意识形态领域的正面引导和教育，提高群众的政治觉悟和明辨是非的能力

清理整顿学校，纯洁和发展壮大教职工队伍，清除各类教材中鼓吹民族分裂，宣扬宗教教义的内容，下大力气抓好青少年的培养教育；巩固反分裂的思想文化阵地，大力加强舆论宣传工

作，借助广电部实施的“西新工程”、“村村通工程”，加快新疆广播电视覆盖工程建设，进一步落实反“空中渗透”措施，把党和政府的声音送到千家万户，剔除掉西方敌对势力和民族分裂势力的宣传、渗透，增强新疆各族人民对党、对祖国、对社会主义的凝聚力和向心力；召开意识形态领域反分裂斗争动员大会，精心布置，层层落实，确保实效，自治区和各地州（市）、各县（市）共有11 070个单位，490 627名干部、教师参加了再教育活动，巩固了成果，深化了认识。

（5）规范宗教事务，加强依法管理

多种宗教并存是新疆宗教的主要特点，新疆宗教具有信教群众多、宗教活动场所多和宗教教职人员多的特点。在一定时期，由于对宗教事务疏于管理，导致非法宗教活动的增多，成为影响新疆社会稳定的一个重要因素。正如中共中央在关于维护新疆稳定的指示中指出的：“影响新疆当前稳定的主要危险是民族分裂主义和非法宗教活动。”为此，必须坚持把做好宗教工作作为维护新疆社会稳定和促进经济发展的一项重要工作来抓，采取有力措施，依法加强对宗教事务的管理。

第一，制定相应法规，做到宗教事务有规可守，有章可循。

依据国务院颁布的《中华人民共和国境内外国人宗教活动管理规定》（1994年1月31日）和《宗教活动场所管理条例》（1994年1月31日）、《宗教活动场所登记办法》（1994年4月13日）、《宗教活动场所年度检查办法》（1996年7月29日）、《宗教院校聘用外籍专业人员办法》（1998年11月29日）、《中华人民共和国境内外国人宗教活动管理规定实施细则》（2000年9月26日）等相关法规，新疆于1988年制定了第一部地方性宗教行政法规——《新疆维吾尔自治区宗教活动场所管理暂行规定》，1990年又制定颁布了《新疆维吾尔自治区宗教活动管理暂行规定》、《新疆维吾尔自治区宗教职业人员管理暂行规定》，

1994 年自治区人大颁布了《新疆维吾尔自治区宗教事务管理条例》等。这些规定的出台，对宗教活动、场所、教职人员等均作出了针对性的规定，标志着依法依规管理宗教事务，对宗教事务的管理开始走向法制化与规范化。

第二，依法打击非法宗教活动，积极引导宗教与新疆的社会主义建设相适应。

新疆维吾尔自治区党委和人民政府全面贯彻党的宗教政策，坚定不移地依法加强对宗教事务的管理，积极引导宗教与社会主义建设相适应，坚决打击打着宗教旗号搞分裂破坏活动的宗教极端势力，取缔、遏制了非法宗教活动。

为加强对新疆宗教事务的管理，实行了少数民族领导干部对属地清真寺联系责任制和对重点清真寺定期走访的制度，狠抓宗教人士的教育培训，旗帜鲜明地保护爱国宗教人士和信教群众正常的宗教活动，有计划、有重点地培养爱国宗教人士，切实解决爱国宗教人士后继有人的问题。完善、落实对宗教教职人员培训制度，确保宗教事务的领导权掌握在爱国、进步、可靠的宗教人士手中。

为了消除新疆民族分裂主义势力利用非法出版物和一些清真寺讲台，歪曲教义，篡改教史，向穆斯林群众特别是青少年灌输分裂主义思想和宗教极端主义思想的恶劣影响，为了同民族分裂主义势力争夺群众、争夺人心，削弱和剥夺敌对势力的宗教资本，在认真研究和反复论证的基础上，国家宗教局确定把解释经典工作作为一个重要的突破口，在阿訇们讲“卧尔兹”中，阐明伊斯兰教义中符合社会进步的内容，让信教群众明辨是非，自觉抵制“三股势力”的侵蚀。2001 年 4 月，中国伊协成立了中国伊斯兰教教务指导委员会，由爱国的、有较高宗教学识的、在信教群众中有重大影响的大阿訇和大毛拉组成，负责发布对教义的权威解释。该委员会在深入调研的基础上，有针对性地编写了

12篇“卧尔兹”讲稿，结集成《新卧尔兹演讲集》。其中的第一辑作为伊斯兰教讲经范本，由宗教文化出版社以维、汉两种文本正式出版发行。在试讲后，受到伊斯兰教人士的欢迎，他们表示，此书为他们批驳分裂主义和宗教极端主义的歪理邪说提供了宗教上的依据，表示一定要学习该书的精神，切实提高讲经水平，正确引导穆斯林群众，为维护新疆的社会稳定和民族团结做出努力。①

宗教影响很大的和田地区，制定了“五支持”、“五保护”、“六不准”、“三限制”的规定。所谓“五支持”，就是“支持宗教教职人员对教民进行党的民族宗教政策、法律法规的宣传教育；支持宗教教职人员带领教民自觉抵制宗教极端思想的渗透和侵蚀，检举揭发坏人坏事；支持宗教教职人员对教民婚丧事简办、移风易俗，为精神文明建设做贡献；支持和鼓励宗教教职人员及教民学科学、用科学，为脱贫致富而努力；支持和鼓励宗教教职人员依法管理宗教活动场所和宗教活动。”所谓“五保护”，就是“保护和尊重宗教教职人员和教民爱国守法，从事正常的宗教活动；保护和尊重宗教教职人员和教民，遵守党的宗教信仰自由政策，尊重公民信教和不信教权利的行使；保护和尊重宗教教职人员和教民信守自己的宗教信念、礼仪、民族风俗；保护和尊重宗教教职人员和教民依法学经和信教自由；保护和尊重宗教教职人员和教民的人格与生命不受非法侵犯。”所谓“六不准”，就是“不准宣扬圣战；不准煽动民族仇恨；不准散布分裂祖国统一、破坏民族团结的言论；不准发行、观看、宣传圣战和宗教狂热思想的书刊和音像制品；不准利用社会热点问题，干涉行政事务；不准跨区从事宗教活动。”所谓“三限制”，就是“限制居买日

① 王作安著：《中国的宗教问题和宗教政策》，第156～157页，宗教文化出版社，2002年版。

（星期五）台比力克（宣讲教义），时间控制在半小时以内；限制乃麻孜活动按照传统礼仪进行；限制教民乃麻孜活动在清真寺内进行。”

总的来看，20 世纪 90 年代开展的促进新疆稳定的一系列活动，坚持了党的领导，坚持了群众路线。这一系列活动都紧密围绕反分裂和打击非法宗教活动为重点，既有场面上的严打与整治工作，又有深层次的意识形态领域的涤荡与建树；既有干部队伍的保障，又有坚实基层组织建设的支撑；既有对宗教的依法管理，又有对宗教的引导与调控。政策与措施相配套，既形成了相互关联的有机系统性，又汇集了凝聚力与整合力，进而有力、有效地恢复和保持了社会稳定，为新疆的经济社会发展创造了良好的社会环境。

2. 为新疆经济社会的快速发展创造了条件，提供了机遇

（1）设定了新疆经济社会发展的目标

20 世纪 80 年代初，以邓小平为核心的第二代中央领导集体根据新疆的资源优势，提出将新疆建设成为 21 世纪中国社会主义建设的一个重要基地。20 世纪 90 年代中叶，以江泽民为核心的第三代中央领导集体，根据国内区域经济发展的情况，提出在“九五”期间着手解决地区发展差距，把坚持区域经济协调发展，逐步缩小地区差距，作为要长期贯彻的方针之一，中央对新疆的经济和社会发展寄予厚望。1996 年 3 月 6 日，时任国务院总理的李鹏在参加八届全国人大四次会议新疆代表团讨论时，明确提出：后来居上看新疆。他鼓励新疆代表团：党中央对新疆的发展寄予厚望，希望新疆各族人民为祖国的繁荣昌盛做出新贡献。1996 年 3 月 19 日，中央政治局常委会关于维护新疆稳定的会议纪要提出：新疆有可能成为我国一个新的经济增长点。并宣布对新疆经济发展实施倾斜政策，在产业布局、基础设施建设、财政信贷、对外开放等方面，对新疆尤其是南疆给予更多的支持。

1998年3月7日，江泽民总书记参加九届全国人大一次会议新疆代表团讨论时指出：可以坚信，在国家的帮助和其他地区人民的支持下，经过全区各族干部和群众的艰苦奋斗，新疆必能后来居上，必然走在全国现代化建设的前列。新疆是大有前途的，大有希望的。1998年7月，江泽民视察新疆，再次指出：新疆具备加快发展的有利条件，应该成为我国经济发展特别是下世纪经济增长的重要支点。

（2）加强基础设施建设，为加快新疆发展创造前提条件

交通和水利是新疆经济发展的命脉，也是新疆基础设施建设中的两大重点和难点。交通基础设施的落后和新疆广博的面积形成矛盾，水利设施的不足和新疆干旱的气候形成矛盾。20世纪90年代以来，新疆围绕这两对矛盾的解决，在党中央的关怀和支持下，积极为新疆加快经济社会发展步伐疏通了这两条命脉。

第一，加快交通基础设施建设，为加快发展疏通交通命脉。

铁路方面：1993年兰新铁路复线开工，1994年9月14日兰新铁路复线提前一年铺通，1995年6月30日全线正式交付运营。1994年国家将南疆铁路西延工程（库尔勒至喀什段）列为国家“九五”计划；1995年9月，时任国务院副总理的朱镕基在新疆视察时叮嘱要按基建程序抓紧办理西延工程手续；1996年8月国家计委批准南疆铁路库尔勒至喀什段工程列入1996年新开工项目计划；1996年9月6日，时任国务院总理的李鹏出席南疆铁路西段工程开工典礼；1998年7月，江泽民总书记亲临南疆铁路施工现场，亲切问候筑路工人，并对施工、安全作了重要指示；1999年12月6日，李鹏委员长出席南疆铁路全线开通运营庆祝大会并为首列列车开行剪彩。修建南疆铁路总投资达63亿元，现已开通库尔勒——乌鲁木齐、库尔勒——吐鲁番、库尔勒——西安、库尔勒——连云港、库尔勒——阿克苏、库尔勒——喀什6趟对开客运列车，全年完成旅客发送量100多万

人，完成货运发送量500万吨。目前，乌鲁木齐铁路局固定资产总值250.66亿元，管辖营业线路5条，线路营业里程3008.5公里，比1978年增长1.92倍，线路延展长度5065.1公里。已开通18对国内、区内直通旅客列车和乌鲁木齐——阿拉木图国际旅客列车。新疆铁路担负着80%以上进出新疆物资的运输任务，在新疆经济建设和社会发展中起着至关重要的作用。经过5次大规模提速，大幅度提高了运输效率。2004年，完成货物发送量5083.2万吨，旅客发送量1022.8万人，换算周转量679.3亿吨公里，分别比1978年增长4.2倍、5.9倍和7.8倍；运输收入75.7亿元；阿拉山口口岸过货量完成930.6万吨。

公路方面：截至2004年，在新疆全区多种运输方式中，公路运输已承担了自治区全社会货运量的81.5%，公路交通成为新疆国民经济发展的动脉。从某种意义上也可以说，新疆的经济就是公路经济。到2004年底，新疆列入国家编号的国道8条，全长9112公里，占全国国道线的7%；省道68条，全长7244公里；县道有643条，全长13 976公里；乡道有2773条，全长23 658公里；专用道路281条，全长8341公里。通车总里程62 231公里，其中：高速公路430公里，一级公路437公里，二级公路6630公里，三级公路15 752公里，四级公路24 674公里，等外公路14 406公里。兵团通车里程24 492公里，其中：一级公路5公里，二级公路318公里，三级公路6510公里，四级公路13 343公里，等外公路4314公里。形成了一个以乌鲁木齐为中心，以国道干线为主骨架，东连甘肃、青海，南接西藏，西出中亚各国，境内地市相通、县乡相连的公路运输网络。这些公路已发挥了十分明显的社会效益和经济效益，对促进经济发展、对外开放、国防建设均起到了非常重要的作用。2004年，新疆公路运输货运量达到31 700万吨，客运量28 473万人次。公路网密度达到521.5公里/万平方公里，公路货运密度达到

151.28 吨/公里。道路运输业在岗职工人数达到 3.31 万人。公路运输已发展成为新疆重要的产业之一。

民用航空方面：新疆航空公司接连引进飞机，不断提高运力。当运力充足后，制定了“以乌鲁木齐为轴心，东西辐射成两个扇面”的航线布局。区内已拥有 11 个机场及 1 个全天候备降机场，形成了以乌鲁木齐为中心，连接国内外 65 个大中城市和区内 12 个地、州、市的空运网，开辟了乌鲁木齐至新西伯利亚、莫斯科、阿拉木图、比什凯克、伊斯兰堡等国际航线，还有通达香港、日本、韩国的不定期旅游包机，通航里程达 11 万公里。现已开通航线 96 条，其中，国际航线 26 条，国内航线 55 条，区内支线 15 条。仅 2004 年，全疆机场实现旅客吞吐量就达到 516 万人次，货邮吞吐量达到 5.2 万吨，同比分别增长 52.8% 和 15.7%。

此外，新疆电力工业迅速发展，建成了一批骨干电厂，发电量由 1955 年的 0.55 亿千瓦小时增加到 2004 年的 266 亿千瓦小时。邮电通信建设突飞猛进，初步形成了程控交换、光纤通信、数字微波、卫星通信、移动通信等完整的现代化通讯体系。

第二，加强水利基础设施建设，为加快发展疏通水利命脉。

以重点水利工程的建设为龙头，整体提高水利建设水平。乌鲁瓦提水利枢纽工程是和田人民的“幸福工程”，集灌溉、防洪、发电、保护生态环境等功能于一体。该工程位于“万山之祖”的昆仑山腹地、南疆和田县境内、喀拉喀什河中游河段。1995 年该工程被列为水利部重点工程，1996 年又列为国家重点建设项目，是大型的扶贫工程。工程建成后，改善灌溉面积 7.5 万公顷，扩大灌溉面积 4.6 万公顷，可确保和田河向塔里木河年输水 10.57 亿立方米，能很好地维护和田河下游绿色走廊的生态环境。工程总投资 143 378 万元，1994 年 7 月导流洞破土动工，1997 年 9 月 2 日大河截流成功，1998 年 8 月 21 日下闸蓄水，

2000年12月并网发电。引额济克工程，又称“635”水利枢纽一期工程。1998年当年开工当年截流，2000年8月额尔齐斯河河水输送到克拉玛依市，结束了该市长期缺水的历史。该市将来水的那一天定为克拉玛依市的“水节”。

2004年，新疆共建成水库485座，总库容达到60多亿立方米，分别是1949年的162倍和200倍。防洪堤防6012公里（永久性堤防占10%左右），是1949年的19.8倍；可保护耕地1289千公顷，保护人口842.64万人。建成四级渠道33.3万公里，是1949年的308倍。这些水利工程设施的建成，有效地提高了引水灌溉能力，灌溉面积由解放初期的1700万亩增加到现在的6200万亩，其中旱涝保收面积达到3150万亩。这些成绩的取得实属不易。

在党中央、国务院的直接关怀下，近20年来，造福新疆各族人民的农村人畜饮水改水防病工程建设总投资达23.05亿元，建成水厂2311座，铺设供水管道67.46万公里，解决了906.24万人和2544.09万头牲畜的饮水问题，为农牧民脱贫致富奔小康创造了有利条件。同时，在水利建设工程迅速发展的基础上，新疆的防洪抗旱建设有了长足的发展。全区成立县级抗旱队13个，拥有抗旱设备2099套，累计投入抗旱服务队资金4516万元，形成固定资产8169.5万元，提水能力达到17.17万立方米/小时，取得了良好的社会经济效益。

新疆水产渔业也随着水利事业的发展而发展。经过几十年不懈的努力，到2004年底，全区水产品产量已达7.33万吨，是1949年的426倍，一跃成为西北第一水产大省区。

3. 加速了资源优势向产业优势及经济优势的转化过程

新疆作为一个资源大区，地上地下资源丰富，开发潜力极大，其中水土光热资源，石油、天然气资源，煤炭、铁、铜及有色金属资源等是最为突出的优势资源。20世纪90年代，新疆资源优势的转化是围绕中央制定的“九五”计划和2010年远景目标纲要实施的。即充分利用得天独厚的农业发展优势将新疆建成国家最大的商品棉基地和重要的畜产品基地、糖料基地，发挥丰富的石油资源优势，建成我国西部最重要的石油化工基地。

（1）实施“一白”发展战略，建设全国最大的商品棉基地

“一白”发展战略，就是棉花生产基地建设。国家计委于1996年把新疆列为全国商品棉基地，批准投资94亿元进行重点建设。1996、1997和1998年，新疆棉花总产达到94、115和140万吨，分别占全国总产的22.37%、24.98%和31.82%；棉花（不包括棉副产品）产值占新疆农林牧渔业总产值的比重达到29.71%、33.11%和31.36%；新疆10个主产棉县棉花（不包括棉副产品）产值占农林牧渔业总产值的平均比重达到47.67%、53.36%和48.67%；棉田占总耕地面积的平均比重分别为50.43%、53.36%和57.68%。虽然在发展过程中曾受到来自市场的冲击，但经过调整，经过依靠科技种棉的技术革命，新疆已建成22个优质棉生产基地县。到2000年全国最大的商品棉生产基地建成，并创造了棉花生产在种植面积、单产、总产、收购量、调拨量、高等级棉花资源、病虫害综合防治水平等7个方面的第一。中国棉花总产约占世界的四分之一，新疆棉花总产约占全国的三分之一。发展棉花种植业促进了新疆的经济建设，提高了新疆在全国的经济地位，种植棉花已成为新疆最大的农业支柱产业。

为了进一步转化棉花生产的经济效益和优势，新疆不断加强棉纺织工业的发展。经历了由于低水平重复建设和1997年亚洲金融危机的影响带来的困难和挑战后，1998年初，中央决定把对国民经济发展产生重大影响的纺织工业作为国有企业改革脱困的突破口，并采取相应的配套措施，实施“压锭、调整、减员、增效”战略。新疆三年压减落后棉纺锭21万锭（其中兵团8万

锭），减员 3.05 万人（其中兵团 1.1 万人），实际减亏 2.55 亿元，2000 年全行业扭亏为盈，实现利润 2397 万元。进入新世纪后，我国加入 WTO 和国家实施西部大开发战略，给新疆棉纺织工业带来了前所未有的发展机遇，棉纺织工业的投入不断增加，产权日益多元化，纺织装备不断现代化，产品和产业层次不断提升。到 2004 年底，全区共有棉纺环锭 265 万枚，转胚纺 7.49 万头，织机 10139 台，年印染能力 6700 万米，棉纺纺纱生产能力居西部 12 省区市之首。在总体技术装备中，20 世纪 90 年代以后的设备占 58%；约有 25%的企业技术装备达到世界先进水平，60%的企业技术装备达到国内先进水平。2004 年全区生产棉纱 24.81 万吨，棉布 13 989 万米，拥有纺织企业 168 户，固定资产原值 72.32 亿元，从业人员 60 320 人。2004 年全区完成纺织工业总产值 61.18 亿元，增加值 12.18 亿元，其中棉纺织工业约占 80%。棉花生产的战略效益和延长效益得以体现。

（2）实施“一黑”发展战略，建设西部石油化工基地

“一黑”发展战略，是指石油资源的开发和石油化工基地的建设。石油产业是新疆的支柱产业，石油产业涉及面广，石油是基本产品，其下游一系列产品包括各种成品油、乙烯、塑料等，石油工业的发展可带动整个新疆经济的发展。1997 年，国家便将发展西部的希望寄予新疆塔里木、准噶尔、吐鲁番三大油田。国家一开始便为新疆石油工业的发展确立了较高的基调：发展新疆石油工业一定要有一个好的机制，新油田按照现代企业制度的规范进行操作，效益要高；西部油田要通过地方积极参与，带动地方经济的发展；石油的探测开发要与石油工业同步发展，形成综合型的上、中、下游同步发展的局面。① 1990 年至 2001 年就累计投入建设开发资金 1200 多亿元，共发现油气田 67 个，累计

---

① 《瞭望》，1997 年，第 41 期。

探明石油地质储量26.16亿吨，探明天然气地质储量6472.79亿立方米。2002年，克拉玛依油田原油产量首次突破1000万吨大关，达到1010万吨，成为我国西部第一个千万吨级的大油田。“西气东输”工程已于2004年底建成输气，从2005年起每年向内地输送天然气120亿立方米。与此同时，国家加快了新疆石油化学工业的发展步伐，建成了乌鲁木齐石油化工总厂、泽普石油化工厂、中石化库车石油化工厂，并对独山子炼油厂、克拉玛依炼油厂进行了扩建和技术改造，形成了较为完整的石油化工产业体系。目前新疆境内石化企业原油一次性加工能力1950万吨，可生产各类油品、化肥、乙烯、聚酯、聚丙烯等各类石油化工原料，定型产品300多种，其中获得国家金奖、银奖、省部优产品75种。国家在新疆建成了克拉玛依、吐哈、塔里木三大油田和比较完整的石化工业体系。2004年，生产原油2253.02万吨，天然气57.13亿立方米，原油加工量1220.18万吨；石油石化产业销售收入405亿元，实现利润195亿元。1990年至2004年原油产量年均增加110万吨，增长幅度连续15年居产油省区第一位。

（3）丰富而独特的有色金属资源是新疆的另一个资源优势

新疆有色金属工业按照社会主义市场经济的规律转轨，在“推广稀有，大搞有色”的方针指引下，经济效益迅速提高，迅速摆脱了停滞态势。以投资主体多元化为改革目标，引进了一批投资者，对一批老国有矿山骨干企业进行扩建和技术改造，新建了一批现代化的矿山和有色、稀有金属冶炼企业。尤其是围绕新疆丰富的黄金资源，在克拉玛依哈图山矿区，建成新疆第一座机械化黄金矿山，具备年产吨金的生产能力，是新疆最大的黄金矿山，已列入全国50家重点黄金企业。阿希金矿1995年建成投产，其规模为采矿600吨/日，选矿750吨/日，年产黄金1020千克。目前，全区已建成黄金矿山企业48家，日处理矿石6300

吨，黄金年产量由1980年的不足100两增至目前的20多万两，居全国第6位。

随着勘探力度的不断加大，在新疆境内已发现有色金属矿产品种129个，其中铍、铌储量居全国第一位，分别占全国的89%和60%；镍、钽居第二位，均占全国的30%左右；铯居第五位，锂居第六位，钴居第九位，储量都极为丰富。铜矿资源前景非常广阔，已在东天山发现了超大规模的铜矿，其远景储量超过1000万吨，是我国少有的巨型矿藏，有可能成为我国最大的铜资源勘查开发基地。丰富的有色金属资源，为有色金属工业发展奠定了基础。

2004年，新疆有色金属工业完成工业总产值43 914.1万元，工业增加值16 578万元，利税总额4995.7万元，已成为自治区国民经济的重要产业。

（4）新疆不断打造商品粮基地

进入“八五”以后，自治区大力实施粮食高产开发战略，积极调整粮食品种结构和区域布局，发展特色、优质、高产、高效粮食作物，粮食生产到1996年又迈上了800万吨的新台阶，粮食生产实现了自给有余。进入“九五”以后，新疆进一步调整优化粮食生产结构，促进粮食生产向优势区域集中，努力增加对粮食主产区的投入，加强农田基础设施建设，推广良种良法，提高农业机械化装备水平，使粮食综合生产能力达到了一个新水平，建立起近2000万亩的稳产高产田，品种结构得到优化，粮食单产逐年提高，在粮食播种面积基本保持稳定或略有减少情况下，总产仍然维持在800多万吨的水平上，2002年曾达到876万吨的历史新高，人均粮食占有量一直处在全国各省（区、市）前列。新疆粮食综合生产能力的提高，为农业结构向纵深方向调整，开拓农民增收新渠道，发展食品工业和畜牧业，保持国民经济持续稳定健康发展和社会稳定、边防巩固发挥了不可替代的重要作用。

(5) 得益于农粮生产的优势，新疆畜牧业也取得了长足发展

进入新世纪，新疆维吾尔自治区党委、人民政府从新疆的实际出发，与时俱进，作出了加快新疆传统畜牧业向现代畜牧业转变的战略决策，出台了《关于加快现代畜牧业发展的意见》，新疆的畜牧业进入了一个新的发展阶段。畜牧业生产持续快速增长。2004 年末牲畜存栏达到 5170 万头（只），出栏 3946 万头（只），肉类总产 127 万吨，牛奶总产 140 万吨，绵羊毛总产 8.2 万吨，山羊绒总产 1250 吨，禽蛋总产 24 万吨，畜牧业总产值 179.7 亿元。畜牧业占大农业总产值比重达 30%。畜牧业在农村经济中的支柱产业地位进一步巩固。优势产业带建设和结构调整步伐加快。牛奶、牛羊肉、细羊毛三大优势产业带基本形成，比较优势得到发挥。可繁殖母畜比例达 61.3%，畜群结构趋于合理。以鸽子、马鹿、牦牛、马、驴、珍禽为主的特色养殖成为结构调整的新亮点。饲料玉米、豆类、青饲玉米、苜蓿种植面积达 1100 万亩，粮、经（经济作物）、草（料）播种面积之比为 25∶51∶24，种植业“三元”结构初步形成。各地全面落实防疫责任制，形成了在各级党政领导下，以畜牧兽医部门为主体，有关部门协调配合，全社会支持参与的防疫机制，防疫应急能力明显增强，防疫体系进一步完善，全区整体防疫水平显著提高。良种繁育和推广工程全面启动，21 个品种改良示范县建设全面实施。自治区畜禽繁育改良总站扩建后冻精年生产能力达 160 万剂；呼图壁种牛场完成高产奶牛转型后年产胚胎 11 000 多枚；全区黄牛冷配达 90 万头，胚胎移植达 8000 头，均居全国前列。畜牧业产业化稳步推进。一批起点高、规模大、效益好的畜牧龙头企业不断崛起，带动了畜产品基地建设。以金牛、维维、西域春、麦趣尔等十多家大型奶类、肉类、饲料加工龙头企业通过几年来的蓬勃发展，有力地推动了新疆畜牧业的产业化进程。全区牛奶日

加工能力达3000吨以上，乳品年加工能力达80万吨以上，已形成了近10个地方名优品牌。草原生态建设和草业发展步伐加快。退牧还草工程全面实施，退牧还草1839万亩。草原围栏工程完成收尾，天然草原植被恢复项目完成竣工验收，认证无公害畜产品基地19个，新疆传统畜牧业正在加快向现代畜牧业转变。

（6）瓜果优势带来新疆可观的经济效益

作为著名的瓜果之乡，新疆栽培瓜果的历史已有2000多年，与美国加州、地中海沿岸、大洋洲、南非、中亚并列为世界六大果品适宜产地，不仅具有发展瓜果生产所必需的地理、气候条件和独特的品种、品质优势，而且具有大面积适宜林果业发展的土地和待开发的逆温带资源。新疆是中国葡萄、甜瓜、西瓜、核桃的发端地之一，所产哈密瓜、无核白葡萄、库尔勒香梨等水果名扬海内外。瓜果业随着自治区农业农村工作重心的转移和农业结构的不断调整，开始焕发出勃勃生机，种植面积和产量逐年提高，尤其是国家西部大开发战略的实施以及自治区1997年、2004年两次林业工作会议召开，林果业在自治区农业结构战略性调整中的重要地位得到加强，并制定出重点建设环塔里木盆地1000万亩优质林果产业带的发展战略。在大好机遇的发展环境下，各地充分发挥资源优势，大力发展名、特、优瓜果生产，推动了以林果为主的瓜果产业快速向前发展。2004年与1995年相比，全疆林果种植面积由225万亩增加到1004万亩，增长3.36倍。总产量由114.3万吨增加到300多万吨，增长1.6倍。瓜类（甜西瓜）播种面积由37.7万亩增加到200万亩，增长4.3倍。总产量由69.75万吨增加到186万吨，增长1.65倍。自2001年以来，新疆每年都有新增林果面积在100万亩以上，林果生产已呈现出区域化布局、规模化种植、规范化生产、产业化经营的格局，并逐步由数量型扩张向以提高品质、效益为主的方向转变。已涌现出一批林果生产的专业村、专业乡和专业县，诞生了像阿克苏红富士苹果、哈密大枣、克州木纳格葡萄、轮南白杏、河田皮亚曼石榴等一批新的知名品牌。屯河果业、新天酒业、香梨股份、拓普果品等从事林果加工、贮运、保鲜的龙头企业应运而生，带动了基地建设，开拓了市场，推动了林果产业化加快发展，从而使林果业成为优化农业结构、繁荣农村经济、促进农民增收的重要产业。2004 年，全疆林果业创造产值 45 亿元以上。随着近些年新建果园陆续进入盛果期，所产生的经济效益会更大，相应的生态效益也会更加明显。

（7）依托独特的自然地理环境和丰富的生物物种资源，通过发展加工工业使初始资源的效益攀升

经过农业结构调整，新疆各地普遍形成了一批区域性特色主导产业，名、特、优农产品产量大幅度增加，一大批特色农产品加工企业应运而生，成为新疆地方工业发展的一支重要新生力量，既带动了农业产业化的发展，又为新疆新型工业化发展增添了新的活力。形成了棉花、粮油、糖类、瓜果及番茄、红花、亚麻、乳类、肉类、细羊毛等为支柱产业的产业化经营新格局。全区以农产品为原料的规模以上（乡及乡以上）工业企业近 2000 家，占全区轻工企业总数的 85%，实现工业产值 200 多亿元，占轻工业总产值的 82%。现有国家级、自治区级重点农业龙头企业 103 家，自治区级龙头企业的总资产达到 300 亿元以上。除伊犁特酒业、屯河果业、新天酒业、香梨股份等一批当地企业不断发展壮大外，一批内地知名企业如中粮集团、维维集团、草原兴发、蒙牛乳业也纷纷进军新疆，瞄准国内外大市场，参与到特色农产品加工业发展的行列中，进一步增强了新疆特色农产品加工业的实力。这些企业通过介入农业产业化经营，使全区 50% 以上的种植面积实现了订单生产，带动辐射农户 60% 以上。一大批特色农产品加工企业带动、提升了新疆农产品的品牌效应和市场竞争力。全区有 56 家企业的 71 个品牌产品被评定为国家和

自治区级名牌产品，其中农产品及其加工制品占到一半以上。新疆已成为我国最大的番茄制品加工出口基地，仅次于美国、意大利，位居世界第三，拥有年产 80 万吨的生产能力，番茄酱年产量 40 多万吨，年出口 30 多万吨，均居全国之首。乳品日加工能力在短短几年里就从不足 1000 吨提高到近 3000 吨，属全国增长最快的省区之一。甜菜糖生产能力达到 60 万吨，是我国最大的甜菜糖生产基地。葡萄酿酒业发展迅猛，创出了像新天、楼兰、西域等知名的葡萄酒品牌，年产能力达到 16 万多吨。

4. 加大对外开放力度，将新疆推向我国向西开放的前沿阵地

1990 年 9 月 12 日，第二座亚欧大陆桥全线贯通，1992 年新疆正式开办国际客货运输。第二座亚欧大陆桥东起连云港，西至荷兰鹿特丹，全线长 10080 公里，横跨 30 多个国家和地区，在我国境内长 4213 公里，由陇海线和兰新铁路连接而成，贯穿我国 5 个省区，辐射影响 11 个省，对日本、韩国和东南亚地区的货物运输有很大经济实惠。第二座亚欧大陆桥的贯通给新疆扩大对外开放带来重大契机，乌鲁木齐经济洽谈会的举办很好地利用了这一契机，盘活了局面。15 届乌洽会的成功举办成了世界了解新疆、新疆走向世界的窗口，也成了西北各省联合“走西口”的桥梁，成为了中国西部及周边国家颇具影响的经贸盛会。

1992 年 3 月，自治区党委作出了《关于加快改革开放步伐，加速新疆经济发展的决定》。1992 年 4 月，自治区党委、自治区人民政府在给国务院《关于新疆维吾尔自治区进一步扩大对外开放问题的请示》中，提出了“两线”开放的总体设想，即：以边境沿线开放为前沿，以铁路沿线开放为后盾，以“两线”城市开放为重点，形成点线结合，以点带面，向全区辐射的开放格局。6 月 9 日，国务院同意自治区进一步扩大开放的总体设想，赋予新疆包括扩大地边贸易经营权，下放外资项目审批权，开放伊

宁、博乐、塔城 3 市和乌鲁木齐享受沿海开放城市政策等 8 条优惠政策。同月，国务院又下达了《关于进一步积极发展与原苏联各国经贸关系的通知》。至此，新疆的对外开放开始走上规范化快速发展的轨道。2000 年 4 月，自治区党委明确提出：要实施大开发，必须进一步扩大对外开放，努力营造一种新的开放格局，以大开放促进大开发。为此，自治区人民政府颁布了《新疆维吾尔自治区鼓励外商投资若干政策规定》，2002 年又制定了该规定的实施细则，以及关于税收优惠、改善投资软环境、土地使用和矿产开发等一系列法规，开创了新疆全方位、多层次、宽领域对外开放的新格局。目前，新疆已有 17 个国家一类口岸、10 个二类口岸和 3 个国家级开发区，与世界上 100 多个国家和地区建立了经贸关系。新疆已成为我国开拓中亚、南亚、西亚和东欧市场的前沿阵地。

新疆维吾尔自治区全方位的开放，特别是一、二类口岸的开放，使新疆进出口贸易额在 1994 年突破 10 亿美元、2000 年突破 20 亿美元、2003 年突破 40 亿美元后，到 2004 年冲到了 56.4 亿美元的新高，为 1978 年的 240 多倍，年均增速在 25%左右，高出同期国内生产总值年均增速 12.5 个百分点，为国民经济持续快速健康发展提供了有力支持。新疆的外贸依存度由 1978 年的 1%提高到目前的 22%。新疆已与 135 个国家和地区建立了贸易关系，形成了与中亚、美国、欧盟、俄罗斯等为主的贸易主体市场。在 17 个一类口岸中，尤其是阿拉山口口岸，从 1991 年过货以来，累计过货达 4230 万吨，年均增长 36.1%。其中 2004 年过货达 870 万吨，占全疆口岸货物过货量的 80%，成为仅次于满洲里的我国第二大陆路过货口岸。随着贸易进出口额不断扩大，出口的商品结构明显改善。2004 年，工业制成品出口占全部出口的比重由 1981 年的 40.4%提高到 87.6%，初级产品出口的比重由 1981 年的 59.6%下降到 12.4%。

利用外资开创新局面，共签订利用外资合同项目 1534 个，合同金额 43.6 亿美元，实际利用外资 34.1 亿美元。其中外商直接投资合同项目 1370 个，合同金额达 17.6 亿美元；实际利用外商直接投资 5.4 亿美元。外商间接实际投资达 28.7 亿美元，年均递增 23.1%；间接投资与直接投资的比例关系为 8.5∶1.5，间接利用外资已成为新疆利用外资的重要来源。外商投资已覆盖了包括农业、建筑业、交通邮电业、批发零售业、房地产业、公共事业、居民服务业等在内的多个领域。外商投资主要由上世纪 80 年代时的港、澳、台地区，逐步扩展到 90 年代后的日本、美国、加拿大以及独联体等国家和地区。到 2004 年，港、澳、台商直接投资比重由 1980 年的 79.4%下降到 28.8%，欧洲及东南亚占比重由 1980 年的 9%提高到 47.1%。以间接利用外资建成的乌石化大化肥、乌石化聚酯一、二期工程和邮电微波工程、独山子乙烯工程、邮电设施改扩建工程、吐乌大高等级公路、乌奎高速公路、塔里木农业灌排及环保一期工程、南北疆通讯光缆工程、苇湖梁电厂改造、奎赛高等级公路、乌鲁木齐外环路、塔里木盆地农业灌排及环保二期工程等项目已在经济和社会发展中发挥了极其重要的作用。

5. 国家西部大开发战略，成为新疆经济社会发展的“提速”战略

1999 年 9 月，中国共产党第十五届四中全会作出了实施西部大开发的决定。实施西部大开发，加快中西部地区发展，是党中央统揽全局、面向新世纪作出的重大决策。新疆紧紧抓住这一历史机遇，认真贯彻党和国家的有关部署及各项方针政策，于 2000 年 7 月制定了《西部大开发——新疆开发规划》，提出了“21 世纪前 10 年，通过大开发，把新疆建成全国最大的优质棉、纱和布的基地，我国西部重要的石油天然气和石油天然气化工基地，成为全国经济新的重要支点；前 3 年平均增速为 8%，其后

7年为10%”的总体目标。通过21世纪前5年的努力，自治区大开发的各项工作扎实推进、成效显著：一是进一步改善了投资软环境，先后出台了《西部大开发税收优惠政策有关问题的实施意见》、《招商引资若干政策规定的实施细则》和《改善投资软环境的若干规定》等，为新疆大开发的顺利实施奠定了基础。二是建成或开工投建了西气东输工程、精—伊—霍铁路、北疆引水一期工程等一批重大基础产业和基础设施项目。三是顺利展开了塔里木河流域综合治理、天然林保护、退耕还林还草、退牧还草等生态环保工程。四是建成了全国最大的优质棉花基地，较快地发展了特色经济作物和特色林果园艺业，初步建成了克拉玛依、独山子、乌鲁木齐、南疆、吐哈四个石油石化基地，推动了石油天然气勘探开发及石油天然气石化工业的稳步发展，并依托优势资源，形成了一批饮料、酿酒、果蔬罐头、食用植物油等独具特色的企业集群。五是继续深化经济体制改革，在国有资产管理体制、投资体制等改革上取得新进展，较快地发展了非公有制经济。对外贸易发展迅猛，招商引资成效显著，2001年到2005年，累计外贸进出口总额达171.4亿美元，年均递增25.7%，共引进区外资金700多亿元，合同外资7.92亿美元。六是一批围绕产业结构调整的科技攻关项目取得明显进展，先进适用技术推广和科技成果转化进一步加快。目前已有71个县实现了“两基”目标，普及义务教育地区的人口占全区人口的71.97%。贫困地区义务教育、中小学危房改造和高中扩招等工程进展顺利。疾病预防控制体系、医疗救助体系和卫生执法监督体系建设进一步完善，新型农村合作医疗试点工作已在13个县顺利展开。七是进一步完善了人才开发机制，加强了党政机关人才、专业技术人才、经营管理人才、高技能人才以及农村实用技术人才队伍建设。八是国民生产总值和人民生活水平稳步增长、提高，2004年的全区国民生产总值达2200亿元，增速在8%以上，全区农村人均纯收入达2245元，城镇居民人均可支配收入达7503元。实施西部大开发，加大了新疆基础设施建设的力度，对新疆经济、社会发展已经开始产生并将继续产生重大的积极促进作用。

6. 国家和各省市的支持是新疆经济社会发展的助推力量

（1）新疆的经济社会的快速发展离不开国家的支持。

国家对新疆的支持主要是通过加大在新疆的固定资产投资、给新疆以巨大财力支持、支持自治区政府积极利用国际金融组织和外国政府贷款、通过石油天然气开发造福新疆、制定优惠政策，促进新疆发展、为新疆输送和培养优秀专业技术人才等方式和途径来实现的。

从1996年以来，随着中央政府财力的增强和西部大开发战略的实施，中央政府给新疆的一般性财政补助逐年增长：1996年为59.07亿元，1997年为68.38亿元，1998年为80.12亿元，1999年为94.00亿元，2000年为119.02亿元，2001年为183.82亿元。中央政府还通过各种专项财政转移支付、民族优惠政策财政转移支付，加大资金的投入和支持；中央政府为促进新疆经济的发展，坚持对新疆油气大勘探、大开发和大投入的方针，以造福于新疆各族人民；为实现把新疆建成全国最大的石油化学工业基地的战略构想，在国内外油气价格下跌，而新疆油气勘探开发成本较高的情况下，中央政府逐年加大了新疆石油天然气勘探开发的投资力度，1995年为181.96亿元，2000年为292.23亿元。以新疆为主要气源的“西气东输”工程，计划投资额达1200多亿元。石油、天然气及石化工业的快速发展，不仅满足了新疆经济发展对能源和石化产品的需求，而且有力地带动了机械、交通运输、通信、建筑、电力、水利、农业、食品和纺织、化工、塑料、橡胶、医药等产业的发展，刺激了服务行业的增长，对新疆区域经济结构的形成和升级产生了重大影响；极大地促进了就业人口的增加，仅巴音郭楞蒙古自治州从1994年以来，随塔里木油田开发，每年新增职工人数超过 18%，大大推动了城市化进程。克拉玛依、独山子、阜东、泽普等一批石油新城在戈壁荒滩建起。乌鲁木齐、库尔勒、阜康、轮台等城市现代化建设加快。这些都有效地支援了当地经济的发展。新疆克拉玛依、吐哈、塔里木等各大油田和泽普、独山子、乌鲁木齐、克拉玛依等各大石化企业，都充分发挥了其人才、资金、技术的优势，扶持地方企业，投资搞建设，贯穿塔克拉玛干大沙漠南北的沙漠石油公路，就是由塔里木油田投资 7.85 亿元建设的。新疆石油、天然气及石化工业的发展也为新疆财政增加了大量收入，仅“西气东输”项目，每年可为新疆增加 10 多亿元的财政收入，为促进新疆各项事业的发展作出了极大的贡献。中央政府在经济发展及各项政策上给予新疆以倾斜，在沿边开放、西部地区扩大对外开放、粮棉生产基地建设、执行扶持贫困地区经济发展的各项优惠政策、建设边境公路、完善配套边境口岸公路设施、加快塔里木河生态和水资源综合治理等方面优先安排资源开发和基础设施建设项目；实行规范的中央财政转移支付制度，逐步增加财政支持，提高国家政策性贷款、国际金融组织贷款和外国政府贷款的比重。2001 年，中央政府在《关于西部大开发若干政策措施实施意见的通知》中，规定和提出了 18 个方面的 68 条具体优惠政策。自治区政府依据国家的这些规定，制定颁布了《新疆维吾尔自治区关于西部大开发税收优惠政策有关问题的实施意见》，出台了 10 条吸引国内外企业及农牧民参与新疆社会基础设施、生态环境保护工程、优势和特色产业、高科技产业等领域投资经营的具体税收优惠政策；针对新疆较为偏远落后、缺乏高素质人才的困难，国家通过分配、调动和鼓励内地大量知识分子和专业技术人员到新疆工作，为工业、农业、教育、文化、科学研究、医疗卫生等行业输送了大批大学毕业生、科学技术人员及高学历的专门人才。这些专门人才为新疆的现代化建设事业作出了杰出的贡献。

（2）新疆经济社会的快速发展离不开各兄弟省市的支援。

“九五”期间，根据加快新疆发展和维护新疆稳定的需要，中央决定从内地省市和国家机关选派2000名至2500名热爱新疆、坚持党的基本路线和方针，正确执行党的民族、宗教政策的党政领导骨干和专业技术骨干到新疆工作，从而为实现党中央、国务院关于加快中西部地区开发，逐步缩小地区间差距的战略目标，提供了强有力的组织保证。

1997年2月，由北京、天津、上海、山东、江苏、浙江、江西、河南8省市和中央及国家有关部委选派到新疆工作的首批200多名援疆干部陆续抵疆。至今，中央已向新疆选派了四批共1700多名援疆干部。目前，第四批援疆干部在疆工作已经到期，第五批援疆干部即将到达。最近，中央对援疆政策作了调整，从今年起，将无偿援助与互利互惠结合起来，努力促进南疆的发展稳定，以干部支援为龙头，实行经济、科技、文化全方位支援。中央决定从2005年起，对新疆南疆四地州和兵团在南疆的三个师，实行干部支援和经济对口支援相结合，分别由北京等8省市和中国长江三峡工程开发总公司等15户国有重要骨干企业承担对口支援任务；对口支援南疆的省份和单位在原来的基础上，新增加了辽宁省和中国长江三峡工程开发总公司、鞍山钢铁集团公司、中国电子信息产业集团公司等15户国有重要骨干企业。

援疆干部为新疆的经济建设和社会稳定做了大量工作。据不完全统计，2002年7月以来，援疆干部所在省市为新疆无偿援助资金、物资共计10.72亿元，援建希望小学68所，为新疆培训各类人员10.6多万人次，其中在内地培训6800多人次。到2005年，援助省市与受援地区在经济技术、教育、卫生等方面签订项目合作协议588个，其中履约414个，履约项目资金56.93亿元，引进项目资金13亿元。2002年7月以来，内地共有2190多批、1.8万多人次到新疆考察，其中由省部级领导带队的就有 20 多批，新疆也有 850 多批、7900 多人次到内地考察。由援疆干部担任县（市）委书记的两个试点县（市）——哈密市和霍城县，经济和社会各项事业取得了良好的发展态势，多项经济指标都有明显增长。

选派援疆干部，开展干部援疆工作，是党中央、国务院为促进新疆发展、维护新疆稳定作出的一项重要决策和部署。援疆干部充分发挥了促进新疆发展、维护新疆稳定的工作队作用；先进思想、先进经验的传播队作用；促进新疆与内地省市经济技术合作与交流的联络队作用；增进内地对新疆全面了解的宣传队作用。在新疆的改革、发展、稳定中发挥了特殊重要的作用。

第三节　新疆民族工作的新成就

一、政治发展与各民族权利的保障与行使

1. 民族区域自治制度不断完善和巩固

新疆维吾尔自治区党委和政府坚持马克思主义理论和实践的结合与运用，正确把握维护国家统一与实行民族区域自治、保证国家整体利益与兼顾民族区域自治利益的关系，紧密结合新疆实际，认真贯彻执行《民族区域自治法》，不断坚持和完善民族区域自治制度，充分发挥民族区域自治制度的优越性，用足、用活、用好国家赋予民族地区的各项优惠政策和自主权，促进了经济发展和社会进步。同时，不断健全民族工作方面的法制，完善同民族区域自治法配套的法规体系，因地制宜地制定地方性民族区域政策法规，立足实际，着眼全局，使民族政策的制定、贯彻与改革的目标和进程相衔接，用政策和法律的力量，不断推动自治区的改革、发展和稳定。

2. 少数民族干部队伍和各类专业技术人才不断成长壮大

新疆维吾尔自治区党委和政府始终把培养和使用少数民族干部作为全面贯彻落实党的民族政策的重要内容，列入各级党委、政府的重要议事日程，通过各种形式培养造就了一大批少数民族干部，使少数民族干部队伍日益壮大，结构不断改善，素质不断提高。1950年，新疆少数民族干部仅3000人，1955年新疆维吾尔自治区成立时，少数民族干部4.7万人，2005年少数民族干部已达33.8万人，占全区干部总数的52%，是解放初少数民族干部总数的110倍；少数民族各类专业技术人员25.6万人，占全区专业技术人员总数的56%。少数民族妇女干部占全区妇女干部总数的66%以上。自治区党委、人民政府从新疆改革开放和现代化建设的实际出发，进一步加大了少数民族干部队伍建设和培训力度，制定了少数民族干部队伍培养规划和阶段性目标，采取有力措施，通过党校和干校培训、区内外挂职锻炼、异地交流等途径，不断提高少数民族干部科学判断形势的能力、驾驭市场经济的能力、应对复杂局面的能力，依法执政的能力和总揽全局的能力。每年都有一大批少数民族干部到中央党校新疆班、天津大学、大连理工大学新疆少数民族干部经济管理和企业管理进修班参加学习培训，强化理论素质，提高业务能力，增强执政本领。自治区还选派了一大批优秀少数民族干部到中央国家机关和内地发达地区挂职锻炼，开阔视野，增长才干。从1999年开始，自治区对在南疆四地州及一些边远少数民族聚居乡镇工作的民汉族干部，分期分批进行为期两年的脱产培训和异地挂职锻炼，学政治、学业务、学语言，提高他们的理论政策水平和工作能力，目前已有3700名乡镇基层干部赴北疆地区和兵团挂职培训锻炼。在培养过程中，按照加快新疆发展、维护社会稳定的现实需要，一方面坚持用马列主义、毛泽东思想、邓小平理论和“三个代表”重要思想武装干部，坚持政治标准第一，着力培养造就政治上十分坚强的干部队伍。另一方面，切实加强对少数民族干部的社会实践和群众工作的锻炼，不断提高他们解决实际问题和处理复杂局面的能力。2006 年 2 月 28 日，全国人大常委会发布公告，第十届全国人大现有代表 2988 人，其中新疆代表团代表 59 人，少数民族代表 37 人，其中女代表 10 人，参加全国政协十届四次会议的新疆全国政协委员 2006 年 4 月前已提交提案 138 件，积极参政议政。

3. 民族团结进步事业不断向前发展

自治区始终坚持在各族干部群众中深入开展以马克思主义民族理论和党的民族政策为中心内容的民族团结宣传教育，广泛深入地开展爱国主义、集体主义和社会主义教育，大力揭露和批驳民族分裂主义势力散布的种种歪曲和杜撰新疆历史，包括民族发展和宗教演变历史的谬论，肃清他们所宣扬的泛伊斯兰主义、泛突厥主义的反动影响，不断增强各族人民群众对祖国的认同、对中华民族的认同、对中华文化的认同、对中国特色社会主义道路的认同，使各族干部群众真正懂得民族团结则百业兴旺，民族纷争则人民遭殃，不断提高各族干部群众维护祖国统一、维护社会稳定的思想政治觉悟。把每年的 5 月作为民族团结教育月，以月促年，常抓不懈，做到每年有重点，年年有新内容，年年有新发展，以生动活泼的形式和富于时代特点的教育内容，广泛地宣传教育各族干部群众。通过长期扎实有效的工作和卓有成效的宣传教育，使马克思主义的国家观、民族观、宗教观为越来越多的干部群众所掌握，“三个离不开”思想日益深入人心，党的民族政策得到全面落实，各民族互相信任、互相尊重、互相学习、互相支持、互相谅解已蔚成风气，全区加强民族团结、维护祖国统一、反对民族分裂的先进典型不断涌现，平等、团结、互助的社会主义新型民族关系在新形势下得到了进一步巩固和发展。全区上下坚持把民族团结工作与扶贫帮困、为各族群众大办好事实事、解决实际问题联系起来，把加强民族团结与贯彻党的各项民族政策相结合，与发展经济文化事业相结合，与维护社会稳定、建设和谐社会相结合，不断使民族团结深入人心，落到实处。

4. 少数民族语言文字和风俗习惯得到普遍尊重

通过颁布相关法规、条例和坚持不懈地宣传教育，充分尊重和有效保证了少数民族的合法权利和利益，少数民族使用发展本民族语言文字的自由和权利，在新疆司法、行政、教育等领域和社会生活中得到广泛落实，少数民族的优秀传统文化得到继承和发展，进一步丰富了各族群众的精神文化生活。新闻出版、广播、电影、电视、电脑等也广泛使用少数民族语言文字。在各类教育事业中均有少数民族语言文字教育，特别是中小学教育，分别使用了七种语言进行教学。为保证教学需要，政府还组织编写、翻译、出版了大量少数民族语言文字教材。根据各民族交往和社会发展的需要，党和政府还大力提倡各民族相互学习使用语言文字，在各级各类少数民族学生中大力推进“双语”教学工作，提高少数民族教育质量，培养“民汉语兼通”的少数民族人才。少数民族的风俗习惯得到充分尊重。在执行民族政策中，党和政府重视通过法规和宣传教育等手段，保证了少数民族的衣食住行、节假日、婚丧礼仪、文化、医药卫生、体育等传统的风俗习惯。在地方立法中，考虑到少数民族的一些具体情况，实行与汉族有别的特殊优惠照顾政策。

5. 党的宗教政策更加深入人心，各民族人民享有宗教信仰自由

自治区党委和人民政府站在国际政治斗争和维护新疆稳定的战略高度，认识到宗教问题的重要性，坚定不移地从维护民族团结，维护祖国统一，维护国家安全的全局出发，高度重视，努力做好宗教工作。全区上下认真贯彻党的宗教政策，使各民族群众宗教信仰自由的权利得到充分的尊重。在新疆，各族群众可以完全自主地选择宗教，选择自己的宗教信仰，正常的宗

教活动都受到法律的保护。新疆现有宗教活动场所2.4万余座，其中伊斯兰教清真寺2.39万座，宗教教职人员2.9万人。依法保障宗教团体的合法权益。坚持把加强爱国宗教人士的思想和队伍建设作为做好宗教工作的关键，在政治上关心他们，把爱国宗教人士作为肩负着特殊历史使命的非党基层干部来对待，纳入全区干部培训计划；坚持工作上支持他们，团结和依靠爱国宗教人士协助党和政府管理宗教事务，支持爱国宗教人士依法开展工作；坚持生活上照顾他们，在自治区财力十分紧张的情况下拿出资金，对爱国宗教人士给予生活补贴。目前，享受不定期生活补助的有5761人，年均补助2074万多元。建立了自治区、地、县三级培训体系，有计划、分层次地对全区现有伊斯兰教教职人员进行集中培训。从2001年开始，由自治区负责对全区重点清真寺的8000余名教职人员进行培训，每年培训2000人左右，目前已培训了7000多人；其余2.1万名宗教人士，由地、县两级负责培训，目前已培训了2.16万人次。这是建国以来新疆对宗教人士进行的规模最大、成效最为明显的培训。同时，组织宗教人士参观考察，开阔眼界，增长见识。在新疆，宗教界人士享有充分的参政议政的权利。在各级人民代表大会、政治协商会议担任职务的新疆宗教界人士1731人，他们代表信教群众积极参政议政，并对政府贯彻宗教信仰自由政策进行监督。为了满足信教群众学习经文和宗教知识的需要，在新疆翻译、出版和发行了维吾尔、哈萨克、汉等多种文字和版本的《古兰经》等一批伊斯兰教经典，以及佛教、基督教等其他宗教的经典。依法加强对宗教事务的管理，使宗教事务管理走上了规范化、法制化的轨道，进一步从法律上保证了各族群众宗教信仰自由的权利，保障了正常宗教活动的有序进行，维护了各族群众的根本利益。

二、经济发展与各族人民物质生活水平的提高

1. 新疆综合经济实力显著增强

2004年，新疆GDP迅速增加到2200.15亿元，比1955年增长41.4倍，比1978年增长15倍。改革开放以来的经济发展增速是改革前的1.84倍，到1992年提前八年实现改革开放初期提出的新疆GDP翻两番，到2000年实现了"翻三番"的发展目标。2002年人均GDP达到8382元，按当年汇率合1019美元。2004年人均GDP迅速提高到11 199元，合1360美元，比1978年增长了7.04倍。

2004年，农林牧渔业总产值750.68亿元，农林牧渔业增加值444.70亿元，粮食总产量达828.53万吨，棉花总产量175.25万吨，瓜果产量达186.06万吨，肉产量128.13万吨，分别是1978年的6.9倍、6.7倍、2.3倍、32.0倍、4.3倍和13.3倍。棉花总产在全国已是三分天下有其一，林果、畜牧业已成为农民增加收入新的增长点。环塔里木盆地已形成了1004万亩的特色优质林果产品产业带。

2004年，工业增加值达745亿元，比1978年增长10.3倍，工业增加值占新疆生产总值的比重达33.9%；规模以上工业企业实现利润达227.23亿元，为1990年的72倍。已形成了以石油石化为主导，以纺织、钢铁、建材、食品为支柱，包括有色、煤炭、电力、机械、化工等行业，适合新疆资源型工业的发展体系。其中石油石化工业已占规模以上工业增加值的60%以上。原油年均递增110万吨，增速连续13年位居全国第一，已成为我国石油及石油石化工业的重要基地和重要的能源战略接替区，仅次于黑龙江和山东，居全国第3位。

20世纪90年代以来，全社会累计固定资产投资7432亿元，年均增长20.2%。其中2004年全社会固定资产投资达1160亿

元。建成了一大批水利、交通、能源、城市基础设施、生态环境保护等项目。塔里木农业灌溉和环保一期工程、乌鲁瓦提水利枢纽工程、南疆铁路及其西延工程、北疆铁路、兰新铁路复线、沙漠公路、吐—乌—大高等级公路、乌—奎高速公路、南北疆光缆等。铁路营业里程达 2998.5 公里，公路通车总里程达 8.65 万公里；民航通航里程达 11.18 万公里。

2004 年，新疆海关进出口总额 56.36 亿美元，比 1990 年增长 12.7 倍。其中出口总额 30.47 亿美元，增长 8.1 倍；进口总额 25.89 亿美元，增长 33.5 倍。改革开放以来的 28 年间，累计实际利用外资 31.43 亿美元。上世纪 90 年代以来，共接待国际旅游人数 313.15 万人次，旅游外汇收入 14.18 亿美元。2004 年，接待国际旅游人数 31.69 万人次，旅游外汇收入 9100 万美元。旅游业收入占新疆 GDP 的 5.3%。新疆对外友好交往的国家和地区达 85 个，与 15 个国家的 19 个友好团体建立了友好联系，与国外 11 个城市及省区建立了友好城市、省区关系。

2004 年，全区城镇居民人均可支配收入 7503 元，农村居民人均纯收入 2245 元，城镇居民人均住房使用面积 18.82 平方米，农村居民人均居住面积 19.1 平方米。在岗职工平均货币工资 14484 元。城乡居民储蓄存款余额达 1534.67 亿元，人均储蓄存款 7818 元，比 1990 年增长 8.3 倍。居民家庭固定电话 522.20 万户，普及率 26.6%；移动电话用户 489.40 万户，普及率 25.3%；互联网用户 78.10 万户。

2. 逐步形成了符合新疆实际的经济结构

尤其是 20 世纪 90 年代以来，在经济加快发展的条件下，自治区加快了经济结构调整的步伐。在加强基础产业、基础设施建设的同时，通过发展第二、第三产业，产业结构逐步趋于合理。三次产业结构明显呈现第一产业比重趋降、第二产业比重稳步上升、第三产业比重逐渐提高的新局面。

2004 年三次产业的结构由 1955 年的 54.4∶26.1∶19.5、1978 年的 35.8∶46.9∶17.3，调整优化为 20.2∶45.9∶33.9，就业结构变化明显。2004 年，三次产业就业人员结构由 1978 年的 72.1∶14.3∶13.6，调整为 54.1∶13.2∶32.7。城市化率由 1955 年的 15.1%，1978 年的 26.1%，提高到 2004 年的 35.2%。

在保证粮食总产稳步增长的基础上，农业不断调整优化，形成了“南棉北粮”的区域化布局。自 1990 年以来，粮食总产量持续保持在 800 万吨以上，人均占有粮食保持在 440 公斤左右，超过了全国平均水平。2004 年棉花产量达到 175.3 万吨，分别是 1955 年的 70 倍、1978 年的 32 倍，成为全国最大的优质棉生产基地和农业农村经济发展一时不可替代的支柱产业。特色优势农产品迅猛发展。2004 年全区水果种植面积 39.62 万公顷，水果产量达到 264.22 万吨，分别是 1955 年、1978 年的 20 倍和 18 倍；工业番茄产量达 452 万吨，加工番茄制品 75 万吨，占全国番茄制品产量的 90%以上，约占世界番茄制品总量的 25%，已成为全球番茄种植和加工的三大中心之一。红花资源占全国的 50%。酿酒葡萄产业成为亚洲的重要产区。已形成以棉纺、粮油加工、糖业、酒类、优质瓜果、番茄、红花以及奶业、细毛羊等优势农产的产业化经营格局，涌现出新疆屯河、香梨股份、纵横股份、彩棉股份、麦趣尔集团、西域种业等一大批技术先进、实力雄厚的农业产业化龙头企业。

畜牧业占农业的比重由 1997 年的 19.4%，提高到 2004 年的 25.0%。

工业经济结构进一步优化，形成了以石油石化为主导，以纺织、钢铁、有色、建材、食品为支柱，适合新疆特色的工业体系。工业地区布局日趋合理。已逐步形成了以天山北坡为重点，中小城市为支点，铁路和公路沿线为骨干，充分利用当地资源优势，向南北疆依次展开的工业布局体系，促进了区域经济的发展。

3. 确立了多种经济成分共同发展的格局

国有与民营工业总产值之比由 1989 年的 82∶18 调整为 2004 年的 75∶25。轻重工业的调整是随着产业政策的调整而变化，轻重工业总产值的比例由 1989 年的 47.7∶52.3 调整为 2004 年的 15.1∶84.9。以国企为重点的经济体制改革得到稳步推进。尤其是进入新的世纪以来，自治区在围绕实施优势资源转换战略的过程中，加大了国有企业改革步伐，经济布局的战略性调整和国有企业战略性改组，以及现代企业制度的建立和完善，取得了明显的成效，所有制结构、企业组织结构，以及产业结构、产品结构进一步优化，特色产业不断壮大。集团型企业、公司由多到强，市场适应力明显提高，经济效益不断改善。

国有经济结构日趋合理。2004 年同 1995 年相比，一、二、三产业结构由 29.1∶36.7∶34.2 调整为 20.2∶45.9∶33.9，77%的国有资本集中到了石油石化、电力、钢铁、煤炭等关系国计民生的行业。以番茄制品、松木家具、啤酒花、石材、胡萝卜汁等为代表的特色民营产业，已全面实现了规模经营，在国际国内市场都具有较高知名度。在天山北坡经济带，有 23 家公司上市，成了区域经济发展的龙头。

企业改组成效显著。到 2004 年，国家企业核销的银行呆坏账累计 108.4 亿元，冲销其他非银行债务 48.2 亿元，终结破产了 50 家企业。劣势企业退出了市场，消除了亏损源，提高了盈利能力。同 1996 年相比，国有及国有控股工业企业减少 63%，总资产增长 68%，实现持续 5 年的盈利目标，2004 年盈利达 208.5 亿元，占全部工业企业盈利额的 92%，全员劳动生产率增长 9.2 倍；企业集团由 28 家增至 76 家，年末总资产达 1048.69 亿元。规模以上的中小型工业企业 1407 家，为工业企业资产的

46.4%，而创造的出口交货值却占了88%。97家国有大型工业企业、企业集团中69家母公司和80%以上的中小企业基本上完成了公司制改造。全疆12个地州建立了中小企业信用担保机构，累计提供担保资金32亿元。

非公有制经济迅速发展。在乡及乡以上的非公有制工业企业中，私营企业户数由1996年的82户增加到2004年的1300户，完成工业总产值由1.7亿元增加到2004年的48亿元，年均递增56.5%，高出全部乡及乡以上工业企业总产值年均增速近50个百分点。

现代企业制度普遍建立。对建立了现代企业制度的54家重点企业跟踪监测，已有47家完成了公司制改造，92.6%的企业有明确的出资人，实现了投资主体多元化，其中21家公司上市。落实以建立管理人员竞聘上岗，职工择优录用，效益激励机制为重点的三项制度改革，进一步转变企业经营机制。目前企业基本上取消了干部终身制，落实了用工自主权、推行了全员劳动合同制度和职工培训制度，实行岗位工资制，工资与经济效益挂钩。企业经营者的激励和约束机制逐步建立。部分国有企业实行了资产经营责任制。一些具备条件的企业实行了年薪制，并允许企业采取形式多样、自主灵活的其他分配形式。随着国企改革的深化，有力地促进了职工思想观念的转变，形成企业优胜劣汰和职工竞争上岗的机制，为进一步深化企业改革奠定了坚实的基础。

4. 基础产业总体上与经济发展水平相适应，保持着适度超前发展

电力工业在1949年和平解放初期，新疆仅有发电装机容量998千瓦，年发电量97万千瓦时，电力工业几乎处于空白。经过50多年的发展，现已建成了以火电为主，水电、风电为辅的较为完整的电力工业体系。截至2004年底，新疆拥有电力企业123户，固定资产原值299.11亿元，从业人员44464人，发电

装机容量 602.8 万千瓦，全年发电量达 266.30 亿千瓦时，电力工业总产值 89.78 亿元，增加值 40.21 亿元，利税总额23 378.7 万元。

煤炭工业在解放初期，新疆煤炭开采方法原始，设备十分简陋，全靠镐挖、人背或牲畜驮载，劳动生产率很低。1949 年新疆煤炭总产量只有 17.98 万吨。从 1953 年起，每个五年计划都把煤炭工业放到十分重要的位置，加快了煤炭工业发展。2004 年，新疆拥有煤炭企业 349 户，固定资产原值 44.87 亿元，煤炭总产量 3749.40 万吨，煤炭工业总产值 30.57 亿元，增加值 13.68 亿元，利税总额 3 7611.3 万元。

钢铁工业以 1951 年动工兴建八一钢铁厂为标志，拉开了新疆钢铁工业的发展序幕。此后又先后建起了哈密钢铁厂、和静钢铁厂、伊犁钢铁厂、天龙钢铁厂、跃进钢铁厂等一批钢铁骨干企业，现已成为国家重要的钢铁工业基地。2004 年，新疆拥有钢铁企业 72 户，固定资产原值 58.92 亿元，从业人员 20748 人，钢铁产量 238.52 万吨，人均钢铁产量由 1978 年的 7 公斤，增加到 2004 年的 128 公斤；完成钢铁工业总产值 118.80 亿元，增加值 35.48 亿元，利税总额23 1068.2万元。

建材工业在新中国成立之初，新疆除手工制砖和砂石料生产外，没有实行工业化生产的建材企业。从 1950 年建设黎明砖厂、1951 年建设八一水泥厂至今，经过 50 多年的发展，新疆建材工业已经建成了产品品种比较齐全，结构、布局比较合理，同经济发展水平基本适应，并具有一定规模和实力的产业体系。2004 年，新疆拥有建材非金属矿物制品企业 923 户，固定资产原值 75.66 亿元，完成建材工业总产值 56.21 亿元，增加值 15.51 亿元，利税总额59 909万元。

机电工业在 1949 年，新疆机械工业企业仅有 57 家，工业总产值 43 万元。新疆和平解放后，机械电子工业经过 50 多年来的艰苦创业，经历了从修配到制造，从仿制到自行设计，从单机制造到生产小型成套设备的发展过程，并取得了非凡的成就。2004年，新疆拥有机电企业 123 户，固定资产原值 11.27 亿元，实现机电工业总产值 25.15 亿元，增加值 499 亿元，利税总额 23 695.1万元。

医药工业在解放前，新疆没有现代意义上的医药工业。解放后，先后建设了一批骨干制药企业，形成了比较完整的医药工业体系。改革开放后，自治区立足医药资源优势，把医药工业作为新的经济增长点予以培育，推动了医药工业的快速发展。2004年，新疆拥有医药企业 60 户，固定资产原值 3.11 亿元，实现医药工业总产值 3.82 亿元，增加值 1.34 亿元，利税总额 6736万元。

5. 信息产业和旅游业等新兴产业起步晚却发展快

随着亚欧光缆新疆段、南北疆光缆工程第二条出疆光缆的建成，构成了贯通全区的骨干传输网，新建的五环双回路长途光缆通达所有县市，南北疆传输微波线路和全区卫星通信网络已全面建成。截至 2004 年底，长途光缆线路达 2.73 万公里，本地网中继和接入光缆线路达 4.7 万公里，宽带接入端口达 33.8 万个。互联网应用得到快速发展。中国公用计算机互联网、中国科技网、中国教育科研网等 11 家互联网运营商，均在新疆开展了接入业务。截止 2004 年底，全区共有经营性服务单位（ICP）119家，非经营性互联网服务单位上千家，注册国内域名 2579 个（不包括 EDU），WWW 站点 2272 个，网站 3056 个，全区上网计算机达 50 多万台，上网用户人数超过 119 万。全区城市中小学普遍建立了多媒体教室或电子教室，开设了计算机课程。县级以上各类医院均已完成医院信息管理系统建设，患者可直接查询就医和医疗费用等情况。

软件业、计算机信息系统集成业和信息服务业发展迅速。已有36家软件企业（其中1家为国家重点软件企业）、215家信息网络系统集成企业，拥有自主研制开发的软件产品91个，产生了一批IT骨干企业，逐步形成了以电子信息专用材料、电子元器件为特色的电子信息产品制造业。2004年，全区电信业务收入完成76.56亿元，电子信息产品制造业工业总产值达9.26亿元，销售收入达8.64亿元，实现工业增加值2.6亿元，软件业产值17.9亿元，信息服务业收入11.5亿元。自治区大中型企业积极推进以信息化带动新型工业化建设的进程，取得了明显的经济和社会效益。已有200多家企业利用网络开展国际贸易，43家自治区重点企业全部实现财务管理电算化，70%的企业已应用生产自动控制和计算机辅助设计技术。随着信息基础设施网络的完善和信息技术的推广应用，已形成每年约30亿元人民币的信息化建设市场。

电子政务发展迅速。2004年，自治区人民政府率先建立了连接各地州市、各部门的办公业务网络平台，实现了公文处理、档案管理、电子邮件、政务信息、事务管理、信息采编和值班业务及其他事务管理。全区大多数厅局机关建起了办公业务局域网，15个地州市建立了党政群专用局域网。通过广电光纤城域VPN专网、电信PSTN拨号网、X25数据专线网等，实现了自治区与各地州市、各厅局部门、驻外办事处和中央驻疆机构的广域互联。

全疆共打造旅游景区（点）468处，其中，国家A级景区27处，包括4A级景区3个，3A级景区5个。形成了以“丝绸之路”为主线，以喀纳斯湖生态旅游区，天池、赛里木湖和博斯腾湖风景旅游区，吐鲁番、库车的古文化遗址旅游区，喀什的民俗风情旅游区，伊犁的塞外江南风光旅游区为重点的“五区三线”发展格局。已开发了包括天池、喀纳斯、葡萄沟、南山、金沙滩等一批在国内外有较大影响的拳头旅游产品。1978—1998

年，20年累计接待海外旅游者191.96万人次，平均年增长率为47.4%，累计创汇5.3156亿美元，平均年增长率45.4%。国际旅游迅速增长，成为自治区非贸易外汇收入的主要来源。旅游收入在国内生产总值的比重由1985年的0.1%上升到1998年的5.6%。旅游业已经成为新疆经济增长的新亮点，形成了自己的优势和特色。

6. 城镇建设与城市化进程

20世纪90年代以来，阜康、米泉、乌苏相继实行了县改市。进入21世纪，新疆城市家族又添了3个新成员——五家渠市、图木舒克市和阿拉尔市。到目前为止，全疆共有22座设市的城市，建制镇229个，分别是1978年的3.1倍和1.9倍。城镇人口由1978年的321.4万人增加到2004年的690.11万人，增长了2倍多，人口城镇化率由1978年的26.07%增长到2004年的35.15%，增长了9.08个百分点。现代城镇的建设焕发了"丝绸之路"的生机。根据第五次人口普查，在当时新疆19个设市城市中，城市建成区面积仅占新疆土地面积的0.03%，却容纳了34.42%的人口，创造了新疆57.96%的GDP值、78.45%的工业产值和67.43%的财政收入。2001年城镇在岗职工年平均工资10 278元，城镇居民已经整体上实现小康。2004年，全区城镇居民人均可支配收入7503元，比1978年增长22.5倍，城镇居民人均居住使用面积18.82平方米，是1981年的2.1倍。

近几年，新疆城镇绿化美化进程明显加快，城镇绿化覆盖率和人均公共绿地平均每年分别以1个百分点和0.1平方米的速度增长，城镇居民居住环境日益改善。目前，全区有22个城市（县城）建成区绿化覆盖率平均水平达到30.73%，人均公共绿地6.32平方米。小城镇人均公共绿地超过4平方米，有四分之一的建制镇建设了公园。全区有6个城市绿化覆盖率超过35%，建成22个自治区级园林城市（县城、区），全国级文明城市4

个，自治区级文明城市12个。

7. 各族人民生活水平显著提高

自治区成立50多年来，新疆各族人民生活水平显著提高。2004年，新疆城镇居民人均可支配收入达7503.42元，按同比口径，比1980年增长15.9倍，平均年增长12.5%；居民家庭自有房比例达到86.9%，比1983年上升79.2个百分点；人均存入储蓄款1461.67元，比1980年增长25倍；人均储蓄性保险支出151.46元，比1988年增长32.2倍。社会保障体系的建立，为社会的发展和人民生活的长期安定提供了重要的物质基础。2004年，新疆城镇居民人均社会保障支出637.46元，比2002年增长31%。

2004年，新疆城镇居民家庭人均消费性支出5773.62元，比1980年增长12.8倍，年均增长11.6%。城镇居民人均购买牛羊肉12.27公斤，比1980年增长9.9%；购买家禽6.23公斤，增长7.7倍；购买蛋类7.58公斤，增长8倍；购买鲜奶29.2公斤，增长2.2倍。2004年城镇居民人均衣着消费支出766.73元，比1980年增长10.1倍。

耐用消费品升级换代周期加快。2004年，城镇居民家庭平均每百户拥有彩色电视机112台，比1985年增长2.2倍；电冰箱84台，增长8.7倍；洗衣机91台，增长75.2%，照相机40架，增长3.9倍；每百户拥有移动电话87部；平均每百户城镇居民家庭拥有家用电脑18台、空调器6台、钢琴3架、健身器材3件，分别比1997年增长17倍、1.6倍、2.5倍和1.7倍。

旅游业蓬勃发展，居民的休闲娱乐活动更加丰富多彩。2004年，人均文化娱乐服务支出超过80多元，比1992年增长12倍；人均旅游支出约120元，增长4倍多。

住房制度改革圆了城镇居民的住房“梦”。到2004年，86.8%的城镇居民家庭拥有自己的住房或部分产权的房改房，比

1983 年增加 79 个百分点。城镇居民家庭中居住在单元配套式住房的家庭占 79.1%，其中一居室 2.2%，二居室 45%，三居室 29.7%，四居室及以上的家庭为 2.2%。

三、教育科学文化卫生事业的进步

1. 教育事业成就辉煌，人民素质不断提高

把发展新疆少数民族教育作为全疆教育事业的重点，制定一系列优惠政策，在计划、经费、师资等各个方面给予重点安排和扶持，使新疆民族教育事业得到迅速发展。坚持把加强汉语教学作为提高少数民族教育质量的突破口，支持有条件的地方从小学一年级起开设汉语课，大力推进“双语授课”实验教学模式、民汉合校和混合编班，积极鼓励少数民族学生进入汉语言授课学校学习。认真组织实施义教工程师资培训项目、第二期中小学汉语骨干教师培训等项目，2003 年自治区出台了《贯彻国务院关于深化改革加快发展民族教育的决定的意见》，为新世纪新阶段新疆民族教育改革与发展指明了方向，明确了目标任务和措施。

大力扶持牧区民族教育发展，国家投巨资在牧区建立寄宿制学校，并对牧区寄宿制学校和中学、大中专院校的少数民族特困生设立助学金。如 2002 年资助寄宿制学校免费课本 1200 万元、助学金 3000 万元；校舍已成为牧区最好的建筑物。为尽快培育出更多、更好的少数民族优秀人才，从 1989 年起，中央政府组织内地 80 多所高校支援新疆，共招收新疆少数民族大学本专科学生 1 万人，定向培养研究生 640 人，培训教师和少数民族教育行政管理干部 860 多人，派出一定数量的少数民族访问学者出国进修。新疆还从民族教育的实际出发，对于维吾尔、哈萨克、蒙古、柯尔克孜等少数民族考生实行择优录取和适当照顾相结合的办法，降低录取分数线；委托内地的大专院校和民族学院开办新疆班，招收新疆少数民族学生。从 2000 年开始，中央拨出专项

教育教学经费，在北京、天津、上海、南京等城市开办了新疆高中班，每年招收1500多人，其中少数民族学生占90%。从今年起，北京、天津、上海等24个内地城市扩大新疆高中班招生规模，年招生人数将由2004年的1540人扩大到2007年的5000人。

伴随经济社会各项事业的发展，新疆各族人民的人口素质不断提高。2004年，全疆共有小学5832所、中学1932所、普通高等院校26所，各级各类在校生达到400多万人，少数民族儿童入学率达到97%以上，比5年前提高10多个百分点。还有许多成年人接受了识字教育，少数民族青壮年人口中文盲率已降至2%以下。为改变边远地区的儿童入学率较低的现状，近年来，国家加大了对新疆边远地区教育发展的支持力度。2001年，国家开始实施免费发放教科书工作，中央财政为新疆安排教科书专项经费2400万元，同时安排义务教育助学金6000万元。2004年，国家与新疆合力启动边远贫困地区免费义务教育工程，中央财政每年提供1.4亿元为新疆56个贫困县、边境县的205万名各族学生免费供应教材，自治区财政也拨出500万元用于学杂费。这些政策的实施，使长期困扰农村教育的诸多难题迎刃而解。目前，这些地区农村中小学适龄儿童入学率、在校学生巩固率均在99.5%以上。在国家的大力扶持下，全区少数民族基础教育教学条件明显改善，目前每万人拥有大学生76人。优生优育、优生优抚的观念已深入到农村牧区，新生儿计划免疫已覆盖全区，人口增长模式呈现低出生、低死亡、低增长的特点。1978年新疆人口出生率和死亡率分别为22.55‰、7.69‰，2003年新疆人口出生率和死亡率分别为16.01‰、5.23‰，目前新疆人口平均期望寿命延长到71.12岁，每百万人口百岁老人数居全国之冠。

2. 实施“科教兴新”战略，科技水平日益提升

以“科学技术是第一生产力”理论为指导，大力实施“科教

兴新”战略，从新疆实际出发，引进消化先进科学技术和管理经验，立足区情，开拓创新。全区已拥有科学研究与技术开发机构249个，从事科技活动人员2.51万人，形成了一支有较强研究、开发、应用、推广能力的多民族的科技队伍。累计获得国家级科技成果10项，自治区级科技成果7826项，其中2013项获国家级奖励。全区现有国家和自治区级重点实验室11个，自治区级工程技术研究中心11个，生产力促进中心8个，企业技术中心60个，其中国家认定的企业技术中心3个，60%的大中型企业建立了企业内部管理信息系统。拥有273.9亿元资产总额的1200家民营科技企业已成为新疆科技战线的一支重要力量。

科学技术在农业发展中发挥了重要作用。广大农业科技人员通过试验、示范，累计推广的先进适用技术和科研成果数以千计，为提高农产品产量，改进农产品质量发挥了关键性作用。全区共审定各种农作物优良品种591个，主要农作物更换或更新品种4～5次，良种覆盖面积达90%，每次更换品种增产幅度均在10%以上。改变了过去粗放耕作的状况，农业科技贡献率达到40%。在牛羊育种研究、胚胎移植新技术研究及兽疫防治技术研究方面，都达到了国内先进水平。完整的畜禽良种繁育、推广体系，使新疆成为国家重要的家畜良种生产基地，牲畜品种改良工作已走在全国前列。

3. 继承发扬优秀文化，群众文化生活丰富

继承和发展悠久而灿烂的民族文化，推动文化艺术事业繁荣发展。抢救整理了维吾尔族的《十二木卡姆》、哈萨克族的《铁尔麦》和《托勒傲》、蒙古族的《江格尔》、柯尔克孜族的《玛纳斯》等珍贵的传统文化遗产，并已经以本民族文字和汉文出版。重视文物保护工作，已查明文物点4000余处，其中国家级41处，自治区级30处，文物抢救、维修和考古挖掘工作取得重大成果。1997年和1998年在拜城克孜尔千佛洞举办了“西域古代

文明——唐代安西大都护府”国际研讨会；先后在日本、美国、法国等国家和地区多次举办了“丝绸之路考古精品展”活动，向世界展示了新疆悠久灿烂的历史文化。

建立和完善各级各类文化机构，加强队伍和文化设施建设，基本建成了区、地、县、乡四级文化网络。2004年，全区已有艺术表演团体109个、艺术表演场所30个、艺术创作研究机构2个、群众艺术馆16个、文化馆92个、乡镇文化站994个、公共图书馆92个。从事专业表演创作的各族文化艺术工作者达4500多人。具有浓郁民族风情和地域特色，集思想性、艺术性和观赏性于一体的艺术精品不断涌现。不少的优秀作品和优秀人才在国内外大型赛事中为国争光、为新疆各族人民争光。维吾尔歌剧《木卡姆先驱》、维吾尔剧《古兰木罕》、新编历史话剧《解忧》、新编历史京剧《西天飞虹》、大型民族歌舞《我们新疆好地方》、《天山欢歌》、《喀什噶尔》，话剧《吴登云》等20多部优秀剧（节）目，荣获国家“文化奖”、全国精神文明建设“五个一工程奖”。杂技“高空钢丝”、“魔术飞牌”等节目在全国杂技比赛和吴桥国际杂技艺术节上分别获“金狮奖”、“银狮奖”。维吾尔族传统艺术“达瓦孜”的传人阿迪里·吾守尔跨长江、走衡山、赴京津，赢得了“高空王子”的美誉。

2004年，全年出版各种报纸3.38亿份，各类杂志1418万册，图书7838万册，极大地丰富了各族群众的文化生活。1998年，国家计委和广电总局提出了“到本世纪末基本实现村村通广播电视”的奋斗目标。同年，自治区成立“村村通”工作领导小组和办公室专门负责这项工作。1999年中央和自治区共投资2900多万元，向209个盲点乡和2157个盲点村发送了大批广播电视设备，解决了大部分村级盲点覆盖问题。2000年6月，新疆村村通广播电视工程的最后一批设备发往天山南北，全疆除个别无电乡和无电村以外，提前实现“到本世纪末乡乡村村通广播电视”的目标。全疆新增覆盖人口约85万人，广播和电视人口覆盖率增加了5个百分点，分别达到87.91%和90.28%，结束了边远乡村不能收听广播收看电视的历史。2005年“村村通工程”继续投资1500多万元，用于全区1951个广播电视盲点村和自然村通广播电视的新通工作，使全疆“村村通”站点达到4696个。中央和自治区不断加大对南疆地区广播电视工作的支持力度，中央除了补助和田地区“村村通工程”维护资金和转播中央与自治区电视节目的发射机所需电费外，还为和田地区新通电行政村和20户以上已通电自然村补助770万元，以解决这些已通电自然村“村村通”的问题。国家广电总局和中央文明办赠予和田地区2.5万台彩电，国家广电总局还赠给不通电的和田农民1万台半导体收音机。2005年自治区也拨款1000万元，购买了14英寸彩电，赠送给了南疆三地、州的农民。

2000年规模宏大的“西新工程”正式启动，新疆是整个“西新工程”中投资最多的一个省区，截至2003年底，国家对新疆已经完成了4.3亿元的资金投入。第一、二阶段和第三阶段第一期的各项任务圆满完成，取得了显著的成绩。全区90个地、县级电视台184部电视发射机得以更新，全面建成全区广播电视光缆干线网络，数字电视业务开始运营。国家还将陆续再拿出1亿多元资金支持新疆广播影视“西新工程”建设，帮助解决少数民族语言广播影视节目的译制经费。新疆广播电视的技术设施条件得到了很大改善，扩建和更新改造短波台、中波台、实验台36座，为农牧区配备电影流动放映车57部。新疆人民广播电台少数民族语言广播译制设备全面更新为数字化设备，5种语言广播由过去的每天播出46小时增加到72小时。同时，在“西新工程”中，自治区成功运作实施了“走出去工程”，自2004年6月，新疆人民广播电台每天120分钟的柯尔克孜语《中国之声》综合性新闻节目开始在吉尔吉斯斯坦国家电台一、二套频道播出后，新疆广播电视节目陆续在中亚国家电台、电视台成功播出，极大地提升了新疆广播电视的影响力。“西新工程”在新疆已从数量的扩张转到质量内涵的提高上来，成为自治区广播电视事业有史以来工程量最大、效果最好、能力最强的基础性建设，促进了新疆广播影视业整体规模、实力和水平迈上了一个新的台阶。“西新工程”实现了把党和国家的声音传入千家万户的目标，是顺民心、得民心、暖民心、稳民心的工程，是利国利民的工程，深受人民群众特别是少数民族群众的欢迎。它充分体现了中央对新疆各族人民的关怀，体现了各族人民群众的利益，对于促进新疆的经济发展、社会进步、民族团结、社会稳定，具有十分重要的意义。

新疆广播影视体制、机制、人事制度改革在探索中前进，广播影视硬件设施发展迅速，新疆有 6 座广播电台，16 座电视台，中短波广播发射和转播台 40 座，1000 瓦以上电视发射台和转播台 60 座。有线广播电视网络“西新工程”（“村村通工程”）、“大喇叭工程”成效显著。新疆人民广播电台和各地方台分别用汉语和维吾尔、哈萨克、蒙古、柯尔克孜、锡伯等少数民族语言广播。全区广播人口覆盖率为 92.8%，电视人口覆盖率 92.51%，有线电视用户 99.09 万户。全区有各类电影放映单位 98 个。年平均生产故事片 2 部，译制故事片 71 部，新片发行 116 部。

4. 民族体育事业进步，医疗卫生条件改善

新疆的体育事业在党和政府的关怀、重视下，得到了迅速发展。到 1998 年底，全区有 1 个区级、16 个地级体育总会和 39 个单项协会、18 个行业体协。现在，自治区有 1 所竞技体育运动学校、5 所体育运动学校、76 所自治区体育传统项目学校。已建成一批以新疆体育中心为代表的较大规模的体育场馆。2004 年投入使用的新疆体育中心，投资 2.3 亿元、建筑面积 7.5 万平方米、有 4.5 万个观众席，已达到举办国家级运动会和国内外田径、足球等比赛的技术要求。这些场地设施的建成，大大加快了

新疆体育事业发展的进程。在城市社区广泛开展秧歌、舞龙、拔河、广播操、游泳、保龄球等群众体育健身活动，在乡村牧区开展赛马、叼羊、姑娘追、马上角力、摔跤、秋千等少数民族传统体育活动，在老年人中，广泛流行门球、网球、健美操、太极拳、钓鱼、气功等健身娱乐活动，在中小学，全面推行《国家体育锻炼标准实施办法》，1995 年至 2001 年新疆连续五年被评为“全民健身先进省区”。

新疆的医疗卫生事业快速发展。现有两所高等医药院校，9000 多所卫生机构，11.7 万名医疗卫生从业人员。广大农牧区已初步形成了县、乡、村三级医疗预防保健网。全区的所有县（市）都有医院、卫生防疫站和妇幼保健机构，乡乡都有卫生院，村村有医疗点。结束了农牧民缺医少药、备受疾病折磨的历史。医疗水平亦有很大提高，自治区及地州的一些大医院已装备了一大批现代化诊疗设备，医疗专业分科日趋完善，以新疆医科大学药学院院长热娜·卡斯木教授为代表的医疗科研人员攻克的一些技术难题填补了国内甚至国际空白，很多疑难病症已能在区内得到诊治。全区有卫生防疫站 207 个，地方病等专科防治所（站）17 个，新生儿计划免疫已覆盖全区，历史上遗留下来的危害各族群众健康的地方病、传染病已基本被消灭。

四、社会事业的进步

1. 扶贫开发工作成效显著

20 世纪 90 年代以来，是新疆扶贫工作成效凸现的时期。1994 年，为了实施国家“八七”扶贫攻坚计划，自治区党委、人民政府召开自治区扶贫开发工作会议，制定了《自治区百万人温饱工程计划》，自治区重点扶持贫困人口集中连片的喀什、和田、克孜勒苏柯尔克孜自治州等地州的 30 个贫困县和 19 个插花贫困乡。于 2001 年，解决了 132 万贫困人口的温饱问题，如期实现了既定目标。

从 2001 年起，新疆扶贫开发坚持进村入户，实施整村推进计划，扶贫开发进入了一个新的历史阶段。4 年来，国家和自治区先后投入各类扶贫资金 41.5 亿元。自治区在财政困难的情况下，每年保证配套资金 1.2 亿元足额到位。解决了 44 万特困人口的温饱问题，帮助 110 万低收入贫困人口稳定脱贫。4 年来扶贫资金共安排一万多个项目，涉及农业、畜牧、园艺、林业、水利等方面，覆盖 73 个县，受益农户达百万余户。与此同时，社会各界广泛参与新阶段扶贫开发。自治区区直定点帮扶单位由 125 家增加到 150 家，中央定点帮扶新疆重点县的单位由 3 家增加到 10 家，覆盖新疆 24 个国家扶贫开发工作重点县，新疆扶贫开发工作迈上了一个新台阶。30 个重点县 4 年农林牧渔业总产值年平均递增 10.3%，产业结构得到进一步优化。

扶贫让受益人的生产生活条件得到改善，偏远贫困乡村科教文卫事业有了长足发展，村容村貌有了明显改观，南疆新建扶贫抗震安居住房已突破 10 万户。贫困群众就医难、上学难的问题得到有效缓解。到 2004 年底，扶贫开发工作重点县的村通电、通路、通电话、通广播电视均达到 80%以上；30 个重点县农民人均纯收入达到 1498 元，比 2000 年增加 518 元，年平均递增 11.2%，快于全区平均水平 2.5 个百分点，其中有 9 个重点县农民人均纯收入超过 2000 元。

2. 社会保障工作全面推进

自治区建立了救灾工作分级负责、分级负担和专户管理体制，不断巩固和发展救灾互助储金、储粮会，提高灾民的自救能力。1996—2004 年，全区累计安排救灾款 10 亿元，紧急转移安置灾民 250 万人次，救助受灾群众 1000 万人次。

城市最低生活保障制度不断完善。到 1999 年 9 月，全疆 19 个城市、68 个县人民政府和县级市人民政府所在地全部建立了城市居民最低生活保障制度。1997—2004 年，全疆共投入最低生活保障资金 17 亿元，每年有 50 多万人享受到最低生活保障。

大力开展“爱心献功臣”活动，为在乡老复员军人新建房屋 5 万多间、维修房屋 10 万多间，重点优抚对象住房难的问题基本得到了解决。2004 年，全疆共有优抚对象 23 504 人，国家优抚费用支出 5837.9 万元，人均 2484 元。制定一系列优惠政策，推动退役士兵安置工作与市场经济体制相衔接。1989 年至 2004 年，共安置退役士兵 9.37 万人。

大力发展社会福利事业。坚持以人为本，积极推行“老有所养、老有所医、老有所学、老有所乐、老有所教、老有所为”工程，启动了社区老年福利服务“星光计划”，投入资金 2.4 亿元，新建社区便民利民服务项目 500 多个。1991—2004 年，筹集福利金 9.3 亿元，资助社会福利项目 1000 多个，为国家上缴税金 9927.3 万元。1999 年 1 月 1 日起，实行基本养老保险自治区级统筹。2004 年底，全疆参保人数达到 173.76 万人；当年征缴基金 43.09 亿元，支付 38.75 亿元；全疆累计结余养老保险基金 66.5 亿元。企业离退休人员养老金社会化发放和企业退休人员管理服务社会化稳步推进，养老金社会化发放率达到 100%，社会化管理服务率达到 89%。

基本医疗保险制度基本建立。到 2004 年底，医疗保险参保人数达到 195.97 万人，覆盖城镇所有职工，受到广大群众的普遍欢迎。失业保险制度进一步完善。目前，全疆参加失业保险人数达到 138.58 万人，15 个地州市全部实现了失业保险基金地级统筹，失业保险基金累计结余 14.6 亿元，1998 以来享受失业保险待遇的人数达到 33 万人。

全面推行工伤、生育保险制度改革。截至 2004 年底，全疆已有 13 个地州市开展了工伤保险社会统筹，参加工伤保险人数达 60.93 万人。有 12 个地州市开展了生育保险社会统筹，参加生育保险人数 59.23 万人。

3. 多种就业模式日渐完善

新疆各级党委、政府认真贯彻执行治理经济环境，整顿经济秩序，深化体制改革的方针，坚持以经济建设为中心，始终把劳动就业作为衡量经济发展的重要标尺，从新疆工业基础薄弱的实际出发，努力培育新的经济增长点，加强劳动力市场建设和就业管理体制改革，拓展劳动力市场，兴办各类就业服务中心，职业介绍所，社会职业培训机构。根据劳动力市场供求变化，不断完善价格信息收集、分析、预测和发布工作等社会服务职能。采取多种措施，拓宽就业渠道，增加就业岗位，扩大就业规模。劳动就业体制进一步完善，就业结构日益合理，职工收入明显提高，为新疆的经济建设和社会稳定创造了良好环境。截至 2004 年，全区就业人数已达 744.49 万人，比 1949 年增加 2.76 倍，年均增长 2.43%，城镇登记失业率由 1980 年的 7.5%下降到 2004 年的 3.8%，劳动就业形势趋于稳定。

坚持把第三产业作为解决就业问题的主要渠道。2004 年，一、二、三产业就业人员分别为 403.31 万人、98.49 万人和 242.69 万人，分别比 1949 年增加了 1.2 倍、17 倍和 38 倍。与改革开放初期的 1978 年相比，第一产业就业人员增长 13.43%，第二产业增长 31.34%，第三产业增长 299.82%。第一产业和第二产业对劳动力的需求逐渐下降，第三产业就业岗位增加，成为富余劳动力和下岗职工分流的主要方向，就业结构趋于合理。房地产、金融保险业从业人员成为 16 大行业中增长最快的行业之一。2004 年，房地产业职工人数达 2.21 万人，金融保险业为 5.75 万人，分别比 1978 年增加了 110 倍和 3.6 倍。2004 年，国有经济单位在岗职工 182.8 万人，比 1990 年减少 78.84 万人；集体经济单位在岗职工为 6.43 万人，比 1990 年减少 25.79 万人。非国有经济、个体和私营经济已成为吸纳劳动力就业的重要渠道。

第八章　新疆维吾尔自治区民族工作的经验与展望

回顾新疆民族工作50多年的历程，有成绩也有失误，有启示也有教训。正是由于不懈的反思与探索，总结与创新，才赢得了新疆经济社会的进步和民族关系的发展。目前，新疆正面临民族工作发展的新契机，应对挑战、抓住机遇、开创局面、加速发展是新疆民族工作的时代选择。

第一节　新疆民族工作的经验

一、切实把握新疆民族工作的特点

新中国成立以来，我国的民族工作是在成功和挫折中前进的。实事求是，就成功；不实事求是，就挫折。同样，新疆的民族工作也经历了进步与曲折的过程：只要民族工作符合实际，抓住了特点，民族工作就会取得进步；相反，如果民族工作脱离了新疆实际，背离了区情和特点，民族工作就会遭遇曲折。

新疆民族工作的特点主要表现在：

1. 面对复杂的民族和宗教事象

自古以来，新疆就是一个多民族共处，多种宗教并存的地区(参见第一章)。

复杂的民族宗教问题，给新疆的民族团结和社会稳定带来许多困难。新中国建立以来，尤其是改革开放以来，由于采取了正确的民族政策和宗教政策以及积极发展新疆经济的其他政策，新疆的经济社会有了飞速的发展。但是，我们应该清醒地看到，新疆的发展也面临着许多挑战，其中分裂主义势力的干扰和破坏是新疆发展所面临的重大挑战之一。从目前新疆分裂主义势力的情况看，其分裂思想、活动方式以及目的都和历史上新疆的分裂活动有着承继关系，而且为达到其分裂新疆的目的，分裂主义势力往往对新疆的历史大肆进行歪曲和篡改，以蒙蔽广大人民群众。如何维护多民族、多宗教地区的民族团结和社会稳定，如何打击分裂主义势力的活动，以及在新形势下如何促进新疆的快速发展等等，无疑是新疆民族工作要解决的重大课题。

2. 面对曲折中发展的民族关系

新中国成立以来，新疆经历了民族关系的曲折发展过程。

在新中国成立初期，新疆的民族关系极其复杂。

1955 年 10 月，新疆维吾尔自治区的建立对新疆民族关系的良性发展产生了深远影响。

1958 年，新疆维吾尔自治区的“大跃进”和人民公社化运动给新疆维吾尔自治区的民族关系也造成了很大的破坏。

“文化大革命”时期是新疆维吾尔自治区民族关系走向低谷的时期，新疆社会主义民族关系遭到了较大的破坏。

从 1976 年 10 月“文化大革命”结束至 1984 年新疆工作走上了全面发展的轨道，结束了连续五年的徘徊局面。

1984 年，新疆维吾尔自治区进入了社会主义建设新时期，民族关系也呈现出了发展和完善趋势，新疆维吾尔自治区民族关系的良性发展已成为时代的特征。

民族关系发展中的曲折，影响到民族关系良性发展的一贯性。民族关系曲折中的发展，让各族人民从另一方面更加珍惜良好民族关系的来之不易，展现了民族关系发展中的前进趋势。

3. 面对复杂的地缘影响

新疆地处祖国西北边疆，在地理环境、历史传统等综合因素的影响下形成了地域性文化，即以草原游牧文化和绿洲农耕文化为基础系统，容纳了中亚文化、西方文化、中原文化而过滤积淀而形成的，自身具有多源性、渗透性、包容性和整合性。① 新疆文化具有对内稳定性、封闭型和凝聚性的特征，对外具有开放性、动态性和吸纳性的特征。这种对外的特征决定了新疆文化必然要受到来自周边国家和地区的影响。

冷战结束后世界民族主义浪潮泛起的国际局势变化，使新疆民族分裂主义分子蠢蠢欲动，借机大力鼓吹“一个民族，一个国家”的民族分裂主义思想，蒙骗群众，制造危害民族关系的舆论和事件。随着中亚和西亚地缘政治形势的发展变化，这些民族分裂组织基本上由地下转为公开，近年来在巩固其既有宣传阵地的基础上，又创办了多种反华刊物，连篇累牍地发表文章，攻击中国的各种民族政策，并通过各种渠道将其带入新疆。原设在德国的“解放电台”和“自由欧洲电台”已前移到捷克和哈萨克斯坦的阿拉木图，并在土耳其增设了“独立解放电台”。

中亚对于新疆的影响不可忽视。中亚位于亚欧两大洲的十字路口，自古以来就是连接东西南北文明的重要纽带，历史上就与中国有着密切的经济和文化交流，因而形成与中国较多的跨国民族。新疆许多民族的居住地都直接毗邻国外同源跨国民族的居住地，如哈萨克、回、塔吉克、柯尔克孜、俄罗斯等族的居住地都直接与中亚国家同源跨国民族居住地相邻或相连，因此，受国外的影响最直接、最迅速。

同源跨国民族间的民族意识彼此具有较深刻的影响。跨国民族中的跨界民族比较非跨界民族所在国的政治、经济、文化、宗

① 参见李晓霞：《民族传统文化与新疆文化产业的发展》，《新疆研究文论选》（第二集），第349～350页，民族出版社，2005年版。

教信仰、生活方式、风俗习惯和价值观念等许多领域，对所在国民族的民族利益、民族感情和民族尊严都会产生影响。

近年来新疆发生的一系列事件表明，民族意识的增长既缺乏国家意识的制约，又缺乏正确的引导，致使由此产生的民族情绪趋向政治化，并开始向民族整体的分离意识转向，成为影响中亚和新疆稳定发展的深层因素。民族主义对同源跨国民族的影响最突出的是中亚国家的民族意识的日益高涨。因为民族素质和民族文化的发展滞后，民主化趋势带给中亚的并不都是独立后的美好前景，中亚各国民族分裂主义分子的分裂活动，就是在中亚总统集权、民族主义意识高涨的背后隐藏的一种危机，它的存在严重干扰了新疆与中亚各国同源跨国民族的正常交往，也日益产生影响中国西北边疆安全与稳定的负面因素。

"泛突厥主义"与"泛伊斯兰主义"在历史上一直严重干扰和影响着新疆的民族工作和新疆的经济社会发展。中亚国家独立后，一些民族分裂组织又纷纷开始活动，他们在中亚等地建立分裂中国的民族分裂组织，近年来，又成立了一系列暴力组织。他们在哈萨克斯坦等中亚一些国家进行分裂活动，妄图分裂新疆，建立所谓的"东突厥斯坦共和国"，从现实看，"东突"民族分裂组织对中亚与中国西北边疆跨国民族所进行的分裂活动已经构成对双边主权国家稳定的破坏。"东突"分裂组织还将影响到中亚与新疆的发展与社会的稳定。

二、牢牢把握新疆民族工作的主题

"共同团结奋斗，共同繁荣发展"是我国新世纪新阶段民族工作的主题。在新疆，共同团结奋斗，就是要不断加强民族团结，同心同德，旗帜鲜明地反对分裂，维护社会的稳定；共同繁荣发展，就是要加快新疆的经济社会发展，共同富裕，实现各民族的共同繁荣。

新疆民族工作的特点以及 50 多年的历史表明，新疆民族工作必须围绕稳定和发展这两个主题，这是国家民族工作主题在新疆的民族工作中的具体化。在新疆必须在抓住发展这一主题的同时，把稳定突出地、与发展并列地提出来，反对民族分裂是对新疆民族工作的特殊要求。

稳定和发展必须同时抓，“两手”要同时硬。稳定和发展是辩证统一的关系，在新疆民族工作中，两者是相辅相成的关系，两者没有重要性的主次之分，没有次序的先后之分，必须同时抓好。

在对待新疆稳定和发展的关系问题上应该反对两种错误观点：

一种是单纯认为“经济发展了，民族问题就会得以解决，社会就会稳定下来”的观点。发展经济对解决民族问题具有极端重要性，是民族工作中的重中之重，经济工作是基础，是关键，是中心。但民族问题包括“一个发展、三个关系”，是很广泛、很复杂的问题，有时经济发展了，仍然会存在民族问题。尤其是民族分裂主义分子更为强调的是一种政治主张，和经济利益上的要求还不能同日而语。

第二种是人为地突出其稳定的重要性，甚至否定经济建设是民族地区的中心任务，借口“稳定压倒一切”而提倡“稳定代表一切”。民族分裂活动是一小撮反动分子的行径，大多数少数民族群众都渴望发展，经济社会发展了，人民会更加珍惜建设成果，更加拥护和支持反对分裂。早在 1989 年，邓小平就深刻地谈过：“我的意思是，只靠我们现在已经取得的政治环境还不够。加强思想政治工作，讲艰苦奋斗，都很必要，但只靠这些也还是不够。最根本的因素，还是经济增长速度，而且要体现在人民生活逐步地好起来，这样才能真正稳定下来。不管国际大气候怎样变化，只要我们争得了这一条，就稳如泰山。”[①] 1993 年，江泽民指出：“民族地区存在的矛盾和问题，归根到底要靠发展经济来解决。所以，我们处理民族地区的各种问题，都必须牢牢掌握经济建设这个中心。要千方百计加快民族地区经济的发展，逐步缩小民族之间的发展差距，逐步实现各民族共同繁荣。”[②]

社会主义初级阶段的主要矛盾决定了经济建设是民族工作的中心任务。消除民族间的差距，解决民族问题，必须通过发展的途径。新疆民族工作的历史和现实都告诫我们，反对民族分裂是一定时期内新疆民族工作的特殊任务。新疆民族工作，一手要紧紧抓住经济建设，坚持以经济建设为中心不动摇；一手要牢牢抓好社会稳定，坚定不移地反对民族分裂主义。

1994 年 8 月 29 日，党和国家颁布了《中共中央、国务院关于加快西藏发展、维护社会稳定的意见》，文件结合西藏实际，深刻表述了稳定与发展的关系：“稳定是前提，发展是根本，两者互为条件，互相促进。要坚持两手抓、两手都要硬的方针。没有稳定，当前就不能发展；没有发展，长远就难以稳定。”[③] 这既适合西藏的实际，也同样符合新疆的实际。

三、抓住新疆民族工作的关键环节

1. 践行科学发展观，坚持以人为本，实现政治、经济、文化、社会的全面、和谐和可持续发展

我国的改革和发展正处在关键时期，复杂交织的各种矛盾与千载难逢的发展良机同在。坚持以人为本，全面、协调、可持续

---

① 《邓小平文选》第三卷，第 355 页，人民出版社，1994 年版。

② 《民族工作文献选编》（1990～2002 年），第 93 页，中央文献出版社，2003 年版。

③ 《民族工作文献选编》（1990～2002 年），第 93 页，中央文献出版社，2003 年版。

的发展观，是我们党从新世纪新阶段党和国家发展全局出发提出的重大战略思想。科学发展观的提出，是我们党对社会主义市场经济条件下经济社会发展规律在认识上的重要升华，也是我们党执政理念的一次飞跃，这对于与其他地区尚存在较大差距、后发发展的新疆民族工作，更具有现实指导意义。

坚持以人为本是科学发展观的本质和核心。以人为本，就是要把人民的利益作为一切工作的出发点和落脚点，不断满足人们的多方面需求和促进人的全面发展。[①] 以人为本就是以人为价值的核心和社会的本位，把人的生存和发展作为最高的价值目标，一切为了人，一切服务于人。以人为本，说到底就是以人为基础，以人为前提，以人为动力，以人为目的，即一切以人为中心，一切为了人；以人为本，是一种尺度、一种原则、一种要求、一种需要、一种体现、一种目的。

优先做好区内平衡发展工作、重点扶贫工作、人口较少民族的发展工作。

在新疆民族工作中，坚持以人为本，就是要以 47 个民族的利益为本，尤其是要优先做好区内平衡发展工作、重点扶贫工作、人口较少民族的发展工作，这是容易产生民族问题和影响民族关系的关节点，也是实现共同繁荣发展的迫切需要。

由于综合原因，新疆区内发展尚存在着较大的地区差距。以五个自治州来说，以 2004 年为例：伊犁哈萨克自治州的地区生产总值是 277.04 亿元，博尔塔拉蒙古自治州 33.65 亿元，昌吉回族自治州 178.17 亿元，巴音郭楞蒙古自治州 188.65 亿元，克孜勒苏柯尔克孜自治州 12.52 亿元。五个州的人均生产总值分别是：6609 元、7997 元、10987 元、1644 元、2718 元；城镇居民

① 温家宝：《提高认识 统一思想 牢固树立和认真落实科学发展观》，《人民日报》，2004 年 3 月 1 日。

家庭人均可支配收入分别是：6374 元、11314 元、7464 元、6795 元、4900 元；农村居民人均纯收入分别为：3020 元、3522 元、3876 元、3289 元、1320 元。[①] 由此可见，目前在新疆不同的地区之间、不同的民族之间，其发展进程和发展速度均存在着较大的差距。今后在制定或协调发展规划时，应通过制定针对性强的措施来缩小这种差距，进而实现地区间、民族间的和谐发展。

从扶贫的角度来讲，2002 年国务院扶贫开发领导小组下发了《关于审核确定扶贫开发重点工作县的通知》（国开办发［2004］4 号文件），文件确定的国家重点扶贫开发工作重点县中，新疆维吾尔自治区有 27 个，其中和田地区有 7 个，克孜勒苏柯尔克孜自治州有 3 县 1 市，喀什地区有 8 个，三个地州占了 70％。也就是说，新疆的贫困人口主要集中在交通不便、春旱缺水、风沙严重、自然条件恶劣、少数民族聚居的南疆四地州（和田地区、喀什地区、克孜勒苏柯尔克孜自治州、阿克苏地区）为重点的塔克拉玛干沙漠干旱荒漠贫困区和北疆天山、阿尔泰山为重点的高寒农牧贫困区两大片。2002 年末，贫困县农村剩余贫困人口 57.9 万人中，南疆地区 56.0 万人，占 96.72％；[②] 从贫困人口的构成来看，贫困人口中少数民族人口比重大。在扶贫开发县中，少数民族人口占 91.06％，南疆重点县中少数民族人口占 96.85％。其中，和田地区占 98.62％、喀什占 95.33％、克柯尔克孜自治州占 94.50％，新疆贫困人口分大批少数民族贫困人口的生活，是新疆民族工作的难点和重点之一。

---

① 新疆维吾尔自治区民族事务委员会编：《新疆民族工作手册》2004 年，第 104～105 页。

② 宋岭：《21 世纪新疆贫困地区发展论》，第 22～23 页，新疆大学出版社，2004 年版。

在新疆，国内人口处在10万以下的人口较少民族有4个：塔吉克族（39 642人）、乌孜别克族（13 198人）、俄罗斯族（10 598人）、塔塔尔族（4695人），四个民族人口合计68 133人。[①] 以上四个民族的人口居住分散，遍布各地州市，相对集中的只有19个乡镇，84个村；以上民族都是跨界民族，居住在新疆的人口较少民族与周边国家的同一民族既有共同的民族特性，又有自己的个性，相互的民族交往与贸易活动较多；以上四个民族人口在城乡之间、地区之间的社会经济发展差异较大，基础设施落后，教育、卫生事业面临较大困难，民族文化生态保护面临严峻的挑战。根据以上实际情况，必须通过开展务实的民族工作，因地制宜地出台一系列具体措施，逐步促进人口较少民族聚居区的经济取得较快发展，改善基础设施状况，基本适应当地人口较少民族群众的发展需求；解决贫困人口的温饱问题，提高人民群众的生活水平，为走向富裕打下基础；注重社会各项事业的同步发展，加强民族传统文化的保护工作，创造提高民族人口素质、丰富人民群众文化生活的良好环境；在发展中，注意生态保护和建设，坚持走可持续发展之路，增强防灾抗灾的能力。

区内平衡发展工作、重点扶贫工作、人口较少民族的发展工作之间存在着相互交叉，又存在着部分目标的一致。为此，民族工作部门要统筹安排，各有侧重，任务不重叠，相互配合，彼此促进，形成推动发展的合力。

2. 在全区经济社会的进一步发展中，凸显政治、经济、文化、社会的全面、和谐和可持续发展

在发展目标上，要以经济发展为基础，同时注重政治、文

---

① 《新疆维吾尔自治区人口较少民族"十五"期间经济和社会发展规划方案》，《新疆民族工作手册（2004年）》，第18页。

化、社会的同步发展，把经济富裕、政治民主、文化繁荣、社会进步作为“四位一体”的发展目标。只注重经济发展，忽视其他方面，曾产生过诸多的社会问题，这既是教训，也是启示。同时要注重城乡、地区之间的协调发展，避免在发展问题上顾此失彼。

在发展的依托上，要以资源的充分、高效利用为前提，以合理的开发、保护为基础。辩证地来看，新疆的水土光热资源和矿产资源是一大优势，也是经济快速发展的依托，但同时必须看到，新疆地处亚洲腹地，位于干旱、半干旱气候带，生态环境十分脆弱，环境的再生、修复能力低、过程长。生态环境一旦遭到破坏，不但很难恢复，而且人们在将来还要为之付出代价。

已经拥有的教训必须在进一步发展中避免重复：第一，过去新疆的农业开发，主要是在比较好的草地、胡杨林地、罗布麻地等生态保护地上大量开荒，使山地森林资源量减少五分之一以上，荒漠胡杨林减少40%左右，断流河道两岸植物枯死，荒漠灌木林面积减少一半。到20世纪70年代末，新疆湖泊面积由原来的9700平方公里锐减到4748平方公里，罗布泊、玛纳斯湖、艾丁湖和台特马湖相继干涸，艾比湖水域面积由1200平方公里缩小到500平方公里。一方面，人工绿洲面积由1949年的1.3万平方公里，到2000年已经扩展到7.07万平方公里；另一方面，土地荒漠化、沙化日益严重，目前，新疆荒漠化面积大约有80万平方公里，每年新增荒漠化面积大约有400平方公里。第二，经济开发层次低，主导性的经济活动仍然是资源开发和初加工，产业链太短，深加工、精细加工少，在竞争中往往处于不利地位。新疆的进一步发展要摆脱长期形成的资源型经济结构，一定要有新思路、高定位。第三，资源浪费惊人。土地开发，边开荒边撂荒，中低产田占80%，开垦的土地盐渍化占三分之一。水的实际利用率不到40%，特别是农业用水，大水漫灌，浪费严重。内地1立方水生产GDP16.4元，新疆仅为2.9元。①

对于发展程度较低的民族来讲，自然生态环境和民族文化的内容和形式关系极为密切。新疆的特色区域自然环境孕育和催生了各民族的特色文化，从这个角度讲，没有自然生态的持续发展就没有民族文化的发展与繁荣。从发展指数上讲，生态环保指数是现代社会发展的一项重要指标。温饱型的指标忽视生态环境指标，富裕型的指标以生态环境指标为重要指标，新疆应追求边使用边保护、边开发边建设的发展路子。

在发展动力上，以提升人力资源为主，提高各族人民的教育科学素质。教育和科学素质是民族素质中的核心部分。民族内部结构的优化，民族外部关系的改善，民族自身的良性发展都离不开民族成员教育、科学文化素质的提高。民族地区政治、经济、文化和社会的发展都要以民族教育的发展、民族科技水平的提高为基础。从根本上讲，教育和科技水平的差异导致了地区间、民族间的发展差距。② 有关学者对南疆三地州典型贫困户进行调查，发现所调查的贫困家庭中文盲占13.68%、小学文化水平的占56.68%、初中文化水平的占23.16%。克孜勒苏柯尔克孜自治州近5年共有160多名具有大专以上学历、中级以上职称的科技人才调走，每年有120多名汉族包括民考汉学生考到外地上学，分配回去的只有7～8人，随着五六十年代分配取得大中专毕业生的退休和调离，科技、教育、卫生等专业技术队伍素质趋

① 参见郭正林、余振：《新疆维汉关系问卷分析》，《新疆研究文论选》（第二集），第239页，民族出版社，2005年版。

② 参见龙群：《论宗教对新疆经济发展的影响》，《新疆研究文论选》（第二集），第467～470页，民族出版社，2005年版。

于下降；2001 年，和田地区人口 160 万，文盲和小学以下人口 100 万，随着 20 世纪五六十年代的大学生退休和调离，人才出现断层，尤其缺乏农业、畜牧业等高级专业人才。①

总之，在新疆的经济社会发展中要注重宏观布局、合理布局、综合布局，以绿色 GDP 为指标，兼顾各方面的综合效益、效率与效果，以实现全面、和谐和可持续发展为目标。

3. 系统推进社会稳定建设工程

维护新疆的社会稳定是头等大事。维护社会稳定是一项系统工程，社会稳定工程以广泛深入的民族团结为基础，以促进民族关系发展和引导宗教与社会主义建设相适应为主要内容，以旗帜鲜明的反分裂斗争为保障。

（1）切实做好民族团结工作，夯实新疆社会稳定的基础

自 20 世纪 80 年代开始，新疆维吾尔自治区党委、自治区人民政府始终高度重视民族宗教工作，把民族团结工作融入到政治、经济、文化和社会生活的各个领域，在民族团结问题上全区上下形成了共识，形成了比较健全的工作机制。以“民族团结教育月”为载体，坚持不懈地开展马克思主义“五观”、党的民族政策和《民族区域自治法》的宣传教育已经成为成功经验。广泛开展民族团结进步模范表彰活动，典型引路，大力弘扬新时代模范人物的精神，已经产生了深远的社会影响。虚实结合，寓民族团结教育与各项活动和工作之中的工作路子，将口头教育、活动渲染和现实行动紧密结合起来，大大提升了教育效果。在广大中小学生和青少年中进行以爱国主义为核心的民族团结教育，在广大人民群众中进行旗帜鲜明的反民族分裂教育，抓住了民族团结教育中的重点。

① 参见龙群：《论宗教对新疆经济发展的影响》，《新疆研究文论选》（第二集），第 467～470 页，民族出版社，2005 年版。

经常、深入、持久的民族团结教育能够在各族干部群众中牢固树立“三个离不开”的思想，能够增强各族人民群众维护民族团结、反对民族分裂的意识，并进一步促进平等、团结、互助、和谐的社会主义民族关系。发挥榜样的示范作用，有利于营造讲民族团结、珍视民族团结、维护民族团结的良好社会风气，营建同心同德的社会氛围。民族团结教育活动还能让更多的人了解党的民族宗教政策，提高相关人员贯彻执行党的民族宗教政策的自觉性，发挥出政策效益，更好地服务于各族人民群众。实践证明，在新疆这样一个多民族、多宗教、经济文化欠发达的地区，什么时候民族团结搞好了，社会就会安定，经济就会发展，各族人民的生活就会得到改善；反之，社会出现动乱，人心就会不稳，各方面建设就会受到影响，各族人民就会遭受苦难。务实求新的民族团结宣传教育，是实施西部大开发、新疆大发展的稳定之基，发展之源，长兴之道。新疆的民族团结工作关乎新疆的稳定与发展，关乎国家的稳定与发展。

（2）促进新疆民族关系的健康发展

随着改革开放的不断拓展和深入，影响民族关系的各种因素将会渗透到社会的各个层面、各个领域，民族关系的调控工作将更加具体，更加繁杂。但从新疆民族关系的现实格局和历史发展来看，要重点促进维、汉民族关系的发展，这是民族关系发展中的主要方面和重点方面。

从维、汉群众的反映来看，2001 年 5 月至 2002 年 5 月，香港浸会大学余振教授主持的“新疆民族团结研究”课题组对南北疆的 382 名维、汉群众进行了问卷调查，并形成了详细的调查报告，报告中反映出了维、汉民族关系良好的发展现状和态势，因为维吾尔族和汉族在新疆分布的范围广，两个主要民族相对其他民族来讲交往的机会多，发生矛盾和纠纷的可能性也相对大，在民族关系中出现一些问题是正常的。在调查报告的数据显示中有

20.4％的维族受访对象认为维、汉民族关系不太好或不好，有28.2％的汉族受访对象认为维、汉关系不太好或不好。[①] 从问卷调查反映出的情况看，影响维、汉民族关系的主要因素是民族分裂主义分子的破坏活动和经济发展问题。抓好稳定工作，抓好发展工作是促进以维、汉关系为主的新疆民族关系发展的必然选择。

（3）积极引导宗教与新疆社会主义建设相适应

多种宗教并存、信教群众多、宗教活动场所多、宗教教职人员多、信奉伊斯兰教的人数多是新疆宗教的特点。宗教现象比较普遍存在决定了宗教必须对信教群众的认识、信念、情感、意志、行为产生深刻的影响，这些影响会外显为对经济社会发展的影响。从深层讲，影响了宗教就会影响到信教群众的言行，积极引导宗教与新疆的社会主义建设相适应，依法管理宗教事务，防止宗教被反动力量所利用正是源自于此。宗教的功能具有双重作用。以伊斯兰教为例，一方面，穆斯林善于经商的传统有利于推动市场经济的发展；伊斯兰注重教育的观念有利于劳动者素质的提高；“两世吉庆”所衍生的财富观有利于维护公正的商贸道德；宗教对社会的服务型功能能在对外经济活动中牵线引路；所倡导的“诚信”等原则有利于社会道德秩序的构建和发展。这是伊斯兰教在新疆社会建设与发展中积极功能的发挥。另一方面，它和所有宗教一样，也具有消极的社会影响，如：把改变生活命运的希望寄托在“胡达”身上的观念不利于民族经济的发展；自我满足、安于现状的思想观念，束缚着人们的头脑，不利于民族经济的发展；传统的婚姻观会制约民族素质的提高和经济发展；传统的生育观在一定程度上不利于地方群众生活水平的提高和民族经

---

① 参见马品彦：《新疆反对非法宗教活动研究》，《新疆研究文论选》（第二集），第545～546页，民族出版社，2005年版。

济的发展。[①] 引导宗教与新疆社会主义建设相适应就是要发挥宗教的积极功能，克服其消极功能。

积极引导宗教与新疆社会主义建设相适应还要反对非法宗教活动。中共中央在关于维护新疆稳定的指示中曾经指出："影响当前新疆稳定的主要危险是民族分裂主义和非法宗教活动。"[②] 非法宗教活动是指不符合国家现行法律、法规的宗教活动。

事实说明，民族分裂主义分子或宗教极端分子往往是在非法宗教活动中公开攻击党的民族政策、宗教政策、计划生育政策、民族区域自治政策，煽动宗教狂热、民族仇恨和反汉、排汉情绪，鼓吹新疆独立，散发非法宣传品等。非法宗教活动损害宗教形象，干扰正常的宗教活动，损害正当信教群众的利益和权利；非法宗教活动影响国家的社会控制系统，影响社会的正常运行和稳定；非法宗教活动，影响到民族团结、国家统一、边防巩固。反对和依法处置非法宗教活动是新疆民族工作的重要内容之一。

（4）旗帜鲜明地反对民族分裂活动，不折不扣地同破坏稳定的行为作斗争

民族分裂主义是新疆稳定的主要危险，是民族团结进步事业的大敌，反分裂斗争是严肃的政治问题。维护新疆的政局稳定，保持边疆的长治久安，必须高扬爱国主义旗帜，维护祖国统一，反对任何形式的民族分裂活动。

回顾20世纪反对民族分裂主义斗争的历史经验，可以帮助我们从规律性上认清民族分裂主义的反动本质，民族分裂主义违背历史发展的规律，没有任何历史和法理上的依据，极少数民族

---

① 参见马品彦：《新疆反对非法宗教活动研究》，《新疆研究文论选》（第二集），第545～546页，民族出版社，2005年版。

② 参见马品彦：《新疆反对非法宗教活动研究》，《新疆研究文论选》（第二集），第545～546页，民族出版社，2005年版。

分裂主义狂热分子妄想撕裂现实发展的格局，改变国际法确定的现有国家格局，将更多的人民拖入历史倒退的漩涡，破坏国家来之不易的稳定局面，破坏各族人民共同建立的社会主义民族关系。

目前，民族分裂主义势力仍然存在，产生民族分裂主义的土壤和条件仍然存在，民族工作中的一些漏洞和薄弱环节仍然会被当作制造事端的借口。因此，反对民族分裂主义是一项长期的、艰巨的、复杂的斗争。既要高度重视，严阵以待，露头就打，又要实事求是，讲究策略，做到稳、准、狠；既要注意克服民族工作中的疏忽与不足，做好各方面的工作，又要紧密团结各族人民群众，构筑起各族人民反分裂斗争的钢铁长城；既要形成强大的震慑力量，弘扬正气，又要致力于和谐发展，倍加珍视各民族人民业已形成的安定团结的政治局面。

（5）充分认识和发挥新疆生产建设兵团的特殊作用

屯垦戍边是历代王朝治理新疆政策的重要内容之一。新疆屯垦史有 2000 余年，回首屯垦历史，凡是在西域屯田成效显著的时候，也是西域稳定发展的时候。西汉、唐、清三朝时期是西域屯田的大发展时期，代表着西域屯田事业三个发展阶段的最高水平，当时中央政权在西域的统治也相对稳固，其他朝代则是在三个王朝的基础上效果逐减，甚至一无建树，其在西域的统治则多充满着挫折，甚至是被迫放弃了对西域的统治。正所谓：屯垦兴，则边境宁，西域兴；屯垦衰，则西域乱，外患内忧，民不聊生。长期屯垦的特殊方式早已通过人口驻留和繁衍、经济生产和交换、文化传递和借鉴将屯垦文化融入到了新疆的地域文化之中。

新中国成立后，借鉴历代屯垦的历史经验，在全国大规模、有计划地发展屯垦戍边事业，创造了辉煌业绩。20 世纪五六十年代，新疆军区生产建设兵团、铁道兵黑龙江林虎县农场、黑龙江生产建设兵团、华南屯垦橡胶农场、甘肃省农十一师、青海省农十二师、宁夏农十三师、陕西农十四师、西藏军垦农场等在国家发展的困难时期发扬“南泥湾精神”，在不同范围、不同区域的国土上完成了保家、卫国、服务于国家建设的任务。尤其是新疆生产建设兵团在新疆的稳定与发展中发挥了其特殊的作用。①

以毛泽东同志为核心的第一代中央领导集体组建了兵团，以邓小平同志为核心的第二代中央领导集体恢复了兵团，以江泽民同志为核心的第三代中央领导集体支持兵团进一步发展壮大。党的十六大以后，以胡锦涛同志为总书记的新一届党中央领导集体，在新形势下，进一步加大对兵团的支持力度。兵团与新疆各民族人民一道投身开发建设、共同发展经济，实现了经济社会的不断进步。兵团与新疆各族人民互相支持、和谐发展、共同进步。兵团与各族军民共同为稳定新疆和巩固祖国边防不断作出着贡献。

2004年，兵团实现生产总值302亿元，比1954年兵团成立时增长74倍，占新疆维吾尔自治区生产总值的比重13.7%；实现人均生产总值11 835元，比1954年增长7.6倍。目前，兵团已开垦耕地106万公顷，总人口256万人，社会从业人员近百万人。下辖14个师及石河子、五家渠、阿拉尔和图木舒克4个城市、185个团场（其中建筑工程团11个）、5387个工交建商及金融、保险企业，拥有健全的科研、教育、文化、卫生、体育等社会事业和公检法司监机构。截止到2004年，兵团累计实现利润45.7亿元，向国家和新疆维吾尔自治区缴纳各项税费150多亿元；2004年，实现综合利润8.2亿元；农业全面丰收，棉花总

① 参见：《新疆生产建设兵团概况及50年成就》，搜狐网新闻中心/国内新闻，2005年9月23日。

产 87.78 万吨，占自治区的 50%。[①] 兵团已成为新疆经济社会发展实体的重要组成部分。兵团作为新疆稳定、边防巩固的重要力量，坚持劳武结合，与军队、武警、人民群众共同在边境地区建立了“军警兵民”四位一体的联防体系。50 多年来，在打击和抵御境内外分裂势力的破坏和渗透活动、保卫祖国的边疆稳定和安全等方面发挥了不可替代的特殊作用，在历次反侵略、反颠覆、反分裂和打击“三股势力”的重大斗争中出色地完成了任务。

兵团作为自治区的重要组成部分，是开发建设新疆、造福各族人民的一支重要力量，是维护祖国统一、促进民族团结、保持新疆稳定的一支重要力量。

第二节　新疆民族工作的环境和面临的问题

一、新疆民族工作当前所处的综合环境

研究和规划新疆的民族工作必须从当前所处的综合环境出发，信息化的技术革命、开放性的市场运行、全球化的激烈竞争将新疆与中国其他地区、整个国家、整个世界连接在一起，国际环境、国家环境是新疆民族工作所处的综合环境中的宏观环境。

1. 从国际环境来看，我国实行对外开放政策 28 年来，特别是加入 WTO 之后，国民经济已经基本融入国际经济之中，我国经济的快速发展已成为全世界经济增长的重要动力源之一。[②] 我国积极推行和平、发展、合作的国际战略，对周边国家卓有成效

① 参见《人民日报》，2005 年 3 月 6 日，第一版。

② 参见贾松青：《对落实科学发展观几个重大理论问题的思考》，《经济体制改革》，2005 年第 6 期。

地实行睦邻、善邻、富邻的政策，建立了上海合作组织、东盟一中国“10+1”自由贸易区；积极致力于朝核问题的解决，促进东北亚的和平发展；努力寻求与印度等6国组成的南亚联盟的合作；发展中国与非洲、拉美国家的经贸合作关系，大大提高了我国在国际上的经济和政治地位。

与此同时，我们必须清醒地认识到，我国还是一个发展中国家，经济总量不足全世界的4%，而某些国家面对我国的快速成长，经常散布“中国威胁论”，作为市场经济国家中的一员，我国必将面临种种国际性挑战。[①] 一是贸易保护主义的挑战，我国自主知识产权薄弱引发的挑战、我国区域合作面临的挑战。我们应坚定不移地推行既定政策，排除各种干扰。

国家是对外政治、经济和文化交往的主体，新疆作为中国的重要组成部分，其对外发展必然离不开国家所处的整体国际环境的影响。新疆地处西北边疆，其对外贸易、对外交往、地缘因素等影响都离不开国家整体对外政策的宏观影响。到2005年，新疆有经国务院批准的对外开放的一类口岸17个，经自治区人民政府批准开放的二类口岸11个。2004年，新疆海关进出口总额56.36亿美元，其中出口总额30.47亿美元，进口总额25.89亿美元，。改革开放以来的28年间，累计实际利用外资31.43亿美元。上世纪90年代以来，共接待国际旅游人数313.15万人次，旅游外汇收入14.18亿美元。2004年，接待国际旅游人数31.69万人次，旅游外汇收入9100万美元。旅游业收入占新疆GDP的5.3%。[②] 新疆对外友好交往的国家和地区达85个，与15个国

---

① 参见《新疆区情介绍（50）国民经济蓬勃发展综合实力不断增强》，《新疆日报》，2005年7月20日。

② 参见《新疆区情介绍（50）国民经济蓬勃发展综合实力不断增强》，《新疆日报》，2005年7月20日。

家的 19 个友好团体建立了友好联系，与国外 11 个城市及省区建立了友好城市、省区关系。边境贸易已成为新疆对外开放的一大特色和优势。新疆的边境贸易就其规模来讲，位居全国九个陆路边境省区的第二，名列黑龙江之后，就其边贸在外贸中所占比重来说，新疆名列榜首，连续十年占半壁江山。新疆既是经济弱区，但又是边贸大区，边贸是新疆外经贸发展的主力军。

对外开放对新疆的影响是双面的：一方面，对外开放极大地促进了新疆民族经济的发展，扩大了地区间和国家间各方面的交流，为新疆各民族的发展和新疆的经济社会发展注入了活力。但同时，对外开放也使得中亚和中东政治、宗教、文化影响更加容易进入新疆。尤其是泛伊斯兰主义和泛突厥主义，随着西亚的伊斯兰运动的不断演进和“伊斯兰革命”的持续输出，对我国西部及邻国中亚各国产生了巨大的冲击。中亚国家的民族化过程，很难使民族意识保持适度的状态，民族意识的过度发展必将导致民族主义的产生，这对我国边境地区尤其是对新疆的安全带来了不利影响。从历史上看，我国新疆地区很早便成为伊斯兰教广泛传播的区域。共同的宗教信仰使西亚的伊斯兰主义很容易渗透到新疆境内。和其他宗教相比，伊斯兰主义有强烈的政治化倾向，因此泛伊斯兰主义对新疆的稳定构成了威胁，而且还出现了西方敌对势力将祸水东引，利用原教旨主义遏制新疆乃至我国发展的苗头。泛突厥主义和中亚各国的民族自决思潮对我西部主要是新疆的安全也产生了冲击。苏联解体后，靠近新疆西部的 5 个独立国家，其主要民族与新疆少数民族在历史文化传统、宗教信仰和生活习俗等方面都有某些相同之处。自 20 世纪 80 年代以来，由于新疆的对外开放，使境外的泛突厥主义思想很容易传播到新疆，中亚各国的民族自决思潮也对新疆产生了不利影响。

2. 从国内环境来看，党的十六届五中全会通过的《中共中央关于制定国民经济和社会发展第十一个五年规划的建议》明确提出了我国下一个五年经济社会发展的指导思想、奋斗目标、主要任务和战略举措等重大问题。这为近期经济社会的平稳较快发展指明了方向，也为后十年的顺利前进奠定了坚实的思想基础。

国家的发展目标、近期任务、面临的困难和挑战也必将具体反映在新疆民族工作中。在全国经济社会发展的整体格局中，新疆既是欠发达地区，又是边疆民族地区，但由于特殊的地理位置以及自身蕴藏的丰富的油、气、煤等资源优势（据测算，新疆的石油资源量占全国陆上石油资源量的30%，天然气资源量占全国陆上天然气资源量的34%，煤炭资源量占全国的40%），新疆作为国家未来发展战略能源基地的地位日益重要。正是基于这些原因，党中央明确提出新疆是西部大开发的重点地区，新疆将建成我国重要的石油石化基地、能源基地、棉花粮食生产基地。着力建设石油天然气、重化工业、绿色食品、轻纺工业和高新技术产业等五大工业基地。

“西部大开发”战略使新疆面临发展的巨大历史机遇，中央在投资、政策上不断加大对新疆的支持力度，有力地促进了新疆的产业升级，带动了投资的快速增长，对新疆经济和社会发展正产生着巨大的推动作用。国家在新疆的投资以每年上千亿的规模递增。西部大开发战略实施以来，一批对自治区经济增长和结构调整有重大作用的水利、能源、交通等基础设施和基础产业项目陆续建成或部分建成，其中包括“西气东输”、塔里木河流域综合开发、全疆电网联网等，新疆的高等级公路、铁路、机场等交通设施日益完善。国家还在近期对对口支援新疆的政策作了调整。从2005年起，对口支援南疆的省份和单位在原来北京、天津、上海、浙江、江西、山东、河南7省市的基础上，又增加了辽宁省和中国长江三峡工程开发总公司、中国电子信息产业集团公司等15家国有重要骨干企业。支援的方式由原来的主要以干部支援为主，发展到以干部支援为龙头，实行经济、科技、文化全方位对口支援。国务院召开专门会议，对于新疆提出的第十个五年规划和二〇一〇年规划中的重大项目，全部给予支持。[①]这些项目包括投资数百亿元人民币的几项重大水利工程，如代号为“六三五”的北水南调二期工程，伊犁河大开发工程，北水南调塔里木河工程。后一项工程的实施，将有助于改善目前塔里木河下游断流，生态环境极度恶化的状况。同时，还有一些大型水库及水利电力工程。这些工程的实施，不仅缓解了一部分现有城镇和农牧业用水，同时还将新开垦更多数量的荒地。新开垦的土地主要用于种树种草，以便改善新疆脆弱的生态环境。几项铁路工程项目、两座机场扩建和两条高速公路建设等重大项目也包括在内。

2005 年 7 月 27 日至 8 月 2 日，中共中央政治局常委、国务院副总理黄菊在新疆考察工作时强调，要紧紧抓住发展这个第一要务，全面落实科学发展观，认真实施“稳疆兴疆、富民固边”战略，大力推进体制机制创新，不断扩大对内对外开放，充分发挥自身优势，加快新型工业化和全面建设小康社会进程。[②]黄菊指出，国家实施西部大开发战略和对外开放的不断扩大，给新疆扩大对内对外开放提供了难得的机遇。新疆要坚持“东联西进、西来东去”，形成以开放促开发、以开放促发展的格局。要努力改善投资环境，把内地的资金、人才、技术吸引到新疆来，振兴新疆经济。要充分发挥地缘优势，扩大与中亚、南亚、东欧国家的经贸联系，努力把新疆建成依托内地、面向中亚、南亚、西亚乃至东欧国家的国际商贸基地。黄菊强调，加强民族团结，保持社会政治稳定，维护祖国统一，是新疆繁荣发展的前提和基础，

---

① 参见中新社乌鲁木齐 2005 年 11 月 1 日电报道。

② 参见黄菊：《抓住发展第一要务促进新疆繁荣稳定》，人民网/时政/高层动态，2005 年 8 月 2 日。

也是新疆各级党委、政府的首要任务。要继续坚持和完善民族区域自治制度，全面贯彻党的民族政策和宗教政策，不断巩固和发展平等、团结、互助的社会主义新型民族关系。要关心群众生活，高度重视并切实解决好关系人民群众切身利益的突出问题，特别要做好就业再就业和社会保障工作，推进社会主义和谐社会建设。①

国家发展的战略调整、政策导向以及新疆区域经济优势对国家经济发展的后续支撑，使新疆步入快速发展的黄金期，这为新疆民族工作的开展既提供了良好基础和环境，也对新疆民族工作提出了新的要求，那就是服务于一个繁荣富裕、环境优美、团结安定、边疆稳固的社会主义现代化民族自治区的建设。

二、新疆民族工作面临的现实情况

在综合的社会环境中，民族工作的主体、客体、工作手段和方式方法等因素制约着民族工作的开展。

1. 从主体来讲，必须形成民族工作有效的工作网络

要在新疆维吾尔自治区党委的统一领导下，在上级民族工作主管部门的垂直领导下，在区人大、政协的监督指导下，以自治区民委为主体，形成横向配合、纵向贯通的民族工作网络，通过有效的工作机制建设，做到决策科学、行动快捷、成效明显。加强民族工作者队伍建设，以党员、干部为骨干，提高相关人员的民族政策理论水平，增强全心全意为各族人民群众服务的意识，提高观察问题、解决问题，执行政策的实际素质和具体能力，改善民族工作的方式方法，切实提高民族工作的力度和效能。

从客体来讲，要抓住当前新疆民族问题的关键，要准确分析

① 参见黄菊：《抓住发展第一要务促进新疆繁荣稳定》，人民网/时政/高层动态，2005年8月2日。

当前新疆民族关系发展方面存在的现实问题。目前，在新疆，产生民族问题、影响民族关系发展的主要因素来自于以下几个方面：

首先，经济社会发展中的“四个差距”是主要因素：一是新疆与内地发展之间的发展差距；二是疆内各区域的发展差距；三是区域内小社区及人群之间的发展差距；四是国家加快新疆发展政策效应实现与新疆各族人民急切的预期期望之间的差距。这些差距有的缘于政策效果实现需要一个时间过程，有的缘于针对性的政策力度和效果尚未发挥出来。差距的存在往往会影响民众对社会公平、公正的看法，进而会影响到民族关系的发展。

其次，少数民族教育发展滞后给民族关系发展带来了不利影响。受“读书无用论”的影响，加上家庭经济贫困、地下经文学校争夺生源等因素，导致少数民族中小学生的辍学率居高不下。新疆师资质量、教学质量低，导致升学成才难。由于语言、文字、专业、文化素质、能力、价值观念等方面的差距客观存在，少数民族毕业生在就业市场竞争中处于劣势。导致就业难。少数民族教育滞后，直接影响到民族成员素质的提高，直接影响到民族成员的素质、能力和观念，影响到少数民族成员的社会参与能力。新疆的发展模式，必然选择“科教兴区”之路，在一定时期内，教育科技的水平直接影响到一个社会成员的成功几率。教育科技差距，必然导致竞争乏力，进而导致更大的生活差距。

再次，民族意识的不当发展影响着新疆的民族关系发展。少数民族越是求发展，求繁荣，就越是需要和其他各民族加强交往，在不同民族成员交往和接触的初期，民族认同意识、民族划界意识和民族归属意识往往增强。加之近些年来一些不利影响给民族之间的交往带来了诸多的心理障碍。一是国际上极端民族主义思潮的消极影响和国外敌对势力的挑拨宣传。近些年来，极端民族主义思潮特别是东欧和原苏联地区民族主义的泛滥，使单一民族国家化、民族歧视现象有所抬头。二是国内一些狭隘民族主义思想严重的人，把民族自尊自信推到极端，排斥和歧视其他民族文化。他们片面评说社会热点问题，煽动群众不满情绪。三是“民族分裂主义”概念界定不明确和理解上的偏差，也容易使人民内部在心理上产生不信任。一些群众和干部或明或暗地认为，民族分裂就是指少数民族闹分裂。少数民族的干部和群众对此十分敏感，在心理上感到很有压力。而每当暴力恐怖犯罪活动猖獗的时候，少数民族群众和干部对这种不信任感的压力就更为明显。

此外，少数民族经济权益保障问题、农牧区剩余劳力就业难的问题、在使用少数民族语言文字方面的问题、使用和培养少数民族干部问题、民族成员交往中因风俗习惯发生的纠纷等问题都在一定程度上影响着新疆民族关系的正常发展。

2. 客观来讲，新疆的民族关系和民族工作发展处在历史的稳定上升期。

这是50多年来新疆社会主义建设和民族团结进步事业发展的结果，这是国家综合国力不断攀升，改革开放形势不断发展，各族人民国家认同不断升华的结果。国家赋予了新疆新的发展机遇，新疆各族人民对未来充满了期冀，新疆民族关系发展中的现实问题，会在民族工作的不断发展中逐步得到解决。发展是解决我国所有问题的关键，亦是解决新疆民族问题的关键，离开了发展其他一切都无从谈起。只有用发展才能根本地解决民族问题，更好地搞好民族工作。

第三节　新疆民族工作的展望

一、始终坚持中国共产党的领导

回眸新疆50多年的发展，一条最根本的经验，就是坚持中国共产党的领导。

坚持党的领导，坚持走社会主义道路，是新疆各族人民团结进步的政治基础，是各项事业繁荣发展的根本保证。中国共产党是领导我们事业的核心力量，是中国各族人民利益的忠实代表。没有共产党的正确领导，就没有新疆各族人民的翻身解放，就没有适合中国国情的民族政策和民族区域自治制度；没有共产党的正确领导，就不可能有新疆 50 多年来民族团结、经济发展、社会稳定和人民生活不断改善的大好局面。在新世纪、新阶段、新时期，新疆各族人民只有更加坚信和依靠党的领导，坚定不移地走社会主义道路，才能同心同德，与时俱进，开拓创新，建设更加繁荣富裕文明的新疆。

只有坚持中国共产党的领导，才能把党的路线方针政策同新疆的实际相结合，创造性地开展工作，保证民族工作的正确方向；只有坚持中国共产党的领导，才能坚持以经济建设为中心，坚持改革开放，不断解放和发展生产力，完成民族工作的根本任务；只有坚持中国共产党的领导，才能坚持发展社会主义先进文化，建设社会主义精神文明，不断增强各族人民的凝聚力和创造力，为民族工作发展注入不竭的活力；只有坚持中国共产党的领导，才能坚持马克思主义民族观和党的民族政策，坚定不移地维护祖国统一，维护民族团结，维护新疆社会的政治稳定，凸现民族工作的成效；只有坚持中国共产党的领导，才能坚持依靠国家支持与自力更生、艰苦奋斗相结合，抓住机遇，加快新疆发展，不断开创民族工作的新局面。

新疆民族问题是中国民族问题的一部分，新疆的民族工作是中国民族工作的一部分，50 多年来的历史表明，中国共产党是能够处理和解决好中国的民族问题的。正如邓小平所说："在世界上，马列主义是能够解决民族问题的。在中国，马列主义与中国革命实践相结合的毛泽东思想，也是能够解决这个问题的。”[①]江泽民也曾经指出：“事实充分说明，我们的民族政策是完全正确的，与世界其他国家相比，我们处理民族问题也是最成功的。”[②]胡锦涛更是强调“党的领导是做好民族工作的根本保证。正确处理民族问题，切实做好民族工作，是加强党的执政能力建设的重要内容。各级党委都要按照中央的要求，进一步加强和改善党对民族工作的领导。”[③]坚持中国共产党的领导，就能增强做好新疆民族工作的信心和决心，就能产生做好新疆民族工作的动力。

二、不断巩固安定团结的政治局面

在新世纪、新阶段、新时期，要继承民族工作的优良传统，继续抓好稳定工作，为经济社会的快速发展提供安定团结的政治局面。

第一，各级党委和政府要一如既往地高度重视民族工作，全面正确地贯彻落实党和国家关于民族工作的基本方针和基本政策。做好新疆的民族工作，不仅关系到新疆经济社会的发展，也关系到整个西北地区的稳定和发展，关系到全国改革开放和现代化建设的大局。要把民族工作作为事关全局的头等大事来抓，认真贯彻党中央关于加强民族团结、维护新疆稳定的一系列重要指示，正确处理改革发展与稳定的关系。把中央关于民族工作的大政方针与当地民族工作的实际紧密结合起来，高度关注民族、宗教事务，建立健全相关机制，从细处着眼，从小处着手，及时处

---

① 《邓小平文选》第一卷，第163页，人民出版社，1994年版。

② 《民族工作文献选编》(1990～2002)，第211页，中央文献出版社，2003年版。

③ 胡锦涛：《在中央民族工作会议暨国务院第四次全国民族团结进步表彰大会上的讲话》，《人民日报》2005年5月27日。

理在现实生活中可能发生的民族纠纷与矛盾，树立正面典型，弘扬正气，努力建设民主、和谐、顺畅、宽松的政治局面，把民族宗教工作开展得有声有色，主动引导民族关系的健康发展，积极引导宗教与新疆的社会主义和谐社会建设相适应。

第二，全面正确地贯彻《民族区域自治法》。修改后的《民族区域自治法》以及新颁布的《民族区域自治法实施细则》适应了民族地区新的发展需要，在新的发展进程中具有实实在在的效用。民族区域自治是我们党运用马克思列宁主义解决我国民族问题的基本政策，是我国的一项基本政治制度。在今后的一个阶段应不断加强各级自治机关的建设；结合新的形势需要大力培养少数民族干部和科技专业人员；根据《宪法》和《民族区域自治法》的规定，进行地方立法，加大依法治区的力度；进一步落实尊重少数民族的语言文字和风俗习惯的政策；优先发展少数民族教育事业，促进少数民族文化、体育、医药卫生等各项社会事业的全面进步，实现经济建设与社会各项事业的同步协调发展。

第三，在经济社会发展中不断巩固和发展各民族的大团结。民族团结是各民族人民的生命线。做好民族团结工作，维护社会的稳定和祖国的统一，实现新疆的长治久安，是各族人民的最高利益，事关改革开放和社会主义现代化建设的全局。坚持用马克思主义、毛泽东思想、邓小平理论和“三个代表”重要思想武装各族人民头脑，不断加强思想政治工作，用科学的理论指导思想和工作实践。坚持不懈地开展以马克思主义民族理论和党的民族政策为中心内容的民族团结宣传教育，广泛深入地开展爱国主义、集体主义和社会主义教育，大力宣传各族人民为缔造多民族国家，为维护民族团结、祖国统一做出的不懈努力和历史贡献，使各族人民尤其是各族青少年从小懂得维护民族团结和祖国统一是中华民族的光荣传统，团结统一是国家和民族的根本利益，平等、团结、互助是社会主义民族关系的准则，建设有中国特色社会主义是各族人民的共同理想和历史使命，在全社会营造浓厚的民族团结的政治气氛。

第四，坚定不移地开展反分裂斗争，正确处理好人民内部矛盾。反分裂斗争时刻不能放松。坚持进行反分裂斗争的思想教育，深入持久地开展了马克思主义民族观、宗教观、国家观、历史观的教育，结合新疆的历史和现实，深刻地揭露民族分裂主义和宗教极端势力反人民、反历史、卖国求荣的反动本质和反动根源，使各族干部群众深刻地认识到反对民族分裂主义斗争的长期性、复杂性和艰巨性，在事关祖国统一、民族团结的大是大非问题上始终做到立场十分坚定、态度十分鲜明；坚持标本兼治，强化各项治本措施，牢牢掌握斗争的主动权；大力强化意识形态领域的工作，坚持以马克思主义科学理论为指导，系统研究、正确宣传新疆发展的历史，批驳民族分裂主义势力散布的种种谬论，坚决铲除民族分裂主义滋生的土壤；切实加强社会治安工作，各地要认真落实社会治安综合治理各项措施，抓好教育、管理、防范等各个环节，坚持专门工作与群众工作相结合，严厉打击各种违法犯罪活动，维护正常的社会秩序、生产秩序、生活秩序；高度重视社会热点敏感问题，对于一些涉及群众切身利益的矛盾，尽早尽快地予以解决，不留后遗症，防止引发影响大局稳定的群体性事件，防范民族分裂主义分子借机煽动闹事。

第五，全面、系统、正确地认识新疆民族区情，提高民族工作的针对性和实效性。站在全局的高度，把新疆的民族问题和民族工作放到全面建设小康社会和中国特色社会主义的历史进程中去观察、去认识，进一步加深和提高对新疆民族问题和民族工作重要性和规律性的认识，进一步加深和提高对新疆民族区情的再认识。积极促使新疆的多民族因素成为多民族地区的发展优势和进步优势。在社会转型期，提高民族工作能力，明确民族团结也是生产力，而且是综合国力的重要组成部分。新世纪、新阶段、新时期的民族工作一定要体现时代性、把握规律性，富于创造性。

三、不断推进经济社会的持续发展

本世纪头20年是一个必须紧紧抓住并且可以大有作为的重要战略机遇期。党的十六大明确提出本世纪头20年全面建设小康社会的奋斗目标，西部大开发战略的深入推进和关于新疆发展与稳定总体战略部署的贯彻落实为新疆的经济社会持续发展提供了大好机遇。“十一五”时期（2006—2010年），将是新疆全面落实科学发展观、加快推进新型工业化、构建社会主义和谐社会重要的发展阶段。

“十一五”时期是新疆经济社会发展承前启后、加快发展的关键时期。全区要按照“稳疆兴疆，富民固边”的总体战略部署，以全面建设小康社会为目标，以科学发展观统领经济社会发展全局，促进全区经济快速健康发展，社会全面进步，人民生活明显提高，把新疆建设成为我国西部的经济强区之一。为此，要按照自治区人大通过的《新疆国民经济和社会发展十一五规划纲要》安排，真抓实干，稳步推进新疆经济社会的持续发展。

围绕一个中心：以经济建设为中心。贯彻落实中央西部大开发战略和关于新疆发展与稳定的总体战略部署，推进经济增长方式转变，努力提高经济增长的质量和效益，大力发展循环经济，建设能循环、可持续的国民经济体系和节约型社会。

实施四大战略：实施以市场为导向的优势资源转换战略，努力将资源优势转换为经济优势；实施科教兴新战略，加快人才强区进程；实施全方位开放战略，加快对内对外开放步伐；实施可持续发展战略，加快人与自然的和谐发展进程。

培育六大支柱产业体系：国家重要的能源生产基地和石油天然气化工、重化工产业体系；特色农产品生产基地和纺织、绿色食品产业体系；国家重要的战略资源基地和矿产资源勘探开发体系；高新技术产业基地及相关科研、服务体系；特色旅游基地和旅游商品生产与服务体系；向西出口加工基地及现代易流产业体系。

提升八个水平，即：城乡居民物质文化生活水平；新型工业化水平；城镇化水平；对外开放水平；科技水平；教育水平；就业和社会保障水平；社会安全和文明水平。

要围绕以下九大重点任务促进新疆的经济社会全面发展，即：进一步强化农业基础地位，大力发展特色农业；大力开发利用优势资源，加快推进新型工业化进程；大力发展特色旅游业；继续加强基础设施建设，增强经济发展后劲；进一步扩大对外开放，把招商引资工作推向新水平；统筹区域、城乡、驻军与当地群众以及和驻疆中央单位协调发展促进优势互补、共同发展；走可持续发展道路，促进新疆经济社会与人口、资源和环境的全面协调发展；坚持以人为本，积极发展各项社会事业；深化改革，为经济和社会发展创造良好的体制和政策保障。

历史见证了新疆过去的发展，历史还将见证新疆未来的发展。新疆各族人民久久期盼的更高水准的稳定与发展、进步与繁荣，将在21世纪的天山南北变为现实。新疆的民族工作连同新疆发展的光辉业绩定会应验那句“后来居上，要看新疆”的豪言壮语！

主要参考文献

1. 金炳镐著：《民族理论通论》，北京：中央民族大学出版社，1994 年版。

2. 齐清顺、田卫疆著：《中国历代中央王朝治理新疆政策研究》，乌鲁木齐：新疆人民出版社，2004 年版。

3. 潘志平主编：《民族自决还是民族分裂》，乌鲁木齐：新疆人民出版社，1999 年版。

4. 尹筑光、茆永福主编：《新疆民族关系研究》，乌鲁木齐：新疆人民出版社，1996 年版。

5. 厉声主编：《中国新疆历史与现状》，乌鲁木齐：新疆人民出版社，2003 年版。

6. 朱培民、陈宏、杨红著：《中国共产党与新疆民族问题》，乌鲁木齐：新疆人民出版社，2004 年版。

7. 郭正礼主编：《市场经济条件下新疆民族关系的对策研究》，乌鲁木齐：新疆人民出版社，1997 年版。

8. 玉苏甫·卡斯木著：《关于新疆经济发展一些问题的研究》，乌鲁木齐：新疆人民出版社，2003 年版。

9. 宋岭主编：《21 世纪新疆贫困地区发展论》，乌鲁木齐：新疆大学出版社，2004 年版。

10. 毛公宁主编：《新疆研究文论选》，北京：民族出版社，2005 年版。

11. 续西发著：《新疆世居民族概览》，北京：民族出版社，2001 年版。

12. 胡毅著：《新疆经济发展实证分析与综合研究》，乌鲁木齐：新疆人民出版社，2002 年版。

13. 吴仕民主编：《民族问题概论》，成都：四川人民出版社，1999 年版。

14. 吴仕民著：《西部大开发与民族问题》，北京：民族出版社，2001 年版。

15. 吴建国、马永、肖琼著：《西部大开发与兴边富民行动》，北京：民族出版社，2001 年版。

16. 贾东升主编：《新疆基层政权建设》，乌鲁木齐：新疆人民出版社，1999 年版。

17. 王拴乾主编：《新疆民族团结新论》，乌鲁木齐：新疆人民出版社，2002 年版。

18. 金炳镐主编：《中国民族理论研究二十年》，北京：中央民族大学出版社，2000 年版。

19. 王拴乾主编：《辉煌新疆》，乌鲁木齐：新疆人民出版社，2003 年版。

20. 刘先照主编：《论社会主义民族关系》，北京：民族出版社，1991 年版。

21. 马大正著：《国家利益高于一切——新疆稳定问题的观察与思考》，乌鲁木齐：新疆人民出版社，2002 年版。

22. 杨策、彭武麟主编：《中国近代民族关系史》，北京：中央民族大学出版社，1999 年版。

23. 费孝通主编：《中华民族多元一体格局》，北京：中央民族大学出版社，1999 年版。

24. 朱培民、段良著：《中共三代中央领导集体与新疆》，乌鲁木齐：新疆人民出版社，2002 年版。

25. 马戎、潘乃谷、周星主编：《中国民族社区发展研究》，北京：北京大学出版社，2001 年版。

26. 宁骚著：《民族与国家——民族关系与民族政策的国际

比较》，北京：北京大学出版社，1995 年版。

27. 胡文康主编：《中国西部——新疆手册》，乌鲁木齐：新疆人民出版社，2000 年版。

28. 新疆维吾尔自治区党委宣传部编：《新疆民族与宗教知识百题》，乌鲁木齐：新疆大学出版社，2002 年版。

29. 马品彦著：《正确阐明新疆伊斯兰教史》，乌鲁木齐：新疆人民出版社，2001 年版。

30. 田卫疆著：《正确阐明新疆历史》，乌鲁木齐：新疆人民出版社，2001 年版。

31. 陈超著：《正确阐明新疆民族史》，乌鲁木齐：新疆人民出版社，2001 年版。

32.《新疆维吾尔自治区概况》，乌鲁木齐：新疆人民出版社，1985 年版。

33. 中共中央统战部民族宗教工作局：《中国民族工作五十年理论与实践》，北京：中央民族大学出版社，1999 年版。

34. 司马图强编著：《列强分裂中国纪实》，乌鲁木齐：新疆人民出版社，1997 年版。

35. 黄光学、施联朱主编：《新中国的民族关系》，福州：鹭江出版社，1999 年版。

36. 张尔驹主编：《中国民族区域自治的理论与实践》，北京：中国社会科学出版社，1998 年版。

37. [美] 鲍大可著：《中国西部四十年》，北京：东方出版社，1998 年版。

38. 邵强、王拴乾主编：《新疆改革开放 20 年》，乌鲁木齐：新疆人民出版社，1998 年版。

39. 新疆社会科学院历史研究所：《新疆地方历史资料选编》，北京：人民日报出版社，1987 年版。

40. 朱培民著：《新疆革命史》，乌鲁木齐：新疆人民出版社，1993 年版。

41.《新疆文史资料选辑》，乌鲁木齐：新疆人民出版社，1979 年版。

42. 王拴乾主编：《走向 21 世纪的新疆》，乌鲁木齐：新疆人民出版社，1999 年版。

43. 刘汉太、都幸福著：《中国打击"东突"报告》，乌鲁木齐：新疆人民出版社，2003 年版。

44. 新疆维吾尔自治区民族事务委员会编（刘维新主编）：《新疆民族辞典》，乌鲁木齐：新疆人民出版社，1995 年版。

45. 徐杰舜主编：《中国民族团结考察报告》，北京：民族出版社，2004 年版。

46. 中国现代国际关系研究所民族与宗教研究中心著：《全球民族问题大聚焦》，北京：时事出版社，2001 年版。

47. 中国现代国际关系研究所民族与宗教研究中心著：《世界宗教问题大聚焦》，北京：时事出版社，2003 年版。

48. 李德洙、叶小文主编：《当代世界民族宗教》，北京：中共中央党校出版社，2003 年版。

49. 牟钟鉴、赵学义主编：《宗教与民族》第三辑，北京：宗教文化出版社，2004 年版。

50. 新疆维吾尔自治区国防委员会国防教育教材编写组：《新疆国防教育》，乌鲁木齐：新疆大学出版社，2001 年版。

51. 潘志平主编：《中南亚的民族宗教冲突》，乌鲁木齐：新疆人民出版社，2003 年版。

52. 潘志平主编：《中亚的民族关系：历史与现状》，乌鲁木齐：新疆人民出版社，2003 年版。

53. 徐亚清著：《中亚五国转型研究》，北京：民族出版社，2003 年版。

54. 柳用能著：《新疆古代文明》，乌鲁木齐：新疆美术摄影出版社，1999年版。

55. ［英］马克·奥里尔·斯坦因著，殷晴、剧世华、张南、殷小娟译：《沙埋和阗废墟记》，乌鲁木齐：新疆美术摄影出版社，1994年版。

56. 余骏升主编：《新疆文史资料精选》第一辑，乌鲁木齐：新疆人民出版社，1998年版。

57. 余骏升主编：《新疆文史资料精选》第三辑，乌鲁木齐：新疆人民出版社，1998年版。

58. 余骏升主编：《新疆文史资料精选》第四辑，乌鲁木齐：新疆人民出版社，1998年版。

59. 张践、齐经轩著：《中国历代民族宗教政策》，北京：首都师范大学出版社，1999年版。

60. 王作安著：《中国的宗教问题和宗教政策》，北京：宗教文化出版社，2002年版。

61. 张有隽、徐杰舜主编：《中国民族政策通论》，南宁：广西教育出版社，1992年版。

62. 徐杰舜、韦日科主编：《中国民族政策史鉴》，南宁：广西人民出版社，1992年版。

63. 揣振宇、杨荆楚主编：《汉文化多元文化与西部大开发》，北京：民族出版社，2005年版。

64. 中国现代国际关系研究所民族与宗教研究中心著：《周边地区民族宗教问题透视》，北京：时事出版社，2002年版。

65. 宋才发、熊坤新、王红曼、彭谦著：《中国民族法学体系通论》，北京：中央民族大学出版社，2005年版。

66. 熊坤新著：《民族伦理学》，北京：中央民族大学出版社，1997年版。

67. 《新疆维吾尔自治区概况》，乌鲁木齐：新疆人民出版社，1985年版。

68.《维吾尔族简史》编写组:《维吾尔族简史》,乌鲁木齐:新疆人民出版社,1991年版。

69.《当代中国的新疆》,北京:当代中国出版社,1991年版。

70. 新疆组织部、区党史委员会、区档案局编印:《中国共产党维吾尔自治区组织史资料》(1937—1987年)。

西藏篇[1]

[1] 西藏篇第一、二、三、四章由吴敏编写、第五、六、七、八章由乌小花、刘珲编写。

西藏篇

第一章　西藏概况

第一节　西藏自治区概况

西藏，古为羌、戎地，唐、宋时为吐蕃地，元为宣政院所辖乌思、藏、纳里速古鲁孙等三路宣慰使司地，明代继承元制，仍称“乌思藏”。清代分为“卫”（前藏）、“藏”（后藏）、“喀木”（康）、“阿里”四部，因在中国西部边境，所以总称为“西藏”。“西藏”一词，最早见于清康熙二年（公元1663年）。“藏”是汉语的称呼，而藏族人历来都自称为“蕃”（bo播）。唐代时汉语译为“吐蕃”，英文依汉语译为“TIBET”。

一、地理概况

西藏位于中国的西南方，青藏高原的西南部，是青藏高原的主体部分。北部是藏北高原，位于昆仑山、唐古拉山和冈底斯山、念青唐古拉山之间，占全自治区面积的三分之二；在冈底斯山和喜马拉雅山之间，即雅鲁藏布江及其支流流经的地方，是藏南谷地；藏东是高山峡谷区，为一系列由东西走向逐渐转为南北走向的高山深谷，是著名的横断山脉的一部分，平均海拔4000米以上，海拔超过8000米以上的山峰就达11座，是世界上面积最大，海拔最高的高原，被人们称为“世界屋脊”。

西藏的河流流量丰富，含沙量小，水质好，主要的河流有金沙江、怒江、澜沧江和雅鲁藏布江等。亚洲著名的恒河、印度河、布拉马普特拉河、湄公河、萨尔温江、伊洛瓦底江等国际河流的上源也都在这里。西藏高原湖泊众多，约有1500多个。面积为24 183平方公里，约占中国湖泊总面积的三分之一，且呈现内流区多、外流区少，内陆湖多、排水湖少，咸水湖多、淡水湖少的特点。

西藏的空气稀薄，日照充足，气候干燥，气温较低，降水较少。独特的高原气候有多种多样的区域气候和明显的垂直气候带，“十里不同天”、“一天有四季”等谚语，即反映了这些特点。同时，高耸的青藏高原对整个东亚的大气环流和天气系统也产生十分重要的影响。

西藏北邻新疆，东北紧靠青海，东接四川，东南连云南，南边和西部与缅甸、印度、不丹、锡金、尼泊尔等国接壤。西与克什米尔地区相邻。面积122.84万平方公里，约占全国总面积的12.8%，仅次于新疆维吾尔自治区。南北最宽约1000公里，东西最长达2000公里，国境线长达3842公里，是中国西南的重要门户，战略位置十分重要。西藏自治区的首府为拉萨市，行政区划包括“六地一市”，即林芝、昌都、山南、日喀则、那曲、阿里六个地区和拉萨市，共74个县。

西藏地、县级行政区划一览表

地级行政区划名称	县级数	管辖县级行政区划名称
拉萨市	8	城关区、墨竹工卡、达孜、堆龙德庆、曲水、尼木、当雄、林周
林芝地区	7	林芝、米林、朗县、工布江达、波密、察隅、墨脱
昌都地区	11	左贡、芒康、洛隆、边坝、昌都、江达、贡觉、类乌齐、丁青、察雅、八宿

续表

地级行政区划名称	县级数	管辖县级行政区划名称
山南地区	12	乃东、扎囊、贡嘎、桑日、琼结、洛扎、加查、隆子、曲松、措美、错那、浪卡子
日喀则地区	17	日喀则市、南木林、江孜、定日、萨迦、拉孜、昂仁谢通门、白朗、仁布、康马、定结、仲巴、亚东、吉隆、聂拉木、萨嘎、岗巴
那曲地区	11	申扎、班戈、那曲、聂荣、安多、嘉黎、巴青、比如、索县、文部办事处、双湖办事处
阿里地区	7	普兰、札达、噶尔、日土、革吉、改则、措勤

二、资源和物产概况

西藏全区各类天然草场面积有 0.83 亿公顷，占全区土地面积的 67%，约占中国天然草场面积的 26%；森林覆盖面积达 632 万公顷，主要分布于西藏东南部、三江流域、喜马拉雅山脉中段南侧等地区，占西藏土地面积的 5%，约占全国森林面积的 5.5%，森林总蓄积量为 14.4 亿立方米，占中国总蓄积量的 14%；耕地面积为 22.15 万公顷，占西藏土地面积的 0.18%，另有一定数量未开垦的后备资源。主要农区分布在藏南雅鲁藏布江河谷地区、藏南山地和谷地以及藏东“三江”流域峡谷地区。西藏约 70%的粮食产自这些地区。

西藏已探明的矿产达 70 多种，在已探明储量的 26 种矿产中，有 11 种的储量分别名列中国的前 5 位。其中，铬铁矿质量好，探明的远景储量居中国之冠；锂的远景储量居世界前列；铜矿的远景储量仅次于江西省。非金属矿中石膏、硼砂、菱镁矿、重晶石、砷、白云母、泥炭、陶瓷土等储量均居中国前列。

西藏的水能、地热能、太阳能、风能等能源非常可观，尤以水能资源最为丰富。全区年平均天然水能蕴藏量约为2亿千瓦，约占中国的30%。水能集中在西藏的东南部地区，约占全区的70%，仅雅鲁藏布江干流，天然水能蕴藏量即达8000万千瓦。西藏的地热能蕴藏量居中国首位，当雄羊八井地热田为中国最大的高温湿蒸汽热田。

西藏的高等植物有5766种之多。粮食作物主要有青稞、小麦；豆类作物主要有蚕豆、豌豆；油料作物主要有油菜籽。主要林木有云杉、冷杉、华山松、落叶松、白桦等几百种，其中，喜马拉雅冷杉、巨柏为西藏独有。西藏有药用植物1000多种，占全国药用植物的65%～70%，比较著名的中药材有虫草、贝母、三七、丹参、灵芝、雪莲、麻黄、红花等。野生动物主要有野牦牛、野驴、黄羊、盘羊、岩羊、猞猁、雪猪、天鹅、沙鸥等。其中被列为世界珍品的白唇鹿、野牦牛、金钱豹、雪豹、小熊猫、藏羚羊、藏野驴、藏雪鸡、藏马鸡、黑颈鹤等都是青藏高原所特有的动物。①

三、民族和人口概况

西藏自治区是中国人口最少，密度最小的省区。人口密度只有1.73人/平方公里，是全国平均数的六十分之一。据史书记载，13世纪西藏人口约为56万；1737年，清政府统计人口为94万；1953年我国第一次人口普查时，西藏仍然处在噶厦地方政府的统治之下，不具备人口普查的条件，噶厦政府申报的人口数为100万；1964年第二次人口普查时约为125万，藏族人口占全区人口的97.07%；1982年第三次人口普查时约为189.2万，其中，藏族人口占95.1%；1990年第四次人口普查时为

① 数据来自省市数据网 http：//provincedata.mofcom.gov.cn。

219.6万，藏族人口占96.3%；2000年第五次人口普查时为241.12万，其中，藏族人口占人口总数的92.77%。[1]

从70年代末开始，中国普遍实行计划生育政策。但在西藏，自治区政府根据当地实际情况，采取了特殊政策，只对在藏工作的汉族干部、职工实行一对夫妇生育一个孩子的政策；对藏族干部、职工没有提出这样的要求。从1984年起实行计划生育的人口约占总人口的12%。1970年以来，西藏自治区人口出生率、自然增长率均高于全国平均水平。人口的健康水平也提高很快，平均预期寿命已由和平解放前的36岁提高到65岁。[2] 全区人口分布很不平衡，主要集中在南部和东部。雅鲁藏布江中游及其主要支流拉萨河与年楚河流域，是人口最稠密的地区，10人/平方公里以上，其中拉萨平原、年楚河中下游平原、泽当平原等地50人/平方公里左右，拉萨城关区附近达100人/平方公里以上。藏西阿里、藏北那曲，人口特别稀少，而羌塘草原北部甚至被称为“无人区”。

西藏是全国藏族最集中的地区，占全国藏族人口的45%。除一部分分布在青海、甘肃、四川、云南等省外，约有二分之一的藏族分布在西藏。藏族人口始终占全区人口总数的92%以上。目前西藏还有7万多人的汉族、2000多人的回族、8000多人的门巴族、2000多人的珞巴族、1000多人的纳西族等民族和未识别的2000多人的夏尔巴人和1000多人的僜人。此外，还有蒙古、怒、独龙族、傈僳族等民族。

藏族是中国古老的民族之一，有几千年的悠久历史，创造了辉煌灿烂的文化。藏族有自己的语言、文字，属于汉藏语系藏缅

---

① 数据来自中国西藏新闻网资料。

② 王国振主编：《中国西藏：事实与数字》，新星出版社，2003年版，第98页。

语族藏语支。分为卫藏、康、安多三个方言区。藏文著作和译述极为丰富，在全国仅次于汉文典籍。除著名的《甘珠尔》、《丹珠尔》两大佛学丛书外，还有关于文学、哲学、史地、天文、历算、医药等的大量专著。藏族以农牧业为主，城市居民多从事手工业、工业和商业。藏族的主要饮食是糌粑、肉食、奶制品、酥油茶和青稞酒。藏族大多信奉藏传佛教，佛教寺庙遍布西藏各地。礼俗主要有献哈达、磕头、馈赠、鞠躬、敬酒、敬茶等。节日主要有藏历年（相当于汉族的春节）、望果节（庆丰收的节日）等。

西藏地区的回族多数是清代从甘肃、陕西、青海、四川、云南等地迁来的回族后裔，少数来自尼泊尔、印度、阿富汗等中亚、南亚一带。主要分布在拉萨、日喀则、昌都、泽当等城镇；多数从事商业、手工业及屠宰业。一般使用藏文，也使用汉文；宗教上使用乌尔都文和阿拉伯文。信仰伊斯兰教，在拉萨等地建有清真寺。

门巴族主要分布在喜马拉雅山东南坡西藏南部的门隅地区和墨脱县。主要从事农业，使用砍刀、鸭嘴锄、镰刀等生产工具，效率低。兼营林业、牧业、狩猎。门巴族有自己的语言，主要有“分洛”和“布然米”两种，差异较大，属于汉藏语系缅语族门语支，无文字。因长期和藏族密切交往，多通晓藏语，通用藏文。门巴族无论男女均嗜好喝酒、吸鼻烟。食物以大米、玉米、荞麦、鸡爪谷为主，也吃酥油、糌粑、奶渣等食物。大多信仰佛教的宁玛派，一些地方也信仰原始本教。节日与藏族相同，并使用藏历。门巴族地区出产的木碗、藤编、竹器、坚实耐用，行销西藏各地。

珞巴族主要分布在西藏东南部，东起察隅，西至门隅，北靠藏族地区，南达中印边界的喜马拉雅山南坡的广大珞瑜地区，其余散居在米林、墨脱、察隅、隆子、朗县一带。珞巴语属汉藏语系藏缅语族，有多种方言，没有文字。珞巴族群众多通晓藏语，通用藏文。主要从事农业，多在密林大山中以腰刀、木锹进行刀耕火种，兼营畜牧、纺织、狩猎、采集。食物主要有玉米、鸡爪谷、荞麦等。善于编制竹器。信奉原始宗教。

僜人和夏尔巴人是分布于西藏地区的未定族体。僜人主要分布在西藏东南察隅县察隅河、贡日嘎布河、杜莱河一带。有自己的语言，属汉藏语系藏缅语族，无文字。主要从事农业，僜人信鬼不信神。夏尔巴人主要居住在西藏东南定结县陈塘区和与尼泊尔交界的樟木口岸的立新乡一带。夏尔巴，藏语意为“东方人”。他们有自己的语言，无文字，通用藏文，主要从事农牧业生产和边境贸易。信仰藏传佛教，有种姓制度。

四、宗教信仰概况

宗教在西藏有着久远而深刻的影响，在西藏自治区人口中，除汉族外，大部分人信仰藏传佛教，还有约2000人信奉伊斯兰教，约600人信奉天主教，一少部分人信仰西藏原始宗教本教。其中藏族、门巴族、珞巴族等信奉藏传佛教，回族信奉伊斯兰教。

佛教从公元7世纪传入吐蕃，历经1300多年，在复杂曲折的历史进程中，形成和发展了独具特色的藏传佛教。它与汉传佛教、南传佛教并称为中国佛教三大支派。藏传佛教属大乘佛教，显密俱备，尤重密宗，在西藏地区影响最大。它是公元4世纪以来外来佛教与西藏原有的本教在长期相互影响、相互斗争的过程中形成的带有强烈地方色彩的西藏佛教，它有着自己的特点，如活佛转世制度，在中国其他的佛教就没有。藏传佛教在1000多年的流传历史中因师承、典籍及教义等诸多不同而逐步形成了许多独立的教派，各教派在发展中均形成可观规模的影响力。除原有的本教外，藏传佛教主要有六大派别：格鲁派（俗称黄教）、宁玛派（俗称红教）、萨迦派（俗称花教）、噶举派（俗称白教）、觉朗派、噶当派。

格鲁派俗称黄教，由宗喀巴开创。宗喀巴在形成自己的宗教思想体系后的初期，发动了一场宗教改革并取得成功，他与弟子先后在拉萨建成规模宏大的甘丹寺、哲蚌寺和色拉寺，以此作为重要的传法据点。格鲁派广收门徒，外出传经并举办大法会，以扩大社会影响；广结善缘，和各地封建领主以及中央王朝（明朝）联系，争取得到广泛的支持和赞助。经过宗喀巴和弟子甲曹杰、克珠杰（即一世班禅）、根敦珠巴（即一世达赖）等人的努力，终于建立起稳定的僧侣集团、寺庙经济实力和全藏的寺庙网络，继而普遍采用活佛转世制度以继承其法嗣。后在中央政府（清朝）支持下，格鲁派取得了在全藏区的统治地位，强化了在西藏地区的政教合一制度，建立起西藏地方政府，掌管西藏地方的经济、政治、文化。直到西藏和平解放后，其在政治上的统治地位才告结束。格鲁派的显教教义主要继承阿底峡等人的中观应成派思想。此思想的基本内容、主要特点、理论框架集中体现在宗喀巴撰写的名著《菩提道次第广论》、《缘起赞》、《中论广释》等书中。其中《菩提道次第广论》是格鲁派纲领性的著作。

宁玛派俗称红教，源于吐蕃时期从印度来藏的莲花生，创立于公元 11 世纪至 12 世纪，兴盛于 17 世纪。宁玛派，即旧教派的意思。藏传佛教在显教方面无新旧之分，而密教则分新旧。宁玛派传承的是莲花生的旧密咒，有别于“后弘期”仁钦桑布等人所传的新密咒。宁玛派在创建过程中，曾派人和元王朝联系，被元朝王室尊为法师。但由于该派的政治影响作用较小，因此，始终没有受到中央王朝的重视和扶持，从而影响了它的发展。它的发展以分散为主，僧人一般安家立业，在家修行，并不都集中在寺院里。修习“大圆满法”是宁玛派的特征。雅鲁藏布江南岸的敏珠林寺是该派的主寺。

萨迦派俗称花教，因其主寺萨迦寺建在后藏萨迦地方而得名，又因该派一部分寺庙用红蓝白色相间涂墙，便俗称“花教”，是藏传佛教中有较大影响的教派。从 13 世纪中叶到 14 世纪中叶的 100 多年间，该派在西藏地方占据统治地位，并在元朝的支持下建立萨迦地方政权，管理全藏事务。萨迦派形成于 11 世纪后期，首创人是贡却杰布。后在 13 世纪初的萨迦四祖萨班·贡噶坚赞的努力下，西藏地方正式归入中国版图，成为元朝的行政单位之一。萨迦五祖罗追坚赞是萨班·贡噶坚赞的侄子，从小聪慧，故称“八思巴”（圣者之意）。他曾为忽必烈灌顶，并奉旨创蒙古新字，掌管“天下释教”，先后被元王室封为“帝师”、“国师”和“大宝法王”，显赫一时，为祖国统一、民族团结起到积极作用。萨迦派的教义思想与其他派别不同的是“道果”见。

噶举派俗称白教，是 11 世纪形成的以密宗为主的大派别，支系繁杂，僧徒众多，且下 属的宗教政府势力曾先后两度掌握西藏地方政权，对藏传佛教乃至藏区社会影响很大。噶举 派一开始就形成两个派系：香巴噶举和达波噶举。香巴噶举的创始人是琼波南交，他是一名大瑜伽师，传徒不少。后来他的弟子们修建了甲寺和桑顶寺，分出“甲”、“ 桑”两派。西藏著名的女活佛多吉帕姆，就属于桑顶寺的活佛世系。14 世纪时以修建铁索桥和创演藏戏闻名于世的汤东杰布，也是香巴噶举僧人。达波噶举源于玛尔巴、米拉日巴师徒，以实际开创者达波拉杰的名字命名。玛尔巴的弟子米拉日巴，在藏传佛教史上是一位富有传奇色彩的人物。达波拉杰·索南仁钦是米拉日巴的高徒，由于他创建了噶举派的重要据点岗波寺，才形成达波噶举派。达波拉杰门徒很多，有 4 人先后在卫藏地区建寺收徒，成为四大支系。其中，帕竹支系又分出 8 个小系，于是，构成达波噶举“四大八小”的传承系统。噶举派虽然支系很多，但他们所尊奉的教义思想基本上都是“大手印法”。

觉朗派是藏传佛教史上富有创见性的一个派别，起源于雨摩

·米觉多杰，盛兴于多补巳·喜饶坚赞。后来，由于他们的见解与藏传佛教其他宗派的教义思想相抵触而受到排斥，之后逐渐趋于消沉。觉朗派的特殊教义是“他空见”，与格鲁派等提倡的“自空中观见”形成了尖锐的对立。

噶当派是以教法特征来命名的一个教派。噶当，即用佛的教诲来指导人们接受佛理的意思，所以意译又称“教诫派”。此教派渊源于印度高僧阿底峡，创立于其弟子仲顿巴。仲顿巴师承阿底峡，学得显密教法，建立了著名的热振寺，后以该寺为基地逐渐形成噶当派。在 格鲁派的发展过程中，噶当派的寺院和僧人融入格鲁派，对格鲁派的迅速壮大起了重要作用 。到明末时，热振寺和纳塘寺成为格鲁派的重要寺院，噶当派不再作为一个单独的教派存在。

在西藏历史上先后出现的众多的宗教派别中，以15世纪初宗喀巴对宗教进行改革后创立的格鲁派影响最大。该派后来形成达赖、班禅两大活佛系统。在公元16世纪时，西藏实行了政教合一制度，使得人们无论是在思想意识上，还是在生产和生活等习俗上，都带有浓厚的宗教（佛教）色彩，宗教活动已经成为大多数人生活的一个组成部分。格鲁派的主要寺庙有拉萨三大寺（哲蚌寺、甘丹寺、色拉寺）、白居寺、夏鲁寺、扎什伦布寺等。①

第二节　中国历代中央政权对西藏的治理及西藏民族关系的历史发展

一、唐宋时期对西藏的治理及民族关系状况

公元7世纪初，唐朝建立起强大的统一政权。与此同时，藏

① 参见彭英全:《西藏宗教概说》，西藏人民出版社，2002年版。

族的民族英雄松赞干布崛起于雅鲁藏布江中游的雅隆河谷地区，先后兼并了境内十余个部落，统一了青藏高原，建立了强大的奴隶制政权，即吐蕃王朝。事实上，早在吐蕃王朝建立以前，西藏高原上的各部落就与中原地区有了密切的经济文化交流。

藏文典籍有载，松赞干布在位期间，持续和广泛的与周围国家进行经济文化交流，自东方汉地取得工艺历算之术，自南方天竺译出佛经，自西方尼婆罗等处取食用宝藏，自北方突厥等处取得法制条规。其中，最为重要的是与唐朝修好，吸取唐朝的先进生产技术和政治文化成果。他曾两次派遣大臣赴唐求婚，并于公元 641 年迎娶了唐太宗的宗室女文成公主。唐蕃和亲使唐朝大量的先进生产技术传入吐蕃，吐蕃也送贵族子弟到长安读书，促进了汉藏两族之间的友好和睦关系，后世藏族人民把它作为汉藏民族友好的象征。唐高宗封松赞干布为“驸马都尉”、“西海郡王”，后又晋封为“宾王”。在此期间，吐蕃与唐朝保持了极为友好的关系，唐蕃之间互敬互助，使节往来频繁。松赞干布奠定了吐蕃与唐朝 200 余年友好往来的“甥舅”关系。

在松赞干布以后的百余年里，吐蕃王朝发展到鼎盛时期。它凭借强大的武力，不断对外扩张，北据土谷浑，西征西域的龟兹、疏勒、于田、焉耆四镇，东联南昭，成为中国西部自汉魏以来最强大的军事力量。此时的吐蕃与唐朝对抗，成为唐朝西部的最大威胁。从 670 年开始，唐朝与吐蕃发生了直接的冲突，双方连年用兵，形成了长期的战争。由于吐蕃对外长期战争，对内又大兴土木，修建寺庙，人民难负重荷，社会矛盾日益加剧，吐蕃王朝由盛转衰，685 年，吐蕃赞普墀都松赞即位后，希望边境安定。他几次遣使入唐，希望会盟和亲。此时唐朝也无力与吐蕃再战。唐蕃之间的紧张关系由此开始缓和。公元 710 年，唐朝应吐蕃的请求，送金城公主与吐蕃赞普尺带珠丹和亲。这次联姻加强了唐朝与吐蕃的政治联系，符合藏汉两族人民友好和睦的共同愿望。尺带珠丹在给唐玄宗的奏章中称："外甥是先皇帝舅宿亲，又蒙降金城公主，遂和同为一家，天下百姓，普皆安乐。"①

至公元9世纪中叶之后，吐蕃王室围绕赞普继承问题分裂为两派，内部展开了长期混战，致使吐蕃王朝分裂，形成许多互不统属的割据势力。公元821年，吐蕃王赤热巴巾三次派人到长安请求会盟。次年，唐朝与吐蕃结盟于拉萨东郊，史称"长庆会盟"。会盟双方重申了历史上"和同为一家"的甥舅关系，商议今后"社稷如一"。记载这次会盟内容的石刻"唐蕃会盟碑"共有三块，其中一块立于拉萨大昭寺前。永远和好，互相援助，充分表达了藏汉两族人民和睦相处的共同愿望。长庆会盟之后，藏汉两族团结友好的关系得到了进一步的发展。甘、青、川、滇的部分藏族与汉族和其他民族交错杂居地区又重新归顺唐朝，相互间的交往较之前更加深入和密切。

公元960年宋朝建立，原吐蕃地方割据势力先后与北宋中央政权建立朝贡、联盟和贸易关系。例如，吐蕃部落首领确斯罗被宋朝封为宁远大将军，在西宁建立过地方政权；藏族地区与内地开始建立"茶马互市"制度，并一直延续下来。西藏著名的夏鲁寺为宋朝时修建，其建筑风格体现了藏汉结合的形式。这些都说明，宋代时西藏与中原的政治、经济、文化等关系均得到了进一步的发展，汉藏的民族关系也进一步发展和密切起来。

二、元朝时期对西藏的治理及民族关系状况

从公元10世纪至13世纪前半期的300余年间，处于分裂中的西藏社会逐步完成了由奴隶制向封建制的过渡。但当时西藏内部各教派和世俗封建势力均没有力量统一西藏。

13世纪初，蒙古族崛起，从1206年到1279年间，成吉思

① 见《旧唐书》卷196。

汗及其后继者先后灭掉了畏兀尔、西夏、金和南宋，统一中国，建立元朝。元朝建立后，给予西藏政教实力较强的萨迦派以积极支持，1246 年，元皇子阔端与萨迦派高僧贡噶坚赞会晤，议定了西藏归顺蒙古的具体条件。元朝中央认可了萨迦派在西藏的领袖地位，从此，西藏开始了政教合一的萨迦地方政权统治，同时，西藏正式成为中国的一个行政区域。

元代时蒙藏民族关系密切，蒙古贵族在统一全国的过程中特别重视任用西藏的政教首领，西藏的首领人物也积极支持蒙古族的统一全国事业。1260 年，忽必烈继承大汗位，封八思巴为国师，委托八思巴创造了蒙古新字，世称“八思巴文”，并定为国书，下诏颁行。从元世祖忽必烈封八思巴为帝师开始，元朝历代皇帝选封萨迦派有学识的领袖人物为帝师成为定制。

元朝中央政府对管理藏区事务非常重视，对西藏地方进行了全面的施政。在中央设总制院（后改宣政院），管辖全国宗教事务和藏区行政事务，与枢密院、中书省、御史台并列为元朝中央四大机构，凡西藏的重大事务、高级僧俗官员的任命和处罚、重要机构的设立、军事措施等等，均由总制院决定。元朝规定，从中央的宣政院到吐蕃各宣慰使司都元帅府，万户以上的重要官员都由帝师或宣政院提名，由皇帝委任。各级官员都是“僧俗并用”、“军民通摄”，即不但管理军务而且同时管理民政。这种僧俗官员并行的制度以后一直延续下来，成为历届西藏地方政府沿用的定制。此外，元朝政府在西藏地区设立了驿站和军站，使元朝中央政府对西藏地方军政事务的管理得到加强，同时也使祖国内地与西藏地方经济文化的联系紧密起来。元朝对西藏地方的管理虽有别于内地，却使西藏成为中央直接管理下的领土的一部分。

三、明朝时期对西藏的治理及民族关系状况

1368 年明朝建立后，对西藏采取了普遍封赐的政策，对具有政治实力的地方诸教派首领均赐加以“王”、“法王”、“灌顶国师”等名号；[1] 王位的继承必须经皇帝批准，遣使册封。例如，明朝建立的第二年明太祖朱元璋即派人前往西藏，诏谕各地僧俗首领归顺明朝，1372 年元朝时最后一位帝师喃加巴藏卜率先奉诏归顺，西藏僧俗首领均争相归附明朝，朝贡请封。

明朝沿袭了元朝对西藏的治理办法，先后设置乌思藏、朵甘两个卫指挥使司和俄力思军民元帅府，分别管理前后藏、昌都和阿里地区的军政事务。后来，又将乌思藏、朵甘两个卫指挥使司升格为行都指挥使司，其下设行都司、卫、所等机构。各级机构的官员，均由明朝中央直接敕封当地的僧俗首领担任，由朝廷统一规定他们的官阶品级，直接决定他们的升迁、任免和更替。

明朝统治者为了达到利用宗教巩固对西藏统治的目的，根据当时西藏地方教派林立的特点，改变了元朝仅仅倚重萨迦一派的做法，对西藏地方具有实力的诸教派首领都赐加封号。僧官职位最高者为“法王”，明朝先后敕封过三大法王。规定除三大法王外，西藏的僧俗官员，都必须朝贡，朝廷会予以丰厚回赐，以表示对边远地区的关怀，这种贡赐方式既体现了中央与地方的政治关系，又是一种经济往来，对中央政府推行治理西藏的措施起了积极作用。

此外，明朝中央对西藏还大力发展历史上早已形成的茶马互市。重视发展西藏与中原地区的经济联系，中央政府统一管理茶马市场。民间的茶马市场也通过各种途径日趋繁荣，由此密切了藏汉民族的

---

① 中国西藏信息中心。http://www.tibetinfor.com.cn/lishi/lishi2002528110500.htm

经济关系，也进一步巩固了明朝统辖西藏的政治地位。

四、清朝时期对西藏的治理及民族关系状况

1644 年清朝建立，对西藏的治理更加严密，使中央政府在西藏行使主权、进行管辖方面进一步制度化、法律化。

清世祖顺治帝继续贯彻利用和扶持黄教的政策，数次邀请五世达赖喇嘛进京。1652 年，五世达赖进京入见，受到清顺治皇帝的隆重接待。1653 年，顺治皇帝颁赐金册、金印，敕封五世达赖为"西天大善自在佛所领天下释教普通瓦赤喇怛喇达赖喇嘛"，正式确定了达赖喇嘛的封号及其在西藏的政教地位。以后每任达赖都必须经过中央政府的册封成为制度。1713 年，康熙皇帝册封五世班禅罗桑益西为"班禅额尔德尼"，正式确定了班禅喇嘛的名号。自此，达赖喇嘛在拉萨统治西藏的大部分地区，班禅额尔德尼在日喀则统治西藏的另一部分地区。

1727 年，清朝在拉萨设立驻藏大臣，代表中央监督西藏地方行政；1750 年，再次调整管理西藏的行政体制，废除郡王制度，建立西藏地方政府（即噶厦），规定了驻藏大臣与达赖喇嘛共同掌握西藏事务的体制。

1793 年，清朝政府有关官员就驻藏大臣的职权、达赖与班禅及其他大活佛转世、边界军事防务、对外交涉、财政税收、货币铸造与管理，以及寺院的供养和管理等方面，分别拟定章程奏报朝廷，随后又将获得皇帝批准的各项条款汇集成二十九条，即著名的《钦定藏内善后章程》，并译为藏文，颁于噶厦地方政府，饬令地方各级官员遵行。此后 100 余年，29 条章程确定的基本原则一直是西藏地方行政体制和法规的规范。《钦定藏内善后章程》二十九条是清朝中央政府加强对西藏管理的全面总结，反映了清朝中央在西藏全面行使主权的实际情况。

清末，由于清政府的腐败无能和帝国主义的挑拨离间以及西

藏上层统治集团的短视行为，西藏和中央政府之间也出现了一些不和谐因素，在一定程度上影响了民族团结。

1896年，西藏地方政府因瞻对（今四川新龙县）、三十九族和达木八旗的管辖问题与四川官员和驻藏大臣发生矛盾。虽然问题最终得以解决，但大敌当前只顾内部纷争却分散了当时的抗英力量。

1904年，西藏人民的抗英斗争牵动了川边藏族反洋人的情绪，清政府害怕事态扩大，委派凤全为驻藏帮办大臣，前往昌都，名为整顿，实为弹压地方。凤全实行了迁入汉族移民、限制喇嘛教发展等错误做法，引起了宗教上层的愤怒和不少藏族群众的仇视，导致藏民暴动，凤全被杀。清政府鉴于英军刚侵入拉萨，为保全自己的威望和稳定藏边局势，派军队进行镇压，同时推行改土归流和一系列所谓新政的措施。

从1905年开始，清政府派赵尔丰进入川边，除武力镇压外，还收缴土司印信，改设流官，并将以前由土司管理的地方，改设道、府、州、县，称为“改土归流”。赵尔丰还结束了由拉萨派官员管理瞻对地区的旧例，成为后来西康建省的开端。一方面，赵尔丰迅速稳定川边、藏边的局势，遏制了英国深入察隅一线的意图，对反对帝国主义入侵起到了积极作用。但另一方面赵尔丰执行的是大汉族主义的强制同化政策，使用的是严厉的高压手段，对藏族的民族感情造成了极大的伤害，对和睦的民族关系起了破坏作用。

1909年，驻藏大臣联豫奏请清朝政府批准，由四川调拨二千名官兵入藏加强防务。但这支军队纪律松弛，又不熟悉西藏边情。1910年2月，进藏川军到拉萨时，正逢市内举行传召大会，川军骑兵入城，引起冲突，造成局势紧张。刚刚从内地返回西藏的十三世达赖喇嘛感到受到威胁，在英国商务代理的策动和帮助下逃往印度。清朝政府又轻率地下令革除了十三世达赖的名号，将十三世达赖推向亲英的方向。川军入藏和达赖逃往印度，造成了西藏政局的动荡。

当然，在西方列强侵略中国这一阶段，就中央政府和西藏地方政府的关系总体而言是互相支持、互相帮助，和西藏人民一起共同进行了反对帝国主义侵略西藏、维护祖国统一的斗争。

西方侵略势力进入中国西藏地方，最早可以追溯到17世纪初，随着资本主义向亚洲的扩张，先后有葡萄牙、意大利、英、俄、法等国的传教士潜入西藏，进行文化侵略活动。由于西藏僧俗人民的坚决反对，以及清朝中央政府的干预，西方传教士窥视中国西藏地方的尝试归于失败。

18世纪中叶，英国东印度公司在印度取得了稳固的地位，随即把侵略矛头指向了中国的西藏。1774年东印度公司派殖民主义分子波格尔进入西藏，以建立“通商”关系为名，大肆进行入侵的准备活动。西藏地方政府官员明确表示：“西藏属中国大皇帝管辖，通商之事西藏地方不能做主。”[①]英国企图染指西藏的第一次活动遭到失败。1783年东印度公司又以祝贺七世班禅坐床的名义，派武官忒涅到日喀则，提出订立通商条约和去拉萨的要求，同样遭到西藏地方政府的坚决拒绝。

1840年，英国发动鸦片战争，用大炮打开了中国的大门，中国逐渐沦为半殖民地半封建社会。英国侵略者也加紧入侵西藏，西藏人民由此展开了一场长期艰苦的反侵略斗争。

1841年，在英国的支持和帮助下，位于克什米尔的道格拉王室派兵入侵阿里。

噶厦政府在清朝驻藏大臣的督促下，对敌反攻，驱逐了侵略者，收复了失地。西藏军民的这次抗敌斗争，稳定了祖国的边

① 兰姆：“不列颠和中亚细亚、通往拉萨的道路”Lamb，A' Britain and central Asia，the road to Lhasa 1769—1905. London. 1960. p. 15.

疆，解除了国家的后顾之忧。

1855 年，英国指使亲英的尼泊尔向西藏发动进攻，侵入了后藏地区。此时，中国正处于第二次鸦片战争前夕，无力派援军保卫西藏。西藏军民孤军作战，英勇御敌，打击了侵略者。而清政府急于息事宁人，结束战争，命令驻藏大臣与尼泊尔议和，出卖了西藏人民的利益。

1858 年英国强迫清政府签订了《天津条约》，1879 年又签订了《烟台条约》。英国殖民者即以这两个不平等条约为依据，取得了进入中国西藏地方的权力，他们利用“通商”、“调查”、“游历”等名义，手持清政府发给的护照，不断进入西藏进行侵略活动。英国殖民主义者名为“游历”、“通商”，实为侦察、窥视的侵略行为遭到了西藏人民一致的坚决反对。西藏人民对英国殖民势力的侵略认识最深，警惕性最高。他们通过英国侵略印度、锡金、不丹的事实，总结出一条经验：“凡是英人通商游历所在，将来即为英国之地。”他们把英人比作“侵食小蚁的巨虫”，指出英人所谓通商是“一贯以强凌弱，阴鸷性成”的侵略者的一种借口，而其实是“志在土地”，“绝非通商”。正是基于对侵略者本性的深刻认识，西藏人民在拉萨三大寺喇嘛的带动下，一再向驻藏大臣陈情，强烈要求拒绝外人入境。而当英人自恃有清朝政府发给的护照强行入境时，西藏人民总是自动组织起来进行拦阻，与入侵者展开面对面的斗争，不允许敌人前进一步。正是由于西藏人民强烈反对，挫败了英国殖民主义者入侵西藏的阴谋，迫使英国同意不再派员入藏。

英帝国主义“游历”、“通商”的阴谋破产后，便蓄意对西藏发动武装进攻。1886 年，西藏军队在西藏境内的隆土山建卡设防。这一正当防卫措施遭到英帝国主义的无理攻击。英国逼迫清政府命令西藏地方限期撤卡，同时在隆土山以南大量增兵，进行军事恫吓。清政府在英国的压力下，命令噶厦政府立即撤回隆土山的藏军。面对英帝国主义的强盗行径和清政府的妥协政策，西藏人民进行了坚决的斗争。西藏三大寺和文武官员多次联名向驻藏大臣上书，揭露英国颠倒是非的谎言，拒绝执行撤兵的命令，这充分表现了西藏人民反对帝国主义侵略的坚强意志和维护祖国领土主权的爱国精神。

1888 年初，英军悍然向隆土山藏军哨卡发动进攻，藏军因武器落后、寡不敌众，在给敌人以重大杀伤后，撤退至卓木（亚东）。在援军到达后，藏军又立即出击，与英军形成对峙。但由于清政府通过驻藏大臣升泰执行对外妥协屈服、对内压制爱国力量的政策，导致了西藏人民第一次抗英斗争的失败。战后，英国强迫清政府签订了《藏印条约》和《藏印续约》。在这两个条约中，英国强占了中国西藏的热纳、隆土山、则利拉等地，确定锡金为英国保护国，强开亚东为商埠，取得了进藏经商和派员驻扎的特权。从此，西藏的大门被英国侵略者打开。

英国并不满足在以上两个条约中取得的利益。1903 年 7 月，英国又派荣赫鹏率领一万多人的军队，向西藏发动第二次武装进攻。1904 年 3 月，英军制造了惨无人道的曲米协古大屠杀，这充分暴露了英帝国主义无耻野蛮的凶残本性。1904 年 5 到 7 月，西藏人民进行了英勇的江孜保卫战。虽然江孜战役在给侵略者以重大打击后失败了，但这场战争中表现出的英勇无畏和顽强不屈的精神，继续鼓舞着西藏人民进行抗英斗争。由于清政府的腐败无能、崇洋媚外和西藏统治集团的妥协屈服，英军于 1904 年 8 月 3 日进占拉萨，十三世达赖喇嘛离开拉萨，投奔内地。9 月 7 日，荣赫鹏强迫噶厦政府签订了臭名昭著的《拉萨条约》。西藏人民的抗英斗争被统治阶级断送，反抗斗争进入低谷。

英帝国主义侵略西藏的目的，不仅要在西藏攫取政治、经济、军事上的特权，更大的野心是企图使西藏完全脱离中国，成为英国的殖民地。早在 19 世纪末，英国就企图抛开中国清朝中央政府，直接与西藏地方政府交涉，以造成西藏是一个独立于中国之外的国家的事实。1900 和 1901 年，英国新任印度总督寇松连续三次写信给十三世达赖喇嘛，进行试探。十三世达赖喇嘛将信原样退回，并严正声明，他没有和驻藏大臣商议，不能和任何外国政府通信来往。1904 年英国第二次侵藏战争后，英国认识到仅仅依靠武力不能完全征服西藏，于是采用了策动西藏“独立”的政策。他们拉拢西藏的某些贵族官吏，培植亲英分子，从内部对西藏上层进行分化瓦解，以实现其分裂中国的阴谋。从此在中国西藏，展开了一场以分裂与反分裂为主要内容的长期斗争。广大西藏人民在极其复杂的历史条件下，发扬爱国主义精神，维护了祖国的统一和领土完整。尽管西藏分裂分子和帝国主义分子互相勾结，妄图把西藏从中国分裂出去，但他们的阴谋都遭到了失败，西藏始终处于中国中央政府的有效管理之下。

五、中华民国时期对西藏的治理及民族关系状况

1911 年发生的辛亥革命推翻了清朝的封建统治，建立了中华民国。1912 年 1 月，中华民国临时大总统孙中山宣告汉、满、蒙、回、藏五族共和，领土统一。在《临时约法》中规定西藏为中国领土，反对和抵制“西藏独立”活动。辛亥革命爆发的消息传到拉萨，清朝驻藏官兵分裂为共和派和帝制派，部分西藏贵族官员乘机组织力量，对抗清朝驻藏的军队。整个西藏处于极端动荡混乱之中。

1912 年，十三世达赖喇嘛从印度返回西藏与驻藏大臣谈判，在议和协议中达赖同意驻藏大臣等人留在拉萨，意欲保持与中央的联系。但此时清朝已被推翻，驻藏大臣不可能继续留在西藏，因而造成了西藏地方与中央政府之间的联系暂时中断。

1912 年 7 月 19 日，袁世凯执政的北洋政府设立了蒙藏事务局（1914 年 5 月改为蒙藏院，隶属国务院）。十三世达赖喇嘛得

知后，主动写信希望恢复与中央联系。袁世凯于 1912 年 10 月 28 日发表了恢复十三世达赖名号的命令，又发布了加封九世班禅的命令，并派专员商办西藏善后事宜。许多西藏爱国人士明确主张同内地维持历史上的密切关系，但民国中央政府和西藏地方当局为恢复直接联系的努力遭到了英国的干涉和破坏。1913 年 10 月 13 日袁世凯政府被迫同意举行中英藏三方的西姆拉会议。英国虽然承认“西藏为中国领土之一部分”，但实质却是把中国在西藏地方的主权篡改为所谓的“宗主权”，遭到了中国政府的坚决反对，最后所谓的“西姆拉条约”只有英方和藏方签字。此后的中国历届政府都一直坚决否认非法的“西姆拉条约”。此外，英国代表麦克马洪背着中国政府和西藏地方的代表夏扎·班觉多吉用秘密换文的方式划了一条所谓的中印边界线，即“麦克马洪线”，妄想侵占中国西藏与印度毗连的大片中国领土。

英国的侵藏野心引起了西藏各阶层的警惕。十三世达赖于 1917 年主动恢复了西藏与中央的直接联系。

1919 年的“五四”运动沉重地打击了帝国主义和西藏上层分裂分子企图分裂祖国的图谋，西藏人民的反帝爱国斗争也不断高涨。1919 年 10 月，达赖向北京政府派出的代表团表示：“亲英非出本心”，“惟望大总统从速特派全权代表解决悬案，余誓倾心内向，同谋五族幸福”①

这一时期，达赖喇嘛排除异己势力推行新政，导致了达赖和班禅这两大活佛系统间关系的紧张，使西藏内部的团结遭到了破坏。1923 年冬，班禅无奈逃往青海，达赖喇嘛接管了班禅的辖区。这对于藏民族乃至整个国家都造成了重大的损失。

1927 年，国民党政府在南京成立，曾几次派员入藏。1929

① 北京大学历史系等，《西藏地方历史资料选辑》，三联书店，1963 年版，第 124 页。

年3月国民政府在南京正式设立蒙藏委员会，专门负责蒙古族、藏族等少数民族地区行政事务。同月，达赖派贡觉仲尼和楚臣丹增为代表到南京，与国民政府接洽关系。1929年7月，国民政府特派刘曼卿入藏，会见达赖。1931年，西藏地方政府正式派楚臣丹增等人到达南京，组成“西藏驻京办事处”。至此，清末以来西藏地方与中央政府之间的不正常关系得到了改善。

1933年12月，十三世达赖圆寂，国民政府于1934年4月派黄慕松入藏致祭，任命热振呼图克图·土丹益西丹巴坚赞为摄政，管理西藏地方的政务。中央代表团在藏期间确定在拉萨设立蒙藏委员会驻藏办事处为中央政府在西藏的常设机构。1939年冬，国民政府对西藏地方政府寻访到的达赖转世灵童颁布了免予掣签，特准继任为第十四世达赖的命令。

1941年，迫于英国和西藏亲英派的压力，热振辞去摄政职务，由亲英分子达扎·阿旺松绕继任。西藏地方政府再次落入分裂势力之手。1942年夏，西藏亲英派突然宣布成立非法的“外交局”，企图表明“西藏独立”。由于国民党政府的坚决反对使得这一阴谋未能得逞。从1941年到1949年，西藏分裂势力勾结帝国主义篡夺了西藏地方政府的领导权，做出了许多分裂祖国的行径，但在西藏人民和爱国人士的坚决斗争下均未得逞。

第二章 中国共产党成立至西藏和平解放时期中国共产党在西藏的民族工作（1921—1951）

从1921年7月1日中国共产党成立到1949年10月1日中华人民共和国成立，再到1951年5月23日西藏和平解放，这段时期西藏情况十分复杂：英俄等帝国主义侵华势力入侵西藏，西藏人民反帝保土斗争激烈；藏族亲英分子欲趁机搞西藏独立；抗战时期藏族人民企图摆脱国民党的黑暗统治，又对中国共产党、社会主义缺乏了解而心存疑虑。在复杂的国内、国际环境中，西藏上层在选择自己的道路，这种选择由于受到帝国主义势力的介入和干扰，时而靠向祖国，时而又幻想“独立”。藏族人民对中国共产党的认识随着中国共产党领导的民族解放事业的步步前进也从初步接触到逐渐深入，中国共产党根据革命事业的需要在藏族地区的民族工作也从无到有逐渐大量的开展起来。

第一节 中国共产党在藏区的民族工作

一、第二次国内革命战争时期中国共产党在藏区的民族工作

中国共产党在藏区的民族工作开始于第二次国内革命战争时期。此时期的民族工作谨小慎微，十分注重细节，目的是为了给藏族人民留下良好印象，得到藏族人民对中国共产党的肯定和支持，为今后在藏族地区的民族工作奠定良好扎实的群众基础。

1. 在藏区宣传民族解放和民族平等，提高和加深藏族人民

对中国共产党的认识

1931年12月，中央苏区在江西瑞金召开了全国苏维埃代表大会，大会通过的《中华苏维埃宪法大纲》在第十四条中有这样的规定："中华苏维埃政权现在必须努力，帮助这些民族，使他们脱离帝国主义、国民党军阀、王公、喇嘛、土司等压迫统治，而得到完全的解放。苏维埃政权应在这些民族中间发展他们自己的民族文化和民族语言。①"全面地阐述了中国共产党在这一时期对我国各少数民族的政策和方针。

中共四川省委较早地开展了对四川藏族的工作，1932年在四川省委发布了《告西藏民族和川西边夷民族劳苦群众宣言》，号召全省同志即刻讨论少数民族工作。

1934年10月至1936年10月，中国工农红军在两万五千里长征途中，第一、二、四方面军曾分别通过了云南、四川、西康、甘肃、青海等省境内的藏族聚居区。红军每到一地，都严格遵守党的各项政策和革命纪律，保护藏族人民利益和寺庙财产，红军先遣队和工作组还深入山林，找到受反动势力错误言论蒙蔽的藏族群众，向他们宣传了党和红军的民族政策方针，解释了藏汉各民族团结救国的道理，还向贫苦农牧民进行了阶级教育，向僧俗上层人士进行了统一战线工作，从而解除了各阶层藏族群众因被欺骗蒙蔽而对红军产生的误会和疑惧，使他们逐渐相信了党和红军是真正反抗帝国主义的中坚力量，取得了藏族各阶层人民对红军的拥戴。

2. 在藏区培养革命力量，推动藏区革命运动

红军第一方面军和第四方面军在四川、西康两省境内驻留期间，曾先后帮助藏族各阶层人民建立过藏民革命政府、藏民苏维

① 中共中央统战部编：《民族问题文献汇编》（1921.7—1949.9），中央党校出版社，第166页。

埃政府和博巴（或波巴，藏族的自称）政府等各级政权。例如，1935年在阿坝地区的小金、阿坝及瓦钵梁子区的藏民苏维埃，川边藏区中华苏维埃博巴自治政府等。西康藏区的一些藏族苏维埃政权成立后，组织建立了藏民独立团、骑兵大队、赤卫队等革命武装，如西康甘孜博巴政府的独立团、赤卫队以及藏族独力师——大金川红军独立二师等。这些政权都是由藏族各阶层的代表通过选举或推选而产生的，具有广泛的代表性，受到了藏族人民的拥护和支持。虽然在红军北上后，藏族积极分子和广大群众遭到了反动派的血腥报复，但革命的火种已经撒遍了藏区各地，藏族人民已经清醒地认识到，只有中国共产党才能领导他们摆脱帝国主义、封建主义的压迫，实现当家作主的愿望。

红军三大主力部队在藏族各个聚居地区经过和驻留期间，得到了藏族群众和上层僧俗进步人士的巨大支援。他们为红军提供了大量急需的物资，如白利寺的格达活佛和德格地区知名人士夏克刀登等人，都为红军提供了大量物资，并积极与红军合作。藏族群众还为红军做向导、做翻译，一大批藏族青年还踊跃参加了红军，投身到革命斗争的行列中去，为藏族人民的解放事业培养了一批骨干力量。

红军在两年的长征中，有一年半以上的时间，先后通过或驻留在甘、青、川、滇、西康各省的藏族地区，播撒了革命的火种，使藏族人民认识到，中国共产党和红军是包括藏族在内的中国各民族人民的真正解放者，只有跟着共产党走，才能摆脱帝国主义和封建主义的压迫。

红军在长征中虽然没有经过西藏地区，但它在藏区传播的革命观念，却在邻近西藏的藏区产生了广泛的影响。同时，红军吸收了大批藏族干部投身革命，也为以后和平解放西藏做了宣传上和干部上的准备。

3. 尊重藏族宗教信仰和风俗习惯

长征途中红军非常尊重藏族人民的宗教信仰和风俗习惯。红军每到藏族居住的地方都注意保护宗教寺庙和文物古迹，在藏区不乱进喇嘛寺，不乱翻和毁坏经堂用具，不动藏民挂在门上的红布神幅。例如，1936 年 5 月，红二方面军经过云南中甸藏族地区，贺龙向喇嘛寺派来的谈判代表夏纳古娃讲革命道理，并亲自写信给喇嘛寺的八大老僧宣传党的民族宗教政策；又于 1936 年 6 月在云南中甸喇嘛寺接见喇嘛，并亲自参加喇嘛寺特意为红军举行的“跳神”活动；李先念率领的三十军在甘孜藏区曾颁布布告，任何部队不准侵扰藏传佛教寺院。等等。

4. 采取各种措施保护藏族人民的利益

1935 年七八月，红军在长征途中在筹粮时采取了保护藏民利益的措施。中国共产党在《关于收割番民麦子问题的通令》中作了详细的规定：“（甲）部队只有在其他办法不能得到粮食的时侯，才许派人到番人的田里去收割已熟的麦子。（乙）收割麦子时首先收割土司头人的，只有在迫不得已时，才去收割普通番人的麦子。（丙）收割普通番人的麦子，必须将所收数量，为什么收麦子的原因等，用墨笔写在牌子上插在田中，番人回来可拿这木牌向红军部队领回价钱。（丁）收割已成熟的麦子和粮食，严格禁止去收割未成熟的麦子和洋芋等。（戊）收麦子时应连根拔起或用镰刀去割，应将全丘麦田割干净，严禁零星拔麦头，践踏田中麦子。”①

此外，红军到了实行政教合一制度的康北藏区后，除了宣传信教自由外，还努力实行政教分离的政策，明确规定：“活佛大喇嘛只许传教，无权过问政治，一切政治权力归苏维埃或者说人民政府，一切权力为奴隶牧民工农兵等穷苦群众。苏维埃或人民

① 周锡银：《红军长征时期党的民族政策》，四川民族出版社，1985 年版，第 114 页。

革命政府不设在喇嘛寺内，喇嘛寺应设法转变成为番族人民革命和文化教育机关。”① 同时，还制定了各种土地政策，在藏区改革旧的土地占有制度，在大小金川地区，“没收封建地主土地分配给无地少地百姓”，“废土司，为百姓取消等级制度，不交土司租，不还土司债，不当娃子，不当差，把土司和土司管家的土地财产没收分给格勒得沙（藏族人民）”。1936 年 4 月道孚县第一次人民代表大会通过的《土地暂行条例》中规定：“没收汉官、天主堂土地、官帝、差地、学地，分给波巴（康北藏人自称）、回、汉无地少地的人民。”“喇嘛寺的土地不没收，可以租给波巴人民耕种，但必须减轻地租。”② 以此保护多数藏族人民的利益。争取广大穷苦藏族人民对共产党和红军的支持。

5. 团结宗教上层

红军在长征途中，十分注意团结藏族宗教上层。例如，滇西北中甸地区归化寺，八大老僧为感谢贺龙对寺庙的保护，打开粮仓把 2000 多斗的青稞卖给红军，并动员喇嘛、商人把粮食、盐、红糖、马料拿出来出售；康区德格土司一次就为红军筹集到 150 头牛、53 匹马和一大批粮食。③ 藏区的宗教上层人士在中国共产党民族政策感召下，在帮助红军筹集粮食和物资上起到了很大作用。又如，1936 年 4 月红军长征经过甘孜时，对藏族人民一言一行秋毫无犯，白利寺的格达活佛深受感动，他说：“视我博巴（藏族人）为兄弟，唯共产党和红军矣。”他当时拿出青稞、豌豆 150 多担，支援处于困境中的红军，在他的带动下，甘孜等地的藏族同胞开始真心拥护和支持共产党。不久，格达活佛在朱德

---

① 《中国工农红军第四方面军战史资料选编（长征时期）》，军事科学出版社，1992 年版，第 36 页。

② 《红军长征在四川》，四川省社会科学院出版社，1986 年版，第 376 页。

③ 肖华：“忆长征在少数民族地区”，《民族团结》，1983 年第 8 期。

支持的中华苏维埃博巴政府任副主席，与朱德结下深厚的友谊。红军北上后，在甘孜一带留下的3000左右的伤员，格达活佛组织群众多方保护，使他们免受国民党军队的残害，他还编写了40多首歌曲，抒发对红军的思念之情。

二、抗日战争和解放战争时期中国共产党在藏区的民族工作

抗日战争时期中国共产党对藏区的民族工作主要是团结宗教上层人士，结成和巩固爱国统一战线。

在解放战争时期，在人民解放军进军西北、西南的过程中开展了对藏区的大量工作。这一时期围绕着为和平解决西藏创造有利条件而展开了许多卓有成效的民族工作。主要是：

1. 培养和任用藏族干部开展民族工作

如吸收云南藏族参加滇桂黔边区纵队；由藏族共产党员平措汪阶在西康巴塘负责组建康藏边地工委；中国共产党还派出一些在长征时期跟随红军的藏族干部回到藏区领导工作，在解放兰州后开办训练班，吸收藏族进步人士参加，将他们培养成合格的民族干部。请精通汉藏文的知识分子将中国共产党的民族政策翻译成藏文，在藏族中广泛宣传。

2. 团结藏族上层的土司、领主、活佛等

如与著名爱国人士格达活佛、德格土司降央伯姆和大头人夏克刀登、孔萨土司孔萨益多等建立良好的关系；采取切实有效的措施保护喇嘛寺庙等。1949年7月，西藏地方当权者在帝国主义分子和反华势力的策划下，发动了驱逐汉人及国民党驻藏人员事件，对此中国共产党严正声明绝不允许外国侵略势力染指西藏，重申共产党在藏区和对藏族人民的各项民族政策；强调中国共产党不仅要解放汉族人民，而且要解放中国境内的少数民族，并派彭德怀同志专门调查研究了藏民工作。1949年，彭德怀在一份报告中指出，青海藏民的工作对川、康、西藏有很大影响。

因此，对藏民的工作方针一是要逐渐做到政教分离，把喇嘛和土司的政治权利分开，再经过发动群众逐渐取消土司的独裁；二是要实行贸易自由，帮助组织消费合作社，进行等价交换，取消土司垄断；三是要信教自由，不得强人当喇嘛；四是要在工作中利用上层，靠近下层，利用上层喇嘛和土司之间的矛盾分化与孤立上层，以便逐步完成经济上和政治上的改造。在这里中国共产党充分认识到了要消除西藏上层在经济政治上的影响需要经过很长的时间，在这一过程中工作需要慎重。

第二节　和平解放西藏

新中国成立前夕，西藏地方政权落入亲帝分子之手。英国预感到其在西藏搞“独立”的梦想将破灭，乘国民党政府已无力顾及之机，煽动西藏当局策划发动了“驱汉事件”。1949 年 7 月 8 日，噶厦政府通过印度噶伦堡电台，通知国民党政府及其驻西藏办事处：“为防止赤化的必要措施，决定请彼等及其眷属立即准备离藏内返。”当天，噶厦政府的三位噶伦和基巧堪布，会见国民政府蒙藏委员会驻藏办事处代处长陈锡章。首席噶伦然巴说：国共内战打得很厉害，国民党在哪里共产党就追到哪里，为避免在藏国民党官员把解放军招引进来，西藏官员大会决定：西藏政府与国民政府暂时断绝政治关系，请国民政府驻藏办事处人员两周内离藏赴印，转道回内地。随后，大批手持英式枪的噶厦兵，包围了国民党政府驻藏办事处，电台被查封，学校被关闭，那些“共产党汉人”嫌疑人员，更是依照秘密提供的名单被一一拘留。国民党驻藏机关的官员眷属和其他汉族人员 200 多人，被严密监视，于 7 月 11 日、17 日、20 日分三批驱逐出西藏，送往印度，再经海路遣返回内地。从拉萨到西藏各地，乃至严密布防的藏东重镇昌都，到处驱逐汉人。

1949年9月3日，新华社发表了《决不容许外国侵略者吞并中国领土西藏》的社论，严正指出："西藏地方当权者驱逐汉族人民及国民党驻藏人员的事件，是在英美帝国主义及其追随者印度尼赫鲁政府的策划下发动的。"解放军将"不容一寸土地被留在中华人民共和国的统治之外"。9月7日，《人民日报》又发表社论《中国人民一定要解放西藏》，号召西藏人民团结起来，迎接解放。

1949年10月1日，中华人民共和国成立。当天，班禅额尔德尼·确吉坚赞从青海致电毛泽东主席和朱德总司令，"中央人民政府成立，凡有血气，同声鼓舞，今后人民之康乐可期，国家之复兴有望。西藏解放，指日可待。班禅谨代表全藏人民，向钧座致无尚崇高之敬意，并矢拥护爱戴之忱。"人民解放军解放全中国的浪潮席卷全国，北京、新疆、云南等地相继以和平的方式获得解放，西藏的解放也是大势所趋、势在必行。此阶段中国共产党的民族工作紧紧围绕着维护祖国统一，反对分裂，协助解放军进军西藏、争取和平解放西藏的各项工作展开的。而此时的西藏广大人民和上层爱国人士拥护中央人民政府，纷纷派代表赴北京或致电中央，强烈要求人民解放军进军西藏驱逐帝国主义势力，解放西藏。例如，1950年1月的最后一天，班禅堪布会议厅再一次代表西藏爱国人民致电中央人民政府：顷闻西藏拉萨，反动当局，以"亲善代表团"名义，派遣非法代表，赴英、美等国活动，表示"西藏独立"，企图勾结帝国主义，反抗人民政府，以达其脱离祖国、出卖西藏的阴谋。西藏系中国领土，为世界所公认，全藏人民亦自认为中华民族之一。今拉萨当局此种举动，实为破坏国家领土主权完整，违背西藏人民意志。谨代表西藏人民，恭请速发义师，解放西藏，肃清反动分子，驱逐在藏帝国主义势力，巩固西南国防，解放西藏人民。本厅誓率西藏爱国人民，唤起西藏人民配合解放军，为效忠人民祖国奋斗到底。

同时，西藏地方政府中的亲英分裂势力在帝国主义的指使下，妄图阻止西藏的解放，将西藏从中国分裂出去，并得到了帝国主义的支持，积极备战，加紧进行各种分裂活动。于是，西藏解放的焦点问题便集中在是否欢迎人民解放军进军西藏上。

中共中央根据当时的国际形势和解放战争的进程，在1949年下半年就提出了解放西藏的战略决策，提出“进军西藏宜早不宜迟”，毛主席曾讲：“西藏人口虽然不多，但国际地位极其重要，如果咱们不尽快进军解放，那么帝国主义就会想办法把它搞出去。西藏反动地方政府也有分裂主义思想，闹独立。他们在中华人民共和国成立的前后就积极地活动了。以后，帝国主义指使他们搞‘亲善使团’，到英国、美国、印度、尼泊尔去游说，让外国人支持独立。在这种情况下，夜长梦多，如果往后放，就可能要出问题了，所以进军西藏宜早不宜迟。”命令解放军进军西藏，经营西藏，确定由西南局担负进军和经营西藏的主要任务，由第二野战军第十八军担负入藏任务，并从西康、云南、青海、新疆四省对西藏实行多路进军。

一、和平解放西藏方针制定后中国共产党在西藏的民族工作

进军西藏，解放西藏，是中央人民政府坚定不移的立场。在新中国已经诞生的大好形势下，用和平方式去解决西藏问题，不仅具有坚强的物质力量，而且有中央正确的方针政策，有广大西藏人民和上层爱国人士的拥护和支援，是完全可以实现的。中国共产党考虑到西藏是一个特殊的民族地区：政教合一的制度、人民普遍信仰喇嘛教、帝国主义势力入侵造成的统治集团非爱国的态度、历代民族压迫造成的民族隔阂、西藏人民对中国共产党的民族政策还有待了解等等。从西藏的历史和现状出发，既要完成祖国大陆的统一，有利于民族团结，又要符合西藏人民的利益，

最终确定了和平解放的方针。

这一方针的确定，有以下几个重要原因：一是西藏人民是受双重压迫，占第一位的是帝国主义压迫。把帝国主义势力赶出去，就不单是封建农奴制的问题，全西藏人民包括上层都应该一致对外。这样，内部的农奴和奴隶问题实际上就只占第二位的次要位置了。二是当时藏族与汉族及其他民族隔阂较深。这种隔阂有各种原因，有帝国主义挑拨，封建王朝和国民党时期实行民族压迫、民族歧视，再加上西藏的统治阶级极力地仇视汉族和其他民族。在这种情况下，如果是武力解放西藏，民族的隔阂和仇恨势必加深，会为以后留下更为复杂的消极影响。采取和平解放方式，在民族关系方面不致于使矛盾激化，反而能消除隔阂，减少矛盾。三是，虽然西藏上层阶级压迫农奴和奴隶，可是另一方面他们又代表着西藏，在一定程度上代表西藏人民的利益，有他的代表性。此外，就是战争总是要对生命财产有所毁坏，特别是西藏喇嘛寺庙、文物古迹比较多，如果发生战争就会毁坏厉害。和平的方式，就会减少损害。总之，和平解放西藏的方针有利于揭露帝国主义挑拨离间的阴谋，有利于避免伤害民族感情，减少民族隔阂，增强汉藏民族的团结。在党中央确定了这一方针后，对西藏的民族工作也紧锣密鼓的展开了。

1. 大量培养藏族干部

遵照中央加快培养少数民族干部的指示精神，中央民族事务委员会抽调精兵强将经过较短的时间准备，1950 年 2 月在北京举办了藏民研究班，专门培养藏族干部。中央人民政府对该研究班的举办非常重视，当时担任中央人民政府副主席的朱德同志、政务院总理周恩来同志、中央人民政府秘书长林伯渠同志分别就党的民族政策等内容，给研究班的学员作报告，要求学员们把所学到的理论知识运用到民族工作的实践中去。在举办藏民研究班之后，经过培训的藏族干部迅速走向工作岗位，对促进藏族地区的正常工作产生了积极作用。

2. 积极向西藏上层人士进行宣传和政治争取工作

中国共产党领导的工农红军长征时，曾经过西康、云南和青海等部分藏族聚居区，并播下了无产阶级革命的火种，有许多藏族同胞参加了红军，也有许多活佛和喇嘛支持红军，并给红军极大的帮助，如白利寺的格达活佛还与朱德建立了深厚的友谊。这为西藏和平解放打下了一定的良好的基础。因此，西藏和平解放前中国共产党及工农红军在西康、青海和云南的部分藏族聚居区是有一定影响的，但是由于长征并没有经过西藏，中国共产党及工农红军对西藏却没有产生影响，西藏大多数的喇嘛、宗教上层和藏族同胞不了解中国共产党，不了解无产阶级思想，也不了解党的民族政策。例如，在晓浩著《西藏，1951 年人民解放军进军西藏实录》中记载的阿沛·阿旺晋美与白克尔的对话就能说明这种情况：白克尔问阿沛："西藏解放之前您和解放军有联系吗?"阿沛答："解放军到西藏前我与他们没有任何联系，见都没有见过。"又问："您了解共产主义吗?"答："西藏解放前我和共产党没有任何联系，也不懂共产主义。但通过对西藏历史的研究我很清楚，西藏是中国领土不可分割的一部分，这并不是我对共产党有所了解或是和解放军有什么联系，而是从西藏的历史和现实出发考虑的。"① 以上事实说明在西藏和平解放前中国共产党的影响并没有到达西藏。这就给和平解放西藏带来了很大的困难。因此，和平解放西藏需要一定的军事，但政治是主要的，例如，1949 年 8 月至 11 月，毛泽东致电中国人民解放军第一野战军司令员彭德怀，指示在解放兰州和大西北的战斗中，要"十分注意保护并尊重班禅及甘青境内的西藏人，以为解决西藏问题的

① 晓浩：《西藏，1951 年：人民解放军进军西藏实录》，民族出版社，1999 年版，第 221 页。

准备。”团结西藏上层人士并进行宣传和政治争取工作对和平解放西藏是极其重要的，甚至是处于关键地位的。

1950年5月17日，中共中央在给西南局、西北局的指示中，进一步明确了和平解放西藏的方针，即加强政治争取，在进军的前提下，通过和平谈判解放西藏。同时，中共中央确定了与西藏地方政府谈判的基本问题：西藏方面必须驱逐帝国主义势力，协助人民解放军进藏；中央则承认西藏现有的政治制度和宗教制度，达赖的地位、现有的武装力量和风俗习惯概不变更，并一律加以保护。根据中央的指示精神，西南局于1950年5月下旬拟定并经中央批准，提出了同西藏地方政府进行和平谈判的十项条件：

第一，西藏人民团结起来，驱逐帝国主义侵略势力出西藏，西藏人民回到中华人民共和国祖国大家庭中来；

第二，实行西藏民族区域自治；

第三，西藏现行各种政治制度维持原状，概不变更，达赖喇嘛之地位及职权不予变更，各级官员照常供职；

第四，实行宗教自由，保护喇嘛寺庙，尊重西藏人民的宗教信仰和风俗习惯；

第五，维持西藏现行军事制度，不予变更，西藏现有军队为中华人民共和国国防武装之一部分；

第六，发展西藏民族的语言文字和学校教育；

第七，发展西藏的农牧工商业，改善人民生活；

第八，有关西藏的各项改革事业，完全根据西藏人民的愿望，由西藏人民及西藏领导人员采取协商方式解决；

第九，对于过去亲英美和亲国民党的官员，只要他们脱离与英美帝国主义和国民党的关系，不进行破坏和反抗，一律继续任职，不咎既往；

第十，中国人民解放军进入西藏，巩固国防。人民解放军遵守上列各项政策，人民解放军的军费完全由中央人民政府供给，人民解放军买卖公平。[①]

这十项条件既不同于内地有关省份和平解放的谈判条件，也不同于国内其他少数民族地区和平解放的谈判条件，不仅完全符合西藏人民的当前利益和长远利益，同时也体现了中央人民政府对西藏地方当局的照顾和宽容。

中央人民政府为了贯彻和平解放西藏的方针，争取早日举行和平解放西藏的谈判，通过青海、四川、西康和中国驻印度大使馆等几条渠道，向西藏地方当局及上层人士开展政治争取工作。主要内容包括：说明西藏是中国领土的一部分，解放西藏是中央坚定不移的立场；介绍中央人民政府和平解放西藏的方针；宣传中央实行民族平等互助、尊重保护宗教信仰自由的政策，呼吁达赖不要听信帝国主义的谣言，速派代表赴京协商解决西藏问题；说明解放军进军西藏的目的，希望西藏地方政府各级官员成为服务于国家和人民的功臣，而不要成为背叛国家、出卖人民的罪人；帮助解放军完成驱逐帝国主义势力、巩固国防的任务。经过多方面的争取工作，在西藏一些上层人士中产生了一定的影响，以阿沛·阿旺晋美为代表的爱国人士向西藏地方政府提出了响应和平解放西藏的号召，同中央政府进行谈判的要求。

3. 做好进军西藏的军队部署工作

进军西藏是一项非常艰巨的任务，准备工作也是极其复杂的。进藏部队需在思想上提高对解放西藏重要意义的认识，需在民族政策、语言等方面进行特殊的训练，更需要配备精良的武器，还需要一面进军，一面修路，克服交通运输困难。党中央和毛主席经慎重考虑改变原来的由西北局承担进军的决定，改由西南局担负进军西藏的任务。

1950 年 1 月，中国人民解放军 18 军主力在成都战役取得胜

---

① 《当代中国的西藏》（上卷），当代中国出版社，1991 年版，第 137～138 页。

利结束后接受了解放西藏的艰巨任务。18 军是一支稳健善战的部队，这支队伍组建于解放战争初期，曾随刘邓大军挺进大别山，以后转战河南、湖北、贵州、四川等地，在解放中南、西南地区的战斗中屡建战功。当时，邓小平政委指示 18 军军长张国华：到西藏去，就是靠政策走路，靠政策吃饭，政策就是生命，要用正确的政策去扫除中外反动派的妖言迷雾，去消除历史上造成的民族隔阂和成见，把康藏广大僧俗人民和爱国人士团结到反帝爱国的大旗下来。

接受了解放西藏的任务以后，18 军在四川眉山一带进行了进藏前的思想动员和组织整顿。为了做好调查研究，为主力部队开辟道路，一支以侦察和工兵队伍组成的先遣支队，于 2 月 3 日先行出发；之后对这支先遣队又进行扩充和调整，组成了进藏先遣部队，由 18 军副政委王其梅、第二参谋长李觉率领。

18 军主力于 1950 年 8 月下旬陆续向西藏挺进。

党中央和毛泽东对 18 军进藏非常关心。根据西藏社会和地理的特殊情况，中央一再指出：进军西藏“政治重于军事，补给重于战斗”，部队要“一面修路，一面进军”。毛泽东在 1950 年 8 月 18 日在向西南局《询问向昌都进军的几个问题》中都有细致的考虑：“（一）甘孜至昌都一段很长道路是否能随军队攻进速度修筑通车；（二）昌都能否修建机场及是否适于空投；（三）一个师进军昌都是否够用，”[①] 同时，毛泽东特地批准购买 30 架高空运输机，以支援进军西藏的需要。人民解放军向康藏高原挺进，后勤供应是十分艰难的。为此，二野从成都战役缴获的汽车中抽出四五百辆，补充进藏军队。部队每前进一程，运输补给线就延长一段，人员供应也就越发困难。先遣部队刚到甘孜就发生

---

① 中共中央文献研究室编，《毛泽东西藏工作文选》，中央文献出版社，2001 年版，第 12 页。

了严重的粮荒。当时52师师长吴忠在报告上写道："部队携粮已吃完，空投未成，征粮困难。为长期打算，节衣缩食，争取时间，已动员部队每天每人吃一斤粮，并组织部队挖野菜（亦不多），捉地老鼠，捕麻雀充饥……"人民解放军克服了难以想象的困难，经雅安、甘孜，理塘、巴塘，最终抵达金沙江东岸。西岸就是需要解放的西藏。

4. 进行昌都战役，对顽固坚持与中国共产党军事对抗的民族分裂分子予以适当的军事打击

和平解放的方针没有得到以亲帝分裂主义分子达扎·阿旺松绕为首的西藏地方当局的响应。西藏地方当局加强对抗解放军进入西藏，大力扩军备战，组织了大批民兵和僧兵，由藏军司令率领的一批官兵到印度驻江孜兵营接受军事技术训练。同时，又设立军饷局向西藏人民额外征收军粮。将藏军主力部署在昌都、那曲、丁青及金沙江一线。在此期间，由印度提供的战争物资也运抵西藏。西藏当局对全国人民要求和平解放西藏的呼声置之不理，加紧勾结帝国主义，拒绝中央人民政府要求西藏代表团到北京和平谈判。在中国共产党努力下，1950年春天康藏地区的密悟法师和他的两个徒弟——如意、胜兴以及贾题韬和阿旺嘉措等共5个人组成了第一支劝和团从成都启程，到了甘孜被阻隔在金沙江东岸，无法过江。甘孜白利寺大活佛格达在西康威望很高，他率领的第二支劝和团顺利地过了金沙江，是影响最大的赴藏劝和团。第三支劝和团——青海劝和团于1950年5月组成，由达赖的哥哥当才活佛任首席代表，青海黄南藏族自治州的活佛夏日仓呼图克图、大通县的活佛先灵任代表。青海劝和团于7月分两路自西宁和同仁启程，8月在柴达木盆地的大河霸会合，一同赴藏。到达那曲后即被扣留，迟玉锐等4名汉族干部被藏军押往山南软禁。第二支劝和团格达活佛一行7月24日到达昌都，却在8月22日在昌都遇害身亡。（王贵等著《西藏历史地位辨》，书

中载有英国特务福特被俘后的供词，他承认格达活佛被害是其主谋。见该书第416～417页。）三支劝和团的遭遇表明西藏地方当局决心与解放军对抗，关闭了合谈的大门。在中央人民政府先后对西藏当局函电晓谕和派人劝说均未获结果的情况下，决定命令人民解放军向昌都进军，并得到了藏族广大群众的大力支持。因此，爆发了昌都战役。中国共产党的目的是“以战求和”。1950年8月23日，毛泽东给西南局并西北局的电报中说：“如我军能于10月份占领昌都、有可能促使西藏代表团来京谈判，求得和平解决（当然也有别种可能）”[①]。

1950年3月，当人民解放军第18军先遣部队进至甘孜、巴塘各附近地区时，藏军昌都边使总署即将藏军总兵力的三分之二，部署于以金沙江沿岸，组织了一个以昌都为枢纽，以昌都至国德方向为重点，南起盐井北至国德防线，试图凭借金沙江控制进入西藏的咽喉要道，阻止第18军进藏。为此，藏军将第7个代本（约500人，相当于团）全部、3个代本各一部及民军、僧兵约8000人部署于昌都以及周围的类乌刘、生达、国德、江达、盐井等金沙江地区。

根据藏军的部署情况，为了有力地打击西藏地方当局中的顽固势力，并使其内部分化，争取西藏和平解放，中国人民解放军西南军区关于昌都战役的作战计划是，南北两线合围，兵分五路出击。以第18军一部、青海骑兵支队、云南军区第14军1个团共6个团的兵力，采取正面攻击与翼侧迂回相结合的方式，发起昌都战役，力求歼敌于金沙江以西、澜沧江以东及类乌刘、恩达地区。进攻部队分为南北两个作战集团，以北集团为主要方向。10月6日，南北两个进攻集团开始向昌都挺进。10月7日，执

① 中共中央文献研究室编：《毛泽东西藏工作文选》，中央文献出版社，2001年版，第23页。

行迂回包抄任务的 52 师 154 团渡过金沙江，溯江而上，开始翻山越岭的千里迂回。目的是切断昌都藏军西退之路。

由于高原空气稀薄，炽烈的太阳在雪地上的反射光几乎使执行任务的一半解放军战士因雪盲而暂时失明。恶劣的气候，湍急的冰河、粮荒的困扰使行军异常艰难。在急行军中，154 团和青海骑兵支队有三分之一或更多的人掉队。10 月 16 日，跑在前边的百余骑兵和百余步兵以日行 170 华里的惊人速度先敌军 4 小时抢占恩达，切断了昌都藏军西退之路。

南线解放军两个团攻克盐井、宁静、邦达。堵住了藏军逃窜察隅之路。12 日，南集团进占芒康，藏军第 9 代本格桑旺堆率部起义。至 16 日，南北两个进攻集团胜利结束了战役第一阶段，歼灭了南线藏军主力，北线藏军遭多次打击后，纷纷退缩昌都。随后，进攻部队向昌都逼近，并将昌都藏军的主要退路大部分封锁。10 月 16 日夜，总管阿沛得知解放军已逼近昌都，类乌齐一带后方也出现了神出鬼没的汉人军队。早就不愿抵抗的总管命令，翌晨弃城西撤。17 日，西藏总管府官员、士兵们顺着西边的山路仓皇离开昌都。乱兵沿路抢劫，为解放军赢得民心铺平了道路。从 18 日开始，南北两个进攻集团实施战役第二阶段，向藏东政治、经济中心昌都进攻，在整个昌都战役过程中，解放军只在小乌拉、岗托等三处遇到了较强硬的抵抗。至 24 日攻占昌都。至此，历时 18 天的昌都战役胜利结束，经过大小战斗 20 余次，共歼灭昌都藏军总部及三、七、八、十等 6 个代本全部和二、四、六代本之大部、并争取第九代本起义，共计歼敌 5700 余人，占当时藏军总数的三分之一，昌都战役的胜利，打开了进藏的咽喉要道，解除了整个西藏心理和实力上的抵抗，正如刘少奇所说的那样，是“解放西藏的淮海战役”。战役刚一结束，中央人民政府就再次表达了争取和平解放西藏的诚意，并通知西藏当局派代表来北京谈判。

昌都的解放，给西藏地方当局极大震动，迫使他们认识到，依靠外国援助搞“西藏独立”毫无希望，同人民解放军进行军事较量更是绝路一条，只有接受中央和平解放西藏的方针，西藏的现行制度才能得以维持，达赖喇嘛的地位和职权才可以保持不变。

1950年11月14日，十四世达赖喇嘛丹增嘉措亲政，原摄政达扎被迫下台。随即，达赖于1951年2月委派以阿沛·阿旺晋美为首席代表的西藏地方噶厦政府代表五人，前往北京参加谈判。

二、西藏和平解放协议签订前中国共产党在西藏的民族工作

1. 优待投诚藏军官兵。

1950年10月18日，解放军逼近昌都，混乱之际，昌都总管阿沛·阿旺晋美率总管府官员70余人18日晨离开昌都，西撤至朗措拉，阿沛·阿旺晋美同其他官员商量后，派人找解放军联系，阿沛于21日命令竹阁寺附近藏军放下武器。解放军对于俘获的负伤藏军官兵收缴武器后，全部收容并予以医治。对投诚的官兵、家属就地遣散，每人发3～5块银元路费，三人合发一匹骡马，当解放军的粮食运到以后，还发放给藏军官兵，使他们手中有钱，袋中有粮，并有马匹驮运衣物，听凭个人意愿自由返乡，排以上军官按原来品级予以特殊优待。被遣散的人员无不感谢解放军的宽大政策，有的人对解放军干部说：“你们解放军是菩萨兵，是救命恩人，我们返回家乡后，再不替噶厦卖命了”。

2. 继续感化改造争取西藏上层，尽一切努力实现西藏和平解放

昌都战役结束后，阿沛·阿旺晋美和总管府一行回到昌都，解放军首长王其梅按藏族生活习惯予以接待，享受总管身份的礼遇。并经常去看望阿沛，向他讲解共产党的宗旨和民族

政策，希望他利用个人的影响劝说西藏当局和中央谈判。在阿沛与解放军充分接触后，认识上发生了转变，他代昌都的40名官员起草了一份给嘎厦的建议书，传达中央关于和平解放西藏的方针和对藏的政策，建议嘎厦派代表与中央谈判，和平解决西藏问题。

1950年底，昌都地区召开了第一届人民代表大会，成立了昌都地区僧俗人民争取和平解放西藏工作委员会，发出了争取和平解放西藏的签名书。

1950年12月25日，中共中央西北局决定组建西北西藏工委，负责团结争取班禅集团工作。

1951年1月，西藏上层统治集团感到“西藏独立”没有希望，抵抗会失败得很惨，于是作出派遣代表团赴京谈判的决定。

3. 成功开展统战工作，为和平进军西藏作准备

昌都战役期间，广大康区藏族积极支援前线。由于统战工作团结了广大的藏族土司和头人，他们积极出动上万头牦牛帮助解放军在不通公路的广大地区运输物资。至1951年2月初已将700万斤粮食、物资运过金沙江。在已经解放的昌都地区，成立了以当地官员和头人为主的支援运输委员会，动员大量人力、畜力组成浩浩荡荡的运输大军，为支援向西藏进军做出了巨大贡献。例如，战前，德格大头人夏格刀登和女土司降央白姆慷慨承诺出动万头以上牦牛为解放军运输。邓柯的一个藏民供应站，在20天中就供应51万斤柴草、马料。石渠的藏胞集中了运粮皮口袋2500个，用以支前。巴塘的藏胞砍运木料，帮助部队赶造渡金沙江用的大小木船19只、牛皮船41只。德格县竹庆地方的藏胞，在20天中就集中了支前马草7万多斤、干柴10万多斤。战役发起后，在岗拖的渡江战斗中，藏民冒着藏军的枪弹用牛皮船支援解放军突击分队过江。在各战场上，大批藏民担架队为解放军抬送伤员。在千里运输线上，成百上千的藏胞挥鞭驱畜为解放

军赶运粮食、物资。昌都战役的胜利，正是在藏胞的直接支援下取得的。

三、西藏和平解放协议签订后中国共产党对西藏的民族工作

1. 和平谈判与进军西藏

阿沛·阿旺晋美一行于1951年4月22日到达北京。受到了北京人民的热烈欢迎。周恩来、刘少奇、朱德等中央领导同志先后接见了代表团成员。中央人民政府从西藏人民的根本利益出发，希望在和平解放西藏的过程中，同时解决西藏民族内部的团结问题。因此，在这次和谈期间，把西藏的另一位宗教领袖第十世班禅额尔德尼·确吉坚赞也请到了北京。自从1923年由于帝国主义的挑拨离间，九世班禅与十三世达赖失和，班禅逃到内地，已经28年。从那时起，达赖集团与班禅集团严重对立，为帝国主义侵略西藏提供了可乘之机，西藏人民对此深感不满。班禅与达赖不和，班禅没有逃往国外，而是来到祖国内地。1949年10月1日中华人民共和国成立，班禅额尔德尼·确吉坚赞立即致电毛主席和朱总司令，表示拥护中央人民政府，希望早日解放西藏。当西藏当局决定派出所谓“亲善使团”到美、英、印等国表明“独立”时，班禅额尔德尼又致电中央人民政府，反对西藏当局的这种背叛祖国的行径，要求中央迅速解放西藏。班禅的爱国精神，受到全国各族人民的欢迎。班禅额尔德尼这次到京，不参加中央与西藏地方政府的谈判．但中央要与他协商和平解放西藏问题，并听取他对解决与达赖团结问题的意见。

由西藏上层统治集团派出的代表团经印度、香港于4月26日抵达北京。4月28日晚，周恩来总理、李济深副主席、陈云副总理、黄炎培副总理等宴请西藏和谈代表凯墨·索安旺堆、土登旦达、土登列门、桑颇·登增顿珠。宴会上正式宣布了中央人民政府方面和西藏地方政府方面参加和谈的全权代表名单：中央

人民政府方面的全权代表是：首席代表李维汉，代表张经武、张国华、孙志远；西藏地方政府方面的全权代表是：首席代表阿沛·阿旺晋美，代表凯墨·索安旺堆、土登旦达、土登列门、桑颇·登增顿珠。李维汉还就谈判的地点、方式、日期等问题，征询了阿沛·阿旺晋美的意见。

谈判从4月29日开始，5月21日结束，共进行了6轮正式会谈。29日在北京军管会交际厅举行首轮谈判时，中央人民政府的全权代表有4名：首席全权代表李维汉，全权代表张经武，张国华，孙志远。西藏地方政府的代表有5名：首席全权代表阿沛·阿旺晋美，全权代表凯墨·索安旺堆，土丹旦达，土登列门，桑颇·登增顿珠。第一次谈判气氛舒缓而融洽，双方代表互相验看了全权代表证明书后，未谈具体问题。只是洽谈程序、步骤。在之后陆续进行的5次谈判中，中央人民政府代表以十项条件为谈判基础，西藏地方政府提出五条。在整个谈判过程中，双方代表各抒已见，反复协商，气氛友好而融洽。谈判集中在三个问题上。

第一个问题，是人民解放军进驻西藏的问题。西藏代表提出：西藏方面承认它是中国领土，但不赞成人民解放军进驻西藏。认为如果边境有事，再请解放军进去；并且可以把藏军扩大并编成解放军的一部分，对外讲已经有解放军了。对此，中央代表指出：帝国主义侵略西藏是不可否认的，西藏边防需要强大的国防军。西藏交通不便，一旦有事，军队很难及时开进去。至于藏军改编成人民解放军，那是不成问题的。谁都知道，藏军战斗力不强。既然承认西藏是中国领土，又不欢迎强有力的人民解放军去保卫国防，这岂不是矛盾。中央代表还就人民解放军的性质、纪律、入藏后的供应等问题作了说明。经过认真商讨，双方就“西藏地方政府积极协助人民解放军进入西藏”达成共识。阿沛·阿旺晋美等代表表示，既然承认西藏是中国领土，就没有理由不同意解放军进藏。

第二个问题，是实行民族区域自治与社会改革问题。西藏代表提出，十项条件中第二条（即实行西藏民族区域自治）与第三条（即现行各种制度不变）有矛盾。对第八条有关西藏的各项改革事宜也有疑问。意见的核心是害怕改革旧制度的问题。针对西藏代表的疑问，中央人民政府代表详细解释了中央的民族政策，指出在民族地区实行民族区域自治是一项基本政策，而西藏现行各项制度不变，则是根据西藏目前情况决定的。假如西藏人民愿意有些变更，那要由西藏上层和人民群众自己去决定，中央是说可以不变，变与不变，中央不加强迫。经过中央代表的解释，西藏代表表示赞同。

第三个问题，是中央人民政府代表提出增补一条关于班禅额尔德尼的固有地位及职权应予维护的问题。西藏代表说，他们这次来京是作为西藏地方政府的代表，同中央人民政府的代表谈判和平解放西藏问题的，而不是解决班禅和达赖之间的历史积怨问题，西藏地方政府没有授权他们谈这个问题，因此不同意在协议中列入这一条。后来，经中央代表明确解释"班禅额尔德尼的固有地位及职权"系指十三世达赖喇嘛与九世班禅额尔德尼彼此和好相处时的地位及职权，西藏代表又发电请示了西藏地方政府，这才打破了僵局，达成协议，并把中央代表的解释作为一条单立。

在 20 多天的谈判过程中，中央代表根据中央人民政府的民族政策和西藏地区的实际情况主动提出了一系列建议，西藏代表也提出了一些建设性意见，由于在谈判所要解决的根本问题，即加强汉藏民族团结和维护祖国统一的问题上，双方代表的基本立场是一致的，因此谈判进展比较顺利。双方经过多次洽商，最后圆满达成了《中央人民政府和西藏地方政府关于和平解放西藏办法的协议》。5 月 23 日，双方代表在北京中南海勤政殿举行签字仪式。签字仪式由中央人民政府朱德副主席、李济深副主席和政务院陈云副总理主持。此协议简称《十七条协议》，标志着西藏实现了和平解放，具体内容如下：

中央人民政府和西藏地方政府关于和平解放西藏办法的协议[①]

一九五一年五月二十三日

西藏民族是中国境内具有悠久历史的民族之一，与其他许多民族一样，在伟大祖国的创造与发展过程中，尽了自己的光荣的责任。但在近百余年来，帝国主义势力侵入了中国，因此也就侵入了西藏地区，并进行了各种的欺骗和挑拨。国民党反动政府对于西藏民族，则和以前的反动政府一样，继续行使其民族压迫和民族离间的政策，致使西藏民族内部发生了分裂和不团结。而西藏地方政府对于帝国主义的欺骗和挑拨没有加以反对，对伟大的祖国采取了非爱国主义的态度。这些情况使西藏民族和西藏人民陷于奴役和痛苦的深渊。一九四九年中国人民解放战争在全国范围内取得了基本的胜利，打倒了各民族的共同的内部敌人——国民党反动政府，驱逐了各民族的共同的外部敌人——帝国主义侵略势力。在此基础之上，中华人民共和国和中央人民政府宣布成立。中央人民政府依据中国人民政治协商会议通过的共同纲领，宣布中华人民共和国境内各民族一律平等，实行团结互助，反对帝国主义和各民族内部的人民公敌，使中华人民共和国成为各民族友爱合作的大家庭。在中华人民共和国各民族的大家庭之内，各少数民族聚居的地区实行民族的区域自治，各少数民族均有发展其自己的语言文字，保持或改革其风俗习惯及宗教信仰的自

---

① 1951年5月28日，人民日报

由，中央人民政府则帮助各少数民族发展其政治、经济和文化教育的建设事业。自此以后，国内各民族除西藏及台湾区域外，均已获得解放。在中央人民政府统一领导和各上级人民政府直接领导之下，各少数民族均已充分享受民族平等的权利，并已经实行或正在实行民族的区域自治。为了顺利地清除帝国主义侵略势力在西藏的影响，完成中华人民共和国领土和主权的统一，保卫国防，使西藏民族和西藏人民获得解放，回到中华人民共和国大家庭中来，与国内其他各民族享受同样的民族平等的权利，发展其政治、经济、文化教育事业，中央人民政府于命令人民解放军进军西藏之际，通知西藏地方政府派遣代表来中央举行谈判，以便订立和平解放西藏办法的协议。一九五一年四月下旬西藏地方政府的全权代表到达北京。中央人民政府当即指派全权代表和西藏地方政府的全权代表于友好的基础上举行了谈判。谈判结果，双方同意成立本协议，并保证其付诸实行。

一、西藏人民团结起来，驱逐帝国主义侵略势力出西藏，希望人民回到中华人民共和国祖国大家庭中来。

二、西藏地方政府积极协助人民解放军进入西藏，巩固国防。

三、根据中国人民政治协商会议共同纲领的民族政策，在中央人民政府统一领导之下，西藏人民有实行民族区域自治的权利。

四、对于西藏的现行政治制度，中央不予变更。达赖喇嘛的固有地位及职权，中央亦不予变更。各级官员照常供职。

五、班禅额尔德尼的固有地位及职权，应予维持。

六、达赖喇嘛和班禅额尔德尼的固有地位及职权，系指十三世达赖喇嘛与九世班禅额尔德尼彼此和好相处时的地位及职权。

七、实行中国人民政治协商会议共同纲领规定的宗教信仰自由的政策，尊重西藏人民的宗教信仰和风俗习惯，保护喇嘛寺庙。寺庙的收入，中央不予变更。

八、西藏军队逐步改编为人民解放军，成为中华人民共和国国防武装的一部分。

九、依据西藏的实际情况，逐步发展西藏民族的语言、文字和学校教育。

十、依据西藏的实际情况，逐步发展西藏的农牧工商业，改善人民生活。

十一、有关西藏的各项改革事宜，中央不加强迫。西藏地方政府应自动进行改革，人民提出改革要求时，得采取与西藏领导人员协商的方法解决之。

十二、过去亲帝国主义和亲国民党的官员，只要坚决脱离与帝国主义和国民党的关系，不进行破坏和反抗，仍可继续供职，不咎既往。

十三、进入西藏的人民解放军遵守上列各项政策，同时买卖公平，不妄取人民一针一线。

十四、中央人民政府统一处理西藏地区的一切涉外事宜，并在平等、互利和互相尊重领土主权的基础上，与邻邦和平相处，建立和发展公平的通商贸易关系。

十五、为保证本协议之执行，中央人民政府在西藏设立军政委员会和军区司令部，除中央人民政府派去的人员外，尽量吸收西藏地方人员参加工作。

参加军政委员会的西藏地方人员，得包括西藏地方政府及各地区、各主要寺庙的爱国分子，由中央人民政府指定的代表与有关各方面协商提出名单，报请中央人民政府任命。

十六、军政委员会、军区司令部及入藏人民解放军所需经费，由中央人民政府供给。西藏地方政府应协助人民解放军购买和运输粮秣及其他日用品。

十七、本协议于签字盖章后立即生效。

从协议的条文可以看出，主要反映了两个方面的内容。一方面是中央人民政府对西藏地方政府的要求，主要有：西藏地方政府要坚决脱离帝国主义影响，积极协助人民解放军进驻西藏；西藏地方的一切涉外事宜由中央人民政府统一处理；西藏现有军队逐步改编成人民解放军。这些内容，归结为一点，只是要求西藏地方政府从帝国主义的羁绊下，回到中华人民共和国大家庭中来。另一方面，是中央人民政府对西藏地方内部事务的处理原则，如进入西藏地区的人民解放军和工作人员经费一律由中央供给，不要西藏地方负担；对于西藏的现行政治制度及达赖喇嘛固有的地位及职权，中央不予变更；西藏人民的宗教信仰自由受到充分保护，寺庙的收入，中央亦不予变更等等。这些内容是中央从西藏地区的实际情况出发所采取的具体政策，充分体现了中央对西藏地区的关怀。协议完全符合西藏人民的利益和愿望，也完全符合全国各族人民的利益和愿望。

5月24日晚上，为了庆祝协议的签订，毛泽东主席举行了盛大宴会。应邀出席的有班禅大师及其堪厅随员；西藏地方政府的5位全权代表及其随员，中央人民政府的4位全权代表及有关人员，应邀作陪的，有中央人民政府副主席朱德、刘少奇、李济深，政务院副总理董必武、陈云、郭沫若、黄炎培以及首都各界著名人士180余人。宴会的气氛十分热烈，毛泽东、班禅和阿沛都在宴会上讲了话。毛泽东强调了团结："几百年来，中国各民族之间是不团结的，藏民族内部也不团结，这是满清政府和蒋介石政府统治的结果，也是帝国主义挑拨离间的结果。现在，达赖喇嘛所领导的力量与班禅额尔德尼所领导的力量和中央人民政府之间都团结起来了……今后，在这一团结的基础上，我们各民族之间，将在各方面，将在政治、经济、文化等一切方面，得到发展和进步。”①

1951年5月27日，班禅额尔德尼及班禅堪布会议厅全体人员发表声明，拥护协议。5月28日，《人民日报》用藏汉两种文字公布了协议全文，发表了社论，并报道了谈判经过。同年9月26日至29日，西藏地方政府召开有全体僧俗官员、三大寺代表参加的大会，专门讨论协议问题。大会最后通过的给达赖的呈文说：“签订的十七条协议，对于达赖之宏业，西藏之佛法、政治、经济诸方面，大有裨益，无与伦比，理当遵照执行”。达赖喇嘛于10月24日致电毛泽东主席，表示“双方代表在友好基础上，已于1951年5月23日签订了关于和平解放西藏办法的协议。西藏地方政府及藏族僧俗人民一致拥护，并在毛主席及中央人民政府的领导下，积极协助人民解放军进藏部队，巩固国防，驱逐帝国主义势力出西藏，保护祖国领土主权的统一”。达赖喇嘛表示拥护“十七条协议”，决心维护祖国主权的统一；西藏各阶层僧俗人士和各地藏族领袖也表示坚决支持。从此，西藏历史翻开了新的一页。

《十七条协议》签订后，1951年5月25日，中央人民政府人民革命军事委员会主席毛泽东发布了进军西藏的训令。

从1951年7月开始，人民解放军分别从西康、云南、新疆、青海向西藏实施梯次和平进军。十八军进藏先遣部队从昌都出发于9月9日到达拉萨；十八军领导机关从甘孜出发于10月26日进入拉萨；十八军独立支队从青海香日德出发于12月进入拉萨；由新疆进入西藏的独立骑兵师的后续部队于8月3日进驻阿里的噶大克；由云南入藏的部队于1951年10月1日进驻察隅。各部队均克服了雪山、沼泽、急流、高寒缺氧、食物短缺、供应艰难

① 东方民族网 http：//www.e56.com.cn/xizhang50/histroy/xizhang3.htm#5jie

等重重困难，发扬了艰苦奋斗、英勇顽强的精神，实现了和平进军西藏，均受到了拉萨及所到地区藏族僧俗群众的热烈欢迎。

2. 这一时期中国共产党的民族工作

针对西藏的特殊情况，中央实行了不同于内地，也不同于其他少数民族地区的政策。中国共产党真正全面开始了在西藏的民族工作，而在此之前只是在川、滇、青等地的部分藏区开展工作，由此掀开了西藏的民族工作的历史新篇章。

（一）继续加强西藏上层统战工作，巩固和平谈判成果

西藏和平解放后，中央人民政府和西藏上层爱国力量为贯彻执行“十七条协议”做了大量工作。此时中国共产党民族工作的主要任务是，开展上层统一战线工作，其他各项工作都要服从统战工作的部署，搞好达赖、班禅之间的团结，争取上层的大多数，同时也做影响群众的工作，为全部实现《十七条协议》而努力。

为促进协议的贯彻执行，中央委派张经武为中央人民政府驻西藏全权代表，于1951年6月13日离京经香港、新加坡、印度到西藏工作，来京的西藏和谈代表凯墨·索安旺堆、土登旦达、土登列门、桑颇·登增顿珠与之同行，7月14日到达亚东。7月15日张经武会见了十四世达赖喇嘛丹增嘉措，面交了毛主席的亲笔信和协议抄本。毛主席在信中肯定了达赖派代表赴京谈判的正确做法，并希望达赖及其领导的西藏地方政府能实行和平解放西藏办法协议，帮助解放军和平进驻西藏。达赖表示回拉萨对协议讨论后再表态。7月21日达赖启程返拉萨，张经武一行7月22日离开亚东，8月8日到达拉萨后立即投入上层的统战工作，登门拜访西藏地方政府的四品官以上的僧俗官员以及三大寺堪布。送十七条协议上门传达协议精神，宣传中央民族宗教政策。阿沛·阿旺晋美随后也抵达拉萨，与9月20日向达赖喇嘛和两位司曹汇报了在京的谈判过程，在9月24日至26日的300多人

参加的西藏僧俗官员扩大会议上，几位和谈代表报告了和谈和签订协议的经过，会上有人对签订协议有质疑和责难时，阿沛表示："愿以全体和谈代表的身家性命和财产担保，签订协议完全是为了达赖喇嘛和全藏人民的利益，中央对协议有诚意。"

随即，10 月 14 日，张经武在嘎厦会议上明确答复了僧俗官员扩大会议上提出的三个问题。第一，军政委员会是中央在西藏的代理机构，为了保证协议的贯彻执行，军政委员会设主席和副主席，拟由达赖任主席，班禅、张国华任副主席。第二，西藏地方政府如果保证协议的执行，则入藏军队人数可以比原定的少一些。第三，中央人民政府原则上同意昌都地区划归西藏自治区。

在此基础上，达赖喇嘛才于 1951 年 10 月 24 日致电中央表示拥护协议。

此外，中国人民解放军第十八军在进军西藏的途中，虽然困难重重，却依然坚持在部队经过的地方解放军首长都要拜访当地的藏族头人、上层喇嘛，广泛开展统战工作。

（二）和平进军过程中加强宣传工作，以实际行动取得广大藏民的肯定和支持。

由于历史的原因，特别是帝国主义的侵略和挑拨离间、西藏地方政府分裂主义势力的破坏，藏族和汉族之间存在着民族隔阂，西藏上层人士对进藏部队和工作人员存在疑虑和戒备心理。加之广大群众对进藏部队不了解，西藏的各项工作面临许多困难。解放军进军中的一言一行以及对党的民族宗教政策宣传的情况都是至关重要的，因为共产党领导的部队的实际行动会直接影响和教育广大藏族群众。

首先，部队严格执行中央作出的进军西藏"不吃地方"的方针。

入藏部队克服了难以想象的困难，曾有解放军干部回忆说："和平进军过程中沿途困难很多，寒冷、空气稀薄、趟冰河、过雪山。可以这样说，长征过的雪山，对西藏来讲，都是较低的。长征过的雪山只有两个，西藏就多了，一个接一个，大的如5000多米的就10多座。”① 在极端艰难的行军过程中，进藏人民解放军和工作人员严格遵守《进军守则》、《入城纪律》《外事纪律》等规定，无论在大风雪里、茫茫黑夜里，还是冰雹劈头盖面打来，或是大雨淋透全身时，从来不进寺庙，不住民房，不动群众一草一木。战士们饿了，几个人分碗炒面，喝点雪水。即使忍饥挨饿，也不向群众征一点粮。所有的物资都自己想办法解决，绝对不打扰藏族人民。

其次，尊重藏民宗教信仰，有力地向藏民宣传协议精神。

西藏和平解放时中国共产党充分考虑到西藏人民的宗教信仰和民族习惯，十八军进藏部队成立了以王其梅为首的政策研究室，全面了解和研究西藏的政治、经济、文化、军事和社会情况，对西藏的宗教信仰和风俗习惯进行调研，编写了一系列的参考文献。如，《藏人的风俗和禁忌》，《进军手册》等。入藏的各路解放军一路上严格遵守和执行党的宗教政策，尊重和保护藏族人民的宗教信仰自由，尊重和保护藏传佛教各教派的信仰特点和宗教传统。1951年部队在进军西藏前颁布的《入藏守则》，其中有关保护宗教寺院方面的就有五条：保护西藏人民信仰自由；保护喇嘛寺庙，一切宗教设施不因好奇而乱动；不得在群众中宣传反迷信或对宗教不满的言论；未经同意，不住寺庙，不住经堂；战时严禁借住寺庙或参观喇嘛寺庙，平时如欲参观必须先行接洽，在参观时不得随意摸弄佛像，不得随地吐痰等。进藏部队以实际行动严格贯彻《入藏守则》，如不经允许再冷也不进寺庙里住宿，在遇到玛尼堆时，还按当地习惯朝左走，不打“神鸟”，不动“神物”等。同时，进藏部队每到一处都尽力接触藏族群

① http：//hn. rednet. cn/c/2006/06/03/907269. htm

众，进行文艺演出，给群众放电影、发宣传品，抓住一切机会向藏民宣传协议精神，并为藏民医治疾病。这一切都使藏族人民深受感动，给藏族人民留下了良好的印象。

第三章　西藏和平解放至平定西藏上层反动集团武装叛乱时期西藏的民族工作
(1951—1959)

第一节　西藏和平解放到武装叛乱前中国共产党的民族工作

西藏从和平解放到达赖集团发动武装叛乱的8年中，由于西藏面临的复杂的国际环境以及西藏农奴制和农奴主阶级的存在，使得中国共产党在这8年中的民族工作充满了艰辛。可以说，较之前面的进军西藏难度更大、斗争更复杂。为了全部实现《十七条协议》而努力的同时与破坏协议的行为进行着坚决的斗争。中国共产党在西藏开展的民族工作每一件事都是经过深思熟虑，三思而后行的，毛泽东主席就曾向张国华指示："你们在西藏考虑任何问题，首先要想到民族和宗教问题这两件事，一切工作必须慎重稳进。"① 中共中央还制定了关于这一时期在西藏的工作方针，内容如下：

---

① 《当代中国的西藏》（上卷），当代中国出版社，1991年版，第187页。

关于西藏工作的方针①

（一九五二年四月六日）

西南局、西藏工委并告西北局、新疆分局：

我们基本上同意西南局、西南军区四月二日给西藏工委和西藏军区的指示电［1］，认为这个电报所取的基本方针（除了改编藏军一点外）及许多具体步骤是正确的。只有照此做去，才能使我军在西藏立于不败之地。

西藏情况和新疆不同，无论在政治上经济上西藏均比新疆差得多。我王震［2］部入疆，尚且首先用全力注意精打细算，自力更生，生产自给。现在他们已站稳脚跟，取得少数民族热烈拥护。目前正进行减租减息，今冬进行土改，群众将更拥护我们。新疆和关内汽车畅达，和苏联有密切经济联系，在物质福利上给了少数民族很大好处。西藏至少在两三年内不能实行减租，不能实行土改。新疆有几十万汉人，西藏几乎全无汉人，我军是处在一个完全不同的民族区域。我们唯靠两条基本政策，争取群众，使自己立于不败。第一条是精打细算，生产自给，并以此影响群众，这是最基本的环节。公路即使修通，也不能靠此大量运粮。印度可能答应交换粮物入藏，但我们的立脚点，应放在将来有一天万一印度不给粮物我军也能活下去。我们要用一切努力和适当办法，争取达赖［3］及其上层集团的大多数，孤立少数坏分子，达到不流血地在多年内逐步地改革西藏经济、政治的目的；但也要准备对付坏分子可能率领藏军举行叛变，向我袭击，在这种时

① 中共中央文献研究室编：《毛泽东西藏工作文选》，中央文献出版社，2001年版，第56页。

候我军仍能在西藏活下去和坚持下去。凡此均须依靠精打细算，生产自给。以这一条最基本的政策为基础，才能达到目的。第二条可做和必须做的，是同印度和内地打通贸易关系，使西藏出入口趋于平衡，不因我军入藏而使藏民生活水平稍有下降，并争取使他们在生活上有所改善。只要我们对生产和贸易两个问题不能解决，我们就失去存在的物质基础，坏分子就每天握有资本去煽动落后群众和藏军反对我们，我们团结多数、孤立少数的政策就将软弱无力，无法实现。

西南局四月二日电报的全部意见中，只有一点值得考虑，这就是短期内改编藏军和成立军政委员会是否可能和政策的问题。我们意见，目前不要改编藏军，也不要在形式上成立军分区，也不要成立军政委员会。暂时一切仍旧，拖下去，以待一年或两年后我军确能生产自给并获得群众拥护的时候，再谈这些问题。在这一年至两年内可能发生两种情况：一种是我们团结多数、孤立少数的上层统战政策发生了效力，西藏群众也逐步靠拢我们，因而使坏分子及藏军不敢举行暴乱；一种是坏分子认为我们软弱可欺，率领藏军举行暴乱，我军在自卫斗争中举行反攻，给以打击。以上两种情况，无论哪一种都对我们有利。在西藏上层集团看来，目前全部实行协定和改编藏军，理由是不充足的。过几年则不同，他们可能会觉得只好全部实行协定和只好改编藏军。如果藏军举行暴乱，或者他们不是举行一次，而是举行几次，又均被我军反击下去，则我们改编藏军的理由就愈多。看来不但是两司伦［4］，而且还有达赖及其集团的多数，都觉得协定是勉强接受的，不愿意实行。我们在目前不仅没有全部实行协定的物质基础，也没有全部实行协定的群众基础，也没有全部实行协定的上层基础，勉强实行，害多利少。他们既不愿意实行，那末好吧，目前就不实行，拖一下再说。时间拖得愈久，我们的理由就愈多，他们的理由就愈少。拖下去，对我们的害处并不大，或者反而有利些。各种残民害理的坏事让他们去做，我们则只做生产、贸易、修路、医药、统战（团结多数，耐心教育）等好事，以争取群众，等候时机成熟，再谈全部实行协定的问题。如果他们觉得小学不宜办，则小学也可以收场不办。

最近拉萨的示威不应看作只是两司伦等坏人做的，而应看作是达赖集团的大多数向我们所作的表示。其请愿书内容很有策略，并不表示决裂，而只要求我们让步。其中暗示恢复前清办法不驻解放军一条，不是他们的真意。他们明知这是办不到的，他们是企图用这一条交换其他各条。在请愿书内批评了十四辈达赖，使达赖在政治上不负此次示威的责任。他们以保护西藏民族利益的面目出现，他们知道在军事力量方面弱于我们，但在社会势力方面则强于我们。我们应当在事实上（不是在形式上）接受这次请愿，而把协定的全部实行延缓下去。他们选择在班禅[5]尚未到达的时机举行这次示威，是经过考虑的。班禅到拉萨后，他们可能要大拉一把，使班禅加入他们的集团。如果我们的工作做得好，班禅不上他们的当，并安全到了日喀则，那时形势会变得较为有利于我们。但我们缺乏物质基础这一点一时还不能变化，社会势力方面他们强于我们这一点一时也不会变化，因而达赖集团不愿意全部实行协定这一点一时也不会变化。我们目前在形式上要采取攻势，责备此次示威和请愿的无理（破坏协定），但在实际上要准备让步，等候条件成熟，准备将来的进攻（即实行协定）。

你们对此意见如何，望考虑电告。

中央

四月六日

注释

[1] 指中共中央西南局、中共西南军区委员会一九五二年四月二日关于西藏当前工作重点、社会改革和部队供应等几个问题

的基本认识给西藏工委、西藏军区党委、中国人民解放军第十八军后勤司令部并报中央军委的电报。

［2］王震，当时任中共中央新疆分局书记。一九四九年十月率部开赴新疆时任中国人民解放军第一兵团司令员兼政治委员。

［3］达赖，即达赖喇嘛·丹增嘉措，当时是西藏地方宗教和政治领袖之一。

［4］司伦是达赖下面的最高行政官职。当时的两司伦是鲁康娃和罗桑札喜。

［5］班禅，即班禅额尔德尼·确吉坚赞，当时是西藏地方宗教和政治领袖之一。这时正在从青海回西藏途中。

（根据毛泽东同志手稿刊印）

一、深入开展上层统战工作，建立广泛的爱国统一战线

做好西藏上层统战工作，首要的工作是争取达赖喇嘛和班禅额尔德尼及其上层集团的大多数，这是西藏和平解放以后一个很长时期的工作方向。1952年5月19日《中共中央关于必须积极进行上层统战工作的指示》中讲到，“这三大寺的统战工作，和西藏一般的统战工作一样，仍应着重上层。任何上层分子，只要他不是顽固的帝国主义走狗或蒋匪帮特务，我们都应争取。”“现在我们的方针，不应该是以组织下层去鼓励上层当权分子，而应该是以从上层着手，稳住和争取上层，达到顺利地、逐步地、巩固地团结群众的目的。帝国主义正在使用一切可能的手段和我们争夺西藏的上层分子，我们必须积极的进行上层统一战线工作，使帝国主义的阴谋归于失败。”可见，在当时的特殊条件下，只有争取团结上层，才能有利于团结中层，影响群众。在西藏进行统一战线工作的纲领是《十七条协议》，它的政治基础是反帝爱国。对一切反帝爱国的进步力量进行扶持，使之发展壮大；对于

观望动摇的上层人士，尽量争取；对于过去的亲帝国主义分子，只要他们脱离同帝国主义的联系，不进行破坏和反抗，对他们也既往不咎，一律加以团结。开展统一战线工作的目的，是为了维护祖国统一，反对帝国主义，加强民族团结，为将来的社会主义改造创造条件。

1. 主动接触，加强联系

为了逐步消除历史上造成的民族隔阂，消除上层人士对进藏部队的惧怕、疑虑心理，正确对待《十七条协议》，揭露少数分裂主义分子破坏协议的言行，在中央驻藏代表的领导下，驻藏部队慎重地、积极地同上层进行接触，了解情况，联络感情。张经武、张国华等代表普遍地访问了西藏地方政府的司曹、噶伦等重要官员和三大寺（甘丹寺、哲蚌寺、色拉寺）、四大林（功德林、赤墨林、丹吉林、策觉林）的活佛及堪布，宴请送礼，赠送《十七条协议》，向他们宣传《共同纲领》、《十七条协议》的精神，宣传中国共产党的民族、宗教政策，说明中央人民政府同过去搞民族歧视、民族压迫的清朝和民国中央政府是根本不同的。中国共产党和中央人民政府坚持民族平等和民族团结，帮助西藏发展政治、经济、文化。进藏人民解放军同过去的旧军队有本质的区别，严格执行“三大纪律八项注意”，是保卫国防、为西藏人民服务的。进藏部队还利用国庆、元旦等节日召开庆祝会和联欢会，加强同上层人士的联系。

部队进藏后，部队领导张经武、张国华等带头执行中国共产党的宗教信仰自由政策。他们先后到哲蚌寺、色拉寺、甘丹寺、大昭寺等寺庙同上层喇嘛交谈，宣传宗教信仰自由政策。从1951年10月18日起，张经武在拉萨先后为三大寺、大昭寺、小昭寺、上下密院的喇嘛发放布施。1952年传召期间，又向参加传召大法会的喇嘛普遍发放布施。这些行动对拆穿“共产党要毁灭宗教”的谎言起了重要的作用。促进达赖喇嘛和班禅额尔德尼之间的团结。而在西藏和平解放前，达赖集团和班禅集团之间是不团结的。其矛盾和斗争导致九世班禅额尔德尼于 1923 年被迫离开西藏，避居内地，直至 1937 年圆寂也未能返回西藏。1949 年 6 月，宫保慈丹继任十世班禅额尔德尼。中华人民共和国成立的当天，班禅致电毛泽东主席、朱德总司令，表示拥护中央人民政府，要求解放西藏。中央为处理好班禅问题，进行了细致的工作。

在中央民族政策的感召和积极细致的工作下，达赖喇嘛于 1951 年 11 月 4 日致电班禅额尔德尼，欢迎他返藏。1951 年 12 月 19 日，班禅及班禅堪布会议厅全体官员在西北军政委员会驻班禅行辕助理代表牙含章护送下，从西宁启程返藏，于 1952 年 4 月 28 日到达拉萨，受到了达赖喇嘛和中央代表的欢迎，同达赖进行了历史性会见后于 6 月 23 日返抵日喀则，至此西藏两位失和将近 30 年的宗教领袖，重新团结起来。保证了协议的成功执行。

在中央的直接关怀和西藏工委的具体指导和帮助下，根据《十七条协议》的精神，班禅堪布会议厅和西藏地方政府的官员就恢复班禅固有地位和职权问题进行了谈判，并于 1952 年 6 月 16 日签订了《西藏地方政府与扎什伦布寺喇章（即班禅堪布会议厅）谈判备忘录》，合理解决了达赖和班禅双方尚未解决的问题，加强了西藏内部的团结。

2. 引导教育

班禅返藏并同达赖和好，为进一步开展上层统一战线工作创造了良好条件。在此基础上，西藏工委组织各方面上层人士参加了拉萨小学董事会、青年和妇女文化联谊会、学习会的群众组织，通过学习《十七条协议》，进行爱国主义和民族平等团结政策教育，使他们提高了认识，同上层人士及其家属子女建立了广泛的联系。

西藏工委还注意加强与上层人士在经济方面的联系。在保证军供、兼顾民需的总方针下，大力开展经济统战工作，广泛地同贵族、寺院、商号订立购货合同，通过拉萨贸易总公司与上层人士和寺院建立买卖关系，在经济上使他们有利可图，使贵族、寺庙的投资有利于人民的商业和工业。通过经济上的联系和合作，达到政治上争取的目的。经济统战工作解决了驻藏部队的一部分物资需要，还使上层人士的经济利益同祖国的利益联系起来，更加认识到祖国统一的重要。

3. 政治协商

1954 年，达赖、班禅联袂赴北京参加中华人民共和国第一届全国人民代表大会。达赖剌嘛在会上发言，对三年多来执行“十七条协议”所取得的成绩给予了充分肯定，对会议所审议的新中国第一部宪法草案中有关民族区域自治的原则和规定表示热烈拥护。在谈到宗教问题时，达赖喇嘛说：西藏人民具有很浓厚的宗教信仰，一些人制造的所谓“共产党、人民政府毁灭宗教”的谣言曾经使他们疑惑不安。但是现在，这种“挑拨离间的谣言已经全部破产了，西藏人民已经切身体会到了我们在宗教信仰上是有自由的。”他表示，要在中央人民政府的领导下，在各族人民帮助下，逐步把西藏建设成为繁荣幸福的地方。9 月 20 日，达赖、班禅等西藏代表与出席会议的全国各族代表以投票表决方式通过了《中华人民共和国宪法》。在此次会议上，达赖喇嘛当选为全国人民代表大会常务委员会副委员长，班禅额尔德尼当选为全国人民代表大会常务委员会委员。他们作为国家领导成员，依照中国宪法，行使参与管理国家各项事务的权利。

1956 年 4 月 22 日，达赖喇嘛就任西藏自治区筹备委员会主任委员，他在筹委会成立大会上致词说：“1951 年我派代表到北京与中央人民政府代表进行谈判，在团结友爱的基础上，签订了

《中央人民政府和西藏地方政府关于和平解放西藏办法的协议》。从此，西藏人民永远摆脱了帝国主义的奴役和羁绊，回到祖国大家庭，和祖国各兄弟民族人民一样，充分享受到民族平等的一切权利，开始走上了自由幸福的光明大道。”

二、在藏民中展开宣传，做影响群众的工作

《十七条协议》中规定“对于西藏的现行政治制度中央不予变更”，刚刚进藏的部队和工作人员不能直接深入到群众中去，不能直接去组织和发动群众，只能在开展上层统一战线的同时，做好影响群众的工作。由于历史的原因，藏汉民族之间存在着民族隔阂，加上西藏上层中的反动分子极力歪曲中国共产党的民族政策，不仅在西藏上层中，而且在群众中也产生了一种对进藏解放军和工作人员的疑惧和戒备心理。因此，在做好上层统战工作的同时，驻藏代表和解放军也全心全意为藏族群众解决困难，主动向藏民学习藏语宣传党的民族政策，以实际行动影响、教育和感动了广大藏族群众。例如，为了让藏族同胞了解党的政策，进藏初期驻藏部队的干部阴法唐和副师长陈子植率领一个访问团在拉萨以东入乡问俗，体察民情，进行调查研究和政治宣传。他们回忆说：“我们去访问，群众一听去了部队就跑了，因为群众也不知道共产党、解放军是怎么回事。虽然他们跑了，我们的文工团还是郑重其事地化好妆，敲锣打鼓地演节目。一会儿，个别胆子大的先来看，在周围看，发现不像西藏反动政府宣传的‘共产党吃小孩，黄头发，绿眼睛，像鬼一样’。一看这些人很好，慢慢地就回来了，把其他人也叫回来了。然后，他们就给我们柴火烤火，还支援其他东西，卖给鸡蛋、粮食等。我们就到各家去促膝谈心，很快地同藏族群众搞好了关系。就这样，我们一共走了九个宗溪，也就是九个县，正好走了一个三角。当然工作还有很多。做统战工作，做宣传，做调查，做影响群众的工作。影响群

众的工作一般在内地就是挑水、打扫卫生等，在那个地方就更多了，包括以后的救灾扶贫等。这样的话，群众对解放军从不了解到了解，从害怕到不害怕，从对汉族隔阂很深到慢慢地消除隔阂，从对汉族歧视、另眼看待到称‘新汉人’，慢慢地转变过来，最后，他们认为解放军是亲人，是毛主席派来的‘菩萨兵’。”①

进藏部队和工作人员足迹遍布西藏各地，做了大量影响和教育群众的工作，认真贯彻党的民族政策和宗教政策，尊重藏族人民风俗习惯，遵守“三大纪律八项注意”。利用各种机会，采用多种形式，通过访问、贸易、医疗、筑路、救灾、发放农贷等工作，以严明的纪律和模范的行为，以自己的一言一行，去影响、启发、教育藏族群众，使藏族群众认识到：共产党、解放军是为广大劳动人民群众谋利益的，是解放广大劳苦大众的，在革命和建设中依靠的力量是广大人民群众。西藏劳动人民通过他们接触到的大量事实，在思想感情上发生了变化，对共产党、解放军产生了敬慕和信赖之情。解放军和汉族干部关心爱护他们的一言一行和封建政府、藏军、贵族残酷压迫剥削他们的所作所为，在他们心中形成了鲜明的对照。他们渐渐认识到共产党、解放军不是来欺压他们的，是真心实意地为藏族人民造福的。入藏人民解放军和工作人员以坚持不懈的影响作用，赢得了藏族人民的信任。

三、开展与西藏上层少数分裂势力的斗争

西藏和平解放后，中国共产党在西藏与西藏上层少数分裂势力围绕执行协议还是破坏协议的斗争是十分尖锐、复杂和激烈的。主要表现在政治、经济两个方面。

1. 政治方面

在《十七条协议》中，中央考虑到西藏的特殊情况，对西藏

① 东方民族网．西藏五十年·历史卷 http：//www. e56. com. cn/xizhang50

地方当局做出了极大的让步。但一小撮亲帝分裂主义分子对此阳奉阴违，虽未公开反对却仍继续进行“西藏独立”的活动，其中最突出的事件就是“人民会议”的非法活动。

“人民会议”是一个由分裂主义分子控制的反革命组织，是由三大寺的喇嘛降央达瓦（寺庙商人）、丹索曲纳（因道德败坏被色拉寺开除的原结扎仓管家）、若着平措（色拉寺结扎仓管家）等人盗用西藏人民名义拼凑成立的。得到了司曹鲁康娃·才旺绕登、本珠仓·洛桑扎西的支持。在1951年8月，迎接达赖从亚东返回拉萨时，这个组织经噶厦批准，以合法身份编入迎接达赖的行列。从此他们打着“人民会议”的旗帜，破坏汉藏民族团结，进行分裂祖国的活动。1952年2月下旬，他们组织请愿，妄想修改《十七条协议》，无理要求解放军撤出西藏，反对改编藏军，并在鲁康娃的支持下于3月13日在拉萨市区公开散发、张贴《请愿书》，组织游行、示威，引起社会秩序混乱，进而组织武装叛乱。面对复杂的形势，中共西藏工委进行了“有理、有利、有节”的斗争，张经武代表先后于1952年3月31日、4月1日、4月15日三次致电达赖喇嘛，揭露两司曹及伪人民会议等罪行，4月19日又亲赴布达拉宫当面向达赖再次提出撤职查办两司曹、解散所谓人民会议的要求。经过20多天的尖锐斗争，达赖终于于1952年4月27日表明骚乱是不许可的，下令撤销了鲁康娃·才旺绕登、本珠仓·洛桑扎西两名司曹的职务。接着，在中央代表的督促下，噶厦逮捕拘押了50多名伪“人民会议”的骨干分子。在西藏自治区筹备委员会筹备期间，伪“人民会议”分子又开始进行公开活动。他们要求恢复伪“人民会议”的地位，公开反对《十七条协议》，反对成立西藏自治区筹备委员会，反对兴办学校和修筑公路等一切有利于国家统一和民族团结的事业。西藏工委向噶厦指出，伪“人民会议”的行为是反对中央决定，也是反对达赖、反对西藏地方政府的行为，它挑拨民族关系，破坏民族团结，违背了西藏各民族的利益。西藏工委要求噶厦出面取缔伪“人民会议”的非法活动。由于西藏工委的严正态度和坚定立场，并进行了有理、有利、有节的斗争，促使西藏地方政府于1955年11月17日宣布伪“人民会议”为非法，解散伪“人民会议”。

对伪“人民会议”斗争的胜利，是西藏和平解放后共产党同分裂主义势力进行的第一次大规模政治较量。这次斗争打击了亲帝分裂势力，支持和鼓励了爱国进步力量，教育了广大藏族群众，使许多中间人士向爱国力量靠拢，对稳定西藏政局、维护《十七条协议》起了重要作用，为开展统一战线工作创造了条件。

2. 经济方面

以鲁康娃和索康为代表的亲帝分子企图在经济上采取全面饿死、饿跑解放军的阴谋。

《十七条协议》中规定：“西藏地方政府积极协助人民解放军进入西藏”“西藏地方政府应协助人民解放军购买和运输粮秣及其他日用品。”西方地方反动上层在看到后勤保障需要地方协助解决上有可乘之机，就采取了封锁粮食的办法企图饿走解放军，一方面宁肯使粮食霉烂变质也不卖给解放军，另一方面还威胁恫吓有粮食的一般贵族，使他们不敢卖粮支援解放军。

驻藏部队执行“生产和筑路并重”、“精打细算”、“同内地和印度打通贸易关系”等方针，经过近三年的时间，打破封锁走出困境。面对西藏反动上层的粮食封锁，1952年二三月间，虽然拉萨部队只存有三天的粮食，但英雄部队迎难而上，驻藏部队根据毛主席1951年9月13日及1952年4月6日的指示，执行“生产与筑路并重”及“精打细算”，“同印度和内地打通贸易关系”等方针。经过艰苦奋斗，克服自然及人为的多种困难，在阿沛为代表的爱国人士的支援下，经过近三年的努力奋战，使驻藏部队打破封锁，走出困境，打开了新的可喜的局面。具体表现在：1951 年到 1954 年驻藏解放军官兵在拉萨西郊开荒 6 万余亩，产粮 85 万公斤，土豆 76 万斤，蔬菜 600 万公斤，并创建了“七一”和“八一”两个农场，又通过外交途径从印度进口粮食 300 万公斤，同时向藏、汉、尼等商人提供外汇，争取到大批进口物资，又通过西南、西北两条运输线，大搞内地运输。1951 年至 1954 年，仅通过昌都运输的物资总计 1265 万公斤，特别是到 1954 年底，康藏、青藏两公路直抵拉萨，这在政治、国防及经济等方面都具有极其深远的意义。

四、成立西藏自治区筹备委员会

在中央的关怀和指导下，西藏工委经过几年艰苦细致的工作，经过达赖、班禅及各方人士的努力，西藏地方同中央的关系逐渐密切，西藏上层人士的爱国主义觉悟日益提高，汉藏民族之间的隔阂日渐消除，民族团结加强，培养民族干部的工作收到了效果，经济文化事业有了一定的发展。这些情况说明，成立西藏自治区筹备委员会的条件已经成熟。

1954 年 11 月中旬，中央方面、西藏地方政府、班禅堪布会议厅、昌都地区人民解放委员会四个代表组，召开会议，正式成立西藏自治区筹委会筹备小组。经反复协商，筹备小组就筹备委员会的性质、任务，筹委会的人员组成，筹委会下设机构，筹委会与国务院的隶属关系，筹委会的财政等问题通过五个草案。筹备小组于 1954 年年底向国务院提出了成立西藏自治区筹备委员会具体方案的工作报告。

国务院于 1955 年 3 月 9 日举行国务院全体会议第七次会议，专门研究成立西藏自治区筹备委员会及西藏有关事宜。会议讨论通过了《国务院关于成立西藏自治区筹备委员会的决定》、《国务院关于帮助西藏地方进行建设事项的决定》、《国务院关于有关西藏交通运输问题的决定》。国务院在关于成立西藏自治区筹备委员会的决定中，对筹委会的性质、任务和机构人员作了明确的规定。西藏自治区筹备委员会是负责筹备成立西藏自治区的带政权性质的机关，受国务院领导。其主要任务是：依据中华人民共和国宪法的规定以及《十七条协议》和西藏的具体情况，筹备在西藏地区实行区域自治。西藏自治区筹备委员会由达赖喇嘛任主任委员，班禅额尔德尼任第一副主任委员，张国华任第二副主任委员。决定还就筹委会所设办事机构和筹委会与国务院的隶属关系作了明确规定。

在国务院作出成立西藏自治区筹备委员会的决定后，中央要求西藏工委更加广泛深入地开展统一战线工作。西藏工委根据中央的指示，认真地分析了上层人士中的各种情况，扶持和壮大爱国进步力量，大力加强对统战对象中的中间派和保守派的争取团结工作，孤立和打击极少数反动分裂分子。

在西藏工委的领导和西藏各界爱国人士的支持下，西藏自治区筹备委员会的筹备工作进展顺利。1956 年 4 月 22 日，西藏自治区筹备委员会正式成立。达赖喇嘛就任西藏自治区筹备委员会主任委员。

五、及时调整修正民族工作政策，确定“六年不改”的方针

1956 年西藏自治区筹备委员会成立前夕，邻近川、滇、青各省的藏族地区开始或即将开始改革。西藏上层的反动分子对这些地区的改革制造谣言，歪曲事实，使西藏上层的一些人对中央的政策怀有疑虑。

《十七条协议》中已经明确规定了在西藏地区应进行民主改革。只有进行民主改革，改变阻碍生产力发展的封建农奴制生产关系，才能促进西藏社会经济和文化的发展，实现西藏民族的繁荣。但同时也规定，这种改革由西藏地方政府自动进行，“人民提出改革要求时，得采取与西藏领导人员协商的方法解决之”。

在这种情况下，中央和西藏工委多次在讲话和报告中说明了中央对西藏民主改革问题的态度。其主要精神是：西藏的民主改革，中央不加强迫，别的民族不包办代替，根据西藏各方面工作的进展情况，在条件成熟的时候，由西藏上层领袖人物和西藏人民群众自己决定，采取自上而下、和平协商的方法进行。在改革中和改革后，由政府采取必要的措施，保证西藏上层人士的政治地位和生活水平不致降低。改革只能改好，不能改坏。在改革中和改革后，中国共产党继续同上层人士合作，继续坚定不移的贯彻保护宗教信仰自由的政策。

但是，西藏自治区筹备委员会成立后，西藏工委却认为全国已掀起了社会主义改造高潮，其他少数民族地区也都在进行和积极准备进行民主改革，西藏已处于民主改革的前夕，应把西藏的民主改革准备工作提上议事日程。为使改革顺利进行，西藏工委开始增设机构、增加干部和工人人数、发展藏族党团员、建立工会，并从内地增派数千名汉族干部入藏。由于指导思想脱离了西藏当时的实际，引起了一部分西藏上层人士的疑惧和抵触，在工作上出现了被动。

根据西藏出现的问题，中央于1956年9月4日对西藏民主改革问题做出重要指示（简称“九·四”指示）。中央指出，西藏地区的民主改革，必须是和平改革。要实现和平改革，一定要对西藏上层做好准备工作以后再进行。主要是同西藏各方面的领导人员协商好，取得他们真正的同意，如果他们没有真正表示要改革就绝对不要勉强进行。要把上层人士的工作和生活安排好，使他们的政治地位和生活水平不致降低，特别是对他们的代表人物的政治地位和生活待遇，要经协商作出适当安排。

中央明确指出，从西藏当前的工作基础、干部条件、上层态度来看，西藏实行民主改革的条件还没有成熟。我们的准备工作也绝不是一两年内就能做好的。因此实行民主改革，不会是第一个五年计划期内的事，也可能不是第二个五年计划期内的事，甚至还可能推迟到第三个五年计划。

中央“九·四”指示下达不久，达赖、班禅应印度的邀请去印度参加释迦牟尼涅槃2500周年纪念。达赖、班禅这次赴印，得到了中央的完全信任和支持。中央也估计到达赖有可能滞留印度，因此也提出了相应的对策。达赖到达印度后，被分裂势力包围，他们要求达赖留在印度组织西藏流亡政府，进行“西藏独立”的非法活动。在分裂势力的包围和外来势力的影响下，达赖发生动摇，在回不回国的问题上下不了决心。中央通过驻印使馆多次向达赖传达了中央对西藏民主改革的态度，希望他早日回国。周恩来总理在访问印度期间，先后多次同达赖、班禅和随达赖访印的西藏地方政府官员谈话，对自治区筹委会工作、西藏民主改革、团结等问题重申了中央的一贯立场。周总理在同达赖的谈话中指出，西藏的一切改革，都要得到西藏地方政府的同意。可以肯定的是西藏在第二个五年计划内不改革，过六年之后是否可以改革，仍然由西藏地方政府根据那时的情况和条件决定。由于周总理对达赖的耐心教育和说服，解除了他在改革问题上的顾虑；同时由于以阿沛·阿旺晋美为首的爱国人士同分裂分子的坚决斗争，使达赖转变了态度，最后于1957年4月1日回到拉萨。

中央提出西藏在“六年内不进行民主改革”的方针后，从中央到西藏工委都采取积极措施，认真贯彻执行。1957年3月5日中央书记处召开会议讨论西藏工作问题。会议认为，西藏今后六年内不改是肯定的，西藏的人员、机构、事业、财政要下马，而且越快越好。西藏工委也加深了对西藏社会实际的认识和研究，克服了在民主改革问题上的急躁冒进情绪，纠正在工作中过高、过早、过急的做法和发生的偏差。根据中央六年不改及和平改革的方针，进行了相应的收缩和精简工作。

中央和西藏工委“六年不改”的实事求是的方针，稳定了西藏的社会秩序，安定了西藏上层人士的情绪，使中央的统一战线工作和发动群众工作得以平稳有效地进行，为以后的民主改革打下了坚实的基础。

六、加强民族干部的培养工作

中国共产党历来十分重视培养藏族和其他少数民族干部，把培养少数民族干部提高到彻底解决民族问题、实行民族区域自治、促进民族发展繁荣和民族关系和睦的高度来认识。藏族干部的数量与质量关系到西藏民主改革进程是否顺利，因为藏族干部来自藏族群众，同藏族群众有着血肉联系和天然的感情，更熟悉西藏的历史与现状，同时还通晓藏族的语言和文字，了解藏族的风俗习惯和宗教信仰，更容易了解藏族群众的愿望和要求，这些特点是汉族 干部无法具备的得天独厚的优势，可以讲，在西藏这样一个特殊的地区进行民主改革，势必有别于内地其他地区，具有更多地特殊性，藏族干部的参与是进行民主改革不可缺少的条件。但在1959年民主改革前，由于受到西藏上层反动势力的阻挠，西藏民族干部的培养工作遇到了很大困难。在中央、西藏工委的坚决斗争和全国人民的大力支持下，藏族干部的培养工作依然取得了很大成绩，到民主改革前，党和国家共培养了民族干部5000多人，这一成果为进行民主改革创造了有利条件。

第二节 平定1959年西藏上层反动集团的武装叛乱

西藏和平解放后，中共中央和中央人民政府积极帮助西藏进行经济、文化等各方面建设，并从尊重西藏历史和现实出发，本着祖国统一、民族平等团结的一贯主张，对西藏的工作采取“慎重稳进”的方针。1956年底中央人民政府宣布，西藏6年内不进行民主改革。第三个五年计划期间是否改革，也要视情况而定。为了贯彻“六年内不改革”的方针，中央在1957年春对西藏工作作了一些调整。在组织上、工作上进行了相应的收缩，西藏的汉族干部减少了92%，驻藏部队减少了70%。对西藏原地方政府和上层人员，则采取团结教育和改造的政策，争取他们共同建设西藏。

然而，西藏上层反动集团，把中央特殊的政策和仁至义尽的态度视为软弱可欺。他们宣称：“九年来，汉人动也不敢动我们最美妙最神圣的制度；我们打他们，他们只有招架之功，并无还手之力；只要我们从外地调一大批武装到拉萨，一打汉人准跑；如果不跑，我们就把达赖佛爷逼往山南，聚集力量，举行反攻，夺回拉萨；最后不行，就跑印度”。他们在外国势力的支持和操纵下，试图永远保持农奴制，以维护既得利益。千方百计阻挠和破坏十七条协议的实行，他们利用民族、宗教关系唆使邻近一些省区的藏族宗教组织和部落的上层反动分子，公开组织叛乱，阴谋实现“西藏独立”。

一、1959年武装叛乱发生的背景及原因

首先，西藏实现和平解放后的一段时期，正是国际反华势力纠结在一起妄图颠覆无产阶级政党执政的新中国。这是当时的一个时代背景。

中国共产党经过四年的解放战争推翻了美帝国主义支持的国民党反动统治，建立了人民民主专政的新中国。继而又取得了抗美援朝的伟大胜利，彻底击败了美国妄图侵略控制中国的图谋，但失败的美帝国主义并未完全死心，还有印度扩张主义分子继承英帝国主义侵略衣钵，也一直窥望西藏，非常隐蔽的支持西藏上层分裂分子的活动。西藏问题正是他们进行反华活动的一个突破口。

在美国人诺曼·C·霍尔著的《美国、西藏和中国》中有披露，1957年，美国中央情报局从旅居国外的藏人中挑选六名青年，送美国的关岛，接受识图、收发报、射击和跳伞训练。此后，美国又在科罗拉多州海尔营地分批训练“康巴游击队员”达170人，经训练的“康巴游击队员”被分批空投或潜回西藏，“建立有效的抵抗运动”，“反对中国人的占领”。1975年9月5日香港出版的《远东经济评论》所载《美国中央情报局对西藏的阴谋》一文记述：1958年5月，首批受美训练的两名特务携带电台到叛乱头目恩珠仓·公布扎西设在山南的总部与美国中央情报局联系。不久，美国即在哲古地区空投一批武器弹药给叛乱分子，计轻机枪20挺，迫击炮2门，步枪100支，手榴弹600枚，炮弹600发，子弹近4万发。这一时期，美国还从陆路偷运大批武器弹药供给盘踞山南的叛乱分子。

其次，西藏上层统治集团中的一些人从根本上反对改革，希望永远保持农奴制。这是违反社会发展的历史潮流的。

就达赖本身而言，从他所著的《流亡中的自在——达赖自转》中可以看出，他是一个顽固地站在农奴主立场上颇多心计的人。从1951年西藏和平解放到1959年他出逃印度，这8年的世界进步潮流及西藏人民的新声对他是没有影响的，西藏社会的一点点进步都会引起他的紧张，他只关心他所代表的小集团如何维持住原有的农奴制统治。为此，他不惜勾结反华势力搞分裂，闹独立。而当时西藏的广大农奴是迫切要求挣脱农奴制的枷锁的，许多西藏中层的开明人士也清醒地认识到，如果不改革旧的制度，西藏民族是绝对没有繁荣昌盛的可能的。

二、武装叛乱的发动过程

在国外势力的支持下，达赖集团置《关于和平解放西藏办法的协议》于不顾，蓄意违背和破坏“十七条协议”，变本加厉地进行分裂祖国的活动。逐步走上“西藏独立”的危险道路。

早在 1952 年三四月间，西藏地方政府的司曹鲁康娃和洛桑扎西暗中支持非法组织“人民会议”在拉萨骚乱闹事，反对“十七条协议”，提出人民解放军“撤出西藏”。

1955 年，西藏地方政府噶伦索康·旺清格勒等在当时的西康省藏区秘密策划煽动武装叛乱，首先于 1956 年在昌都地区挑起了叛乱，叛乱分子围攻地方政权机构，残杀工作人员和群众数百人。

1957 年 5 月，在西藏地方政府噶伦柳霞·土登塔巴、先喀·居美多吉的支持下，川、甘、青三省藏族地区的少数分裂分子调集拉萨，成立了名叫“曲细岗珠”（汉语译作“四水六岗”）的叛乱组织，统一策划和指挥西藏周围地区的叛乱活动。武装叛乱分子打着保护宗教信仰的幌子，组织了“卫教军”，提出“西藏独立”、“保卫宗教”、“反对改革，反对共产党”的口号，企图把山南作为叛乱的大本营。另一方面，西藏上层反动集团与叛乱分子勾结，积极积蓄力量，积极扩充藏军，藏军人数从 1951 年的 1400 多人迅速发展到 3000 多人，蓄谋叛乱。1958 年 4 月，拉萨“三大寺”及藏军首恶分子与叛乱组织“曲细岗珠”签订了进行叛乱的同盟书，并划分了各自的任务和发动叛乱的地区，于 6 月初开始窜扰昌都、丁青、黑河、林芝、山南等地区。叛乱武装头目还在昌都、黑河、山南、林芝、江孜等地策动当地反动分子，袭击中央派驻当地的机关、人民解放军驻地和车队、破坏交通干线、杀戮干部、抢劫物资、并到处残害人民，奸淫妇女。乃东宗一个名叫东达八扎的商人，因不肯参加叛乱，叛乱分子把他和妻子抓起来，吊打过后，将东达八扎杀死，将他妻子强奸。当时的旧西藏地方政府也承认，很多群众因遭叛乱分子残害向他们告状，仅 1958 年 8 月，就有 70 多起。叛乱活动迅速蔓延。

1959 年 3 月 10 日，西藏上层反动集团经过长期策划准备，以为时机成熟，公然发动了以拉萨为中心的武装叛乱。他们借达赖喇嘛 3 月 10 日要到西藏军区机关驻地观看军区文工团演出之机，挑起事端，拉萨墨本（市长）煽动不明真相的僧侣俗民说：达赖喇嘛明天要去军区赴宴、看戏，汉人准备了飞机，要把达赖喇嘛劫往北京；每家都要派人到达赖喇嘛驻地罗布林卡请愿，请求他不要去军区看戏。叛乱分子胁迫 2000 多人去围住达赖喇嘛的住地罗布林卡，阻拦达赖喇嘛前往，又散布“军区要毒死达赖喇嘛”的谣言，唆使叛乱分子当场打伤西藏地方政府卸任噶伦、时任西藏军区副司令员的桑颇・才旺仁增，杀害西藏自治区筹备委员会官员、爱国进步人士堪穷帕巴拉・索郎降措，并拖尸示众。叛乱分子还驱使部分群众上街游行示威，高喊“西藏独立万岁”、“赶走汉人”等反动口号。叛乱首领当天在罗布林卡连续召开所谓“人民代表会议”、“西藏独立国人民会议”，加紧组织和扩大叛乱武装。宣称“同中央决裂，为争取西藏独立而干到底”，他们指使拉萨及其周围的叛乱武装 7000 多人，在药王山、罗布林卡、布达拉宫及市郊各要地构筑工事，将西藏军区司令部和中央人民政府驻拉萨代表机关团团包围。17 日，达赖喇嘛潜离拉萨前往印度。叛乱活动更加猖狂。他们割断电线，破坏桥梁，向解放军和中央代表机关进行零星射击。20 日凌晨，叛乱武装袭击前往拉萨河渡口执勤的人民解放军分队，向驻拉萨的解放军和中央代表机关发起了攻击。由此，达赖集团分裂势力在西藏全面发动了背叛祖国的武装叛乱。

三、平定武装叛乱的过程

中共中央、中央人民政府对西藏上层反动集团蓄谋已久的分裂行径和叛乱活动早有察觉，并进行耐心的说服教育工作，等待他们觉悟。直至 1959 年 3 月 14 日，西藏军区政治委员谭冠三在致达赖喇嘛的信中仍然“希望西藏地方政府改变错误态度，立即负起责任平息叛乱，严惩叛乱分子”。然而，他们不顾中央的耐心等待，再三教育，仍肆无忌惮地进行分裂活动，发动武装叛乱。为了维护国家统一，巩固民族团结，彻底解放西藏人民，中共中央、中央人民政府不得不改变原定“六年不改"的方针，作出“彻底平息叛乱，充分发动群众，实行民主改革"的决定，以从根本上推翻封建农奴制度，建设人民民主和社会主义的新西藏。3月28日国务院发布命令，宣布解散原西藏地方政府，解散藏军，由西藏自治区筹备委员会行使西藏地方政府职权，任命班禅额尔德尼·确吉坚赞代理西藏自治区筹备委员会主任委员，并责成人民解放军西藏军区指挥西藏部队，团结西藏广大人民，彻底平息武装叛乱。

遵照中共中央、中央人民政府和中央军委关于平息西藏反革命武装叛乱的指示，人民解放军西藏军区于1959年3月20日，召开紧急会议，决定不待增援部队到达，即组织市内现有兵力平息拉萨市区的叛乱。当日上午10时驻藏人民解放军奉命开始对叛乱武装实施反击，步兵分队在炮火掩护下首先攻占了药王山，控制了市内制高点，切断了西郊叛乱武装与市区的联系。继尔攻占罗布林卡。21日晨对市区叛乱武装达成合围，并对小昭寺顽抗之敌予以全歼。在此情况下，大昭寺、布达拉宫的叛乱武装开始动摇，在强大政治攻势下，于22日拂晓缴械投降。在藏族爱国僧俗人民的支持下，仅用两天时间就彻底平息了拉萨市区的叛乱。21日至23日，驻日喀则、黑河、阿里的解放军分别解除了这些地区的藏军武装，接管了地方政权。这样，解放军就完全控制了西藏几个主要城镇，摧毁了叛乱的指挥中心，打乱了西藏上层反动集团的叛乱计划，为平息西藏其他地区叛乱创造了条件。3月28日日，国务院发布命令，宣布解散西藏地方政府，解散藏军，由西藏自治区筹备委员会行使西藏地方政府职权，任命班禅额尔德尼·确吉坚赞代理自治区筹备委员会主任委员。这样安排，实际上给达赖喇嘛留了一个悔过自新的机会，希望他能够回心转意。3月29日，班禅额尔德尼·确吉坚赞致电周恩来总理并转毛泽东主席，代表西藏广大僧俗人民坚决拥护国务院的命令，接受国务院的任命，担任自治区筹备委员会代理主任委员。山南是这次叛乱的大本营。西藏军区在平定了拉萨之后，迅即调兵进军山南，迅速控制了整个山南地区。

拉萨平叛结束后，西藏军区迅速调集兵力，平息山南地区的武装叛乱。山南地区的武装叛乱，早于1958年夏季在西藏上层反动集团直接策划指使下，以康、青、甘流窜入藏的叛乱分子为骨干发动起来的，是叛乱武装盘踞的一个重要巢穴。拉萨叛乱平息后，叛乱首领及其部分溃逃的叛乱武装窜至山南，与山南的叛乱武装会合，并成立总指挥部。调整强化组织，妄想把山南地区变成武装叛乱的大本营。为迅速歼灭叛乱武装主力，西藏军区命令平叛部队分进合击，围歼山南叛乱武装。从1959年4月4日开始，平叛部队兵分五路，日夜兼程，连续奔袭，不断进剿，捣毁了叛乱武装的巢穴，迅速控制了整个山南地区，切断了叛乱集团与国外的联系，由于对叛乱武装全面溃退的情况估计不足，未能全歼山南地区叛乱武装主力，其一部逃往国外。但平息山南地区叛乱为平息西藏全区叛乱奠定了基础。这时，达赖喇嘛已于4月18日到达印度的提斯普尔，发表背叛祖国的“达赖喇嘛声明”。

拉萨、山南地区的武装叛乱被平息后，为确保青藏公路补给运输安全，平叛部队又于5月22日对藏北青藏公路以西地区展开进剿。经40多天的反复搜寻、追歼，于7月上旬形成纳木湖南岸追堵结合的围歼战，基本肃清了班戈湖、申扎和黑河之间地区的股匪，控制了该地区。8月17日至9月15日，平叛部队以迂回合围形式，对盘踞麦地卡地区的叛乱武装进行围剿，历时

29 天，基本肃清了麦地卡地区的叛乱武装。经过纳木湖、麦地卡等围剿作战，基本歼灭了青藏、川藏公路两侧的叛乱武装，保证了公路补给运输安全。与此同时平叛部队还组织了昌都东北、盐井和昌都东南两次进剿作战，围歼了主要叛乱武装，控制了金沙江、澜沧江两江之间的广大地区，从而结束了昌都地区长期动乱的局面。

经过 9 个月的平叛作战，驻藏人民解放军完全肃清了拉萨、山南、江孜地区的叛乱，基本平息了昌都、黑河、塔工等地区的叛乱，控制了主要城镇和交通干线。但边沿地区的叛乱仍未停止。为迅速平息叛乱，驻藏人民解放军在充分准备的基础上，于 1960 年 2 月开始，集中主要兵力，在大股叛乱武装盘踞的思达、丁青、嘉黎、扎木之间地区，黑河、巴青之间地区，申扎、萨噶、定日之间地区，昌东南宁静、三岩地区和阿里地区先后组织 6 次进剿作战，歼灭叛乱武装 2 万余人。到 1960 年 7 月，西藏全区范围内大股叛乱武装被歼灭，取得了平叛斗争的决定性胜利。至 1961 年底，除少数叛乱分子逃往境外，叛乱武装大部被歼，整个西藏地区的武装叛乱彻底平息。

党和解放军对于西藏叛乱，一开始就是竭尽全力避免发生的，是迫于分裂和反分裂的斗争和履行维护西藏主权问题而被迫进行的。

人民解放军在平叛过程中军纪严明，得到广大僧俗人士的衷心拥护。他们主动配合人民解放军平息叛乱，各地群众纷纷组织自卫队、联防队、保畜队等自卫性组织，为平叛大军修路、运输、送信、引路、烧茶送水、站岗放哨、救治伤员，使叛乱分子陷于孤立。西藏平叛的胜利，维护了国家统一和民族团结，为西藏民主改革开辟了道路，西藏开始进入社会主义建设的新时期。

第四章　平定武装叛乱至西藏自治区成立时期西藏的民族工作（1959—1965）

西藏地方政府和上层反动集团本想以武装叛乱分裂祖国、反对改革，结果却事与愿违，武装叛乱的彻底平定反而扫除了民主改革的障碍，加速了在西藏实行民主改革的步伐。对于这种情况，中国共产党是早就预料到的。毛泽东在 1956 年 12 月 16 日修改中央给西藏工委的复电中曾预见性地指出："如果受外国指挥的反革命分子不通过协商而一定要通过反叛和战争破坏十七条协议，把西藏情况打烂，那就有可能激起劳动人民起来推翻封建制度，建立人民民主的西藏。"[①] 又在 1958 年 6 月 24 日转发青海省委关于平叛问题报告的批语中曾提出："西藏要准备对付那里的可能的全局叛乱。""只要西藏反动派敢于发动全局叛乱，那里的劳动人民就可以早日获得解放，毫无疑义。"这一时期中国共产党在西藏的民族工作主要就是围绕着民主改革展开的，废除西藏旧有的不合理的制度，最终实现社会主义的变革。

第一节　民主改革前西藏的社会制度

民主改革前的西藏社会，是一个政教合一的封建领主专政的

---

① 中共中央文献研究室编：《毛泽东西藏工作文选》，中央文献出版社，2001 年版，第 145 页。

封建农奴制社会。由占西藏人口5%的官家、贵族、寺院和上层僧侣三大领主及其代理人组成的农奴主阶级，拥有西藏的全部耕地、牧场、森林、山川、河流、河滩以及大部分牲畜、牧场庄园乃至农奴。民主改革前西藏地区“在总计330万克[①]土地中，官家占有128.37万克，占总数的38.9%；寺院及上层僧侣占有121.44万克，占总数的36.8%；贵族占有79.2万克，占总数的24%”[②]。而超过旧西藏人口90%的农奴“差巴”（领种份地（差地）而支差的人）和“堆穷”（意为小户，有的是外来的烟火户，有的是种内差地的“朗差”），不占有土地，没有人身自由，都依附于某一领主庄园中为生。此外，还有占人口5%的奴隶，藏语称之为“朗生”，就是世代家奴，他们没有任何生产资料，也没有丝毫人身自由。西藏农奴制是以劳役地租为主的初级阶段的农奴制，因此，农奴受着极为沉重的剥削、压迫。简单讲，民主改革前，西藏的政治制度是一种僧俗贵族联合专政的“政教合一”制度；经济制度是一种以封建领主土地所有制和农奴对封建领主的人身依附关系为基础的封建剥削制度。

一、政教合一的政治制度

政教合一，是指政治和宗教紧密结合，神权和政权高度统一，以至把政治和宗教的最高权力集中于一人之手的制度。是宗教与政治结合的最高组织形式。在这种制度下，神权是政权的精神支柱，政权是神权的得力卫士。西藏在民主改革前实行的就是这种政教合一的制度。

---

① 克，藏语，面积、容量和重量单位。作为面积单位，指能播14公斤青稞或小麦种子的地，约相当一市亩。作为容量单位，约等于14公斤青稞。作为重量单位，约等于3.5公斤。

② 多杰才旦主编：《西藏封建农奴制社会形态》，中国藏学出版社，2005年版，第71页。

西藏政教合一的政治制度产生于元朝，13世纪中叶，元朝统一了包括藏族地区在内的中国，西藏成为元朝下属的一个相当于省的地方建制。1264年，元朝在中央设总制院（1288年改为宣政院），管理全国佛教及吐蕃军民僧俗事务，忽必烈封萨迦派法王八思巴为帝师，兼管西藏地方政权，有颁布与黄帝诏敕并行于西藏之法旨的大权。萨迦派首领一人兼领政教二任，萨迦派“政教合一”的统治在元朝中央政府的扶持下开始全面推行。标志着政教合一的制度在西藏的初步形成。

14世纪60年代，元明中央政权更迭，取代萨迦派政权统治西藏地方的帕木竹巴政权很快归附明朝，并遣使朝贡。1406年明成祖诏封帕木竹巴政权第五任执政札巴坚赞“灌顶国师阐化王”名号。“灌顶国师阐化王”的册封，表明明成祖此时已洞察西藏地方政教合一的特殊性，所以在灌顶国师宗教名号之外，又加封“王”，将宗教名号和世俗爵位合二为一，全面确认帕木竹巴政权首领“政教合一”的领袖地位。帕木竹巴时期是西藏政教合一发展的一个重要阶段。

1642年，五世达赖、四世班禅在厄鲁特蒙古和硕特部首领固始汗军事力量的支持下，建立西藏地方政权。1653年，五世达赖进京觐见，清朝对五世达赖和固始汗册封，正式确定清朝对西藏的统治权。1642年至1720年，是达赖喇嘛和蒙古和硕王领导下的第巴掌权时期。

1721年，清朝决定废除在西藏地方政权中总揽大权的第巴职位，设立几个噶伦共同掌管西藏的地方政务，西藏地方政权进入世俗贵族掌权的历史时期。1728年，清朝任命颇罗鼐总管西藏地方的政务。同年，清朝在西藏设立驻藏大臣衙门，统领西藏地方的政务。同时又调整行政区划，派兵常驻西藏。

1751年清朝中央政府制定《酌定西藏善后章程》十三条，正式建立噶厦即西藏地方政府，命第七世达赖喇嘛掌管西藏政教，其下设六名噶伦，三俗一僧、地位平等、互相牵掣。噶伦办理各项事务，必须报告达赖喇嘛和驻藏大臣。达赖喇嘛既是藏传佛教格鲁派的宗教领袖，又是地方政府的领导者。达赖主要通过噶厦下属的"译仓"（西藏地方政府秘书处）和内侍系统的基巧堪布（达赖的内侍总管），直接领导管理西藏贵族和各教派寺院的重大事务。从此，达赖喇嘛集政治和宗教的最高权力于一身，即是宗教上的最高的"上师"，又是政治上的最高"长官"，称之为"上师长官"，在驻藏大臣监督协助下行使职权，确立典型的政教合一制度。

1757 年第七世达赖喇嘛去世，清政府委任丹吉林寺活佛第穆呼图克图摄理西藏地方事务。从此开创了达赖喇嘛死后和转世灵童执政前代行达赖喇嘛政教职权的摄政制度。由于达赖喇嘛是宗教上最高的"上师"，所以摄政必须是活佛，并且只有少数呼图克图封号的活佛才有资格担任摄政。

1792 年清朝派大军驱逐了入侵西藏的廓尔喀（尼泊尔）人之后，由大将军福康安会同第八世达赖喇嘛和第七世班禅额尔德尼共同草拟、1793 年经清政府颁发《钦定藏内善后章程》二十九条，对西藏的政治制度、宗教制度以及军事、人事、财税等制度作了许多明文规定。如驻藏大臣的职权地位、达赖喇嘛、班禅额尔德尼转世灵童的认定；噶厦官员的任免、升降、待遇；建立西藏地方军队；寺庙管理、堪布任免、僧人供养以及外事、财政、差役负担等问题的规定，都更加具体、明确，使政教合一制度有了进一步的发展。西藏政教合一制度的实行，使藏传佛教的政治制度达到了它的顶峰。这种制度一直持续到 20 世纪 50 年代末。

民主改革前，西藏噶厦地方政府下设相当于地一级的基巧，县一级的宗。政权机构中共有 8 个基巧，112 个宗，另外还有几个法王土司。

宗教在西藏的政治、经济、文化各方面，都具有极其重要的影响力。在政治上，西藏地方政府官员中，僧官占多数，不仅达赖以政教首领的身份控制噶厦，而且噶厦中的首席噶伦和各基巧的首席官员都必须由僧官担任。同时，宗教对政治的干预还表现在法律和暴力机关上。在制定法律过程中，佛教教义和“神佛旨意”是制定法律的重要依据。寺庙还利用宗教特权，拥有法庭、监狱等专政手段，直接压迫劳动人民。寺院法庭可以直接受理民事刑事案件并做出判决，并可以借助神佛的旨意，对案件进行“神断”。寺院还拥有一批独立于藏军之外的武装力量，直接保卫三大领主的利益。

在经济上，西藏寺庙集团占有大量的生产资料和社会财富。据统计，寺院占有的土地占西藏全部耕地面积的37%，占有牧场400多个，占有农奴十多万人。寺院利用占有的土地和牲畜，向广大农奴收取高额地租和牧租，并大量发放高利贷。除放债收租以外，寺院还利用布施、化缘、捐赠、念经、卜卦、出售“神药”等手段，对群众进行超经济剥削。

在文化上，宗教寺庙垄断了西藏的文化。西藏科学技术、文学艺术的发展，都要以对宗教发展有利为前提。如西藏的文字、翻译和印刷技术，主要用于佛经的撰述、翻译和出版；雕塑和绘画，主要用于寺庙中佛、菩萨和高僧的造像，佛经故事，宗教教义图解等。在文化传播方面，除寺院外很少有学习文化的场所，社会教育被宗教教育所代替，一切与宗教教义相抵触的科学知识都被加以排斥。在西藏，宗教作为一种意识形态，渗透了人们的精神世界。以宗教教义为依据，西藏社会形成了一整套人生观、社会观和道德规范，构成了人们的思想行动准则和社会规范，为西藏劳动人民套上了一道无形的枷锁。

二、封建农奴制的经济制度

1. 土地占有制度。

封建庄园是西藏农奴制社会的基本经济组织。地方政府、贵族和寺院分别对各自的庄园进行管理，其管理都是以剥削农奴的无偿劳役和实物地租为基础的。地方政府占有的庄园，藏语称“雄溪”。政府庄园的经营管理统归“仔康”（西藏地方政府人事审计处）管理，在行政和经济上直属于西藏地方政府。寺院管理的庄园称“曲溪”，主要包括寺院直接占有的庄园和承租地方政府的庄园，由寺院派上层喇嘛或僧官直接管理，或者出租给农奴主代理人经营。贵族的庄园称为“格溪”，主要包括贵族自己占有的世袭领地、临时占有的“薪俸地”和承租政府、寺院的土地。

在土地的实际经营方面，三大领主基本上采用的是同一方式，即将土地划分为自营地和份地（差地）两种。自营地归领主管理；差地则分派给农奴使用，条件是为领主承担劳役、实物、货币等差税。

西藏地方基本的行政单位是“宗”①，宗由若干庄园组成，每一个庄园都由它的占有者派人管理和监督农奴生产，征收租税，分配乌拉差役。根据1959年的统计，西藏有耕地336万克，其中政府直接占有全部土地的38%以上；贵族和寺院分别占有24.3%和36.8%。农奴完全没有土地，自耕农仅占有极少量的土地。

2. 社会的阶级关系。

西藏的封建农奴制度在阶级关系方面具有一般封建社会的共同特征，但由于其存在的社会环境和历史条件不同，又有其自身

---

① 宗，在西藏相当于县一级的地方行政单位。

的特点。

农奴主阶级和农奴阶级，是西藏农奴制社会中两个基本的对抗性阶级。农奴主阶级由官家、贵族、寺院三大领主及其代理人组成。农奴主阶级仅占西藏总人口的5%左右，但占有西藏的几乎全部土地和大部分牲畜、工具。他们不劳而获，残酷剥削压榨农奴阶级。占西藏总人口95%的农奴阶级，主要是“差巴”和“堆穷”，他们只能依附在农奴主庄园的土地上，其人身也隶属于农奴主阶级，西藏地方政府规定，农奴只能固定在所属领主的庄园土地上，不得擅自离开，绝对禁止逃亡。他们只能被迫进行繁重的劳动，担负着沉重的乌拉差役，终年挣扎在贫困和死亡线上。在农奴阶级中，还有占总人口5%左右的“朗生”（意为家里饲养的），他们没有任何生产资料，也没有丝毫人身自由，被领主看成是“会说话的牲畜”。“朗生”世代为奴，生活极其悲惨。

农奴主不仅占有生产资料，还占有农奴人身，使其牢牢地束缚在土地上，这是西藏封建农奴制存在的基础。农奴主阶级占有西藏的全部耕地、牧场及绝大部分牲畜和农具，并以此为条件，把农奴牢牢束缚在庄园的土地上，占有农奴大多数的劳动成果，凡是能种的地，一律都是差地，并支乌拉差役。而农奴一旦丧失劳动能力，就收回牲畜、农具、差地，使农奴降之为奴隶。甚至还把农奴当作私有财产随意支配，用于赌博、抵债、赠送、转让和变相买卖。土地既是农奴主剥削农奴的重要手段，也是占有农奴人身的重要前提。和平解放前，西藏地方政府一直不断重申，农奴只能留在所属领主的庄园里，不得擅自离开，更不得逃亡。

农奴主对农奴的人身占有，具体表现为：

第一，农奴主可以支配农奴的人身自由甚至生命。农奴主可以把农奴用于出租、转让、抵押给其他领主。根据西藏法律的精神，三大领主统治农奴是神的意志，农奴受苦是命中注定，不能反抗。西藏法律还把人分为三等九级，下等人不得触犯上等人，否则要受到处罚。法律规定，如主人打伤仆人，只需延医治疗；而如果仆人反抗主人，则会受到挖眼、剁脚、砍手等各种刑罚，甚至处以死刑。上等上级的人，如活佛、贵族的生命价值是与尸体等重的黄金，而下等下级的人，生命仅值一根草绳①。

第二，农奴主在一定情况下可以占有农奴的私人财物。农奴对私人财物的支配权限也受人身依附关系的限制。对于没有能力支差的农奴户，领主可以收回差地以及牲畜、农具等。农奴逃亡，其全部财产归领主所有。领主还可以强迫农奴耕种逃亡户的差地，以顶替原先遗留的差役和地租。

旧西藏封建农奴制度经济对广大农奴采取非人的压榨和剥削主要是通过乌拉差役和高利贷盘剥来进行的。

乌拉差役是西藏封建农奴制度下，三大领主对农奴进行残酷剥削的主要形式之一。西藏的乌拉差役是包括徭役、赋税、地租等在内的含义十分广泛的差税总称。其名目之繁多，给农奴的负担之沉重，使农奴成年累月地辛勤劳动，却难以维持生计。有载入册籍的各种永久性乌拉差役，有临时加派的各种乌拉差役，形式上可分为内差和外差。

内差是农奴向所属贵族或上层僧侣和寺庙及其代理人所支应的各种劳役和实物差役。领主土地的经营方式是把土地划分为两个部分，其中大部分肥沃的土地作为领主的自营地，小部分贫瘠的土地作为份地（差地），以给领主支应各种差役为条件，分租给农奴耕种。耕种份地的农奴每年要自带农具、牲畜、口粮等，在领主代理人的野蛮监督下，在领主的自营地上为领主从积肥、播种、除草、浇水，到收割、打场、入仓，提供无偿的劳役，这便是内差中的所谓“长年差”。支长年差的农奴要住在庄园内，

① 《当代中国的西藏》（上卷），当代中国出版社，1991年版，第108～109页。

全年为农奴主干活。除此之外，领主还根据自己的需要，随时给农奴摊派各种临时差役，主要有：修整领主住宅，为领主搬运粮食、牛粪，捻毛线，背水，砍柴，拾牛粪，炒青稞，磨糌粑，揉皮张，榨油，做口袋等等劳役，还要给领主交纳马草、酥油、粮食等实物差。只要领主生活、生产需要，领主均可派差役。农奴要支付多少差役，没有什么明文规定，由领主说了算。这样农奴每年要以三分之二甚至四分之三的时间，为领主提供无偿劳役。在自己的份地上劳动的时间非常少，实际上农奴的很多份地因没有劳动时间而荒芜了。长年差加上临时摊派的各种差役，农奴所要承受的剥削是极其沉重的。

外差是农奴给旧西藏噶厦支的差役，这种差役是由西藏地方政府将一部分“差岗”地作为向噶厦支应差役的土地分给寺庙、贵族，由寺庙、贵族负担一定的差税义务，而寺庙、贵族又将这一部分“差岗”地分租给农奴耕种，由农奴向噶厦支应差役。耕种“差岗”地，农奴就要无偿提供人力、畜力运送持有噶厦马牌的官员、僧侣、商旅、藏兵等一切人员和物资，无偿地为他们提供食宿，无偿地为噶厦和寺庙修建工程服徭役，缴纳噶厦所需的青稞、酥油、鸡蛋等一切实物及银元。不仅如此，噶厦地方政府下的基巧、宗等各级政府的官员也给农奴派外差，噶厦只要求按规定完成上交噶厦的实物和劳役，概不过问下级官员实际给农奴摊派多少外差，以致各种乌拉差役名目繁杂，农奴负担沉重，如墨竹工卡宗向农奴支派的主要实物差税就有菜油差、燃料差、牲畜税、鸡蛋税、草税、水税、山税、扫帚差、皮绳差、降神差、红土差、花盆差、念经费、酥油罐差，等等。在外差中，农奴负担最重的是运输差。

放高利贷是西藏封建农奴制度下，三大领主对农奴进行残酷剥削的又一主要形式。

三大领主是西藏的三大债主，寺庙是最大的债主，约占放债总额的五分之四。以哲蚌寺、色拉寺、甘丹寺为例，据1959的调查，三大寺庙的粮食高利贷达1 623 273克，年收利息285 692克粮食；放的钱债达5 108 595两藏银，年收利息1 402 380两藏银，高利贷的利息占三大寺收入的25%～30%。[①] 噶厦设有好几个放债机构。贵族放债的利息一般占贵族家庭收入的15%～20%。

农奴欠三大领主的很多高利贷是还不起，还不清的，加上利滚利，成了还不完的“子孙债”。这种债农奴们甚至根本不知道是从何时借的，最初借了多少，已经还了多少，只知自己现在仍欠很多债。农奴所欠的债务还有“连保债”、“代还债”等等。农奴还不起债，领主就强迫农奴用份地来抵债。为了生存下去，农奴又将被领主拿去顶债的份地租回来耕种。这样，一份差地既要给领主支应劳役地租，又要交实物地租以顶债息。

由此看来，西藏的封建农奴社会制度，严重阻碍了西藏社会生产力的发展。因此，在西藏进行民主改革，是西藏广大人民群众的迫切要求，也是符合西藏广大人民群众的利益的。

第二节　平定武装叛乱到西藏自治区成立时期中国共产党在西藏的民族工作

一、进行民主改革

《十七条协议》中明确规定：“有关西藏的各项改革事宜，中央不加强迫。西藏地方政府应自动进行改革，人民提出改革要求时，得采取与西藏领导人协商的办法解决之。”

中共中央审时度势，认为在西藏实行民主改革是存在着农奴

① 丹增主编：《当代西藏简史》，当代中国出版社，1996年版，第101页。

群众要求变革这个根本内动力的，因为在旧西藏，各地农奴群众不堪剥削压迫，自发起来反抗西藏政府官员和农奴主的事情，就发生过多起，只是由于缺乏革命政党的领导和先进思想理论的指引，才使每一次斗争在农奴主的镇压下归于失败。例如，1918年，三十九族地区农牧民的差税和额外负担过重，尺牍宗嘎塔部落的150多户群众推举代表到宗政府请愿。宗本关押了请愿代表。群众说差税这样重，我们早也是死，晚也是死，不如杀掉宗本，寻找活路。他们随即组织40多人，包围宗政府，把宗本勒毙，并将45名藏军缴了械。事后，西藏政府派重兵对嘎塔部落进行血腥镇压，群众的反抗失败。

1926年到1928年，波密人民反抗噶厦横征暴敛的斗争，是近百年来西藏农奴反抗藏政府斗争中规模最大的一次。波密的嘎朗王利用群众的反抗情绪，于夜间集中300多人进攻藏军驻地达兴，杀死官兵30余人。后来噶厦派大军前来残酷镇压，血洗了波密地方的许多村庄，有些几十户的村子被杀得只剩3户。

1931年，山南隆子宗加堆地方贵族才巴看上了直属噶厦管辖的加美地方土地肥沃，人口较多，产生了榨取该地的念头，便通过贿赂，得到管辖加美地方差地租佃权。加美的农奴们对以后要向噶厦和贵族才巴支双份差极为愤恨，说："一匹马备不起双鞍"，用乱石、棍棒将才巴打死。事后噶厦进行镇压，加美的农奴逃亡；斗争持续了22年，直到西藏和平解放后，噶厦才作出加美地方不再归才巴家管辖的决定。

因此，及时领导西藏百万农奴进行推翻封建农奴制的民主改革，是顺应西藏人民要求的，西藏的民主改革不仅是广大农牧民群众热切盼望、主动要求、自发参加和衷心拥护的，也是得到广大上层爱国人士赞成、支持和拥戴的。在这场运动中，作为外因的中国共产党的宣传、发动和制定方针、政策等政治领导虽然非常重要；但决定性的因素，仍是西藏劳动人民长期固有的变革愿望和上层爱国人士也赞成变革的这个内因。如果没有这个内因，西藏民主改革的实行和取得成功，都是绝对不可能的。

1. 民主改革的方针

关于西藏的民主改革，中央一直是想采取和平的方式进行。邓小平曾指出："在少数民族里面，正是由于过去与汉族的隔阂很深，情况复杂，所以不能由外面的力量去发动少数民族内部的所谓阶级斗争，不应由外部的力量去制造阶级斗争，不能由外力去搞什么改革。所有少数民族内部的改革，都要由少数民族内部的力量来进行。改革是需要的，不搞改革，少数民族的贫困就不能消灭，不消灭贫困，就不能消灭落后，但是这个改革必须等到少数民族内部条件具备了以后才能进行"。为了使和平改革能顺利进行，中国共产党通过各种形式积极开展上层人士的工作，使他们认识到只有进行社会改革，西藏的民族才能发展和繁荣。与此同时，按照变化了的情况，广泛团结上层人士，积极进行自治区筹备委员会成立的筹备工作。1954 年，李维汉邀集达赖、班禅及西藏在京的主要官员开会，就成立西藏自治区筹备委员会一事向他们作了说明，并对解决西藏历史问题发表了意见。1956 年 4 月 22 日，西藏自治区筹备委员会正式成立。

毛泽东在 1956 年全国社会主义改造基本完成以后西藏地区搞不搞民主改革的问题上，在 1956 年 12 月 16 日修改中央给西藏工委的复电中明确作出"六年内不改革"的决策。又在复电中加写一段话，指出："改革一定要得到达赖、班禅和僧侣领导人的同意，要各方条件成熟，方能实行。现在无论上层和人民条件都不成熟，所以目前几年都不能实行改革，中央认为第二个五年计划时期是不能实行的，第三个五年计划时期也还要看情况如何才能决定。""目前应把在六年内不改革的方针在党内在藏族上层普遍加以传达”[①]。于是，1957 年 1 月，国务院总理周恩来访问印度期间，分别向在印度参加释迦牟尼涅槃 2500 周年纪念活动的达赖、班禅转达了毛泽东主席的信，传达中央关于在第二个五年计划期间（1958 年至 1962 年），西藏不搞改革，过六年之后是否改革，仍然由西藏的领导人和人民群众根据那时的情况和条件决定的意见。

但是西藏上层中的一些人，无视共产党和政府的教育和等待，无视广大农奴的强烈要求，采取各种方式反对改革，试图永远保持反动的封建农奴制度，以维护其既得利益。为此，他们变本加厉地进行分裂祖国的活动。并于 1959 年 3 月 10 日发动了全面武装叛乱。

在这种情况下，因西藏地方政府和上层集团发动全面武装叛乱，使中央曾经提出的“六年不改的方针”无法继续执行。1959 年 3 月 22 日，中共中央发出了《关于在西藏平息叛乱中实行民主改革的若干政策的指示（草案）》，提出了边平叛边改革，先平叛先改革，后平叛后改革，未平叛地区暂时缓改的方针。

2. 民主改革的过程

中国共产党对西藏民主改革的实行，是十分慎重的。在西藏进行的民主改革始终是把自下而上的充分发动群众和自上而下的协商相结合的；始终是在充分照顾西藏地区特点的条件下进行的。根据西藏的农村、牧区、寺庙、城镇情况迥异和各有特点，在改革的具体步骤、方针政策上也有所不同。

对农区，民主改革分两步走：第一步实行三反（即反对叛乱、反对乌拉差役、反对奴役）、双减（即减租、减息）。第二步进行土地分配。

---

① 中共中央文献研究室编：《毛泽东西藏工作文选》，中央文献出版社，2001 年版，第 172 页。

1959年6月，西藏工委和各分工委派出试点工作组进驻农村，开始进入改革的第一步，即“三反双减”。政府明令宣布：解放农奴主的家奴朗生，废除农奴对农奴主的人身依附关系。然后，实行减租减息。对未叛农奴主，实行农产品八成归农奴、二成归农奴主的“二八减租”。减息办法是，废除三大领主1958年以前贷给劳动人民的一切债务；对未参叛农奴主1959年贷给劳动人民的债务，一律按月息一分计算。

在“三反双减”运动中，各地都深挖暗藏的叛乱分子，深入发动群众；工作组干部与贫苦农奴同吃、同住、同劳动，了解群众的苦难和要求，发现并培养改革的骨干；召开诉苦斗争会，控诉叛乱分子破坏民族团结和祖国统一、反对民主改革、残害群众的罪行，倾诉农奴遭领主压迫剥削的苦难，从中灭农奴主的威风，树贫苦农奴的政治优势；选举产生以贫苦农奴为主要成分的农民协会，作为在当地领导农民分配土地、发展生产的群众性组织。

民主改革第一步开展得很顺利。据山南、塔工、江孜、拉萨、日喀则5个分工委统计，完成“三反双减”的地区共废除高利贷粮850万克，减息折粮2.6万克，约20000名朗生安了家，得安家粮18万克。农奴群众平均每人得粮700多公斤，实际得粮70余公斤。群众初步发动起来了。

1959年9月，西藏工委开会认为，在农区进行民主改革的第二步——分配土地，条件已经成熟。在此前后，西藏工委经过多方调查研究，并与上层爱国人士充分协商，制定了《关于西藏地区土地制度改革方案》和《关于执行赎买政策的具体办法》。初步核算，全区贵族和大小头人未参叛的约占26.8%；寺庙未参叛的约占55%弱；农奴主代理人未参叛的约占70%；总计，要赎买未参叛农奴主的生产资料总值约6000万元。1959年秋冬，完成“三反双减”的西藏农区进入了民主改革的分配土地阶段。

在分配土地中，各地进一步发动群众，使广大农奴认识土地被农奴主占有，是自己世代受苦的根源，要彻底翻身，必须废除农奴主占有土地的制度，把土地分配给广大农民自己；由农民协会干部组成分配土地评议小组，在查清耕地的基础上，区别叛乱与未叛农奴主，对叛乱农奴主的土地和其他生产资料予以没收，也分给家人和本人一份，使之自食其力，改造成为新人；对未叛农奴主予以照顾，先给他们留一份土地和其他生产资料，然后赎买多余的土地和其他生产资料；将没收叛乱农奴主的土地和赎买未叛农奴主的土地，分配给各户农民；分配中尽可能满足贫苦农奴和朗生的要求，对中等农奴（包括富裕农奴）原来耕种农奴主的土地原则上不动，只对个别富裕农奴原耕土地超过当地人均数一倍以上时，经过协商同意，将多余的土地抽出进行调剂。没收叛乱领主和代理人的土地和其他生产资料分给贫苦农民。

西藏自治区筹备委员会于 1959 年 10 月 26 日发出《关于颁发土地所有证的通知》，对颁发土地证作了具体规定。在短时间内，20 万张土地证发到农民手中。在西藏农区的民主改革中有一个特点，就是不划富农。这是因为西藏是个封建农奴制度的社会，农奴没有土地所有权，人身依附于农奴主，农村没有或只有极少数的自耕农，也没有工人阶级（自由雇工），农村资本主义还未发展起来，因此，西藏农村不存在富农阶级。到 1960 年，在 80 万人口的农业区基本上完成了民主改革，废除了农奴对于农奴主的人身依附关系，废除了封建农奴主所有制。农奴分得了土地、牲畜和其他生产资料，挣脱了农奴制的枷锁，世世代代想得到土地的梦想变成现实。

西藏各地的土地分配进展都很顺利。到 1959 年底，全区农业区已经有 57 个县、74 万人口的地区开展了民主改革，其中 32 个县、43 万人口的地区完成了土地分配。

对牧区，中国共产党在民主改革上更为稳慎。民主改革的总方针是，除没收叛乱农奴主和叛乱牧主的牲畜分给原放牧者和贫苦牧民（对叛乱分子家属也按人口分给相当于当地牧民一般水平的牲畜）外，对整个牧区的生产资料所有制不予变更。总政策是：不搞斗争、不分配牲畜、不公开划分阶级。主要内容是开展“三反”（反对叛乱、反对乌拉差役、反对奴役）、“两利”（牧工、牧主两利）运动。

西藏牧区有许多不同于农区的具体情况。最大的不同在于牲畜既是牧民主要的生产资料，又是生活资料，可以被宰杀。如果牛羊遭到大量宰杀，那就达不到解放生产力和发展生产、改善人民生活的革命目的。因此，共产党在牧区工作的方针，就是要保护和发展牲畜。此外，作为牧区主要生产资料的牲畜，西藏农奴主只占有25～30％，而70～75％为牧主和广大牧民所有；其中占户数1％的牧主，占有20％左右的牲畜。许多贫苦牧民自已也有少量牲畜。许多牧主本人也参加劳动，同时又雇用牧工，或向牧民放畜租；他们既剥削牧民、牧工，又受农奴主的轻微剥削。除农奴主霸占的牲畜外，其余牲畜的经营，基本是个体和私有牧业经济为主的分散生产。牧主雇用牧工的那一部分牧业经营，带有资本主义性质。所以，牧主与农奴主不同，是可以团结的。在牧区的民主改革中，如果搞斗争，分牛羊，就容易引起牧主们滥杀牛羊。因此，不能采取农区分配生产资料等作法。

基于上述考虑，1959年9月1日，西藏工委发出指示，强调保护牲畜牧场，不使其破坏，是畜牧业长时期的中心任务；规定民主改革中牧区的主要任务是要充分发动群众，彻底平息叛乱，开展“三反两利”运动。并于1959年下半年在西藏各地牧区逐步展开。工作组干部到牧区后，同贫苦牧民同吃、同住、同放牧和交心，了解叛乱分子破坏牧区的罪行。叛乱武装对牧区的破坏相当严重。例如，那曲县有的部落，牛羊被叛乱分子抢劫

50%左右；安多县某部落有24 000多头牛、26 000多只绵羊，竟被叛乱分子抢去牛、羊各22 000多头（只），牧民的生产生活面临严重困难。工作组干部大力宣传牧区的工作方针政策，认真发动群众，分清敌我，深挖叛乱分子，收缴枪支，揭发农奴主的剥削压迫行为，稳定牧民，保护牲畜不再遭破坏。在此基础上，没收叛乱农奴主和牧主的牲畜，实行“谁放牧归谁所有”，把平叛中缴获叛乱分子的牲畜分给贫苦牧民。限制牧主对牧工的剥削，适当提高牧工的工资待遇，保证牧工的政治权利。同时认真执行不斗、不分、不划阶级的政策，使未叛牧主安心生产。接着，教育贫苦牧民、牧工与牧主协商订立“两利”合同，兼顾牧主和牧工双方利益，牧主不得虐待牧工，牧工牧主在法律上一律平等；在合同期间，牧主不得解雇牧工，牧工也不得无故离职；牧主保证改善牧工待遇，牧工保证放牧好牛羊。改造旧的畜租制度，租额大体比照农区“二八减租”的比例，由牧工、牧主双方自行商定，使之成为牧区新的比较合理的租赁形式；结果，牧主满意，相信共产党的政策；牧工高兴，感到自己翻了身，愿意发展牧业生产。

在牧区开展“三反两利”运动中，还要宣布废除三大领主在牧区的封建特权（如乌拉差役，霸占草场、牧场，人身依附制度等）和封建剥削，草、牧场归牧民集体使用，禁止草头税和草、牧场的买卖行为。

中国共产党符合西藏牧区实际的方针、政策，保证了西藏牧区民主改革健康、顺利地进行。到1961年上半年，全区28万人口的牧区中，已有25万人口的地区开展了“三反两利”运动，并在21万人口的地区得以顺利完成。

对寺庙，民主改革的主要内容是在寺庙开展“三反”（反叛乱、反奴役、反封建特权）、“三算”（算政治迫害、算等级压迫、算经济剥削）。实行中国共产党的宗教信仰自由政策，尊重群众的宗教信仰自由，严格区分宗教信仰与寺庙中的封建特权和封建剥削这两种不同性质的问题，废除封建剥削和封建特权，政教分离，宗教不准干预行政、司法和教育。西藏自治区筹备委员会通过的《寺庙民主管理章程》明确规定：住寺僧尼都必须接受共产党的领导，反帝、爱国、守法，维护祖国统一和民族团结。执行宗教信仰自由政策，保护僧尼的政治平等权利和人身自由权利，保护爱国守法的寺庙和爱国进步的宗教界人士，并对他们在政治上作适当的安排，在生活上进行补贴；群众有自由当僧尼和僧尼有自愿还俗的自由；寺庙可以进行正当的商业、运输业和手工业；不干涉群众自愿给寺庙放布施，不干涉正常的宗教活动，不干涉寺庙的学经、辩经和确定宗教职务的考试制度，等等。

对城镇，西藏封建农奴制度下的城镇，工商业十分弱小，只有少量的店员和手工业工人。根据这一情况，民主改革中，在城镇进行“四反”运动（反对叛乱、反对封建特权、反对封建剥削、反对奴役）。经过平叛改革，政府帮助拉萨的乞丐安家立业，原在农村的人分到土地，去农村参加生产，孤老病残者被送到养老院，住进房屋。

在西藏的民主改革中贯彻执行赎买政策是中国共产党从西藏的实际出发制定的一项特殊政策，是继续团结西藏上层人士的一项重要内容。对未叛领主、代理人和僧侣占有的土地和其他生产资料，用对待民族资产阶级的办法由国家实行赎买，分给农奴（包含奴隶）所有，在 政治上对未叛农奴主及其代理人和未叛牧主保护过关，保证他们改革后的政治地位和生活水平不会降低。这样做，既照顾了西藏上层爱国人士的利益，也符合西藏人民的根本利益，起到了安定西藏的作用，减少了民主改革的阻力，有利于西藏社会生产力的发展。到 1961 年 3 月，全区给 1300 多户未叛农奴主和代理人的 90 万克土地和 82 万多头牲畜办清了赎买手续，正式发给赎买凭证，由国家支付赎买金 4500 多万元。其中包括自治区筹委会副主任委员兼秘书长阿沛·阿旺晋美、自治区政协副主席朗顿·贡噶旺秋、桑颇·才旺仁增、拉萨市市长崔科·顿珠才仁等。在日喀则，当国家机关把一张596万元的赎买凭证和1960年度的453 000多元的赎买金交给扎什伦布寺时，整箱整箱的人民币摆到会场，当面兑现，受到各界热烈欢迎。

经过一年多的时间，到1960年底，西藏的民主改革基本完成，彻底摧毁了三大领主的政教合一的反动农奴制度，使翻身农牧民的生产积极性空前高涨。民主改革的第一年，即1959年，西藏全区粮食总产量比1958年增长4.8%，1960年比1959年增长12.6%；1960年全区牲畜存栏头数比上一年增长10%。

二、大力培养民族干部

中国共产党在西藏地方的民族工作，在此时期完成了从过去以上层统一战线工作为主到以直接发动群众工作为主的转变，广大劳动群众翻身解放为培养民族干部创造了有利条件。各级党组织在这一时期不仅在社会上，而且在基层建立共产党和共青团组织，开始有计划有组织地大批培养民族干部。在平息叛乱和民主改革的过程中，西藏涌现出大批农奴和奴隶出身的积极分子，大批藏族干部迅速成长。通过在革命和建设的实践中选拔培养和到院校学习、培训等方式，培养了大批干部和专业人才，他们后来大多成为各单位、各部门的骨干力量。这一时期，西藏的民族干部不仅在数量上大增，而且，由于西藏进入经济文化建设的稳定时期，中国共产党提出还要注重培养革命知识分子和各种科学技术方面的民族干部。因此民族干部的结构和整体素质都有了改善和提高，改变了1959年民主改革前民族干部大部分是从上层人士中培养，行政干部多，经济科技干部少的状况。到1965年西藏自治区成立前夕，全区共有藏族和其他少数民族干部1.6万多名，其中有1000多人担任了各级领导职务。其中，50%以上参加了中国共产党和中国共产主义青年团。这些人中，大部分出身于劳动人民家庭，具有较高的政治觉悟。还有大约 1400 多名西藏上层爱国人士被安排在各机关和各个单位工作。

在少数民族干部培养工作中，汉族干部的帮助也是民族干部成长的重要条件。汉族干部遵照中国共产党的民族政策，对少数民族干部热情耐心帮助，同时也向少数民族干部虚心学习。他们通过传、帮、带的形式，把自己的思想作风、工作方法和科学技术知识毫无保留地传授给藏族干部。汉族干部在工作中起到了表率作用，有的汉族干部还为西藏的革命和建设事业献出了宝贵的生命。

大力培养少数民族干部，使西藏的工作能够更加切合实际，广大藏族群众也更容易接受。少数民族干部成为中央与西藏、藏族与汉族之间沟通的桥梁，消除了民族隔阂，增进了互相了解，加强了藏汉民族间的团结。

三、建立各级民主政权及变更行政区划

中华人民共和国建立初期，西藏有 147 个宗（相当于内地的县）和相当于宗的谿卡，人口约 100 万。1950 年 10 月昌都解放后，昌都地区划为中央直辖区。1952 年十世班禅额尔德尼返回西藏，根据 1951 年中央和西藏签订的《十七条协议》有关规定，恢复了固有的地位和职权，“班禅堪布会议厅”管辖班禅属区的一切政教事务。这样，连同噶厦（西藏地方政府）在内，新中国建立初期西藏共有 3 个行政单位，即噶厦辖区、班禅堪布会议厅辖区、昌都人民解放委员会辖区。

1956 年 4 月，西藏自治区筹备委员会成立。这是一种统一协商的带政权性质的机构，下辖拉萨、山南、江孜、日喀则、昌都、塔工、阿里、那曲等 8 个相当于专区建制的基础级办事处。西藏地方政府、班禅堪布会议厅委员会和昌都人民解放委员会三

方面接受自治区筹委会领导，除进行各项工作外，在行政事务方面可以保持一定的独立性，但必须接受国务院的领导。这样，就形成了既有统一领导，又有独立性的及各政权同时存在的局面。1959年3月，西藏上层统治集团中的一些人公开撕毁《十七条协议》，发动全面武装叛乱。3月28日，国务院发布命令，解散西藏地方政府，由西藏自治区筹备委员会行使西藏地方政府职权。经过改组后的西藏自治区筹备委员会成为西藏地区人民民主政权的实体。1961年9月，原班禅堪布会议厅委员会在完成它的历史任务后也宣告结束。在西藏不同性质政权并存的局面就此结束，这为统一的西藏人民民主政权的建立创造了条件。

1959年10月30日，中共西藏工委发出《关于西藏地区建立各级政权组织的指示》，指出西藏的政权建设工作必须贯彻人民民主专政和民族区域自治的原则和精神，自下而上地结合起来进行。自治区和专区两级政权中要适当安排一些上层人士，县、区人民政府的干部除配备少数必需的汉族业务干部外，主要在已有的藏族干部中选拔配备，乡人民政府干部要从民主改革中涌现出来的积极分子中挑选。

根据西藏工委指示精神，各级人民政府逐步建立起来。与此同时，还建立了西藏地区和各专区的政治协商会议，团结了爱国进步的中上层人士，进一步巩固和扩大了人民民主统一战线。随后，中央在西藏开始进行通过普选建立各级人民代表大会和人民委员会的工作。这是彻底完成民主改革和巩固人民民主专政的一个重要步骤，具有重要的意义。中央指出，基层人民代表大会应该在农会的基础上建立起来，权力必须掌握在广大贫苦藏族农牧民手中，并且真正代表他们的意志，成为人民的权力机关。到1965年8月，西藏全区乡、县人民代表大会和人民委员会选举工作基本完成，建立了以翻身贫苦农奴和奴隶占绝对优势的基层人民政权。建立了人民民主政权，广大农牧民群众翻身解放成为新社会的主人，西藏发生了翻天覆地的历史性变化。西藏自治区筹委会行使西藏地方政府职权，从平叛改革开始到1960年底，全区共建立乡政权1009个，区政权283个，78个县和8个专区（市）的人民政权也建立起来。这是西藏历史上开天辟地的大事件，是翻天覆地的历史性变化。

在平叛改革中，西藏城市、农村和牧区各地先后经过军事管制委员会、平叛生产委员会、平叛保畜委员会和居民委员会等形式，建立了人民民主的权力机构，到1960年底平叛、改革之后，对全区的行政区划进行了调整，西藏地区原有的83个宗和64个相当于宗的独立谿卡，合并划分为1个市、7个专区和72个县，并建立了20个区和300个乡。1962年，设立康马县、岗巴县，撤销旁多县。阿里地区的仲巴县划归日喀则专区。1963年，撤销塔工、江孜二专区，全区合并为1市5专区。1964年，撤销雪巴县，其行政区域划归工布江达县、林芝县、嘉黎县三县，撤销达木萨迦县，其行政区域划归班戈县；撤销打隆县，其行政区域划归浪卡子县。1965年，西藏自治区成立，行政区划又作了若干变动：黑河专区改为那曲专区，黑河县改名为那曲县；哲古县改名为措美县；桑昂县改名为察隅县。1982年，设双湖、文部办事处，为那曲专区所辖。1986年设置林芝专区。1987年日喀则县改为日喀则市（县级市）。

四、制定西藏“稳定发展”的方针，发展生产

西藏的民主改革基本完成以后，社会制度发生了根本的变化。封建农奴主所有制转变为农民个体所有制，百万农奴获得翻身解放，成为新社会的主人。此时，对西藏应该采取什么方针？是让劳动人民的个体经济稳定一个时期，还是和全国其他地区一样马上实行社会主义改造？西藏当时的实际情况是由于封建农奴制度的长期统治，社会生产力十分落后，叛乱对本已非常薄弱的

经济基础又造成了进一步的破坏。而且，在平叛过程中中国共产党还没有来得及对广大藏族干部和翻身农奴进行系统的民主和社会主义教育。由此可见，西藏在民主改革之后不适合马上进行社会主义改造。否则，群众不理解不接受，不仅不利于对上层的团结，也不利于保护和发展西藏的生产力。于是，1961 年 4 月 21 日，中共中央在《关于西藏工作方针》的指示中明确提出：今后西藏工作必须采取稳定发展的方针。五年以内不搞社会主义改造，不搞合作社（连试点也不搞），更不搞人民公社，集中力量把民主革命搞彻底，让劳动人民的个体所有制稳定下来，让农牧民的个体经济得到发展，让翻身的农牧民确实尝到民主改革带来的好处。在这五年，党在西藏的一切政策包括经济政策、财贸政策、社会改革政策、民族政策、对上层人士的团结改造政策、宗教政策等，都一定要力求稳妥，都要防“左”防急。

中央根据稳定发展方针，提出在西藏必须切实做好以下几项工作：第一，集中力量领导群众发展生产，繁荣经济，改善人民生活；第二，彻底完成民主改革，向群众深入进行民主革命的政治、思想教育，进行爱国主义教育和社会主义前途教育；第三，肃清残余叛乱分子和其他反革命分子；第四，做好上层统一战线工作；第五，整顿干部作风，发展党的组织，培养藏族干部；第六，建立各级人民代表大会制度，成立西藏自治区。只要这些工作做好了，就可以进一步提高群众觉悟，增强汉藏民族之间的团结，巩固党的领导，巩固工农联盟和人民民主专政，为西藏将来实行社会主义改造创造可靠的条件。中央还指出，今后西藏工作的重点，是集中力量发展农业和牧业，同时发展商业和为农牧业服务的手工业。工业在解决交通问题前，除必需的项目外，不要扩大。

根据中央“稳定发展”方针，1963 年 1 月 14 日，国家民委党组曾在《关于少数民族牧业区工作和牧业区人民公社若干政策的规定（草案）》的报告中明确提出，在西藏牧业区，目前还不进行畜牧业的社会主义改造，规定草案中关于社会主义改造和人民公社问题的规定，也不适用于西藏。中共西藏工委也先后制定了《关于农村中若干具体政策的规定》（即农村 26 条，1961 年 2 月 22 日）、《关于牧区当前若干具体政策的规定（草案）》（即牧区 30 条，1961 年 6 月 21 日）、《关于当前整顿、巩固、提高互助组，发展农业生产的指示》（1962 年 12 月 17 日）。这些政策具体反映了西藏的实际和人民群众的愿望，得到了广大干部群众的衷心拥护，极大地调动了群众生产建设的积极性，西藏的农牧业生产和其他各项建设事业都取得了很大成绩。为贯彻好上述方针政策，中央还明确提出，应该严格要求西藏各级党委、驻藏部队和各方面工作的干部坚决执行中央的指示，一切工作要实事求是，要经过调查研究，从西藏实际出发，不要机械搬用汉族地区的经验，必须坚持依靠群众，发扬民主作风，贯彻民族平等团结，踏踏实实把西藏工作做好。

这就使西藏民主改革的胜利成果得到了进一步的巩固和发展，西藏的农牧业生产取得了很大的成绩，农业连续六年增产丰收，1965 年全区粮食产量达到 29.7 万吨，比 1958 年增长了 66%；1965 年全区牲畜有 1701 万头（只），比 1958 年增长了 54.6%，此外，交通商业文化教育卫生体育等各项事业也取得了很大发展。人民生活有了明显提高，民族关系、党群关系、军民关系都十分密切，出现了政治局势稳定、民族团结增强的大好形势。西藏农牧民群众称这一时期为“黄金时代”。

五、作好统战、宗教工作

为了全面落实党在西藏民主改革之后提出的稳定发展的方针，中共西藏工委十分注意做好统战、宗教工作。

一方面发动群众揭露上层僧侣中的叛乱分子分裂祖国统一、

破坏民族团结、反对改革、残害人民的罪行，提高广大僧尼的爱国主义觉悟和阶级觉悟，认清叛乱分子的反动本质。一方面更加紧密团结爱国进步的未参加叛乱的上层人士，适当安排工作，合作共事，生活上予以照顾，鼓励其继续进步。

在宗教问题上中国共产党一贯采取尊重的态度，早在新中国成立前夕，中央政府就考虑到各民族的风俗习惯和宗教问题，通过了相当于临时宪法的《中国人民政治协商会议共同纲领》，其中第六章民族政策第 53 条就规定“各少数民族均有发展其语言文字、保持和改革其风俗习惯及宗教信仰的自由”。尊重和保护宗教信仰自由项政策的含义是：每个公民既有信仰宗教的自由，也有不信仰宗教的自由；有信仰这种宗教的自由，也有信仰那种宗教的自由；在同一宗教里面，有信仰这个教派的自由，也有信仰那个教派的自由；有过去不信教而现在信教的自由，也有过去信教而现在不信教的自由。这一政策的实质，就是要使宗教信仰问题成为公民个人自由选择的问题，成为公民个人的私事。只要是正常的宗教信仰和宗教活动，政府都依法予以尊重和保护。

中央政府平息叛乱后，贯彻“政治统一，信仰自由，政教分离”的原则，继续执行尊重群众宗教信仰和风俗习惯、保护喇嘛寺庙、保护文物古迹的政策。例如，在平叛和民主改革的同时，西藏文物、古迹、寺庙都得到了妥善保护。国务院将布达拉宫、拉萨三大寺、大昭寺、日喀则扎什伦布寺等列为国家重点文物保护单位。到 1961 年 3 月，初步整理文物 11 万多件、修缮古迹 10 余处。从 1962 年开始，每年由国家拨出巨款修缮布达拉宫，1963 年 11 月又由国家全额拨款，完成了甘丹寺建寺以来规模最大的一次维修。还规定了宗教不得干涉行政、司法、婚姻，对西藏僧尼进行爱国主义和社会主义前途教育。1960 年，十世班禅提出了寺庙改革的五条办法：一是放弃剥削；二是民主管理；三是执行政府法令，宪法进寺庙；四是喇嘛要参与生产；五是老弱喇嘛和专门念经的喇嘛，生活由政府包起来。班禅的这一建议后来在工作中得到了执行。经过改革，西藏人民群众有当喇嘛的自由，喇嘛也有还俗的自由；各教派一视同仁、平等对待；寺庙僧人通过民主选举，建立民主管理委员会或民主管理小组，自行管理宗教事务，自行开展佛事活动。自此，西藏广大僧俗群众真正获得了宗教信仰自由，实现和保护了包括广大贫苦喇嘛在内的大多数人的基本人权。最终成功的在西藏宗教界进行了一场社会大变革，赢得了广大僧俗各界人士的拥护。

第三节　西藏地方支援对印自卫反击战

中印两国都是历史悠久的文明古国，有两千多年的传统友谊，在近代都受到帝国主义的侵略和压迫，并且同是50年代首倡和平共处五项原则的国家。但是，由于印度方面的原因，中印两国关系也存在着不和谐因素。在英国统治印度时期，英帝国主义以印度为基地，进行侵略和分裂中国西藏的阴谋活动。印度独立后，继承了英帝国主义对中国西藏地方的野心。印度政府坚持扩张政策，任意篡改历史上形成的中印边界传统习惯线，并派军队不断蚕食中国领土。

1950年中国人民解放军进军西藏时，印度政府竭力阻挠西藏的和平解放，并乘机向非法的“麦克马洪线”推进，完全侵占了传统习惯线以北和“麦克马洪线”以南的大片中国领土。对于中印边境问题，中国政府一贯主张以和平谈判的方式解决，在解决以前，应维持边界现状。但中国政府表达出的诚意与和解态度没有得到印度政府的响应。

1959年，西藏发生武装叛乱后，印度政府又向中国提出了大片领土要求，并派军队越过非法的“麦克马洪线”，侵占了塔马顿、朗久、兼则马尼、扯冬、绒不丢等中国领土。印军在中国领土上建立众多军事哨所的同时，还进行越来越严重的武装挑衅，并不断制造流血事件。

中国政府对于印度的挑衅保持了最大限度的克制和忍让，希望中印边境问题能够通过和平谈判解决。但中国政府的和平和克制态度，被印度当局看成是软弱可欺。印度政府乘中国处于三年自然灾害的困难之际，在帝国主义的支持下，进一步向中国境内蚕食推进。在忍无可忍的情况下，中国政府于 1962 年 10 月 20 日被迫命令中国边防部队进行坚决的自卫反击。在部队指战员的英勇作战和西藏广大群众的大力支持下，中国边防部队迅速击退了入侵的印军，收复了被印军侵占的中国神圣领土，维护了中国的主权和领土完整。

中国边防部队能够迅速取得自卫反击战的胜利，与西藏人民全力支援是分不开的。当印度政府拒绝和平谈判，在中印边境集结部队准备向中国发动大规模进攻的时候，中共西藏工委联合发出《关于西藏目前形势与任务的指示》和《关于西藏目前形势与任务的补充指示》，要求各地（市）、各部门和各行业要做好支前准备工作。西藏工委和自治区筹委会以及下属各部门都成立了支前指挥机构，统一领导、统一安排支前工作。在各级党政组织的领导下，获得新生的翻身农奴踊跃报名支前，人数很快就达到了 3 万多人，组成了一支庞大的支前民工队伍。他们为部队抢修公路、抢救伤员、转运烈士、运送粮食弹药，其中有 17 名民工光荣牺牲。在自卫反击作战中，全西藏共出动民工 32 000 多人，牲畜 10 万多头；支援糌粑 112 万公斤、酥油 3 万公斤、牛羊肉 16 万公斤、蔬菜 15 万公斤等，有力地保证了自卫反击作战的胜利。

在这场藏汉民族共同抗击外来侵略的战争中，广大藏族群众更加清楚地认识到，只有中国共产党和她领导的人民解放军才是维护祖国统一、维护包括藏族在内的全国各族人民根本利益的中坚力量。通过共同抗击侵略者，激发了藏族人民的爱国热情，藏汉民族间的团结也更加紧密。

第四节　西藏自治区正式成立

民族区域自治是中国共产党解决国内民族问题的基本政策。这在1949年9月29日的《共同纲领》第六章第五十一条中就有明确的规定："各少数民族聚居的地区，应实行民族的区域自治，按照民族聚居的人口多少和区域大小，分别建立各种民族自治机关。凡各民族杂居的地方及民族自治区内，各民族在当地政权机关中均应有相当名额的代表。"民族区域自治的涵义有两个方面：一是在中央人民政府的统一领导下，按照民族平等原则，在少数民族聚居的地方，设立自治机关，由少数民族行使当家作主，管理本民族、本地方事务的权利。中国少数民族的这种平等、自治权利的确立，保证了各民族在一切权利方面完全平等。二是民族区域自治地方同全国其他行政区域一样，都是中华人民共和国的行政区域，是国家不可分离一部分。民族区域自治地方的自治权是国家赋予民族自治机关管理民族聚居区域内内部事务的地方性权利，是国家完整权力系统中的一个组成部分，行使自治权利的各级自治机关同其他地方国家机关一样，都受中央人民政府的统一领导。民族自治地方享有自治权利，行使自治权利的是各民族自治地方的自治机关。这个机关既是实行区域自治的民族享受自治权利的法定机关，也是区域内所有人民行使民主权利的法定机关。

在决定解决西藏问题初期，中国共产党就明确宣布在西藏实行民族区域自治。1951年5月23日签订的《中央人民政府和西藏地方政府关于和平解放西藏办法的协议》中第三条明确规定：

“根据中国人民政治协商会议共同纲领，在中央人民政府统一领导下，西藏人民有实行民族区域自治的权利。”但是由于西藏当时的情况比较特殊，和中国其他民族地区的情况差别较大，西藏民族区域自治也没有条件立即执行，和其他民族地区相比西藏的民族区域自治经历了更长的时间和更多的步骤。

中国共产党实行的是和平解放西藏的方针，就是在经过了战争而解放的昌都地区也没有立即实行和其他民族地区一样的政策，立即建立人民民主专政的无产阶级政权。而是继续团结当地的土司、头人、官僚、宗教界上层人士，和他们协商，建立了即不同于中国其他地区的人民民主政权，也不同于藏区原有的政教合一制度下昌都总管府统治政权，而是成立了昌都地区人民解放委员会。这是一个在中国共产党中央人民政府直接领导下的统一战线性质的政权机构。

根据《十七条协议》规定和西藏和平解放后的实际发展情况，毛泽东于1954年在十四世达赖喇嘛和班禅额尔德尼到北京参加全国人民代表大会第一次会议期间提议，在西藏直接成立自治区。之后在中央的领导下，经过西藏地方政府、班禅堪布会议厅、昌都地区人民解放委员会和中央进藏工作人员四个方面的反复协商，于1956年4月22日成立了西藏自治区筹备委员会，这是中国共产党民族区域自治政策在西藏的早期实践，是西藏和平解放后西藏历史上第一个在中央政府领导下，统一全西藏的具有政权性质的办事机构，是一种包含着人民民主性质的过渡政权和政教合一的封建农奴制政权并存的既统一又有独立性的具有统一战线性质的政权机构。这是在西藏实行民族区域自治制度的重要的一个步骤。

在西藏自治区成立前的9年多时间里，西藏自治区筹备委员会做了大量工作，为西藏自治区正式成立打下了良好的基础。1959年西藏上层反动集团发动的武装叛乱，促使民主改革提前进行。1959年3月28日，国务院下令解散西藏地方政府，由西藏自治区筹备委员会代行西藏地方政府职权。此时，西藏自治区筹备委员会实际上已经成为中国共产党领导下的、西藏全区统一的具有人民民主专政性质的向正式成立自治区过渡的政权机关，这是在西藏实行民族区域自治制度的又一个重要步骤。

1965年6月28日至7月24日西藏自治区筹备委员会向国务院提出《关于正式成立西藏自治区的请示报告》。8月23日国务院一百五十八次会议决定，同意于1965年9月1日召开西藏自治区第一届人民代表大会，正式成立西藏自治区。全国人大常委会于8月25日举行第十五次会议，批准了国务院提出的成立西藏自治区的议案。中共中央和国务院派出以中共中央委员、国务院副总理谢富治为团长、中央人民政府驻西藏代表张经武、国家民委副主任刘春为副团长的中央代表团，到拉萨祝贺西藏自治区成立。代表团包括中央各部门、27个省市自治区、16个少数民族自治地方的代表，共76人，于8月29日到达拉萨，受到拉萨各族各界人士和一万多名人民群众的热烈欢迎。

1965年9月1日至9日，西藏自治区第一届人民代表大会第一次会议在拉萨召开。出席西藏自治区第一届人民代表大会的西藏代表共301名，包括了翻身农奴和奴隶、县长、区长、乡长、中共支部书记、厂矿企业先进工作者、小学优秀教师、各条战线先进人物及爱国进步人士、宗教界人士等。其中藏族代表226人，门巴族、珞巴族、回族、纳西族、怒族和其他代表共16人，少数民族代表占代表总数80％以上。在藏族和其他少数民族代表中，绝大多数是翻身农奴和奴隶。9月8日，中共西藏自治区委员会第一书记张国华和西藏自治区筹备委员会代理主任委员阿沛·阿旺晋美在大会上作了报告，总结了西藏15年的工作，提出了今后的任务。大会认真讨论了自治区人民委员会（即人民政府）的候选人，经投票选举，产生了西藏自治区人民委员会，阿沛·阿旺晋美当选为自治区人民委员会主席，周仁山、帕巴拉·格列朗杰、郭锡兰、协绕顿珠（杨东生）、朗顿·贡噶旺秋、崔科·顿珠才仁、生钦·洛桑坚赞等七人当选为副主席，达瓦、仁钦所朗、扎西平措等 37 人当选为自治区人民委员会委员，选举洛桑慈诚为高级人民法院院长。1965 年 9 月 14 日，西藏自治区人民委员会举行首次会议，正式履行自己的职权。依法行使同其他同级地方国家机关的职权，并行使管理本地区内部事务包括政治、经济、文化以及社会发展的各个方面的职权。

按照中国《宪法》和《民族区域自治法》的规定，民族自治地方的自治机关除行使其他同级地方国家机关的职权外，还享有管理本地区内部事务的权利。这些权利涉及政治、经济、文化以及社会发展的各个方面，其主要内容有：

1. 有依照当地的政治、经济和文化的特点，制定自治条例和单行条例的权利。例如：有根据本地实际情况贯彻执行国家法律和政策的权利。这种权利包括，自治机关在不违背宪法的原则下，有权采取特殊政策和灵活措施，加速民族自治地方经济、文化建设事业的发展；上级国家机关的决议、决定、命令和指示，如有不适合民族自治地方实际情况的，自治机关可以报经上级国家机关批准，变通执行或停止执行。

2. 有管理地方财政的自治权和自主地安排和管理本地经济建设的权利。

3. 有依照国家法律，自主地保护、开发和利用本地自然资源的权利。

4. 有自主地管理本地方的教育、科学、文化、卫生、体育事业和保护、管理本民族文化遗产，发展繁荣本民族文化的权利。

5. 有保障本地方各民族使用和发展本民族语言文字的权利。自治机关在执行职务时，有决定使用当地通用的一种或几种语言文字的权利。民族自治地方的人民检察院在检查和审理案件时，应保障各民族公民都有使用本民族语言文字进行诉讼的权利。

6. 民族自治地方的人民代表大会常务委员会中应当由实行区域自治的民族的公民担任主任或者副主任。自治区主任、自治州州长、自治县县长由实行区域自治的民族的公民担任。

上述权利构成了民族区域自治的核心内容，是少数民族在国家和地方事务中行使管理权的重要体现，是当代中国民主建设的重要组成部分，西藏自治区即据此建立并开展工作。1965 年 9 月正式建立西藏自治区。这标志着宪法赋予西藏人民的民族区域自治权利得到切实保障，西藏人民从此同祖国各民族一道，走上了平等团结、繁荣发展的社会主义道路。

西藏自治区是全国筹备时间最长，成立最晚的省级自治区，纵观西藏历史，可以看到，西藏自治区的成立是西藏历史上从来没有的，西藏民族，特别是广大农奴和牧民等劳动人民可以充分享受当家作主权利的自治机构，它的成立为西藏社会的全面发展提供了重要的政治保证，是西藏人民和中国其他民族的团结发展到了一个新的水平，使中国的西南边防更加稳固。总之，在如此特殊复杂的西藏地区建立民族自治区是中国共产党民族工作的辉煌业绩和伟大胜利。

第五章 社会主义过渡时期和“文化大革命”时期西藏自治区的民族工作

（1965—1976）

第一节 西藏自治区社会主义改造时期的民族工作

1965 年到 1976 年，是西藏实现社会主义改造的时期，也是西藏继民主改革之后的又一次跨越式发展阶段。经过试点、发展、整顿、巩固和完成五个阶段，到了 1975 年西藏完成了农牧业的社会主义改造，1976 年完成了手工业的社会主义改造。自此，经过十多年的社会主义改造，西藏地区实现了生产资料个体所有制向社会主义公有制的过渡，西藏实现了的政治、经济、文化结构相统一的社会主义制度的宏伟目标，西藏人民走上了社会主义的康庄大道。

一、西藏进行社会主义改造的基础

1. 理论基础。

1922 年，中国共产党根据马列主义理论，从中国半殖民地半封建社会的特殊国情出发，制定了关于中国民主革命的纲领，提出了中国革命分两步走的战略，第一步是民主革命，第二步是社会主义革命。30 年代初，毛泽东同志明确提出了要经过共产党领导的农村包围城市、武装夺取政权的新民主主义的革命道路完成民主革命的思想。40 年代，又进一步确立了经过对个体农业、手工业和资本主义工商业实行和平的社会主义改造，实现从新民主主义向社会主义转变的理论。依据毛泽东思想，中国共产党在具体工作实践中创造了一整套稳妥可行的具体的方针政策。中国共产党关于中国革命两步走的理论与实践，为在西藏顺利进行民主改革和社会主义改造奠定了基础。我国各民族地区情况都有其具体的特殊性和差异性，因此要求党在这些地区开展社会主义改造时，必须从当地的实际出发，探索新经验，创造新形式，而不能简单照搬内地经验。中国共产党在领导西藏民主改革中，已经成功地实现了用改造资产阶级的方法即和平赎买的方法，对西藏未参加叛乱的封建农奴主阶级的改造。

1959 年 5 月 7 日，毛泽东在接见西藏自治区筹备委员会主要成员的谈话中，提出了关于西藏民主革命与社会主义革命的具体构想：“第一步，走民主的道路。第二步，是走社会主义的道路。汉族地区和内蒙古、新疆等少数民族地区，都走了这两步。你们那里先走民主的道路，打完仗后，就搞和平改革。”

1961 年西藏基本完成民主改革后，西藏工委也曾在指导思想上产生了想搞社会主义改造的急躁情绪。中共中央于 1961 年 4 月 21 日及时发出了关于西藏工作方针的指示，指出：“在民主改革基本上完成之后，西藏工作应该采取什么方针？是让劳动人民的个体经济稳定发展一个时期？还是马上实行社会主义改造？中央认为，今后西藏工作必须采取稳定发展的方针，从今年算起，五年以内不搞社会主义改造，不搞合作社（连试点也不搞），更不搞人民公社，集中力量把民主革命搞彻底，让劳动人民的个体所有制稳定下来，让农（牧）民的经济得到发展，让翻了身的农奴群众确实尝到民主改革给他们带来的好处。”同时还指出：“在这五年我们在西藏的一切政策包括经济政策、财政政策、社会改革政策、民族政策、对上层人士的团结改造政策、宗教政策，等等，都一定要力求稳妥，都要防‘左’防急。当前主要的问题是防止‘左’和急，必须把注意力放在这个方面。要使同志们知道，我们这样做正是为社会主义革命准备必要的条件，以便条件和时机成熟以后实现社会主义改造。”

党中央特别强调要从西藏的民族和宗教这个基本区情出发，采取“慎重稳进”的方针。这个方针一直是中国共产党关于西藏民主革命和社会主义革命与建设的基本指导思想。中央这次提出的“稳定发展”的方针，是党对西藏工作一贯坚持的“慎重稳进”方针的具体体现，是完全符合西藏实际情况和群众愿望的。对于民主改革以后整个西藏工作的发展，具有重要的指导意义。

2. 实践基础。

西藏经过和平解放，完成了西藏的民族革命任务，经过1959年平息叛乱以后所进行的伟大的民主改革，摧毁了旧的封建农奴制度，解放了生产力，西藏开始了从民主主义革命向社会主义的过渡。西藏自治区的成立，可以看作是社会主义的政治制度在西藏的真正实现，同时也标志着西藏将要进入一个建立社会主义经济制度、进行社会主义改造的新时期。在西藏进行社会主义改造有了良好的基础。

这一时期，西藏的农业生产连续6年获得了丰收。与此同时，党在西藏还兴办了社会主义事业，建立了许多社会主义性质的中小型工厂。初步形成了以国营商业为领导的社会主义性质的商业网。邮电、教育、卫生等社会主义事业也从无到有，取得巨大成绩。在西藏建设社会主义所必备的藏族干部队伍已经成长起来，达到16 500余人。藏族现代工人2万多人。全区少数民族党员7135名，其中农牧民党员4274人，在城镇和农牧区建立党的基层支部组织1540个。从1960年开始，西藏就逐步建立了县、乡各级人民民主政权，从而彻底摧毁了封建农奴制度的统治基础，1961年又陆续实行了民主选举，全区已经实现普选的乡占乡总数的92%以上。1961年4月21日中央关于西藏工作方针的指示，确定在五年之内不搞社会主义改造，要让农牧民个体所有制稳定一个时期，各项工作都必须采取稳定发展的方针。也明确提出要在西藏“进行爱国主义教育和社会主义前途教育”，以便为将来进行社会主义改造作准备。经过几年的努力，在西藏进行社会主义改造的基础已经大体具备。农业生产互助运动得到了很大发展。到了1963年，西藏全区已经基本上实现了农业生产互助组化了，全区农业生产互助组达到2.2万多个，还有数千个牧业互助组，90％的农户参加了互助组。全区1965年农业总产值比1961年增加44％；1965年粮食产量和牲畜头数比1958年分别增加了88.6％和54.1％。农牧民的生活水平有了较大幅度的提高。

从西藏的社会历史条件看，也存在着实现社会主义的某些有利因素，旧西藏的庄园制经济方式，使人们习惯于集体生产与生活以及相互协作。历史上在西藏部分地区如昌都曾经存在着的土地、森林和牧场的村落公有制形式。

二、西藏进行社会主义改造的政策

根据西藏经济和社会已经向前大大发展了的实际情况，中共西藏工委和中央书记处分别于1964年7月和1965年3月讨论并决定在西藏进行社会主义改造的试点，中共中央又于1970年12月8日正式发出《关于西藏社会主义改造问题的指示》，此后，西藏社会主义改造全面展开。

考虑到西藏社会发育程度相对落后于内地的特殊情况，在实现民主改革即完成民主革命的基础上，让农牧民个体所有制经济稳定发展一个时期，而不是像内地那样土地改革完成后，即开始向社会主义阶段过渡。西藏的社会主义改造，没有采取内地那样在土地改革完成以后趁热打铁立即向社会主义过渡的办法，这是党依据西藏社会生产关系和生产力层次更低的实际，采取的关于社会主义革命的更为灵活的方针，目的是使西藏的社会主义基础更加稳固。实践证明了这样做是十分必要的。

三、西藏进行社会主义改造的过程与成果

西藏的社会主义改造有自身的复杂性与特殊性，一是西藏的社会主义改造开始时间晚，跨度时间长，它是在解放 15 年之后进行的，且历经十多年，超过国内任何一个地区。二是改造的内容主要是对传统农牧业的改造，不同于其他地区的三大改造的具体内容，当时西藏社会的经济基础较我国社会主义改造对象的主体部分更为薄弱。三是西藏的社会主义改造正处于我国十年“文化大革命”时期，这一历史时期是西藏社会转型与发展的重要时期，它影响着西藏历史发展的基本走向，而西藏社会主义改造的成果与当时我们党的全局性工作的失误历史地交织在一起，增加了我们认识这一问题的复杂性。

1964 年 7 月 17 日，中共西藏工委在林芝召开工作会议讨论了西藏社会主义改造的问题。会议提出到 1970 年要基本上完成西藏社会主义改造（三年准备，四年完成），改变个体所有制为集体所有制，把西藏变为社会主义的新西藏。会后，中共西藏工委向中共中央报送了《关于在西藏进行社会主义改造问题的请示报告》。1965 年 8 月 29 日，中央发出《关于在西藏进行社会主义改造问题的复示》，同意在西藏有领导、有计划、有步骤地试办人民公社（先办初级社），同时指出应先搞少数试点。

1970 年 8 月 6 日，由周恩来主持中央政治局会议，讨论中共中央关于在西藏进行社会主义改造的指示草案稿。会议原则同意西藏在完成民主改革的基础上，有领导、有计划、有步骤地实施人民公社的部署。毛泽东、周恩来指示先就西藏社会主义改造进行前期调研。11 月 3 日，西藏自治区革命委员会党的核心小组和中央农村工作部党的核心小组向党中央、毛泽东呈送《关于

西藏地区农牧业社会主义改造问题的请示报告》，报告认为西藏社会主义改造的条件已经基本具备。同年12月8日，中共中央正式发出由周恩来同志主持起草的《关于西藏社会主义改造问题的指示》。指示分析了西藏社会主义改造的形势，对改造的方法步骤作出具体的规定。提出要因地制宜，要和群众商量，步子应当稳一些，工作要扎实一些。要实行积极引导，分期分批，稳步前进的方针，对已经办起来的人民公社要进行整顿。指示还强调指出，在办社过程中要认真执行中国共产党的民族政策，帮助和培养藏族干部等。

我国大范围的社会主义改造开始于50年代，而西藏的社会主义改造是在此之后十年才进行的，因而，全国其他地区的社会主义改造所取得的基本经验对西藏的社会主义改造产生了积极作用。西藏的社会主义改造，基本上是依照内地社会主义改造的方法开展的，对农牧业的改造大体上是按人民公社的模式进行的，对农牧业的社会主义改造过程即是实现人民公社的过程。从1964年下半年开始试点，到1966年底，全区共试办了150多个人民公社。到1974年10月，西藏90%以上的乡建立起人民公社，基本上实现人民公社化，西藏的社会主义改造，历时十年。1970年前后发展较快，1975年全区农牧业社会主义改造基本完成。同年进行了对城镇私营商业、手工业的社会主义改造，到1976年基本完成。改造过程中，主要是在拉萨、日喀则等几个城镇补划了剥削阶级成分，划出的资本家，实行了赎买的方针。在对手工业社会主义改造方面，对全区手工业划分为26个行业。西藏社会主义改造中，也保留了个别空白点，例如到1981年底时，仍有4个乡（阿里）维持历史现状，不仅没有进行社会主义改造，也没有进行民主改革。

西藏以农牧业为主体、以人民公社化为基本特征和内容的社会主义改造，把农牧民个体所有制改造成为社会主义性质的农牧民集体所有制，初步地建立起了以农牧业为主体的社会主义经济制度，把广大翻身农奴引向社会主义道路，实现了西藏历史上从新民主主义向社会主义的跨越。民主改革的完成和人民民主政权的普遍建立，随着生产关系的变革，实现了西藏社会政治制度的跨越，社会主义改造的实现，进一步实现了经济制度的跨越。西藏的社会主义改造，使社会主义经济制度从根本上建立起来，从根本上保证了西藏先行建立起来的人民民主政权的稳固。西藏社会主义改造的完成为西藏后来的一切发展和进步奠定了可靠的基础。西藏社会主义改造的完成，构建起他们全新的关于国家和党的领导的观念，使社会主义植根于雪域高原，促进了祖国的统一和各民族的团结合作，有利于祖国边疆的稳定、建设和发展。西藏的社会主义改造是西藏走向现代化的前提条件。

当然，西藏的社会主义改造是在“文化大革命”那样的历史背景下进行的，因而在工作当中难免受到历史的局限和“左”的错误的影响，出现过一些严重的失误。如在西藏社会主义改造过程中，延用政治运动的方法和照搬内地人民公社的模式，这就必然脱离实践发生错误。在农牧区和城镇错误地划定了富农富牧阶级和资产阶级，更是不符合西藏实际的，必然产生严重的失误。

西藏经过民主改革和社会主义改造的社会改革，废除了落后的社会制度，彻底铲除了民族压迫的社会根源，建立起了生产资料全民所有制和集体所有制的社会主义经济，极大地解放了生产力，藏族人民的社会主义积极性空前高涨，促进了经济文化的建设，推进了农牧业生产的发展，提高了生活水平，为西藏地区的繁荣和发展奠定了坚实的基础。①

---

① 参阅徐继增：《西藏的社会主义改造与社会的跨越式发展》，《西藏民族学院学报》（哲学社会科学版），2002年第5期。

第二节　“文化大革命”时期西藏自治区的民族工作

一、“文化大革命”时期党的民族政策遭到严重践踏

1966年开始的“文化大革命”，给中国人民带来了巨大的灾难，也使党的民族工作遭受极大损失。在“文化大革命”期间，林彪、江青两个反革命集团疯狂推行极“左”路线，严重干扰党的民族政策，党和国家的一整套民族政策几乎被破坏殆尽，民族工作完全处于停滞甚至倒退的状态，社会主义民族关系遭到了空前的破坏。

“文化大革命”时期，林彪、江青两个反革命集团以批判李维汉的投降路线为导火索，使我国的民族工作开始受到严重冲击。他们否定民族工作，诬蔑民族工作部门执行了一条“投降主义、修正主义路线”，各级民族工作部门纷纷被撤销；鼓吹社会主义时期“民族问题的实质是阶级问题”，把民族问题和阶级问题混为一谈，混淆了两类不同性质的矛盾，搞阶级斗争扩大化；否认民族特点，否认社会主义时期民族的存在；践踏民族区域自治政策，有些民族自治地方竟然不经过任何法律程序就被撤销，有的被肢解，有的被代管，严重侵犯了少数民族的平等权利和自治权利；破坏民族干部政策，制造了大量的骇人听闻的冤案、假案、错案，致使大批少数民族干部和群众受到迫害，有不少人甚至被迫害致死或致残。这一时期，还撤销了培养少数民族干部的院校和训练班，使培养少数民族干部的工作中断；践踏民族宗教政策，多数宗教活动场所及宗教设施被毁坏、拆除、关闭或改作它用，大批宗教经书、法器和宗教用品被焚毁，一些宗教界人士有的被批斗、批判，有的被强迫劳动改造，有的被判刑监禁，有

的被迫害致死，民族宗教工作受到严重挫折；破坏民族文化教育政策，很多少数民族大、中、小学校被迫停办，公然禁止少数民族使用自己的民族语言文字，一些少数民族文字的推行工作被取消，少数民族语文翻译出版机构被撤销，民族语文机构被撤销，民族文字报刊被停办；破坏民族风俗习惯政策，甚至强迫少数民族改俗。把各少数民族正当的风俗习惯视为陈规陋习和“四旧”、“迷信活动”，侵犯和干涉少数民族的风俗习惯，等等。

少数民族地区的经济建设，特别是工农业生产，受到了很大的影响。在“文化大革命”之前，民族自治地方的工农业总产值，增长速度是相当高的。据统计，从1949年至1965年，年平均增长率为10％以上。但在“文化大革命”的十年中，尤其是1967年全国各地的党政机关被普遍夺权以后，由于经济管理和生产秩序被打乱，工农业总产值的年平均增长率降低到只有4.6％。

“文化大革命”的十年惨痛历史教训证明，何时歪曲、抛弃马克思主义民族理论和民族政策，何时就要在民族工作上犯错误，就要使民族关系遭受挫折和破坏。党的民族政策是民族工作的生命线，正确的民族政策，指引民族工作顺利发展，错误的民族政策将使民族工作遭受严重损失。

二、“文化大革命”对西藏民族工作的破坏

“文化大革命”的十年，在林彪“四人帮”极“左”路线的干扰和破坏下，严重破坏了党的民族、宗教和统战政策，各项工作严重脱离了西藏的实际，许多政策没有落实，人民生活贫穷，民族关系、干群关系紧张，西藏局势相当不稳定。

1966年的《五·一六通知》下达后，西藏自治区党委进行传达贯彻，于5月31日正式成立自治区文化革命领导小组，由王其梅任组长。

1966年6月15日至7月5日，西藏自治区党委在林芝召开全委扩大会议，由自治区党委第一书记张国华传达5月参加的中央政治局扩大会议和西南局会议精神。

1966年8月18日，自治区党委扩大会议通过《关于坚决贯彻执行中共中央〈关于无产阶级文化大革命的决定的决定〉》，对西藏文化大革命进行全面部署。会议要求全区各项工作都要结合“文革”这个中心进行安排，首先搞好自治区、地专两级党政机关和作为重点的文教系统的文化大革命。县一级一般结合“三教”、“四清”进行。厂矿、企事业、农牧区、城镇有工作团的地方，同样要注意充分发动群众自己起来搞文化大革命。军区的宣传、文化、学校部门，也要参酌上述精神，由军区党委安排进行。[①] 1966年8月党的八届十一中全会后不久，西藏的红卫兵组织在拉萨地区的一些学校和机关中陆续出现。8月下旬，红卫兵开始成群结队上街造反。

1967年1月开始，西藏地区“文化大革命”进人所谓的全面夺权阶段，接着“文化大革命”在西藏开展起来。

“文化大革命”一开始，中共中央、国务院和中央军委就明确规定边境地区的县不搞“文化大革命”，于1967年2月决定由西藏军区党委代行自治区党委和政府的权力，先后对一些重要部门实行军管。3月，军队介入地方执行“三支两军”（支左、支工、支农、军管、军训）。经中央批准，1968年9月5日曾雍雅任主任的西藏自治区革命委员会成立，同时，成立了中共西藏自治区革命委员会核心小组。

“文化大革命”中以“阶级斗争为纲”的思想搞乱了思想战线，西藏这样一个经过平叛，刚刚结束民主改革，正要进行社会

① 《中共西藏党史大事记》，西藏自治区党史资料征集委员会编，西藏人民出版社，1995年版，第176～179页。

主义改造的特殊地区也未能幸免，“文化大革命”否定了党关于西藏地区“慎重稳进”的方针，给民族工作造成了一定程度的破坏。同时给西藏的经济发展带来了极大的消极影响。

在“造反有理”、“破四旧”、“立四新”、“砸烂旧世界”等口号的蛊惑下，狂热的红卫兵到处砸抄所谓带有“封、资、修”色彩的书籍、历史文物甚至私人物品；绝大多数寺庙遭到不同程度的破坏，许多珍贵的佛教经书以及寺庙中保存的传统文化资料损坏甚至焚烧，造成了无法弥补的损失。① 与此同时，在“横扫一切牛鬼蛇神”的口号下，大批为西藏革命建设做出了重要贡献的领导干部、知识分子和上层爱国进步人士，受到侮辱迫害，其中许多人被抄家、游斗、关牛棚、劳动改造，有的甚至被迫害致残或致死。1967 年 1 月，西藏自治区党委第一书记张国华及主要领导之一的王其梅被揪斗。王其梅及原中央驻藏代表兼中共西藏工委书记张经武迫害致死。党的民族干部政策、统战政策、宗教政策和民族政策遭到严重破坏。

“文化大革命”中，群众组织之间还出现了激烈的派性斗争。后来军队介人地方执行“三支两军”任务后，派性斗争在群众组织和部队之间形成了矛盾冲突，使“文化大革命”运动出现了更为复杂的局面。

1969 年 4 月召开的中国共产党第九次全国代表大会，从思想上、政治上、组织上全面加深了“左”倾错误 。西藏自治区革命委员会贯彻“九大”精神，搬用内地举办“五七干校”的做法，于 1969 年 10 月集中自治区和地（市）党政机关和群众团体大部分干部及部分职工，到林芝和松宗两地举办所谓“毛泽东思想学习班”，组织学员一边从事伐木、种地等劳动，一边搞清理

① 丹增主编：《当代西藏简史》，当代中国出版社，1996 年版，第 267～292 页。

阶级队伍、“一打三反”、整党等运动。

总之，在这场“史无前例”的“文化大革命”运动中，在开展全国统一部署进行的重大政治运动中，西藏各项事业遭受了严重破坏和损失，党的民族政策和经过长期努力建立起来的亲密团结的民族关系遭到破坏，给西藏的农牧业生产和群众生活造成了很大困难。

“文化大革命”使西藏地区动荡不安，这也给国外反华势力及逃亡国外的西藏分裂主义分子提供了可乘之机。

中国大地发生“文化大革命”后，印度认为有机可乘，加紧了对中国的战略侦察。印度军队还在中印边境上进行了多次军事挑衅。自1966年至1967年1月，印军越过中印边界实际控制线侵犯中国领土达73次之多。同时，印度飞机侵犯中国领空71次。1966年11月，我边防军捕获印度特务扎西等3人，并缴获美制快速电台一部。[①] 1967年7月12日至17日的6天内，印度军用飞机又16次侵入中国领空。1967年9月至10月间，印军多次入侵中国边界挑衅，打死打伤中国边防战士多人。如1967年9月7日，印军60余人越过中锡边界乃堆拉山口侵入中国境内，刺伤两名中国边防战士。1967年9月11日至14日，印军再次在乃堆拉山口越界入侵，向中国边防部队攻击。[②]

对于印度方面的军事挑衅，我国政府在进行必要回击的同时，采取了克制态度，努力不使冲突继续扩大，以保证边防安全。1967年9、10月间，印军在中锡边境向我进行武装挑衅时，周总理对西藏军区作了四点指示：1. 军队无论在任何情况下，

① 《中共西藏党史大事记》西藏自治区党史资料征集委员会编，西藏人民出版社，1995年版，第176～179页。

② 王宏纬著：《喜马拉雅山情结：中印关系研究》，中国藏学出版社，1998年版，第272页。

都要保持稳定。2. 坚持与邻国友好相处。3，对于任何向我的挑衅，都应给以有力反击，保卫我国领土不受侵犯，不得丢失一寸土地。印军挑衅造成的人员伤亡，认真做好善后处理。4. 这次事件的发生，要向群众进行教育，讲清我边防政策，安居乐业，保持稳定。对住在边境一线我方群众，在印军打炮中，动员其疏散，避免损失。[①] 按照中央指示精神，我边防部队有力地反击了印军的挑衅和进攻，并将被击毙的 14 具印军尸体及他们随身携带的枪支弹药交还印方。在中方的努力下，从 1968 年起，印军逐步停止了对我国的挑衅和攻击，中印、中锡边境局势开始趋向缓和。

印度反动势力还乘中国“文化大革命”时机，利用西藏分裂势力进行破坏活动。他们不仅放任在印度的西藏人公开进行反对中国的活动，招募训练他们进行分裂、颠覆中国的活动，而且从 1967 年开始，解除了对达赖限制，使他去了日本。[②] 1970 年，印度政府还策动联合国人权委员会调查所谓中国在西藏剥夺“人权”的问题。正是在国外反华势力支持下，达赖集团坚持分裂祖国立场，一直在国外从事反对祖国的活动。1970 年 3 月 9 日，达赖特意在印度首都新德里发表“声明”，表示要继续进行所谓的“西藏独立”活动。1970 年 3 月 12 日，达赖派驻美国的“代表”通过举行招待会，散发了这一“声明”。

三、西藏民族工作在“文化大革命”时期的曲折发展

“文化大革命”中，尽管西藏民族工作遭受了严重创伤，但

---

① 西藏自治区党史办公室编：《周恩来与西藏》，中国藏学出版社，1998 年版，第 286～547 页。

② 【加拿大】谭·艾伦夫著：《现代西藏的诞生》，中国藏学出版社，1990 年版，第 271～279 页。

由于中国共产党还是注意到西藏的特殊情况，采取了许多与其他地区不同的措施，尤其注意维护国家统一和社会稳定。因此，西藏民族工作在曲折中还是有一定程度的发展。

1. 周恩来等党和国家领导人对西藏工作的关怀

在“文化大革命”时期，周恩来总理非常关心西藏地区的情况，当西藏军区受到冲击时，总理断然指示，西藏军区及其指挥机关以及边防县、区机关一律停止“四大”，造反派不准冲击军队及其指挥系统，并亲自劝说红卫兵不要去西藏串联。在1967年9—10月印度公然开枪挑衅我国西藏边防地区期间，总理果断指示西藏军区要保卫我国领土不容侵犯，稳定了边防。周总理非常关心西藏爱国上层人士，在紧要关头保护班禅、阿沛·阿旺晋美等许多宗教和上层爱国人士。周总理还一再指示一定要保护好西藏的寺庙及文物古迹。

1967年1月，当“文化大革命”蔓延至西藏边境地区时，周恩来总理指示西藏：1. 边境县不开展“四大”，禁止到边境地区进行串联活动；2. 进行正面教育；3. 要抓革命促生产。周总理这一指示产生了积极效果。1967年2月8日，周恩来等告诫西藏军区负责同志：要坚守军委八项命令，绝对保卫军区和军械仓库，不能容许造反派冲入夺权、夺枪。

1967年9月18日，周恩来等中央领导召见西藏在京的几位负责人，要求立即停止派系间的武斗，迅速恢复交通运输，搞好军民关系和民族关系。1968年2月下旬开始的5个月中，西藏军区和原自治区党委一些负责人以及两派群众组织代表300多人到北京，在空军大院举办“毛泽东思想学习班”，为成立西藏自治区革命委员会作准备。在此期间，周恩来总理多次接见西藏军队、地方负责人和群众代表[①]，劝说两派实现大联合。在周恩来总理的支持下，3月签订了《关于西藏两大派实现革命大联合的协议》。1969年7月，周恩来在接见西藏军区在京学习班成员时，告诫军队不允许分派，解放军和西藏人民不可分，不管如何困难，解放军一定要做好榜样。据统计，“文革”当中周总理接见西藏军队、地方负责人和群众代表达16次。

1970年8月6日，周恩来主持召开中共中央政治局会议，讨论中共中央关于在西藏进行社会主义改造的指示草案稿。会议原则上同意西藏地区在完成民主改革的基础上，有领导、有计划、有步骤地实施人民公社化的部署。

1971年春，周恩来等中央领导接见西藏来京开会的领导同志，周恩来总理指出，西藏自治区主要负责同志犯的最大错误是民族政策这一环没有抓住。并指示西藏同志要贯彻民族政策，搞好与藏族的关系；强调汉族同志要学习藏语；要认识宗教的长期性，重视和研究宗教；大力培养藏族干部，提出“四五”计划中要使藏族干部占到干部总数的三分之二。中央政治局还讨论了西藏问题。

1972年1月，国务院在北京召开宁夏固原地区工作座谈会，强调认真落实党的民族政策。在周恩来总理的建议下，1972年10月，以农林部学习小组的名义派调查组到西藏了解民族政策执行情况和当地群众生产生活中存在的问题。1972年，“文化大革命”中，为解决西藏、内蒙、新疆等少数民族地区的问题，周恩来先后多次接见各地军队、地方负责人和群众代表。

1974年，国务院批转国务院科教组《关于内地支援西藏大、中、专师资问题意见的报告》中指出，为了适应西藏社会主义革

① 西藏自治区党史办公室编：《周恩来与西藏》，中国藏学出版社，1998年版，第18～540页。

命和社会主义建设事业迅速发展的需要，帮助西藏人民发展教育事业，尽快地改变历史造成的文化基础比较薄弱的状况，本着增强民族团结，切实做好支援西藏师资的选调工作。①

1975 年 8 月 29 日，身患重病的周恩来在医院接见了准备参加西藏自治区成立十周年庆祝活动的中央代表团团长华国锋，嘱咐他要告诉在藏区工作的同志特别注意执行党的民族宗教政策，注意培养民族干部，要搞统一，搞民族大团结，要有一个安定的政治局面，以利于发展经济，改善和提高物质文化生活条件。要注意保护好森林和各种自然资源。

1975 年，邓小平主持中央日常工作后，制定了全面整顿的方针，并召开了一系列会议，以解决国民经济及社会发展方面存在的问题。同时，中央对于少数民族牧区畜牧业的发展，也给予了特别的关注，专门召开了全国畜牧业工作座谈会。在国务院批准的《全国牧区畜牧业工作座谈会纪要》中，重申“以牧为主”的方针和“禁止开荒、保护牧场”、发展畜牧业生产等政策规定。通过初步整顿，各民族自治地方的经济形势，和全国总的情况一样，开始有了好转。

2. 特殊历史时期的西藏工作

由于周恩来等党和国家领导人及各民族的广大干部和群众对林彪、“四人帮”反革命集团的倒行逆施进行了各种方式的抵制和斗争，在一定范围限制了他们推行的极“左”路线的破坏，在一定程度上维护和贯彻了党的民族政策，西藏的民族工作在一定范围内得以展开。周恩来等国家领导人对西藏人民的关怀，虽然由于以江青为首的反革命集团的破坏和干扰没有得到完全执行，但在一定范围内限制了他们的破坏，鼓舞了西藏广大藏族干部和

① 中共中央文献研究室、中共西藏自治区委员会编：《西藏工作文献选编》，中央文献出版社，2005 年版，第 291～292 页。

群众同他们进行斗争的勇气和信心。

与此同时，西藏自治区结合西藏实际，采取了一些措施，努力限制动乱扩大化，维护西藏局势稳定。

1966 年 9 月 30 日，西藏自治区党委第一书记张国华指出：西藏基本还是个体经济，边防斗争尖锐复杂，民族宗教特别是宗教问题很突出，区内机关与社会、城乡、农牧区，腹心区与边境区有很大差别，文化革命要考虑西藏的具体情况。他说，坚决支持来藏学生，但要劝阻学生到部队抓黑帮、搜查，军人不要上街等。[①] 1966 年 10 月 12 日，西藏自治区党委在关于农村“文革”中一些政策问题的通知中强调指出，对无现行破坏活动的农奴主、代理人，不要动其财产，要尊重宗教信仰等。1966 年，西藏自治区党委还做出决定，在边境地区和县以下农牧区不进行“文革”运动。并提出保护有价值的文物，保护“四寺一宫（即拉萨三大寺、扎什伦布寺和布达拉宫）和大昭寺前的甥舅会盟碑，保护反帝爱国的上层人士，不准提反对宗教的口号”等意见。后来，还向周恩来总理建议：汉族学生不要到西藏串联，让在北京参加国庆活动的阿沛·阿旺晋美暂时留京，以利保护。9 月 8 日，自治区党委在关于“文革”的十条意见中提出：“内地来的学生不能到边防线去”，“由内地寄来的传单，符合我区情况的就做，不能照搬”，“汉族同志不要参加打菩萨、拆寺庙”。努力将“文化大革命”置于党委领导之下，并要充分照顾西藏实际。[②] 当然，后来由于西藏自治区的党政权力被造反派夺去，这些保护措施没能完全发挥作用。

---

① 西藏自治区党史资料征集委员会编：《中共西藏党史大事记》，西藏人民出版社，1995 年版，第 176～179 页。

② 丹增主编：《当代西藏简史》，当代中国出版社，1996 年版，第 267～292 页。

中央军委加强对西藏的工作。1967年2月10日，中央军委决定西藏军区机关暂时停止“文化大革命”，转入正常战备工作。所有军垦农场要集中精力搞正面教育，一律不搞“四大”。同日，宣布军区大院实行军事戒严。2月15日，奉国务院、中央军委命令，西藏军区对自治区公安厅、拉萨市公安局实行军事管制。26日，对西藏日报社实行军管。3月，按照中央指示，部队介人地方，执行“三支两军”任务。5月，中共中央、国务院、中央军委、中央文革小组联合决定对西藏实行军事管制，成立以张国华为主任的西藏自治区军事管制委员会，统一领导西藏各项工作。

中央的上述措施对缓和紧张局势，维护社会秩序，产生了一定作用。但是，在总的“左”倾方针指导下，西藏“文化大革命”运动不久又出现反复，发生武斗事件，派性斗争恶性发展。

在中央领导人这样亲自指导和耐心工作下，西藏自治区革命委员会于1968年9月5日成立，曾雍雅任革命委员会主任。在周恩来总理的努力下，阿沛·阿旺晋美被任命为西藏自治区革命委员会副主任，重新出来工作。后来，鉴于西藏两派武斗不断加剧、局势严重不稳的情况，1969年上半年，党中央又将熟悉民族工作的藏族领导同志大宝调到西藏担任革委会和军区领导工作。

1969年9月25日，根据西藏自治区革委会关于一些地区发生反革命暴乱的报告，中共中央下达指示：“西藏一些地区的一小撮阶级敌人，利用民族情绪、宗教迷信，煽动胁迫群众抢劫国家和群众财物，破坏交通，已完全属于反革命性质”；必须“采取断然措施，决不能让其蔓延”。据此，西藏军区派出部队，在各地革委会和人民群众的支持配合下，平息暴乱，惩办反革命分子，使农牧区局势逐步得到稳定。当然，在平息暴乱中，由于受总的“左”倾方针影响，加上情况错综复杂，也出现了某些对敌情估计过重、打击面过宽问题。这些情况在中共十一届三中全会后得到认真核查和落实了政策。

1971年4月7日，中央决定对西藏自治区革委会领导班子进行调整，曾雍雅调离西藏到沈阳军区工作，任荣代理自治区革委会主任和党的核心小组组长。8月7日至12日，中国共产党西藏自治区第一次代表大会在拉萨召开。会议选举产生中共西藏自治区第一届委员会，任荣任第一书记。不久，各地区、县的党委和基层组织也相继建立。

1972年6月，中央在北京召集西藏负责人开会研究批林整风问题，会后，中央指示西藏：要进一步加强“基本路线教育”，搞好“抓革命，促生产”等。在“批林整风”运动中，西藏对林彪集团的罪行和一些极“左”表现进行了批判，清查了与林彪集团阴谋有关的人和事，使党的民族、宗教政策得到了一定程度的贯彻落实。另外，根据中央部署精神，西藏抓紧落实干部政策，并恢复工农业生产等方面工作。到1972年4月，全区原有的167名地专级干部，已恢复任职138人，原有的1004名县级干部，已恢复任职921人，分别占82.6%和91.7%。在林芝、松宗学习班的干部也大部分重新分配了工作。[①] 加之，这一时期从内地调入了一批干部和职工，从当地新录用了一大批干部和职工，缓解了原有的派性矛盾。这一时期，西藏局势相对稳定，生产建设也逐渐有所恢复和发展。

1975年9月5日，以时任副总理华国锋为团长的中央代表团到拉萨，祝贺西藏自治区成立10周年。中央代表团临行前，已经身患重病住院的周恩来总理同华国锋谈话，嘱咐他到了西藏

---

① 丹增主编：《当代西藏简史》，当代中国出版社，1996年版，第267～292页；江村罗布主编：《辉煌的二十世纪新中国大纪录》西藏卷（1949～1999），红旗出版社，1999年版，第125～127页。

要多鼓励在藏工作的各族干部、解放军指战员，他们在那里很辛苦，这些年工作是有成绩的。还说：告诉在那里工作的同志们，要特别注意执行党的民族、宗教政策，注意培养民族干部，使大批民族干部尽快成长起来。要搞统一，搞民族大团结，军政、军民和各民族之间要互相支持、互相学习、互相尊重。并说：在发展经济的同时，要注意保护好森林和各种自然资源，要造福于我们的子孙后代。随后，周总理又打电话给华国锋说：我看了一部科教片《养蜂促农》，你把它带到西藏去，给那里的同志们看看，不要说我周恩来送的，就说是国务院送的。①

对于印度利用达赖集团反华的活动，我们在谴责、抗议的同时，也从中印两国人民友好的大局出发，对来自印度方面的任何友好姿态，都及时给以回应，促使两国关系向好的方面发展。进人 70 年代，我国外交取得重大成果。1971 年，联合国大会恢复中华人民共和国在联合国的一切合法地位。1972 年，实现美国总统尼克松访华，中美关系改善，开始走向关系正常化，沉重打击了内外反动势力。这些，都使印度政府表面有所收敛，对其国内西藏叛乱分子的活动开始采取一些限制措施，如 1973 年印度不让达赖喇嘛在纪念叛乱 14 周年时发表讲话，禁止举行纪念会，禁止在中国驻新德里大使馆门前示威游行等。② 1976 年 9 月，中印双方恢复互派大使的外交关系。

这一时期，我国政府还积极发展同尼泊尔的友好关系，并取得了成效。1974 年，尼泊尔政府为维护国家独立，安全、巩固比兰德拉国王的地位，对盘踞尼北部木斯塘地区的西藏叛乱武装

---

① 西藏自治区党史办公室编：《周恩来与西藏》，中国藏学出版社，1998 年版，第 286～547 页。

② 【加拿大】谭·戈伦夫著：《现代西藏的诞生》，中国藏学出版社，1990 年版，第 271～279 页。

采取坚决措施，包围喊话，令其交出武器，并最终歼灭了这支反动武装。

在党中央、周恩来等中央领导同志的关心及西藏自治区政府的努力下，西藏建设工作在曲折中前进。1966 年 8 月，横贯西藏雅鲁藏布江的曲水大桥通车。1966 年，西藏自治区师范学校成立并于 1971 年 11 月 15 日开学。根据 1970 年 9 月 20 日的《人民日报》报道，西藏自治区成立五年来已建成煤炭、水力发电、机械、化工、建筑材料、森工、造纸、纺织、皮革、火柴、肥皂等几十种地方工业。全区 30%以上的县有了中小型水电站，发电量比 1965 年增长 1 倍。拉萨、日喀则、那曲、山南和昌都等地都有了农业机械修造工业。根据 1971 年 10 月 21 日和 1973 年 9 月 13 日的《西藏日报》报道，西藏各城镇和县分别建立了医院、医疗卫生机构，部分区建立了卫生所，劳动人民享受免费医疗。人口自民主改革以来增长了 25%。北京、兰州和四川等地区为西藏培养了藏族医护人员达 400 多人。1972 年，西藏自治区第一所中级卫生学校开学。1973 年，由上海、江苏、湖北、湖南、河南、山东、辽宁、四川等八省（市）医务人员组成的中央赴藏医疗队先后到达拉萨、那曲、昌都和日喀则等地行医。

第六章　社会主义建设新时期西藏自治区的民族工作（1976—1992）

第一节　拨乱反正时期西藏自治区的民族工作

1976年，“文化大革命”十年动乱结束。经过两年多的过渡，以邓小平同志为核心的第二代中央领导集体，深刻总结了建国以来正反两方面的经验教训，冲破了思想上“左”的束缚，恢复了“一切从实际出发，理论联系实际，实事求是，在实践中检验真理和发展真理”的思想路线，为全党积极探索，大胆试验，开拓创新，创造性地开展工作，不断研究新情况，总结新经验，解决新问题，奠定了坚实的基础。同时，党中央对当时及以后一个时期内的国际形势做出新的判断，认为世界大战在相当长的时期内打不起来，国内社会的主要矛盾是人民群众日益增长的物质文化需要同落后的社会生产力之间的矛盾，从而果断决策，将党的工作中心由“以阶级斗争为纲”转移到社会主义现代化建设上来。1978年底，以中国共产党十一届三中全会为标志，中国进入了以经济建设为中心的社会主义事业发展的新时期。此时，西藏也已经完成了社会主义改造，进人了社会主义的发展阶段。

根据党中央的统一部署，西藏开始逐步恢复和落实被破坏了的党的民族、宗教、统战政策，恢复发展经济生产。

一、西藏自治区党委和政府根据实际贯彻落实党的民族工作方针

1. 深入揭露和批判“四人帮”的反革命罪行，平反冤假错案

1976年10月16日，中共西藏自治区委员会和西藏军区委员会联合召开扩大会议，向到会的县、团级以上领导干部传达了中共中央政治局粉碎江青反革命集团的精神。此后，西藏各族人民群众深入揭露和批判“四人帮”在西藏的种种罪行，尤其是他们否定党在西藏的“稳定发展”方针，迫害藏汉族干部，破坏民族团结，破坏党和国家正确的民族、宗教、统战政策等罪行。

在揭露和批判的同时，开始了清查工作。清查工作根据西藏的实际情况，对在“文化大革命”中犯有错误的藏族和其他少数民族干部、群众，采取“慎重稳妥、政策从宽”的方针，广泛地争取团结了少数民族干部，对在西藏工作的汉族干部和职工中与“四人帮”有牵连的人和事，按照中央对全国的统一部署进行清查。先后清查出109人。其中逮捕18人、拘留隔离审查15人、办学习班说清问题的61人。结果表明，西藏清查出的与“四人帮”阴谋篡党夺权有牵连的人和事，大多属于工作上的执行问题和派性斗争，除极少数刑事犯罪分子受到法律制裁外，均按人民内部矛盾处理，对起初错误处理的同志，后来都恢复名誉、恢复工作，补发了工资。①

通过揭露和批判“四人帮”的反革命罪行的斗争，清查了犯有错误人员，及时纠正了西藏工作中的一些“左”的错误，初步形成了西藏安定团结的局面，为集中精力和力量进行西藏的社会主义建设创造了条件。

在清查工作的同时，平反冤假错案，落实党的干部政策，成

---

① 丹增主编：《当代西藏简史》，当代中国出版社，1996年版，第300页。

为一项紧迫而艰巨的任务。为做好这项工作，西藏自治区专门成立了落实政策办公室，从事平反冤假错案、落实干部政策的工作。1977 年至 1980 年 3 月，平反冤假错案、落实干部政策工作在西藏全面展开。依据“全错全平、部分错部分平、不错不平”的原则，对所有重大案件逐一复查复议，根据政策精神重新做出结论，落实政策。经过各级党政机关和专职人员的两年多艰苦工作，复查落实了“文革”期间立案案件 2971 件的 69.7%。到 1979 年 11 月，全区“文革”前任职的地、县级干部 90%以上都恢复了工作。复查了“文革”期间立案处理的脱产干部案件的 90%，复查了涉及农牧区基层干部及其他案件的 75%。

1977 年 6 月，西藏自治区党委指示，要求在干部中进行民族政策再教育。1978 年 4 月和 11 月，又两次指示要求抓紧落实党的干部政策。1978 年 4 月，西藏自治区党委要求贯彻中央关于全部摘掉右派分子帽子的决定。1978 年 11 月，自治区党委同意为“文化大革命”中列为专政对象的所有未叛领主和领主代理人（约 6000 人）恢复公民权。1978 年 12 月，宣布不再把一般富农、富牧分子作为专政对象。1979 年 3 月 12 日，西藏自治区召开大会，全部释放 1959 年参加叛乱的在押人员，对刑满后戴帽的就业人员和社会上戴帽监督的劳改人员，一律摘掉帽子，宽大处理。1979 年 9 月 23 日，西藏自治区党委发出通知，要求在全区进行真理标准问题的讨论补课，开始全面贯彻落实党的十一届三中全会精神。

虽然平反复查工作并没有完全彻底，还有一些冤假错案没有得到及时更正，但西藏进行的平反冤假错案、落实干部政策工作对稳定西藏的局势，恢复民族区域自治制度建设，恢复民主法制，促进西藏民族关系的和谐发展，促进西藏地区社会经济的全面恢复和发展起到了积极作用。

2. 恢复、发展农牧业生产并适时进行国民经济的三年调整粉碎“四人帮”以后，西藏自治区党委逐步把工作重点转向社会主义经济建设，决定在西藏地区停止使用“以阶级斗争为纲”的口号，贯彻执行十一届三中全会确立的政治、思想、组织路线，1978年12月13日，西藏自治区党委提出，从1979年1月1日起，工作重心转移到大搞社会主义经济上来，并明确了自1979年开始把发展农牧业作为西藏经济工作的重点。自1976年10月至1980年3月间，西藏自治区在落实政策、恢复经济、发展农牧业生产等方面取得了很大的成绩。

为搞好西藏的农牧业生产，1978年9月，区党委颁发了《关于农村经济政策若干问题的规定》和《关于牧区人民公社几个政策的规定》。在农区主要贯彻执行“以粮为纲、全面发展”，提倡农、林、牧、副、渔全面发展的方针。实行按劳分配，要求在集体劳动的基础上，发展家庭副业。在牧区主要贯彻执行“以牧为主，围绕牧业生产，发展多种经济”的方针。要求生产队对畜群作业组实行“三定一奖”（定工、定畜、定产，超产奖励）制度。分配上实行“国家、集体、个人三兼顾”政策。这两个《规定》在一定程度上促进了农牧副业生产。从此，农牧区的自留地、自留畜逐渐发展起来，有的地方还开始试行联产责任制。经过两年多艰苦努力，全区农牧业得到较大增产。1978年，全区粮食总产量达到5.25亿公斤，人均占有粮食285公斤，创历史新高。牲畜头数也超过历史最高水平。① 日喀则年楚河水利工程、尼木县渠网工程开始建设。但是，1979年由于干旱和病虫害，西藏的农牧业遭受重创，人民生活受到严重影响。另外，“一大二公”和单一的农牧业生产已不能适应西藏农牧业经济的发展，问题日益突出，经济政策必须作出重大调整。

1979年下半年，根据中央部署并结合西藏实际，西藏开始

① 丹增主编：《当代西藏简史》，当代中国出版社，1996年版，第303页。

了对国民经济进行为期三年的调整工作。认真贯彻中央“调整、改革、整顿、提高”的八字方针，工作重点为经济调整。进行了对农牧业经营方针的调整，地方工业的调整。经过调整和整顿，西藏基本上形成了以农牧为基础，适量发展工业的格局。

二、党中央关心西藏的发展

党中央十分关心西藏发展，及时对西藏的工作发出指示。1979年，中共中央统战部把胡乔木、任继愈、季羡林等三位同志关于保护西藏历史文物、宗教典籍等问题的信批转给西藏自治区党委，要求西藏自治区党委做好对西藏文物、资料的保护和管理工作。

在1978年12月4日，党中央向西藏自治区党委发出通知，要求做好西藏逃往印度人员返藏探亲的接待工作。12月28日，十一届三中全会刚刚结束，中共中央副主席邓小平在会见美联社记者时发表谈话，说：“达赖可以回来，但他要作为中国公民”，“我们的要求就一个——爱国，而且我们提出爱国不分先后”，表明了中央政府对达赖回归祖国问题的态度。[①] 邓小平同志还接见了来京同中央联络的达赖喇嘛二哥嘉乐顿珠，同他进行长时间谈话。邓小平向嘉乐顿珠讲了当前的形势和全国各民族人民团结起来实现四个现代化的重要性，表示欢迎达赖回国，并讲了中央对达赖和外逃藏胞回国的态度和政策。与此同时，党还积极做工作，使班禅大师出来工作。1978年11月，在西藏拉萨召开大会，宽大释放在押的24名达赖上层反动集团罪犯和10名美国和印度特务人员。

1979年6月15日，邓小平同志在五届政协二次会议开幕式上发表讲话，指出我国各兄弟民族经过民主改革和社会主义改

① 《西藏的主权归属与人权状况》，国务院新闻办公室，1992年9月21日，载《人民日报》1992年9月23日、24日。

造，早已陆续走上了社会主义道路，结成了社会主义的团结友爱、互助合作的新型民族关系。各民族的不同宗教的爱国人士有了很大的进步。在实现四个现代化进程中，各民族的社会主义一致性将更加发展，各民族的大团结将更加巩固。这一理论总结，对西藏民族关系的发展指明了方向。

第二节　中共中央两次西藏工作座谈会和西藏民族工作

一、第一次西藏工作座谈会和党在西藏的民族工作

粉碎“四人帮”以来，西藏的各项工作取得了很大的成绩，但是，由于历史上长期受封建农奴制的统治，后来又受到十年动乱的干扰，加之自然灾害等影响，西藏社会各方面的发展还非常落后，西藏各族人民渴望尽早改变这种状况。在这种情况下，中央召开了第一次西藏工作座谈会。

1980 年 3 月 14—15 日，中共中央在北京召开了西藏工作座谈会，会议由中共中央总书记胡耀邦主持。会议主要是为帮助西藏全面落实党的十一届三中全会的路线、方针和政策，努力开创西藏工作的新局面而召开的。西藏自治区党委几位负责人参加了会议，并向中央汇报了西藏工作。会议重点讨论西藏地区工作，形成了《西藏工作座谈会纪要》。这次西藏工作座谈会确定了西藏今后一个时期的工作任务和方针政策。这是实现西藏历史转折的一次重要会议。

1. 第一次西藏工作座谈会及会议精神。

会议总结了近 30 年党在西藏的工作。肯定了在党中央正确领导下，从人民解放军进军西藏和西藏和平解放以来，全区广大党员干部、驻军指战员和藏族、门巴族、珞巴族等各族人民，紧

密团结，并肩战斗，经过平息叛乱、民主改革、建立民族区域自治政权，结束了封建的农奴制度，使百万农奴政治上得到彻底翻身解放的成就。同时指出，在十年“文化大革命”中，由于林彪、“四人帮”推行极“左”路线，严重阻碍和损害了西藏各项建设事业的发展，破坏了党的民族政策、经济政策、宗教政策、统战政策、干部政策和亲密团结的民族关系，给农牧业生产和群众生活造成了很大困难。

会议肯定了粉碎“四人帮”以来，西藏各方面工作所取得的成绩。指出，自治区党委和各级党组织，团结藏族、门巴族、珞巴族等各族人民，各方面的工作取得了很大的成绩，广大农牧民生活也有了不同程度的改善。但同时也指出，由于历史上封建农奴制度的反动统治，林彪、“四人帮”的干扰破坏，加上自然灾害影响，以及工作中的某些缺点错误，西藏的农、牧、工业生产水平仍然很低，交通运输仍很困难，文化教育还很落后，群众生活还很贫困，西藏各族人民渴望尽快改变这种状况。

会议提出了西藏今后在新的历史条件下的中心任务和奋斗目标，是以藏族干部和藏族人民为主，加强各族干部和人民的团结，调动一切积极因素，从西藏的实际出发，千方百计地医治林彪、“四人帮”造成的创伤，发展国民经济，提高各族人民的物质生活水平和文化科学水平，建设边疆，巩固边防，有计划有步骤地使西藏兴旺发达、繁荣富裕起来。指出，这对于逐步实现藏汉各族人民在经济和文化上的事实上的平等，进一步密切党和藏族人民的关系，建设社会主义现代化强国，胜利地进行国际斗争，都具有极其重要的意义。

会议强调指出要根据西藏的自然条件、民族特点、群众生产和生活需要，安排和发展国民经济。具体要以发展农、牧业为主，逐步地调整好农、牧、林、副、渔业生产的布局，建设好生产基地。农业生产，要改善耕作方法，合理安排种植计划，适当恢复青稞、豆类的种植面积，努力提高产量。要特别重视牧业生产，调整畜群结构，提高养畜质量，增加畜产品。大力保护各种自然资源，保护生态平衡。重视植树造林，开发渔业生产。每个地区和县、社都要真正做到因地、因时制宜，区别不同情况，宜牧则牧，宜农则农、宜林则林。无论牧区、农区或半牧半农区，都要以一业为主，多种经营，全面发展；有计划有领导地发展副业生产，进行土特产品的种植、采集、狩猎和加工。

在工业发展方面，指出首先要调整、整顿好现有工业企业，挖掘潜力，发挥效用。要充分利用当地的自然资源，着重发展轻纺工业，绝不要搞无米之炊。要调动手工业工人的积极性，普遍发展手工业和修理业。还要充分利用水利、地热等资源，发展动力和燃料工业。

在发展交通运输业方面，要求积极改善内地和西藏之间的交通运输状况。除了加强青藏川藏公路的养护和维修，尽快铺完青藏公路的黑色路面外，还要发展航空运输。要按照国家兴办，群众自办和民办公助相结合的方针，采取土洋结合等有效办法，发动和组织群众修筑便道、公路，架设索道、桥梁，特别是建筑和养护好区内的几条主要公路，尽快做好拉萨到阿里和昌都两地能够常年通行汽车。

发展商业、民族贸易和对外贸易，要加强政策观点和群众观点。国营商业要不断改善经营管理，努力做到把群众需要出售的农、牧、林、渔产品和各种土特产品收购起来，把真正适合藏族和其他少数民族需要的生产、生活资料供应给群众。在相当长的时期内，坚持总的不赔不赚的方针，保持物价的相对稳定。从生产建设和群众生活需要出发，积极发展对外贸易；按照平等互利和以物易物的原则，开放和发展边境小额贸易。

在发展文教卫生事业方面，首先要采取有效措施，逐步普及小学教育，扫除藏文文盲，藏汉各族学生都要学习藏文。尽快把民办小学转为公办，有计划地发展初、高中学校。编印藏文课本，提高教学质量。自治区的各大专院校和中等专业学校，主要应当招收藏族和门巴族、珞巴族等少数民族的学生，为建设西藏培养专业人才。积极发展民族的、科学的、群众性的文化体育和医疗卫生事业。继承和发展藏医藏药和藏历、气象学。继续实行各族群众和学生免费医疗、免费看电影的制度。

会议要求，各项建设事业的发展，都必须分别轻重缓急，逐次先后，统一计划，加强领导。要大力发扬艰苦创业、勤俭节约的精神，要紧缩非生产性开支，紧缩吃商品粮的人口，最大限度地把人力、物力和财力集中到经济建设上来。要在发展生产的基础上，逐步改善各族人民的物质生活。特别注意组织、安排好边境地区群众的生产和生活。

会议要求进一步解放思想、落实政策，紧密结合实际，深入批判林彪、“四人帮”极“左”路线，调动一切积极因素，努力巩固和发展安定团结的政治局面。

会议强调继续落实党在农村、牧区的经济政策；坚决执行党的民族政策；全面贯彻党的宗教政策；要继续做好落实人的政策的工作；做好团结、教育、改造民族宗教上层爱国人士的工作；对达赖集团和外流藏胞等方面工作的具体方针政策。

会议最后就坚持和改善党的领导提出了意见，并对内地进藏干部、职工和驻藏解放军提出了希望和要求。

党中央强调西藏“战略地位十分重要”，“对西藏自治区各项问题的处理，必须十分重视和慎重”。“西藏是祖国神圣领土不可分割的一部分，是政治、经济、文化和自然条件都具有特殊重要性的民族自治区。”

会议指出，所谓“民族问题实质是阶级问题”的说法是错误的。指出在我国各民族都已实行了社会主义改造的今天，各民族间的关系都是劳动人民间的关系。宣传“民族问题实质是阶级问题”，只能在民族关系上造成严重误解。……不但不能加强民族团结，而且必然要给内外敌人以可乘之机。这是所有进藏同志都必须充分了解，万万不可粗心大意的。

考虑到西藏的特殊情况，党中央提出今后西藏工作必须注意以下八项方针：

一、中央各部门都要注意了解、研究西藏的实际情况，根据那里的自然条件、民族特点、经济结构、各族人民的思想觉悟和生活状况，制定有关工作的方针、任务和政策，实行具体指导。一切决定和措施，必须首先确实得到藏族干部和藏族人民的真心同意和支持，否则就要修改或等待。切忌主观、片面、一般化、一刀切的领导作风和工作方法，不要盲目地、硬性地推广内地的和汉族的工作经验。

二、中央统战部和国家民委要积极协助中央和国务院，系统调查研究西藏工作情况，主动提出建议，协同有关部门处理好西藏工作中的一些具体问题。对于有关西藏工作的重大问题，要事先征求西藏自治区党政领导机关的意见，并请示报告中央决定。

三、中央和中央各部门制定的方针、政策、制度，发往全国的文件、指示、规定，凡是不适合西藏实际情况的，西藏党政群领导机关可以不执行或变通执行。但重要的问题要事先请示，一般的问题要事后报告。西藏地广人稀，脱产人员的编制和财政支出决不能照搬内地的一套，目前必须精兵简政，以便把有限的资金用到确实最必需的地方。

四、大力培养藏族和其他少数民族干部，积极帮助他们把建设西藏的主要责任承担起来。内地调往西藏的干部，要根据实际需要，坚持少而精的原则。除了调派必要的领导骨干外，主要应有计划地输送大专院校和中等专业学校的毕业生及其他有专门知识和能力的人才。

五、中央各部门，特别是计划、经济、文教、卫生部门，在制定长远规划和年度计划时，要照顾西藏的特殊需要，尽可能满足他们的合理要求，在物质、技术等方面给以积极的支援。

六、全国各有关地方和单位都要根据上级的指示，认真做好支援西藏的工作。要注意关心和照顾进藏干部和职工的家属子女，帮助他们解决某些实际困难；对调回内地的进藏干部和职工，要妥善安排和解决好他们的工作、学习、疗养和生活等问题。

七、中央各部门和各省、市、自治区，对于《纪要》中提到的和自己工作有关的问题，要专门研究，制定措施，抓紧解决。

八、西藏自治区党委要按照党的十一届三、四、五中全会和《纪要》的精神，认真总结过去工作，发扬成绩，克服缺点，纠正错误。重新审订全区经济建设规划，对发展农、牧业生产，发展对外贸易，调整、改善经济管理体制，在自留地、自留山、自留畜、家庭副业等一系列问题上纠正各种"左"的偏向，落实党的农牧业、财贸、文教、民族、宗教、统战等各项政策，要认真调查研究，制定具体的实施方案，抓紧解决当前迫切需要解决的重大问题，力争在短期内取得比较显著的成效。

1980年4月7日，中央在转发《西藏工作座谈会纪要》的通知中着重指出，巩固汉族同藏族、维族、蒙族和其他边疆以及内地各少数民族的团结，改善各少数民族的政治经济文化状况，是一个具有伟大历史意义和战略意义的重要任务。"文革"十年使我们党的民族政策（包括宗教政策）受到了很大摧残，汉族和许多少数民族之间产生了相当的隔阂，必须用极大的努力才能恢复各民族间的相互信任和团结。我们建国已经30多年了，加以目前国际形势复杂，我们如再不抓紧时间迅速大力改善民族关系，就将犯极大的错误。全党对于这个问题的严重性必须有统一的充分的认识。

《通知》最后指出："本通知的基本精神，同样适用于全国其他民族自治区和自治州、县。希望各有关地方党委根据这个文件的基本精神，结合本地区的实际情况，检查一次自己的领导工作和执行民族政策的情况，并且拟定今后改善党的领导、落实民族政策，做好各项工作的措施。”①

2. 贯彻落实西藏工作座谈会精神，进一步落实各项政策。

为帮助落实西藏工作座谈会的精神，1980 年 5 月下旬，胡耀邦率领中央有关部门负责人到西藏考察并指导工作。5 月 29 日，胡耀邦在西藏自治区干部大会上，第一次提出“为建设一个团结、富裕、文明的新西藏而奋斗”的战略目标。他指示西藏在这一个时期内要办好六件大事。第一，在中央的统一领导下充分行使民族区域自治的权利；第二，从西藏当前相当困难的情况出发，实行休养生息政策，减轻群众负担；第三，在所有的经济政策方面，实行特殊的灵活政策，促进生产的发展；第四，把国家支援西藏的大量经费，用到发展农牧业和藏族人民日常迫切需要的方面来；第五，要在坚持社会主义方向的前提下，大力地、充分地发展藏族科学文化事业；第六，要正确执行党的民族干部政策，加强藏汉族干部的亲密团结。同时还宣布，西藏在 3 至 5 年内实行免征、免购政策，1980 年中央给西藏补助 6 亿元，以此为基数，从 1981 年起递增 10%。还要办好一所西藏的综合大学，大批汉族干部调回内地工作等。②

西藏自治区党委和人民政府认真贯彻西藏工作座谈会的精神，坚持从西藏实际出发，进一步落实民族、宗教、统战、干部等各方面的政策，坚持以经济工作为中心，实行改革开放，西藏地区很快出现了全面拨乱反正，大力发展经济的新局面。

1980 年 4 月以后，西藏自治区党委开始进行“真理标准”

---

① 《新时期统一战线文献选编》中共中央党校出版社，1985 年版，第 29～138 页。

② 丹增主编：《当代西藏简史》，当代中国出版社，1996 年版，第 308 页。

大讨论的补课活动，澄清“民族问题的实质是阶级问题”错误提法，全面进行拨乱反正，决定再次复查西藏和平解放后历次政治运动中处理的重大历史案件，进一步全面落实干部政策，全区再次进行大范围的平反冤假错案工作，彻底平反冤假错案，恢复被害致死者的名誉，妥善安置蒙冤人员等。进一步落实党对上层爱国人士的统战政策，妥善处理了民族宗教界爱国人士的历史遗留问题。如全国人大否定了对班禅大师的错误处理，恢复班禅大师的名誉，并给受牵连人员纠正平反，班禅大师当选为全国人大副委员长。据统计，全区先后有 1700 多名爱国人士在政治上、生活上得到了妥善安置。进一步要求全面正确地贯彻执行宗教信仰自由政策，既要尊重保护群众正常的宗教活动，也要坚决反对分裂主义势力和不法分子利用宗教进行违法活动，彻底清理“文革”期间违反宗教政策的遗留问题，重申正常的宗教信仰活动一律受国家法律保护，各种传统的宗教活动和宗教节日活动相继开展起来。同时，为方便国外藏胞归国参观，成立了区接待藏族同胞归国参观委员会，实行“爱国一家”、“爱国不分先后”和“来去自由”政策。从 1979 年委员会成立至 1987 年，共接待了 3700 多名国外藏胞回国探亲仿友、参观、旅游观光。根据本人申请安排了 1600 多人在国内定居。1980 年以后，自治区还为 1950 年平叛中有问题的案件进行复查处理，对农牧区划定的“四类分子”实行从宽处理，宽大释放参加 1959 年反革命武装叛乱的在押犯人，纠正了 1958 年右派斗争中的错误案件以及其他一些错案，纠正社会主义改造时，被错划的富农牧户和富农分子、资本家的成分。

贯彻落实中央提出的休养生息的决策，进一步解放生产力。1980 年西藏工作座谈会后，中央领导亲赴西藏考察，提出了休养生息的决策。西藏自治区党委和人民政府认真贯彻中央指示精神，在深入细致地调查研究的基础上，制定了一系列休养生息，治穷致富的具体政策。一是给农牧区生产队、组、户下放生产经营自主权。二是免征农牧业税收，取消一切形式的派购任务。三是废除一切形式的用工摊派任务，减轻群众负担。四是保障城市职工、居民生活必需品的供应。随着休养生息政策的落实。同时还有计划有步骤地重点扶持贫困地区和贫困户发展生产、脱贫致富、改善生活。经过一系列的特殊扶持政策，农牧区的生产关系和经营体制逐步得到调整，进一步解放了生产力。西藏各地自1980年起便开始实行以承包为主导的多种形式的生产经营责任制。

积极调整民族干部政策。西藏和平解放后，急需大量干部开展工作，当时根据工作需要，调入了很多内地干部进藏工作，吸纳了区内外部队转业的干部来藏工作，同时大力培养当地干部。在西藏解放后的很长一段时间内，从内地调入西藏工作的干部比例较大。周恩来总理生前曾要求西藏逐步实现汉族干部占西藏干部总数的30%，藏族干部占70%的目标。随着民族干部队伍的壮大，西藏干部队伍结构需要根据形势作出相应调整。中央根据西藏自治区党委的要求，于1979年4月至7月，从19个省、市和中央国家机关49个部委抽调进藏党政干部1556人，专业技术干部1536人，共抽调干部3092人进藏工作。将一批长期在西藏工作的汉族干部开始陆续调回内地。从1980年至1983年，共进行了三批内调干部、工人的工作，共调出党、政干部、专业技术人员两万余人（含退休700余人），工人25 000余人（含退休160余人）。两项合计45 100余人，连同家属子女约8万多人离开西藏。国家拨专款1.6亿元作为内调人员安置费用。[①] 同时，为适应西藏社会主义现代化建设的需要，努力提高工作水平和工作效率，区党委做出了机构改革和调整领导班子的决定。通过机

① 丹增主编：《当代西藏简史》，当代中国出版社，1996年版，第319页。

构改革精简了机构，并按德才兼备和干部“四化”的标准及时调整领导班子，提拔了一批藏族和其他少数民族干部担负领导工作。

上世纪80年代初，党中央也在不断总结建国以来民族工作的经验教训，不断研究和加深对民族问题、宗教问题的认识，并颁布了一系列重要的决定，进一步明确了民族工作的基本政策，为新时期民族工作的全面发展奠定了坚实的理论基础，使我国民族工作逐步走上了法制化、规范化的正常轨道。

1981年6月，党的十一届六中全会通过了《关于建国以来党的若干历史问题的决议》。其中第三十五条第七项指出：“改善和发展社会主义的民族关系，加强民族团结，这对于我们这个多民族国家具有重大意义。在民族问题上，过去，特别是在‘文化大革命’中，我们犯过把阶级斗争扩大化的严重错误，伤害了许多少数民族干部和群众。”“必须明确认识，现在我国的民族关系基本上是各族劳动人民之间的关系。必须坚持实行民族区域自治，加强民族区域自治的法制建设，保障各少数民族地区根据本地区实际情况贯彻执行党和国家政策的自主权。要切实帮助少数民族地区发展经济文化建设，努力培养和提拔少数民族干部。”1982年9月，在中国共产党第十二次代表大会的报告和通过的新党章中，谈到了民族问题时，指出要坚持维护和发展国内各民族的平等、团结、互助关系，坚持实行民族区域自治政策。1982年11月，全国人大五届五次会议通过了《中华人民共和国宪法》，在总则和第三章第六节对国家的民族政策和民族区域自治制度作了原则规定。

这一时期，西藏自治区根据第一次西藏工作座谈会会议精神及党中央在新时期召开的几次重要会议中确定的民族工作方针，积极开展本地区的民族工作，落实中央精神，全面拨乱反正，清理“文化大革命”时期的冤假错案，执行党的统战政策，做好安排爱国人士和接待、安置国外藏胞回国的工作，贯彻宗教信仰自由政策，全面推进了民族、宗教、统战工作。

二、第二次西藏工作座谈会和党在西藏的民族工作

1980年3月第一次西藏工作座谈会后，西藏各项工作顺利开展。但是，1981—1983年西藏连续三年自然灾害给农牧业的发展和人民生产生活造成了一定的影响。同时，自治区党委在工作中也存在一些分歧。中共中央为全面了解西藏各项工作的发展情况，进一步总结经验，促进西藏经济的快速发展，加快人民生活水平的提高，于1984年3月在北京召开了第二次西藏工作座谈会。

1. 第二次西藏工作座谈会及会议精神

第二次西藏工作座谈会由中共中央总书记胡耀邦主持，参加会议的有中央和中央有关部门负责人以及西藏自治区党政军负责人和各地市委负责人共70余人。会议从认识论的角度对西藏的特殊性进行了一次"再认识"，总结了第一次西藏工作座谈会以来的西藏工作，在肯定工作的同时，研究如何在西藏这样的特殊环境下进一步放宽经济政策，加强经济建设，尽快提高西藏人民的生活水平。会议适时地制定了一系列符合西藏实际的经济政策和改革开放政策，并决定开展西藏自治区成立20周年庆典活动，在西藏建设43项工程。会议最终形成了《西藏工作座谈会纪要》，提出西藏工作在今后相当长的时期内的主要任务是大力开发能源，发展交通运输业；进一步放宽政策，促进农牧林业和民族手工业发展；努力办好教育事业，发展和繁荣文化艺术；对外开放，对内加强交流；高度重视和切实做好统战、民族、宗教工作；认真培养民族干部，提高思想、工作水平等。

2. 贯彻落实第二次西藏工作座谈会精神，进一步调整各项方针政策

为贯彻执行第二次西藏工作座谈会精神，1984 年 4 月下旬，中共西藏自治区委员会在拉萨召开三届二次全委扩大会议，会议总结了 1980 年以来西藏工作的成功经验和失败教训，检查了在民族、统战、宗教工作等方面存在的问题。同时指出要高度重视统战工作、民族工作和宗教工作，特别重视团结上层代表人物。

为贯彻执行第二次西藏工作座谈会精神，1984 年 8 月，中央领导人胡启立、田纪云到西藏视察工作。他们经过细致深入的调研后，肯定西藏在探索经济体制改革等方面的做法和经验的同时，提出西藏应进一步调整经济结构，增强自身的经济活力。并在给中央的《赴西藏调查研究的报告》中把西藏经济工作调整后的方针概括为“一个解放”（解放思想）、“两个为主”（在坚持公有制的前提下，实行以家庭经济为主，以市场调节为主）、“两个转变”（从封闭式经济向开放式经济转变，从供给型经济向经营型经济转变）、“两个长期不变”（牧区实行牲畜归户、私有私养、自主经营长期不变，农区实行土地归户使用、自主经营长期不变），并以此作为发展西藏经济的指导思想。

为贯彻执行第二次西藏工作座谈会精神，自治区党委还颁布了《关于农牧区若干政策规定（试行）》等进一步放宽经济政策的一系列具体措施，加快了农牧区经济体制改革的步伐，初步形成了西藏农牧区经济体制改革配套政策。同时还进行了城市经济体制的改革。

为了加快西藏的发展，体现党中央和全国人民对西藏的支持，第二次西藏工作座谈会后，中央确定了帮助西藏发展的一系列特殊政策和灵活措施。如，国家对西藏的财政实行补贴，国务院各部委还根据西藏各项事业的发展进步进行多项补贴。中央财政对西藏的基本建设进行投资，对农牧民免征农业税。为了解决西藏缺少科技人才问题，国家各有关部门和全国各省市对西藏各省区实行对口支援，动员大批专业技术人员、工程技术人员、专业管理人员、教师和医务工作者进藏参加建设工作等。

3. 四十三项援藏工程建设

1984年西藏工作座谈会上，党中央、国务院决定在庆祝西藏自治区成立20周年之际，由北京、上海、天津、江苏、浙江、四川、广东、山东、福建等9省市和水电部、农牧渔业部、国家建材局等有关部门帮助西藏建设43项近期迫切需要的中小型工程项目。这是中央为帮助西藏的经济发展，尽快缩小西藏与全国发展的差距，作出的明智决定。43项工程项目建设的决定也标志着全国性的援藏工作正式开始。

1984年3月5日，成立了以国家计委副主任黄毅诚为组长的包括中央有关部门领导、专家等9人组成的西藏自治区经济工作咨询小组，帮助西藏提供决策方案；组织推动全国各地方和中央各部门的援藏工作。1984年的3月14日，西藏自治区成立了43项工程指挥部，从各单位抽调200多名干部、工程技术人员组成办事机构，协助承建工程的省、市施工工作。各承建省、市紧急动员，迅速组成援藏施工队伍。4月10日，第一批施工人员到拉萨，5月15日，43项工程中大型项目之一的西藏体育馆破土动工，其他项目也先后进入施工阶段。

工程建设内容涉及能源、交通、建材、粮油加工、商业、文教卫生、市政建设、旅游设施等10多个行业，共完成投资4.8亿元，其中，中央补助投资1.78亿元，国家有关部委投资0.62亿元，西藏地方投资2.4亿元。除停建1项，缓建2项外，不到两年时间全部建成交付使用。总建筑面积23.6万平方米。这对当时仅有198万人口的西藏来说，建设规模之大，施工时间之短，现代化程度之高都是史无前例的，在内地也不多见。这批项目的建设，同西藏其他基建工程一样，都是建设团结、富裕、文明的新西藏的基础设施。

援建方式采用“交钥匙工程”，即从设计、施工到一切设备用具及管理人员的培训等，均由承建省市和部委包干，竣工后交出钥匙，即可投入使用，产生效益。援建单位主要负责工程的施工，一般不承担项目的投资。

中共中央、国务院对西藏43项工程建设十分关心，中央领导人胡耀邦、胡启立等亲自参加援藏工作会议，部署任务，提出要求。中共中央办公厅、国务院办公厅及时发出文件，调整项目，解决问题。承担有援建任务的北京、天津、上海、浙江、福建、山东、四川、广东、江苏等9省、市党、政领导十分重视中央下达的援藏任务。各省（市）都成立了由省、市长或副省、市长任组长的援藏领导小组，全面负责本省、市的援建任务。9省、市把自己的最好施工力量派赴西藏施工，参加工程建设的工程技术、管理干部、工人共1.9万人。中央要求在庆祝西藏自治区成立20周年时，需要有一批项目交付使用。有关项目的设计、施工人员，克服了种种困难，深深感动了西藏各族人民。许许多多的干部、工程技术人员、工人用他们的辛勤劳动与模范遵守民族政策的实际行动同藏族人民结下兄弟情谊，谱写了一曲曲民族团结的凯歌。

43项工程建设改变了工程所在地的面貌，鼓舞了西藏各族人民建设西藏的信心和决心。43项工程，以其先进的技术、过硬的质量、精良的设备，为西藏增添了现代化的气息，时至今日，矗立在拉萨市内的体育馆、拉萨饭店、拉萨剧院（即人大会堂）等，仍是目前拉萨建筑的亮点。

43项工程建设，是社会主义祖国大家庭各兄弟民族互相帮助、共同繁荣和社会主义制度优越性的生动体现，是改革开放的丰硕成果。工程项目的建成，充分体现了全国各族人民对西藏人民的关怀和支援，为进一步发展西藏经济、文化事业提供了重要物质条件，鼓舞、增强了西藏各族人民建设新西藏的信心。

总之，党的十一届三中全会以后，中央于1980年和1984年两次召开了西藏工作座谈会，制定了一系列有利于西藏发展的特殊政策和灵活措施，加强了西藏的民族工作。1984年5月31日，全国人大六届二次会议通过了《中华人民共和国民族区域自治法》并于1984年10月1日起施行。这些都对西藏的民族工作的深入发展，对促进西藏的改革开放和现代化建设起了重大作用。

第三节 改革开放新时期西藏自治区的民族工作

一、西藏的对外开放加强了西藏各民族与国内外的交流

一直以来，由于独特的地理环境和社会历史发展过程，西藏对外交流较少。党的十一届三中全会以后，西藏也逐步实行了改革开放政策。1984年，第二次西藏工作座谈会提出了西藏要对外实行开放，对内加强交流的指导方针，明确指出西藏的对外开放不仅是对国外开放，也是对内地其他省市区的开放。实施改革开放政策以后，西藏的商业、服务业、建筑业、运输业和加工业在内地人员加入建设行列后蓬勃发展，物资流通加快，市场丰富了，经济活跃了，群众方便了。

为加强省级交流，西藏于1986年参加了四川、云南、贵州、广西、重庆、成都五省区七方经济协调会，加强与青海、甘肃、新疆等邻省区的经济联合与协作。同时加强区内各地、市、县之间的经济协作和技术协作，不断拓宽商品流通渠道。对国外开放也逐渐从最初的友好访问，旅游探亲，逐步形成以政治、经济、教育、文化、卫生、体育等为内容的多层次、多形式的对外交流与合作。随着对外开放，对外贸易也有较大发展。开放与交流不仅加快了西藏资源的开发和技术进步，还促进了传统观念的更新，改变了西藏长期封闭的局面，为西藏经济的良性循环开辟了

一条重要通道。

西藏通过大力发展旅游业加强了对外开放的程度。1979 年底，西藏成立旅游局（筹备处）和中国国际旅行社拉萨分社，80 年代初，西藏着手进行旅游资源的开发和旅游设施建设，1986 年成立了西藏自治区旅游局。西藏利用得天独厚的旅游资源，吸引了国内外的游客，旅游业成为新的经济增长点。

通过对内对外开放，西藏各民族与其他省市兄弟民族的联系日益广泛，在经济交往和旅游互动中，增进了相互了解，密切了民族关系。

二、"六五"计划的完成进一步巩固了社会主义民族关系

党的十一届三中全会以后，西藏的工作重点也逐步转移到经济建设上来。根据中央的精神，1981 年自治区有关部门草拟了"六五"计划草案，提出"六五"计划的任务是在不断提高经济效益的前提下，继续贯彻"调整、改革、整顿、提高"的方针，狠抓农牧业基础建设，加快能源、交通基础设施建设和教育、科学事业的发展，促进人民群众物质文化生活水平的提高。1982 年 6 月，自治区召开了全区农牧工作会议，重点研究了"六五"计划指标，提出了 20 年战略设想。1982 年 9 月，党的第十二次全国代表大会，向全党发出"全面开创社会主义四个现代化建设的新局面"的号召，提出到 20 世纪末实现工农业总产值翻两番，人民生活达到小康水平的战略目标。这对西藏实施"六五"计划是极大的鞭策。年底，西藏提出 20 年分两步走的战略构想，前 10 年为第一步，后 10 年为第二步。前 10 年又分为"三年一小变"、"五年一中变"、"十年一大变"三个具体实施阶段。

1985 年，西藏完成了"六五"计划，"六五"期间，人均国民收入与全国人均收入水平差距从 1980 年的 117 元差额缩小到

1985年的35.83元。“六五”计划的实施及取得的成绩，使得平等、团结、互助的新型民族关系在西藏进一步得以确立，党政军同人民群众的关系更加密切。

第四节　平息拉萨骚乱，维护民族团结

20世纪80年代后期，拉萨发生多起严重骚乱事件，破坏了安定团结的政治局面，干扰了西藏的社会主义建设。自治区党委和人民政府根据中央指示，一手抓稳定，一手抓建设，保证了西藏社会主义建设的稳步发展。

一、拉萨骚乱的发生

党的十一届三中全会以后，西藏经过拨乱反正，在两次西藏工作座谈会精神的指导下，党和国家在西藏的一系列正确方针、政策得到全面贯彻与落实，党的领导深入人心，西藏全区呈现稳定、发展、欣欣向荣的良好形势。这使在国外的达赖分裂主义集团感到惶恐与不安。

1959年3月，达赖分裂主义集团发动全面武装叛乱失败外逃，之后一直在国外从事破坏民族团结、分裂祖国统一的活动。1987年9月，达赖喇嘛到美国进行分裂祖国的活动，美国不顾中国政府的坚决反对，允许达赖喇嘛在美国国会发表煽动拉萨骚乱的演说，在人权小组委员会上发表政治声明。达赖利用这一平台，提出所谓持久解决西藏问题的“五点计划”，鼓吹“西藏独立”，试图把西藏变成亚洲各大国间的一个“缓冲国”。在达赖喇嘛的煽动下，隐藏在拉萨的分裂主义分子马上行动起来，与达赖集团的国外分裂活动遥相呼应，策划组织了1987年9月27日的拉萨骚乱。9月27日上午10时许，拉萨闹市街头出现21名僧人

和 5 名不明身份的人，举着“雪山狮子旗”，喊着“西藏独立”、“汉人滚出去”等破坏祖国统一和民族团结的口号游行，并打伤维护秩序的公安人员。公安部门被迫将这些人带离现场，及时制止了这次事件。但是，由于没能对达赖分裂主义集团蓄谋策划骚乱活动以足够的警惕，骚乱发生后，没能严肃处理骚乱犯罪分子，使事态没有得到及时有效的控制。加之，美国参、众两院不顾中国政府的多次声明和坚决抗议，粗暴干涉中国内政。于 10 月 6 日通过了所谓“西藏问题”修正案，于 1987 年 12 月 3 日，通过所谓“中华人民共和国在西藏侵犯人权”的修正案，不断为分裂主义分子撑腰打气。导致骚乱活动步步升级。自 1987 年 9 月至 1989 年 3 月，一年多时间里，拉萨发生了多次暴力骚乱，先后有 900 多名公安、武警人员、市民、商人被暴徒打伤住院，20 多人牺牲。严重扰乱了社会正常秩序，造成群众心理恐慌，使国家财物和人民群众的生命财产受到严重损失。其中，1987 年 10 月、1988 年 3 月、1989 年 3 月的三次骚乱活动最为嚣张和疯狂，手段凶残。

二、统一思想，平息骚乱，坚决维护民族团结

拉萨发生骚乱以后，中央和西藏各级政府为制止骚乱和稳定西藏局势，采取了许多措施。1987 年 10 月 1—3 日，拉萨市人民政府连续发布 1 — 3 号“通告”，明确指出 10 月 1 日骚乱是“九·二七”骚乱事件的继续和升级，是严重违法犯罪行为。自治区人民政府于 10 月 1 日发布公告，《人民日报》发表题为《反对分裂祖国，反对破坏安定团结》的评论员文章，10 月 9 日，拉萨市人民政府作出关于集会游行八条暂行规定。

拉萨骚乱发生后，党中央及时表明了坚决维护祖国统一、维护西藏稳定的态度，并明确指出拉萨骚乱是达赖分裂主义集团有计划、有预谋、有组织策划的分裂祖国、妄想“西藏独立”的严重政治事件，是少数分裂主义分子破坏民族团结，分裂祖国统一的事件。1987年10月16日，中共中央顾问委员会主任、军委主席邓小平在会见联邦德国外宾时深刻阐述了达赖的“五点计划”和拉萨骚乱的本质。中共中央政治局常委、中纪委书记乔石于1988年6月15日至29日来西藏视察工作。他们深入农村、牧区进行视察调研，行程达2300公里，乔石一行进一步指明了拉萨骚乱的性质，指示西藏政府一定要实事求是地抓紧处理好落实政策问题，强调要从西藏实际出发，以经济建设为根本，切实搞好民族团结、军民团结及爱国统一战线内部民族、宗教上层人士之间的团结。乔石讲话精神端正了西藏工作的指导思想。同年11月，区党委发出《关于在全区开展生产力标准学习讨论的决定》，工作重点转到经济建设上来。1988年12月初，中央决定由胡锦涛任西藏自治区党委书记，并于12月24日，发出《当前西藏工作的几个问题》的指示，明确澄清分裂问题和民族宗教问题是两个不同性质的问题。胡锦涛主持西藏工作以后，根据中央指示，紧密依靠西藏各族干部群众，下大力气制止骚乱，还提出了“一手抓稳定局势，一手抓经济建设”的工作方针，提出理直气壮地宣传西藏是祖国领土不可分割的一部分；理直气壮地宣传民主改革以来特别是党的十一届三中全会以来西藏经济文化和社会发展方面取得的伟大成就；理直气壮地宣传中国共产党、人民解放军的伟大历史功绩；理直气壮地宣传西藏只有在中国共产党的领导下走社会主义道路，才有光明的前途，增强人民群众对党和政府的信任感和向心力等“四个理直气壮”的工作口号。

为了坚决制止骚乱的发生和蔓延，国务院总理李鹏于1989年3月7日和1990年1月30日分别签署国务院命令，决定自1989年3月8日零时起至1990年5月1日起，在西藏自治区拉萨市实行戒严，授权西藏自治区人民政府组织实施，并根据需要采取具体戒严措施。经过戒严部队社会各界一年多的努力，拉萨社会秩序恢复了正常。

1989 年 10 月，中央召开了政治局常委会专门研究西藏问题，形成了十条意见，下发了《中央政治局常委讨论西藏工作纪要》，纪要精神指引西藏工作步入正确的轨道，实现了新时期西藏工作历史性转折。1990 年 7 月 20 日至 26 日，中共中央总书记、中央军委主席江泽民到西藏视察指导工作。7 月 2 4 日，江泽民在会见自治区县以上的党政干部大会上发表重要讲话，指出要继续全面正确地贯彻党的民族、统战、宗教政策。

拉萨骚乱期间，西藏各族人民群众坚决反对分裂，维护祖国统一。广大爱国人士旗帜鲜明维护祖国统一，反对骚乱，强烈谴责美国参众两院干涉中国内政。班禅额尔德尼·确吉坚赞、阿沛·阿旺晋美、帕巴拉·格列朗杰等德高望重的人士纷纷发表声明拥护中央政府维护祖国统一的立场，支持西藏自治区人民政府平息骚乱所采取的措施，反对外国干涉中国内政。阿沛·阿旺晋美在 1989 年 4 月举行的中外记者招待会上指出，拉萨多次发生的骚乱，既不是民族问题，也不是宗教问题，更不是人权问题，而是分裂主义分子蓄意制造的分裂祖国的暴力行为，这样的行为是任何主权国家都不能容忍的，拉萨戒严，制止骚乱，完全是中国的内政。十世班禅大师也指出，应依照法律严惩首恶、深挖幕后操纵者。中国佛协西藏分会也作了大量宣传教育工作。全国各地的人民群众也举行各种集会，谴责分裂主义分子制造的拉萨骚乱，坚决支持西藏人民反分裂、反骚乱的斗争。不仅打击了分裂主义势力的嚣张气焰，也使受骗群众纷纷觉悟过来，极少数顽固不化的分裂主义分子受到法律的制裁。

拉萨发生的严重骚乱事件，是分裂主义势力有组织、有预谋的犯罪活动，是境内外分裂主义分子在外国敌对势力支持下破坏祖国统一、妄图实现“西藏独立”阴谋在新形势下的突出表现。

中央采取了制止骚乱的果断措施。中国政府在西藏问题上的原则立场，得到国内各族、各界人民的拥护，拉萨骚乱的平息，坚决维护了西藏各族人民的利益，维护了平等、团结、互助的社会主义民族关系，捍卫了祖国统一。

第七章　社会主义市场经济建设时期西藏自治区的民族工作（1992—2005）

1992 年 2 月，中央印发了邓小平同志南巡讲话要点，西藏各界深入学习邓小平同志南巡讲话精神，坚定了加速西藏改革开放和社会主义建设的共识。西藏迎来了历史上最好的发展时期。1993 年，江总书记提出“民族宗教无小事”，并就民族工作强调了三句话：继续巩固和发展社会主义的民族关系，坚持和完善民族区域自治制度，加快民族地区的经济发展和社会进步。同时，强调了要巩固和发展平等、团结、互助的社会主义民族关系，关键是要牢固树立汉族离不开少数民族、少数民族离不开汉族、少数民族之间也相互离不开的思想。成为指导西藏民族工作的行动纲领。紧接着召开的中央第三次西藏工作座谈会和第四次西藏工作座谈会，为西藏的稳定和发展注入了新的活力，推动了西藏跨世纪的发展，伴随着西藏经济跨越式发展的航程，西藏自治区迎来了 40 周年大庆。

第一节　全面改革开放时期西藏自治区的民族工作

一、加强农牧区建设，加速西藏各民族发展

西藏广大地区是农牧区，农牧区人口占西藏全区总人口的 80%，农牧区的建设是否搞好直接影响到西藏的稳定和繁荣，关

系到西藏各民族的团结和发展。西藏自治区党委和政府充分认识到农牧区工作的重要性，进一步加强农牧区各项工作。

1992年1月15日，中共西藏自治区四届三次全委会通过了《进一步加强农业和农牧区工作的决定》，并制定了推动农牧区经济发展，推进改革开放的十条措施：1. 在继续实行以家庭经营为主的前提下，稳定和完善农牧区统分结合的双层经营体制。2. 积极发展农牧区社会服务化体系，深化农牧区经济体制改革，调动一切可以调动的力量，促进农牧业经济的发展。3. 积极稳妥地发展集体经济，逐步壮大集体经济实力，增强集体的凝聚力和抵御重大自然灾害的能力。走共同富裕的道路，巩固党在农村的社会主义阵地。4. 加快农牧区脱贫致富的步伐，重视防灾抗灾工作，帮助贫困地区搞好生产自助，由单纯的依靠救济扶助生活转变为增强自身造血功能，解决贫困地区长期靠国家，靠扶助的贫困根源。5. 深化农畜产品价格和流通体制改革，按照计划经济和市场调节相结合的原则，根据价值规律和农畜产品的特点，慎重稳妥地进行改革。6. 发展多种经营和乡镇企业，增加农牧民收入，繁荣农牧区经济。7. 加强农牧业基础设施建设，搞好科学和农田水利等基本建设，采取工程、技术、生物等配套措施，增加农牧业的产出和质量，稳定农牧业经济。8. 搞好重点开发和基础建设，主要是抓好重点农牧业工程、商品粮基地和畜产品基地，以示范工程和基地带动农牧业全面发展。9. 依靠科技和教育兴农兴牧，增加农牧业生产的科技含量，搞好科普教育，培养农牧业人才，提高农牧民的自身素质。10. 增加对农牧业的投入，增强农牧业经济的发展后劲。这一系列措施成为九十年代西藏农牧业经济改革与发展的指导性文件。

自治区党委和政府在搞好农牧区经济建设的同时，还注重农牧区的精神文明建设和基层组织建设，深入开展了社会主义思想教育活动，取得了丰硕的成果。

这一时期，通过加强对农牧区的建设，保持了西藏的稳定大局，加快了西藏各民族的发展。

二、西藏全面改革开放，进入社会主义市场经济建设的新时期

1992 年 7 月 14 日，西藏自治区党委和自治区人民政府出台了《关于深化改革，扩大开放的决定》，《决定》从十个方面对改革开放的重大问题作了详细地说明，标志着西藏开始全方位改革开放。此后，陆续出台了一系列具体的改革开放政策，如《西藏自治区人民政府关于鼓励国内外来藏投资的若干规定》、《西藏自治区人民政府关于大力发展乡镇企业的决定》及《西藏自治区人民政府关于加快发展第三产业的实施意见》等，在这些重要决策指导下，自治区进行了一系列重大的改革活动。随之，西藏农牧区改革取得了重大成果，城镇体制改革和国企改革也深入开展。西藏建立社会主义市场经济体制的步伐也由此时开始。1993 年元月，西藏自治区六届人大一次会议召开，这次会议通过的《政府工作报告》的主要内容是如何促进西藏全面改革开放和加速西藏经济社会发展，这次会议，进一步推进了西藏全方位的改革开放，进一步加快了西藏社会主义市场经济体制转轨的速度。至 1995 年，社会主义市场经济体制在西藏基本上建立起来。

第二节　第三次西藏工作座谈会及党在西藏的民族工作

一、大力加强社会主义精神文明建设，维护民族团结和社会稳定

西藏自治区党委和人民政府在深化改革、全面开放，进行社

会主义市场经济建设的同时，坚持两手抓、两手都要硬的方针，大力加强社会主义精神文明建设，注重提高整个民族的思想道德素质和科学文化素质，加强民主法制建设和反腐败斗争，加强反分裂斗争，坚决维护社会稳定和民族团结。

为了澄清事实，坚决打击分裂主义势力错误言论，把真实的西藏宣传出去，西藏自治区党委和人民政府非常重视对外宣传工作，1993 年还专门成立了自治区对外宣传局。1994 年 4 月召开了全区宣传思想工作会议，会议认真总结了西藏自治区宣传思想工作经验，强调宣传工作要为维护西藏政治稳定，维护祖国统一和民族团结，反对内外分裂主义势力服务。

1994 年 12 月，自治区党委作出了《关于加强和改进宣传思想工作的决定》，《决定》明确指出西藏宣传思想工作和精神文明建设的指导方针和工作方向。此后，自治区先后充实和加强了各级宣传机构，加大了对外宣传的力度，重点加强了社会主义精神文明建设。先后成立了“邓小平建设有中国特色社会主义理论研究中心”，设立了珠穆朗玛文学基金会，建立“五个一工程”规划领导小组，加强爱国主义教育工作，组织编写了《爱国主义教育丛书》《西藏地方与中央政府关系史》，开辟了江孜抗英斗争遗址和山南、拉萨烈士陵园为青少年爱国主义教育基地，1995 年元月开始号召全区干部向优秀共产党员、民族团结的榜样孔繁森同志学习，不久，全国范围内开展了学习孔繁森同志的活动。

西藏自治区党委非常重视稳定工作，1994 年 4 月 19 日，召开了党委常委会议专门研究了西藏的稳定问题，认真总结分析了西藏的政治局势，提出了对西藏政治局势的科学判断，并推出了进一步稳定西藏局势的一系列措施，其主要内容有：各级领导干部要进一步认清形势，统一思想认识，增强反分裂斗争的主动性，主要领导要切实负起责任，亲自抓稳定局势工作，加强政治思想工作，利用大众传播媒介和深入基层、群众之中，有针对性地做好宣传教育工作；各级政府在出台事关群众利益的政策措施之前，一定要请示报告，把工作做细做好，对群众中存在的困难和问题，一定要主动、及时地解决，凡出现不顾大局，擅自妄为，侵害群众利益的人和事，都要予以严肃处理；各级政法部门要把维护稳定作为主要任务，狠抓各项措施的落实。公安、安全部门要密切配合，加强信息情报工作。要立足于未来以至于出大事的准备工作，制定预案，加强防范工作。对任何形式的闹事事件，都要坚决果断处置；要明确重点，注意问题多，容易出事的地方，开展专项斗争，严厉打击严重刑事犯罪分子。① 1994 年 5 月，自治区党委的《我区当前反分裂斗争形势和稳定局势的任务》报告指明西藏当前反分裂斗争的形势和任务，同时指出西藏在稳定局势上还存在着一些薄弱环节需要重视，报告还提出了一系列加强稳定局势工作的措施。

二、第三次西藏工作座谈会及会议精神

1994 年 7 月 20—23 日，中共中央、国务院在北京召开第三次西藏工作座谈会。出席会议的有西藏自治区党政领导、自治区各地、市和自治区直属机关负责人，各省、自治区、直辖市及有关计划单列市的负责人，党中央、国务院有关部门负责人和人民解放军、武警总部负责人 190 余人。一次研究地方性工作的会议，有众多党、政、军领导参加，充分体现了中央对西藏工作的重视和对西藏各族人民的亲切关怀。江泽民、李鹏、李瑞环还在会上作了重要讲话。

1. 江泽民在第三次西藏工作座谈会上的讲话要点

中共中央总书记江泽民在《围绕发展和稳定两件大事，开创

① 丹增主编：《当代西藏简史》，当代中国出版社，1996 年版，第 454～455 页。

西藏工作新局面》的讲话中指出，中央对西藏工作始终是十分关心和重视的，在西藏革命和建设的每一个重要历史时期，都及时做出重要决策。我们要从战略全局的高度充分认识西藏工作的重要性。做好西藏工作，加强藏族同汉族及其他民族的团结，对增强中华民族的大团结具有重大的意义。建设有中国特色的社会主义目标，就是要实现全国各地方和各民族人民共同富裕、共同繁荣。江泽民在讲话中就加强民族团结，加快西藏社会经济发展，维护西藏的稳定，民族宗教问题，党政建设，干部队伍建设重大方针政策作了重要指示。

指出加快西藏发展，最根本的是加快西藏经济发展。西藏经济社会发展，关键是把中央的大政方针同西藏具体实际结合起来。无论经济社会发展，还是改革开放，都要从国家的大局和西藏的实际出发，实事求是。这是做好西藏工作的一条基本原则。西藏的一切发展要着眼于造福西藏各族人民，着眼于促进民族团结、民族进步。

江泽民同志指出，西藏一定要抓住时机，确保西藏社会全面进步和长治久安，确保西藏各族人民生活水平不断提高。西藏的稳定，是保证西藏各项事业持续发展和人民生活水平逐步提高的前提。没有稳定，一切都谈不上。西藏的稳定，对于全国的改革、发展和稳定，也具有重大意义。江泽民指出，我们与达赖集团的分歧，不是信教与不信教，自治与不自治的问题，而是维护祖国统一和反对分裂的问题。对达赖喇嘛，我们的态度是，只要他放弃西藏“独立”的主张，停止分裂祖国的活动，随时欢迎他回来。但搞独立不行，搞变相独立也不行。指出中央今后还要根据国家财力和西藏的实际情况，及时解决有关问题，帮助西藏发展。

在谈到民族宗教问题时，江泽民指出，西藏是藏族占总人口比例最高的自治区，藏传佛教在广大群众中有很久很深的影响，做好民族工作和宗教工作，对于维护稳定，促进发展，有着非常重要的意义。无论从事哪方面的工作，都要高度注意民族问题和宗教问题，关心、支持民族工作和宗教工作，使党的民族政策和宗教政策以及国家的有关法律在西藏的政治、经济、文化等各项工作中都能得到认真的贯彻和体现。必须全面正确地贯彻党的宗教信仰自由政策，保护正当的宗教活动，同时，按照政教分离的原则和政府有关法规，加强对寺院的管理。绝不允许宗教干预行政、司法、教育等政治和社会事务。要严防敌对势力利用宗教进行渗透。对于打着“宗教”幌子进行破坏活动的极少数人，要提高警惕，及时予以揭露和依法处理。

江泽民号召全国各地方和中央各部门都要大力支援西藏的建设。都要从党的工作全局和经济社会发展的全局，从增强中华民族凝聚力的高度，深刻认识中央关于全国支援西藏的决策的深远意义，从人才、资金、技术、物资等多方面做好支援工作。当前，首先要认真抓好中央确定的62个建设项目的落实工作，保证收到实效。把第三次西藏工作座谈会作为西藏工作的新起点，把西藏的改革、发展、稳定等各方面的工作推向新的高度。

2. 李鹏在第三次西藏工作座谈会上的讲话要点

国务院总理李鹏在《抓住机遇，团结奋斗，加快西藏建设》的讲话中指出，西藏同内地的发展差距是由历史条件、社会经济、自然地理等多种因素决定的。在经济建设和改革开放中，我们既要承认差距，鼓励有条件的地方发展得更快一些，同时又要采取有效措施，帮助落后地区加快发展，促进共同繁荣。

我们必须加快西藏发展。我们有信心有能力有条件加快西藏发展；共同富裕是社会主义的基本目标，民族平等、团结、互助是党和国家的基本政策，有党的基本理论、基本路线的指引和党中央的正确领导，这是加快西藏发展的政治保证；我国国民经济持续发展，综合国力不断增强，这是加快西藏发展的后盾；贯彻党的十四大精神，建立社会主义市场经济体制，必将给西藏社会经济注入强大的活力，这是加快西藏发展的体制条件和动力；西藏有一支经过考验、立场坚定、有艰苦奋斗传统的干部队伍，各族人民渴望尽快改变落后面貌，建设团结、富裕、文明的新西藏，这是加快西藏发展的社会基础。这次会议一定能够成为西藏社会经济发展的新起点。

指出要从西藏实际出发，加快西藏社会经济发展，在大的方面要把握三点：第一，必须坚持以经济建设为中心，一手抓发展一手抓稳定，两手都要硬。第二，加快改革开放步伐，逐步建立新体制，为经济发展提供强大动力。第三，发挥全国支援西藏和西藏自力更生两个积极性，下决心把基础设施建设搞上去，带动经济增长，增强发展后劲。李鹏在阐明了加快西藏发展的有利条件和发展思路后，提出西藏从现在起到2000年的发展目标是：在优化经济结构，提高经济效益的前提下，力争国民经济年均增长百分之十左右，国民生产总值比1993年接近翻一番；继续增加农牧业收入，改善人民生活，基本完成脱贫任务，使多数群众生活水平达到小康水平；国民经济和社会发展的整体水平有较大幅度的提高，为下世纪的更大发展打好基础。

指出西藏自我发展能力还比较弱，在相当一段时间内，加快西藏发展要靠国家的扶持。国家对西藏的扶持，要着眼于从体制上解决问题，辅之以资金上的专项补助。并宣布为帮助西藏自治区解决改革和发展中遇到的困难和问题，国务院决定在财税、金融、投资、价格和外贸等方面，继续对西藏实行特殊政策和灵活措施。

3. 李瑞环在第三次西藏工作座谈会上的讲话要点

李瑞环在讲话中指出，这次会议是党中央、国务院在西藏经济社会发展的关键时刻召开的。江泽民总书记、李鹏总理发表的重要讲话和会议制定的《关于加快西藏发展、维护社会稳定的意见》，从战略全局的高度，总结了西藏工作的历史经验，分析了西藏的形势，明确了今后一个时期西藏工作的方针和任务，制定了加快西藏发展、维护稳定的政策和措施。这是一次具有历史意义的会议，将对西藏产生重大而深远的影响。在谈到要落实好这次会议精神时，李瑞环特别强调了三点，第一，要传达、学习好会议文件。第二，要制定援藏任务的实施计划。第三，要加强组织协调工作。

中央从战略全局的高度，指出“西藏是边疆民族工作的重点地区，是保障国家安全的重要前沿，具有特殊的战略地位”。“西藏的工作在党和国家的全部工作中居于重要的战略地位”。“西藏的稳定，涉及国家的稳定；西藏的发展，涉及国家的发展；西藏的安全，涉及国家的安全。”中央从战略全局高度，总结了西藏工作的五条基本经验，即：保持社会稳定，维护祖国统一；以经济建设为中心，加快西藏发展；全面正确地贯彻党的民族、宗教政策；坚持人民民主专政；坚定不移地加强党的核心领导作用。这五条不仅高度概括总结了西藏工作的历史经验，而在新的形势下，具有重要的指导意义。中央要求西藏要以第三次西藏工作座谈会的召开为契机，从国家的大局和西藏的实际出发，把中央确定的大政方针同西藏的具体实际结合起来，动员西藏各族人民团结奋斗，推动西藏各方面工作上一个新的台阶。

会议提出西藏发展的总体目标，到 2000 年，力争西藏自治区国民生产总值比 1993 年接近翻一番，年均增长 10%左右，比西藏自治区原定目标高出 2～3 个百分点，达到 66 亿元。这个发展速度，高于西藏 1981—1993 年 12 年的年均增长 6%的速度，也高于全国同期计划安排 8～9%的速度。围绕发展的总目标，会议进一步明确了发展的主要任务和推动社会全面进步的具体目标和即将实施的一批建设项目。为保证如期达到总体目标，会议指出，必须进一步解放思想，克服封闭观念，加大开放力度，形成多渠道、多层次、全方位的开放格局。西藏的经济体制改革要围绕建立社会主义市场经济体制的总目标，总体上与全国框架一致，体制衔接。中央过去给西藏的特殊政策和灵活措施，能够连续运行的予以保留；因情况变化失效或需要改变的政策措施，由国家采取新的优惠政策和特别的扶持措施予以代替。为保证西藏的稳定，加快发展，人民幸福，生活改善，会议制定了稳定和发展西藏工作的31条，并给予西藏财政税收、金融、投资、价格补贴、外贸、社会保障、农业和农村、企业改革政策等一系列优惠政策，从各方面体现了对西藏宽松、优惠、特殊的精神。落实了全国支援西藏的62个、投资总额达23.8亿元的建设项目，圆满地完成了大会预定的任务。

第三次西藏工作座谈会后，中共中央、国务院下发了《关于加快西藏发展、维护社会稳定的意见》的文件，从统一思想认识、明确指导方针，加快经济发展、推动社会进步，深化改革、搞好衔接、实行优惠政策，维护祖国统一、反对分裂、保持社会稳定，做好民族、宗教工作、壮大爱国统一战线，加强自身建设、增强党的战斗力，中央关心西藏、全国支援西藏七个方面加强对西藏稳定和发展工作的指导。进一步指出要巩固和发展民族团结，要大力加强民族团结，在干部群众中开展民族政策教育和民族团结教育，组织有利于增强民族团结的活动，宣传表彰民族团结进步先进集体和先进个人，形成以民族团结为荣的社会舆论和社会风气。坚持和完善民族区域自治制度，认真贯彻执行党的民族政策，大力发展民族教育，弘扬民族文化，尊重民族风俗习惯，重视使用藏语藏文。全面正确地贯彻党的宗教信仰自由政策，尊重和保护群众正常的宗教活动，引导宗教与社会主义社会相适应。支持和鼓励宗教界爱国人士站在拥护党和政府的立场上，为发展经济、维护稳定服务。加强对僧尼的爱国主义和法制教育。

第三次西藏工作座谈会是党中央、国务院在西藏经济社会发展的关键时刻召开的一次具有重要意义的会议，在较长时间的准备和广泛的深入调查研究的基础上召开的，会议围绕西藏的发展和稳定两件大事，研究新情况解决新问题，进一步明确加强西藏工作的指导思想，落实加快发展和维护稳定的各项措施，努力开创西藏工作的新局面。会议从战略高度充分论述了西藏工作的重要性，确定了新时期西藏工作的指导方针，制定了多项符合西藏实际的特殊优惠政策，组织安排了 62 个援藏建设项目。会议充分体现了以江泽民为核心的党中央第三代领导集体，对西藏发展、稳定的高度重视，对西藏各族人民的亲切关怀，体现了全党、全军、全国人民对西藏的大力支持和帮助。会议的召开为西藏的经济发展和政治稳定注入了新的活力，也为西藏加速经济发展、维护社会稳定提供了不可多得的机会。

三、六十二项工程建设

西藏的经济发展起步低，高原缺氧，发展经济的自然条件差，加上旧西藏封建农奴制度对生产力的严重制约，经济极端落后，人民生活水平低下。鉴于这种情况，中央政府对西藏的发展始终给予特殊的重视，在人力、物力、财力、技术等方面予以大力支持和帮助。通过对西藏的支援，密切了西藏与内地各方面的关系，增强了中华民族的凝聚力，同时启动了西藏自我发展的活力和动力，使西藏经济社会发展逐步进入良性循环。

中央第三次西藏工作座谈会，为了发展西藏经济，把西藏潜在的资源优势逐渐变为现实的优势，作出了由中央 13 个部委、全国 29 个省、直辖市、自治区和 6 个计划单列市共同援助西藏经济建设和社会发展所需要的重大建设项目 62 项工程，迎接西藏自治区成立 30 周年的决策。

中央安排的 62 项工程，原计划投资 23.8 亿元，其中中央和国家有关部委承担 30 项，安排投资 18.02 亿元，占投资总额的 75.7%，各省市承担 32 项，安排投资 5.78 亿元，占 24.3%。

建设项目涉及能源、交通、通讯、工业、农业、牧业、林业、水利、文化、教育、卫生、广播电视和市政建设等方面。其中农业及水利项目 13 个，占总投资的 24.8％；能源项目 15 个，占总投资的 27.3％；交通通信项目 7 个，占总投资的 9.2％；工业项目 6 个，占总投资的 7.3％；社会事业和市政工程项目 21 个，占总投资的 31.4％。生产性建设项目占投资总额的 73.2％。这批项目都是西藏的经济和社会发展急需和必要的项目。62 项工程是继 43 项工程后，规模更大、投资更多的全方位支援西藏的宏大工程。62 项工程于 1995 年陆续开工，到 2000 年底全部完成。62 项工程实际投资 48.6 亿元。

62 项工程对于改善西藏交通、能源、通讯等基础设施滞后的局面，发挥资源优势，提高人民生活水平起到了重要作用。农牧林业项目完成投资 39.8 亿元，使农牧业生产基础条件得到明显改善，增强了防抗灾能力，农牧业生产能力得到进一步提高。能源项目全部建成并投入使用，使山南、日喀则、昌都、阿里地区电力供应紧张的状况得到明显缓解，巴青、丁青、米林、措美、芒康、申扎、聂荣等部分县的供电问题得到有效解决，为农牧业生产以及农牧业产品加工、发展第三产业、开发优势资源等提供了基本的能源保障。工业项目建成投入生产后，为完成西藏自治区“九五”计划提供了新的增长点和支撑点。交通、邮电、民航项目的建成，改善了交通、运输、邮电和通讯能力。文教、卫生、广播电视事业项目的全部建成交付使用，促进了西藏精神文明建设的健康发展。市政建设项目的交付使用，较大地改善了部分城镇居民和部分机关干部职工的工作、生活条件，增强了旅游接待能力，尤其是布达拉宫广场的建成，为拉萨各族人民群众提供了一个良好的集体活动、休闲、娱乐的场所，也改善了拉萨的旅游环境。

62 项工程不仅比 1984 年确定的 43 项工程投资更多、规模更大，且具有门类多、分布广、基础设施及生产性项目比重大等特点。更考虑到西藏与内地之间原有的经济协作关系，同时还将建设项目的对口支援同干部援藏结合起来。建设62项工程，体现了党中央、国务院对西藏人民的关怀，国家对西藏发展的关心，体现了党和国家实现各民族的共同繁荣、共同富裕的发展目标。反映出全国人民无私支援西藏的高尚精神，各省市区在接受援藏建设任务后，都成立了省级领导为组长的援藏工作领导小组，纷纷要把援建项目作为省市的重点项目来抓。多数省市迅速抽调有关专家组成精干、高效的工作组赴藏考察。考察组进藏后，不辞辛苦．不顾高原反应、立即投入紧张的工作，通过实地踏勘、项目论证、设计审核，以对西藏人民高度负责的态度，提出了项目设计修正和优化意见，部分省市在中央下达的援建任务的基础上，补充了项目设计概算中的缺项、漏项，增加了一些配套项目和当地急需的项目。

四、西藏各项工作进入快速、稳定发展的大好时期

中央第三次西藏工作座谈会，制定了“一个中心、两件大事、三个确保”的新时期西藏工作指导方针，即坚持以经济建设为中心，抓好稳定和发展两件大事，确保西藏经济的发展、确保社会的全面进步和长治久安、确保人民生活水平的提高。中央第三次西藏工作座谈会后，西藏旗帜鲜明、针锋相对地开展反分裂斗争，主动治理，遏制了骚乱闹事，在较长时期保持了社会局势稳定，为经济的快速发展创造了良好的社会环境。以第三次西藏工作座谈会为标志，西藏进入了一个崭新的发展时期。

1994年第三次西藏工作座谈会以后直到2000年，西藏的改革开放和现代化建设取得了显著成就。改革开放不断深化，经济发展速度加快，人民生活不断改善。社会主义精神文明建设成效显著，社会全面进步。藏族优秀文化得到弘扬，历史文化遗迹受到保护。全国支援西藏力度加大，国家投资建设了交通、能源、通信、农牧业、社会事业等一批基础性骨干项目，为西藏的长远发展奠定了良好基础。民族团结进一步加强，平等、团结、互助的社会主义民族关系得到巩固和发展，反分裂斗争取得重要成果，保持社会局势基本稳定，全区各族群众对祖国的向心力进一步增强。党的建设不断加强，党组织的凝聚力和战斗力得到提高。西藏经济发展，社会进步，民族团结，局势稳定，边防巩固，人民安居乐业，是历史上发展和稳定最好的时期之一。

经济发展速度加快。到 2000 年西藏自治区国民生产总值达到 117.4 亿元，是 1993 年的 2.27 倍，翻了一番多，年均增长 12.4%，改变了长期低于全国平均发展速度的状态，也超过了第三次西藏工作座谈会确定的目标。粮油肉基本自给，粮食总产量由 1993 年的 67.2 万吨提高到 96.22 万吨，增长 43%。农牧民人均纯收入由 706 元增加到 1331 元，增长 88%，绝大多数群众解决了温饱问题，人民生活显著改善，部分群众实现了小康。到 2000 年，全区社会固定资产投资累计完成 286.47 亿元。到 2000 年底，全区外贸进出口总额达 1.30 亿美元，引进外资和接受外国援助协议资金 6868 万美元，落实 8700 万元人民币。

社会主义精神文明建设成绩显著，社会全面进步。教育、科技、文化、卫生、体育、新闻出版等事业发展较快。中央确定的县县有中学、乡乡有完小，学龄儿童入学率达到 80%的目标提前实现。小学学龄儿童入学率由 58.9%提高到 2000 年的 85.8%，青壮年文盲率明显下降。广播电视覆盖率增加，通信现代化水平大幅度提高。“科教兴藏”战略全面实施，2000 年，全区各级各类学校达 956 所，在校学生 38.15 万人，比 1994 年分别增长 28.7%和 38.1%；广播、电视人口覆盖率分别达到 77.77%和 76.1%。藏族优秀文化得到弘扬，历史文化遗迹受到保护。

全国支援西藏力度加大。国家投资重点建设了交通、能源、通信、农牧业、社会事业等一批基础性骨干项目。62 项重点援藏工程全部建成。此外，兄弟省市还投资 22.4 亿元，援建了 576 个建设项目，中央有关部门投资 9.2 亿元，援建了 140 个项目。这些援藏工程闪耀着民族大团结的光辉，体现了社会主义制度的优越性。在党中央、国务院的扶持和兄弟省区市的大力援助下，办成了一些多年想办而未办成的事情。以贡嘎机场扩建、邦达机场修复、青藏公路改造及满拉水利枢纽、羊卓雍湖电站、兰州—西宁—拉萨光缆等为标志的一大批重点工程的建成，一定程度上缓解了经济社会发展的“瓶颈”制约，增强了西藏的综合实力和经济社会发展的后劲，改善了城乡环境面貌，为西藏的长远发展奠定了基础。以电力为例，全区发电装机容量由 1993 年的 17.34 万千瓦增加到 2000 年的 35.8 万千瓦，翻了一番多。

改革开放不断深化，市场在配置资源中的基础性作用得到增强，社会主义市场经济进一步发展。西藏长期封闭半封闭状态开始打破，与内地的经济联系，人员交往日益密切，对外开放逐渐扩大，与国外的文化、艺术和学术交流日益增多。

民族团结进一步加强，社会局势基本稳定。“汉族离不开少数民族，少数民族离不开汉族，各少数民族之间也相互离不开”的思想，在西藏各族干部群众中日益深入人心。平等、团结、互助的社会主义民族关系得到巩固和发展。各族群众对祖国的向心力进一步增强。坚决依法打击分裂祖国、破坏社会稳定的活动。在政治上公开揭露达赖集团的分裂罪行，形成维护祖国统一、民族团结的社会环境和舆论氛围。依法加强对宗教事务的管理，正常宗教活动得到保护。班禅转世工作圆满完成，寺庙爱国主义教育、法制教育取得明显成效。挫败国际反华势力利用达赖集团对我实施西化、分化战略的种种图谋，牢牢掌握了反分裂斗争的主动权。

实践证明，第三次西藏工作座谈会对西藏加快发展和保持社会稳定发挥了重要作用，平等、团结、互助的社会主义民族关系进一步巩固，为做好新世纪的西藏民族工作奠定了坚实的基础。

第三节 第四次西藏工作座谈会及党在西藏的民族工作

一、中央第四次西藏工作座谈会

2001 年 6 月 25—27 日，中共中央、国务院在北京召开了第四次西藏工作座谈会。西藏自治区党政负责同志，自治区各地、市和自治区直属机关的主要负责同志；各省、自治区、直辖市及有关计划单列市的负责同志；党中央、国务院有关部门负责同志和人民解放军、武警总部的负责同志共 240 多人出席了会议。江泽民总书记在讲话中全面总结了第三次西藏工作座谈会以来西藏工作取得的成绩和重要经验，深刻分析了当前西藏工作面临的形势，提出了进一步做好西藏工作的指导思想和主要任务。中共中央政治局常委、国务院总理朱镕基就西藏工作部署作了讲话。中共中央政治局常委、全国政协主席李瑞环在会议结束时作了讲话。

第四次西藏工作座谈会总结了西藏工作的成就和经验，分析了新世纪初西藏面临的形势和任务，提出了“促进经济从加快发展到跨越式发展，促进社会局势从基本稳定到长治久安”的历史任务，加快西藏市场经济发展的进程。

这次会议是党中央、国务院在新世纪开端之年和西藏和平解放 50 周年之际召开的一次十分重要的会议。会议的主要任务是：以邓小平理论和党的基本路线为指导，总结第三次西藏工作座谈会以来西藏工作的成绩和经验，分析新世纪初西藏工作面临的形势和任务，研究进一步做好西藏工作的一些重大问题，促进西藏实现跨越式发展和长治久安。

1. 江泽民在第四次西藏工作座谈会上的讲话要点

中共中央总书记、国家主席、中央军委主席江泽民出席会议并发表《促进西藏实现跨越式发展和长治久安》的重要讲话，指出西藏的发展和藏族同胞的命运，历来与祖国和中华民族的命运紧紧联系在一起。全党同志必须站在党和国家工作大局的战略高度，扎扎实实地做好新世纪的西藏工作。在中央和全国各族人民的大力支持下，西藏广大干部群众共同努力，认真贯彻本次会议的精神，解放思想，实事求是，艰苦奋斗，开拓创新，邓小平同志提出的要使西藏“在中国四个现代化建设中走进前列”的伟大目标，一定能够实现。

江泽民说，我们在西藏工作中取得的基本经验，归纳起来，主要有以下几个方面：一是坚持以经济建设为中心，紧紧抓住发展经济和稳定局势两件大事，确保西藏经济加快发展和社会全面进步，确保国家安全和西藏长治久安，确保西藏各族人民生活水平不断提高的指导方针；二是坚持深化改革，扩大开放，把全区各族干部群众的智慧和力量凝聚到经济建设这个中心任务上来；三是坚持全面贯彻党的民族政策和宗教政策，在西藏各族群众中不断巩固和发展平等、团结、互助的社会主义民族关系，坚持和发展壮大爱国统一战线；四是全党高度重视西藏工作，全国大力支持西藏工作，增强西藏各族人民对祖国的向心力；五是深入开展反对达赖集团分裂活动和国际反华势力渗透破坏活动的斗争，坚决维护西藏的稳定和祖国的统一、安全；六是不断加强党的建设，加强领导班子和干部队伍建设，为西藏的改革、发展、稳定提供坚强政治保证。我们要继续运用好这些成功经验，创造性地开展工作，努力开创西藏工作的新局面。

江泽民指出，今后五到十年，是我国发展的重要时期，也是西藏加快发展、维护稳定的重要时期。中央对加强西藏工作的指导思想是：以邓小平理论和党的基本路线为指导，继续坚持以经济建设为中心，紧紧抓住发展经济和稳定局势两件大事，确保西藏经济加快发展和社会全面进步，确保国家安全和西藏长治久安，确保各族人民生活水平不断提高。要紧紧抓住实施西部大开发战略和西藏社会局势基本稳定的良好机遇，着眼于西藏的繁荣进步和长治久安，集中力量解决事关西藏发展稳定全局的重大问题，促进西藏经济从加快发展到跨越式发展，促进西藏社会局势从基本稳定到长治久安。这就是我们在新世纪全面推进西藏工作的主要任务。

江泽民强调，西藏的发展、稳定和安全，事关西部大开发战略的实施，事关民族团结和社会稳定，事关祖国统一和安全，也事关我们的国家形象和国际斗争。全党必须着眼于党和国家的工作全局，增强政治意识、忧患意识、大局意识、责任意识，深刻认识做好西藏工作的极端重要性。

江泽民指出，进一步做好西藏工作，仍然要继续解决好两大问题，一是加快发展问题，西藏经济社会发展的任务仍很繁重；二是促进稳定问题，西藏面临的反对分裂、维护稳定的任务仍很艰巨。要解决好这两个问题，必须加强党的建设。新时期的西藏工作，要在加快经济发展、保持社会稳定和加强党的建设这三大任务方面，迈出新步伐，取得新进展。

江泽民强调，要坚定不移地推进经济社会发展，努力实现西藏的跨越式发展。加快经济发展，推进改革开放，改善人民生活，是新时期西藏工作的中心任务。在关系党和国家工作全局的战略地区和战略部门，通过国家和各地的支持，引进、吸收和应用先进技术和适用技术，集中力量推动跨越式发展，是我们必须采取的一种发展战略。对西藏这样的地区，就可以而且应当采取这样的战略。这不仅对西藏的发展进步具有重要意义，对全国的社会主义现代化建设也具有重要意义。实现西藏的跨越式发展，困难肯定是有的，但是有利条件也很多。随着综合实力的不断增强，国家可以通过各种方式来帮助西藏发展。中央要继续加大对西藏的扶持力度。“十五”期间，国家将继续加大对西藏的投入，重点是基础设施建设。国家将对西藏实行一些特殊的扶持政策和变通办法。全国支持西藏，是中央的重要战略决策。各有关地区和部门要继续高度重视并切实做好支援西藏的工作。

江泽民说，实现西藏的快速发展，最根本的要靠西藏广大干部群众自力更生、艰苦奋斗。要进一步解放思想，更新观念，坚持把发展作为主题，把结构调整作为主线，把改革开放和科技进步作为动力，以提高人民生活水平作为根本出发点，以创新的思路解决西藏经济社会发展中的突出问题，使之步入良性循环的轨道。要根据建立社会主义市场经济的要求，坚持按客观经济规律办事，把国家支持同发挥市场机制的作用结合起来，把国家的优惠政策与发挥资源优势结合起来，不断提高经济增长质量和效益，走出一条既有较高发展速度，又有很好效益的新路子。要在保持社会稳定的同时，加大改革开放的力度，调整经济结构，壮大特色产业，实行科教兴藏和可持续发展战略。要始终把提高全区各族人民的生活水平作为战略任务抓紧抓实。要把国家对西藏的巨大投入同实现各族群众的根本利益结合起来，加大扶贫力度，千方百计扩大就业，不断改善城乡人民生活。

江泽民强调，维护西藏稳定和发展，维护祖国统一和安全，是西藏工作的一项重要政治任务。坚定不移地维护祖国统一，依法严厉打击一切分裂祖国的活动。我们对达赖集团的斗争方针是要旗帜鲜明，针锋相对，主动治理，强基固本。坚持标本兼治，重在治本。同时要加强基层、基础工作，加强意识形态领域的工作。要加强社会主义精神文明建设，巩固思想文化阵地，为西藏长治久安创造良好的思想文化环境。

强调要坚持和完善民族区域自治制度，全面贯彻落实党的民族政策，巩固和发展平等、团结、互助的社会主义民族关系。进一步加强党的民族政策和民族团结的教育，加强西藏与内地的社会经济文化交流。积极保护和开发各民族的文化资源，继承和发展各民族的优秀传统文化，并促进相互学习和借鉴，吸取新知识、树立新观念，增加各民族间的共同因素和社会主义的一致性，以不断巩固各民族的大团结。在干部当中特别是在领导干部中深入持久地开展马克思主义祖国观、民族观、宗教观、文化观和唯物论、无神论教育，打牢思想理论基础。要通过教育，使广大党员干部尤其是领导干部深刻认识到达赖集团的反动本质，深刻认识到维护民族团结的重要性，使各级党组织和每个党员尤其是领导干部都能保持清醒的头脑，坚持正确的立场，旗帜鲜明地维护祖国统一，反对分裂。全面正确地贯彻党的宗教政策，依法保护群众的宗教信仰自由和正常宗教活动，加强对宗教事务的管理，打击利用宗教进行的分裂犯罪活动，积极引导藏传佛教与社会主义社会相适应。

江泽民强调，坚持和改善党的领导，是做好西藏工作的根本保证，开创西藏工作新局面，必须按照“三个代表”要求，进一步加强党的建设，把西藏各级党组织建设成为用邓小平理论武装起来、与党中央保持高度一致、全心全意为各族群众服务、能够经受住各种风浪考验、带领全区人民实现西藏跨越式发展和长治久安的坚强核心和战斗堡垒。必须高度重视以基层为重点的组织建设，采取切实措施，充实基层干部队伍，关心爱护基层干部，提高基层干部的政治、业务素质。西藏干部队伍是一支政治坚定、作风过硬、素质不断提高的队伍，是团结带领西藏各族人民贯彻执行党的路线、方针、政策，进行社会主义现代化建设的坚强力量，是一支党和人民充分信赖的队伍。广大干部特别是领导干部要深入基层，深入群众，全心全意为各族人民服务，要继续发扬“特别能吃苦、特别能战斗、特别能忍耐、特别能团结、特别能奉献”的“老西藏精神”，为西藏的繁荣发展再立新功。

2. 朱镕基在第四次西藏工作座谈会上的讲话要点

朱镕基在会上发表了《关于加快西藏经济发展》的重要讲话。讲话从进一步加快西藏经济发展十分重要而迫切的任务，明确目标、突出重点、推动西藏经济更快更好地发展，加大扶持力度、积极帮助西藏加快发展，中央各部门和各地区要顾全大局、大力支持西藏加快发展，西藏要自强不息、团结奋斗、努力开创经济发展的新局面等五个方面就如何加快西藏经济发展做了重要指示。他指出，加快西藏经济发展，是尽快改变西藏落后面貌的迫切要求，是新世纪推进全国现代化建设的重要组成部分，是维护民族团结、祖国统一和国家安全的重要保证。我们要站在战略全局高度，看待加快西藏经济发展问题，增强使命感和责任感，共同努力，积极促进西藏经济的振兴和繁荣。

基础设施薄弱是西藏经济发展的主要制约因素，必须加快铁路、公路、机场、电力、通信、水利等设施建设。充分发挥资源优势，形成既有优势又有市场的支柱产业和特色经济。巩固和加强农牧业基础地位，以调整农牧区和经济结构为重点，搞好农牧业综合开发，千方百计提高农牧民收入。必须高度重视和切实加快发展旅游业，一定要把旅游业作为西藏的支柱产业。认真实施“科教兴藏”战略，大力培养各类人才，大力推动科技进步和创新，努力采用先进适用的技术，使现代科学技术在经济发展中发挥更大的作用。在加大国家特殊优惠政策和扶持力度，继续加强对口支援的基础上，朱镕基还要求西藏广大干部群众自力更生，开拓进取，进一步解放思想、转变观念，进一步深化改革、扩大开放，进一步加强干部队伍建设，进一步加强民族团结。同心协力，为加快实现西藏的全面振兴和繁荣而努力。

3. 李瑞环在第四次西藏工作座谈会上的讲话要点

李瑞环在第四次西藏工作座谈会上作了《集中精力发展经济，改善生活》的重要讲话，讲话指出，认为继续动员全国支援西藏是本次会议的主要议题。全国之所以支援西藏是因为西藏自然条件差，发展起步晚，战略地位重要，同时也是我们与国际反华势力斗争的一个焦点。西藏在全国人民的大力支援下快速发展起来了，是对国际反华势力的最有力的回击，同时也展示了社会主义中国的美好形象。强调指出今后工作的重点是要落实好本次会议的精神，首先是要明确工作责任，其次要搞好协作配合，最后还要加强督促检查。明确指出，第四次西藏工作座谈会为西藏的稳定、发展创造了新的有利条件，西藏各级党委、政府要认清形势，振奋精神，专注机遇，乘势而上，努力完成各项任务，使西藏工作在新世纪有一个崭新的局面。

党中央、国务院召开第四次西藏工作座谈会，正值中国共产党成立 80 周年，西藏和平解放 50 周年之际，这充分体现了党中央和国务院对西藏工作的高度重视和对西藏各族人民的亲切关怀。江泽民总书记深刻总结了 1994 年第三次西藏工作座谈会 7 年来西藏工作的成绩和经验，深入分析了新世纪初西藏工作面临的形势和任务，部署了在新世纪初促进西藏从加快发展到推动跨越式发展、从保持稳定到实现长治久安的各项工作，是在新世纪初推动西藏实现跨越式发展和长治久安的行动纲领。

二、七十个援藏建设项目及一百一十七个建设项目

中央第四次西藏工作座谈会确定由对口支援西藏的 15 个省市和未承担对口支援的 12 省市以及 5 个计划单列市对口援助西藏建设 70 个项目，总投资为 10.62 亿元。项目涉及城市基础设施、教育、科技、文化、医药、卫生、能源、工业等领域。

根据中央第四次西藏工作座谈会精神，为了做好项目的协调

工作，西藏自治区专门成立了以政府常务副主席挂帅，自治区20个委办厅局负责人参加的项目协调领导小组，出台相关优惠政策和项目管理办法，对项目在征地、拆迁、立项以及税费方面给予一系列的优惠，在项目的建设和质量管理以及竣工验收、审计等方面作出明确规定。各项目对口支援省、市、自治区立即成立援藏领导班子，在较短的时间内组织了设计、建设人员进藏考察落实项目的前期工作，组织代表团进藏与项目受援单位签订项目协议，从2001年开始，截止2004年底，70个援助项目已全部建设完工，完成投资11亿元。

70个援藏建设项目有三种建设方式：一是“交钥匙”，即援藏方把项目建成后交给当地；二是援藏方出资金，由受援方负责项目建设全过程管理；三是援藏方在解决资金的同时，承担工程设计、监理，工程建设由受援方担任。所有项目均实行招投标制、项目法人负责制、工程监理制。经验收项目均为合格，大部分项目被评为优良工程，项目经援藏方和受援方共同审计，未发现挪用资金和其他问题，项目施工中未发生重大伤亡事故，项目资金追加控制在正常范围以内。70个项目的建成，促进了西藏的经济发展，加深了民族团结，增加了凝聚力，体现了社会主义祖国大家庭的温暖，体现了社会主义制度的无比优越性。

中央第四次西藏工作座谈会决定由国家投资建设117个项目，总投资达312亿元（其中，青藏铁路西藏段120亿元）。主要是国家投资和中央财政扶持，主要用于农牧业、基础建设、科技教育、基层政权相关设施建设以及生态环境保护和建设，着重解决制约西藏发展的“瓶颈”和突出困难。自2001年开始实施以来，117个项目总体进展顺利，成效明显。117个项目的实施，有力地改善了西藏基础设施条件，改变了城乡面貌，提高了人民群众的生活水平，对促进西藏经济社会的跨越式发展和长治久安起到了至关重要的作用，促进了西藏经济连续四年保持了12%

以上的增长速度。截止2004年，除青藏铁路西藏段以外的其他116个项目国家累计安排资金166.13亿元，已完成83个项目。①

中央在增加直接投资的同时，还要实行特殊的扶持政策。现行的优惠政策，能够继续执行的继续执行，需要完善的在完善后继续执行。还增加了一些新的优惠政策。

三、西藏自治区成立40年来的辉煌成就

2005年9月1日，是西藏自治区成立40周年纪念日。

40年前的西藏，经济基础薄弱，人民生活水平低下，广大劳动人民连基本的温饱都无法保障。上个世纪中叶，西藏发生了三次具有深远历史意义的社会变革。第一次是1951年，西藏实现和平解放，永远摆脱了帝国主义侵略的羁绊，实现了中华民族新的历史条件下的大团结；第二次是1959年，西藏开始实行民主改革，彻底废除了旧西藏政教合一的封建农奴制度，开创了西藏人民掌握自己命运、实现当家作主的新时代；第三次是1965年，西藏自治区成立，民族区域自治制度在西藏正式确立，西藏社会制度实现了历史性的跨越。三次社会变革深刻改变了西藏的前途命运，有力推动了经济社会的发展步伐，西藏人民从此与全国各族人民一道走上了社会主义的光明大道。

40年后的西藏，在中央政府和各兄弟省市的支持和援助下，西藏经济、政治、文化等各个领域发生了翻天覆地的变化。西藏自治区成立的40周年真实纪录着西藏人民当家作主、过上幸福生活的发展变迁。

1. 经济持续快速发展

西藏自治区国民经济增长速度连续10年保持12%以上的强

---

① http://www.newssc.org/gb/Newssc/zt/xzss/yzsn/userobject1ai427904.html

劲势头，2004 年国内生产总值首次突破 200 亿大关，2005 年国内生产总值达到 250.4 亿元，人均 GDP 突破 1000 美元，地方财政一般预算收入达 12 亿元，全自治区经济总量迈上了新的台阶。城乡居民收入持续增长，人民生活不断改善，绝大多数群众摆脱了贫困，部分群众过上了小康生活。这些都印证了西藏的盛世局面。可以说，目前的西藏处于历史上最好的发展时期。

1965 年，西藏自治区成立时，西藏的国内生产总值仅为 3.27 亿元，到 2004 年年底，西藏自治区 GDP（国内生产总值）实现 211.54 亿元，40 年间增长了 18.6 倍。

近年来，西藏自治区抓住西部大开发和全国各兄弟省市援藏的发展良机，大力促进经济社会跨越式发展，在中央政府和全国各兄弟援藏省市大力支持下，西藏自治区政府积极吸引民间投资，大力实施国家重点工程项目，固定资产投资创历史新高，并成为西藏经济发展强有力的“助推器”。随着中央加大西藏矿业勘探的力度，西藏的矿产资源优势正在逐步显现出来。西藏独具特色的人文、文化和民俗民风对外界有着强大的吸引力，旅游发展极具潜力，其他产业的发展潜力也比较大。

西藏坚持调整优化产业结构，目前，第三产业成为西藏的第一大产业，第二产业超过第一产业，形成“三二一”的产业结构。产业结构进一步趋于优化，自我发展能力进一步增强。

上个世纪末，西藏就解决了粮油肉基本自给，实现了基本小康。粮食总产量由 1965 年的 29.7 万吨增长到 2004 年的 96 万吨，增长了 2 倍多。

近年来，西藏积极落实中央第四次西藏工作座谈会确定的 117 个项目和全国对口援藏的 70 个项目，大力实施西部大开发标志性工程——青藏铁路和直孔电站、林芝机场、扎布耶盐湖资源开发等重大工程项目。固定资产投资创历史新高，连续 4 年超过 20%的增长速度。

此外，中央政府每年向西藏投入100多亿元，用于投资大型项目，兴建基础设施。全国其他地方也以不同方式对西藏实施对口支援，加上招商引资和民间投资，西藏每年投资额高达160亿元。40年来，中央对西藏地方的财政投资累计达到968.72亿元，一大批基础性骨干项目陆续建成。

西藏是一个以农牧业经济为主导产业的地区，全区270多万人口中，农牧民占80%以上。1984年，中央第二次西藏工作座谈会后，西藏明确实行了“土地归户使用、自主经营、长期不变”和“牲畜归户、私有私养、自主经营、长期不变”及免征农牧业税等一系列促使农牧民休养生息的优惠政策，西藏农牧区生产力发生了历史性飞跃。近两年，西藏各级政府部门继续出台了一系列惠农政策，极大地提高了农牧民的生产积极性，农牧业经济效益稳步提高，农牧民收入连续两年实现两位数增长速度。2004年，西藏对农牧业和农牧区的投入达30多亿元，仅财政涉农支出就达9.96亿元，同比增长9.5%。2005年，全自治区农牧民人均纯收入达2075元，城镇居民人均可支配收入达8411元。

2. 旅游业突飞猛进

西藏的旅游资源丰富。不仅拥有高原地理奇观。西藏自治区是青藏高原的主体，平均海拔在4000米以上，素有“世界屋脊”之称，这里独特的高原地理景观是世界其他地方所无法看到的。西藏境内海拔7000米以上的高峰有50多座，海拔8000米以上的雪山达11座。耸立在中尼边界上的珠穆朗玛峰是世界第一高峰，每年吸引着许多国内外的登山爱好者。位于阿里普兰县境内的冈仁波齐峰是藏传佛教、印度教、本教和耆那教的著名圣地，每年前往朝圣的信徒络绎不绝。西藏是中国最大的天然湖泊密集区，1500多个大小不一、景致各异的湖泊镶嵌在群山莽原之间，如蓝色宝石，令人向往。著名的有藏北高原上的纳木措、浪卡子

县境内的羊卓雍措、阿里的玛旁雍措、林芝的巴松措等。西藏地域辽阔，各地的自然特征也千差万别，藏北有美丽的羌塘草原、藏东有茂密的原始森林、藏南有古老的高原农庄、藏西有广袤的戈壁荒漠。还拥有很多历史文化遗存。西藏是藏族文化的发祥地，考古发掘证明早在 2 万年前的旧石器时代晚期，西藏就有了人类的活动。公元 7 世纪中叶，松赞干布统一青藏高原，建立吐蕃王朝。13 世纪西藏正式纳入版图，此后西藏与中国内地关系日益紧密，悠久的历史为后人留下了许多历史文化遗迹，比如：昌都卡若文化遗址、拉萨北郊的曲贡文化遗址、山南泽当县的雍布拉康宫、琼结县的藏王墓、阿里古格王城、萨迦寺、布达拉宫、江孜抗英遗址等。还保留着别具一格的宗教文化艺术。公元 7 世纪佛教传入西藏，其后与藏族传统的本教相互融合形成了独具特色的藏传佛教。藏传佛教在 1300 多年的历史发展中，先后形成了许多教派，创建了许多规模宏大的寺院，如桑耶寺、甘丹寺、哲蚌寺、色拉寺、扎什伦布寺、强巴林寺、白居寺、楚布寺等，这些寺院不仅是僧人们学经修习的场所，同时也是集中展示藏族宗教文化的宝库，那些富丽堂皇的精巧建筑以及保存其中的富有浓郁藏族特色的雕塑、壁画、唐卡等工艺品，充分展现了藏族人民的创造智慧。还富有丰富的民俗风情景观。居住在青藏高原上的藏族人民在适应和改造高原的过程中，形成了极具地域特色的生活方式和风俗习惯，他们的衣食住行、婚丧嫁娶、节庆娱乐、礼俗禁忌等等都具有特殊的观赏和认识价值。

西藏虽然拥有良好的旅游资源，但是由于各种客观条件的限制，1978 年以前西藏的旅游业几乎是一片空白。1979 年西藏旅游局成立，揭开了西藏旅游业快速发展的序幕。在西藏自治区的经济发展战略中，旅游业依托西藏丰富独特和无与伦比的旅游资源得以快速发展，已具有越来越重要的地位，尤其是改革开放以来西藏旅游业的迅猛发展及其强大的产业带动能力，已使其成为

西藏第三产业中名副其实的特色支柱。旅游业成为西藏经济发展新的增长点。

到2004年底，西藏已对外开放县市5个、山峰43座、国家级名胜风景区4个、国家级历史文化名城2座、国家级重点文物保护单位13个、自治区级文物保护单位11个、参观旅游点40多处。目前，西藏自治区政府一面初步投资16亿元建设雅鲁藏布江大峡谷国家级旅游公园，一面在积极探索旅游经济发展与环境资源保护的良性发展模式，为西藏旅游业的未来发展奠定坚实的基础。

目前，全长1956公里的青藏铁路已于2006年7月1日通车。青藏铁路，翻越昆仑山、唐古拉山，穿过550公里冻土层和大片“生命禁区”。青藏铁路的通车有力地促进了旅游业的大发展。2006年西藏在原有基础上又新建餐饮住宿场所86家，增加床位9000多个。到2006年底，全区宾馆饭店达到606家，餐饮店达到5800多家，购物点4800多个，文化娱乐场所3200多家。旅游直接从业人员已有1.9万人，比上年增长了30%；间接参与旅游的人数达11万，同比增长23%。全区2006年社会消费品零售总额达85.6亿元，同比增长17.1%，是进入新世纪以来增长速度最快的一年。2006年累计接待国内外游客245万人次，同比增长36%；旅游总收入达27亿元，比上年增长39.5%。

3. 西藏人民当家作主

旧西藏，广大农奴和奴隶连最基本的生存权都得不到保障，根本没有政治权利可言。西藏自治区的成立标志着西藏建立了人民民主政权，开始全面实行民族区域自治制度，西藏人民从此享有了自主管理本地区事务的权利，与全国人民一道走上社会主义的发展道路。

西藏自治区成立后，中央政府和西藏地方政府按照《中华人民共和国宪法》和《中华人民共和国民族区域自治法》的规定，

民族区域自治制度不断巩固，西藏人民当家作主的民主权利得到切实保障。

总之，西藏自治区成立以来的 40 年，是西藏各族人民当家作主的 40 年。实行民族区域自治制度，西藏各族人民以主人翁的姿态积极参与管理国家事务，充分行使宪法和法律赋予的各项自治权利，自主管理本地区、本民族内部事务。各族群众坚定地维护祖国统一和民族团结，民族关系不断发展，民族团结不断巩固，“汉族离不开少数民族，少数民族离不开汉族，各少数民族之间也相互离不开”的思想日益深入人心，形成了各民族共同团结奋斗、共同繁荣发展的良好局面。

4. 藏族传统文化不断得到继承与发扬

千百年来，藏族人民以其勤劳、智慧和顽强的精神开发了雪域高原，创造了独具特色、博大精深的藏民族文化。她是中华民族文化宝库中一颗璀璨的明珠，在世界上也有一定的影响。

中央人民政府和西藏自治区人民政府一贯重视藏民族文化艺术的民承和发展。在西藏历史上，各种民族民间艺术大都以群众或民间艺人的口头传唱方式流传下来，“人走艺亡”的情况十分严重，大量非物质文化遗产濒临失传。自西藏自治区成立以来，国家共投入 6 亿多元积极“复兴”西藏传统民族文化，使这一丰富而独具特色的文化遗产得到全面继承和发展。

《格萨尔王传》民藏民族的英雄史诗，篇幅达 200 多部，比《荷马史诗》、《摩诃婆罗多》两部史诗的总和还要长。然而，这部世界著名史诗自古主要由民间说唱艺人口头相传，民间散落着为数甚少的手抄本，面临着失传的危险。

1979 年，国家成立了抢救、整理《格萨尔王传》的专门机构，并将研究工作列入以后每个五年计划的重点科研项目，在经费上给予重点支持。多年来，政府有关部门组织人力跋山涉水，在农牧区四处寻找说唱《格萨尔王传》的民间艺人。经过艰苦的努力，目前西藏已经找到40多人，并把他们列入政府的重点保护对象。

至今，西藏共搜集《格萨尔王传》手抄本、木刻本近300部，现已正式出版藏文本70多部。这一长期零散传唱的口头文学终于成为一部系列完整的文学巨著。有关方面还出版了20多部汉译本，并有若干部译成英、日、法文出版。

同时，为保护好藏民族文化遗产，满足广大藏族信教群从的宗教需要，中央政府决定筹措巨额资金，实施三大重点文物保护维修工程。2000年8月，国务院领导同志实地考察布达拉宫，明确指示要保护维修好这些重要文物。2006年6月，在中央第四次西藏工作座谈会议上，将三大重点文物保护维修工程列为援藏重点项目。为了把三大重点文物保护维修好，西藏自治区政府和国务院有关部门以及研究咨询机构的专家、学者和宗教界人士，做了大量艰苦细致的调查研究、评估论证和准备工作。由于年代久远，作为土、木、石结构，加之建筑物本身构造及自然环境变化的原因，文物建筑出现了不同程度的基础下沉和破损，以及墙体出现裂缝或坍塌、木构件虫蛀、变形等险情，存在严重的隐患。

2002年6月，西藏布达拉宫、罗布林卡、萨迦寺维修工程正式启动，总投资为3.3亿元。其中布达拉宫投资17 930万元，罗布林卡6740万元，萨迦寺8660万元，所需资金全部由中央财政资金安排。

从1989年到1994年之间，国家先后拨出5500多万元以及大量黄金、白银等贵重物资，并组织了一支以藏族工匠和管理人员为主、内地专业技术人员指导的工程技术队伍，对布达拉宫进行了首次重点维修，这在中国文物保护史上是空前的。联合国教科文组织认为，布达拉宫第一次维修的设计和施工达到了国际先进水平，是“古建筑保护史上的奇迹，对藏文化乃至世界文化保护做出了巨大贡献”。

在过去20多年里，中央人民政府和西藏自治区政府累计投资3亿多元人民币，维修开放了1400多座寺庙、文物古迹和宗教活动场所，使这些重要的历史古建筑得到了及时有效的保护，确保了这些古建筑“延年益寿”。

总之，西藏自治区成立以来的40年，是西藏优秀传统文化得到保护、继承和弘扬，社会主义先进文化不断发展的40年。40年来，藏语文得到广泛的学习、使用和发展，西藏的历史文化遗迹和宗教活动场所得到有效维修和保护，西藏人民的宗教信仰和传统风俗习惯得到切实尊重，民间文化艺术得到全面继承和发展，藏学研究取得丰硕成果。古老的西藏文明正逐步走出高原，以开放的姿态向世界展示其独特的魅力和风采。

5. 教育事业蓬勃发展

旧西藏教育十分落后，没有一所近代意义上的学校。西藏和平解放前，仅有2000余名僧侣和贵族子弟在旧式官办学校和私塾学习。广大农奴和奴隶没有接受教育的权利。适龄儿童入学率不到5%，文盲率高达95%。

党和国家历来高度重视西藏工作和西藏教育事业的发展。根据《十七条协议》中有关逐步发展西藏民族的语言、文字和学校教育的规定，1952年拉萨小学建立，1956年拉萨中学建立，西藏走上了现代教育的轨道。1965年西藏自治区成立后，在党中央、国务院的亲切关怀下，在全国人民的大力支持下，特别是经过改革开放和中央第三、四次西藏工作座谈会以来的建设和发展，西藏社会发生了翻天覆地的变化，西藏教育事业取得了历史性的、举世公认的巨大成就。

教育规模不断扩大，教育体系不断完善，教育结构不断优化。40年来，西藏教育事业持续快速发展，已形成了一个涵盖幼儿教育、义务教育、特殊教育、职业教育、高等教育和成人教育的较为完备的现代民族教育体系，以藏族为主体的各民族人民接受教育的权利得到了保障，民族科学文化素质得到了很大提高。截至2004年底，全区有各级各类学校1010所，适龄儿童入学率达94.7%。2005年底，中小学在校学生44.9万人。截至2006年底，西藏自治区已有73个县（市、区）实现了“普六”，49个县（市、区）实现“普九”。西藏“普六”和“普九”人口覆盖率分别达到了99.4%和70.5%。同时，已经有62个县完成扫盲工作，脱盲县人口覆盖率达到了90.4%，全区青壮年文盲下降了10%。全区现有小学880所，教学点1351个，初级中学93所，普通高中25所，在校学生人数总额达到了近50万人。

教师队伍不断发展壮大，以藏族为主体、结构合理、满足教育发展需要的教师队伍基本形成。到2004年底，全区各级各类学校共有教职工29941人（其中援藏教师179人，离退休教师3496人），比1965年提高8.8倍。

教育投入大幅度增加，办学条件得到很大改善。党中央、国务院和自治区人民政府历来高度重视教育事业发展，不断增加对教育的投入。1952—2004年，西藏教育累计投入资金约120.7亿元。2004年，全区教育经费总投入23.4亿元，比1965年增长了674倍。

制定各项教育法律法规，大力推进义务教育发展。根据国家有关法律，西藏自治区结合西藏的特点和实际发展情况，先后制定颁布了《西藏自治区实施中华人民共和国义务教育法办法》、《西藏自治区实施中华人民共和国教师法办法》、《西藏自治区实施中华人民共和国职业教育法办法》、《西藏自治区实施中华人民共和国残疾人保障法办法》等地方性法规；制定实施了西藏自治区义务教育发展规划、扫盲工作规划、中小学办学条件标准、扫盲标准及评估验收办法、普及义务教育标准及评估验收办法等一系列制度和规范性文件。通过制定具有地方特点、体现西藏实际的法规、制度和其他规范性文件，进一步规范了教育管理行为，提高了教育管理水平和办学效益。

为了帮助农牧民子女接受义务教育，国家拨出专款在西藏农牧区实行了以寄宿制为主的中小学校办学模式，并对义务教育阶段的农牧民子女实行免费的“包吃、包住、包学习费用”的“三包”制度。对高中阶段农牧民子女住校生实行助学金和奖学金制度。自治区分别于1985年、1994年、2001年、2005年和2006年对享受“三包”的范围和标准等进行了调整。2001年开始将“三包”范围扩大到在县、乡镇、村完全小学寄宿制学校就读的农牧民子女。从2006年10月1日开始，每个小学生每年的费用由原来的1000元提高到1100元，初中生由原来的1150元提高到1250元，边境县、乡小学生达到了1200元，初中生达到了1350元。“三包”政策和助学金、奖学金制度的全面落实，极大地减轻了西藏农牧民的负担，提高了农牧民送子女入学的积极性，有力地保障了农牧民子女接受教育的权利。

在内地创办西藏学校，帮助西藏培养各类专门人才。全国先后有20个省、直辖市的28所学校开办内地西藏班，有53所内地重点高中、90多所高等学校招收西藏插班生，已累计招收培养内地西藏初中班学生29 500余名，现已有2900余名大学本科生、11 000余名中专生毕业返藏参加工作。2004年，内地各类西藏班（校）在校生达14 500人，其中内地西藏班初中在校生6700多人，高中在校生4300多人，中师在校生600多人，中专在校生100多人，高等学校在校生3154人。2004年内地西藏初中班招生规模达到1800名，高中班招生规模达到1600名，五年制师范类招生达到200名，普通高校招生规模达到1100名。

现在，西藏各级各类学校在校生已达53万人，比1985年增长了近3倍；西藏中专以上各级各类人才队伍由1985年的2万多人增加到7万多人，全区青壮年文盲率从1990年69.34%下降到10%以下。实践证明，党中央、国务院创办内地西藏班和开展教育援藏的决策符合西藏实际情况，体现了西藏各族人民的根本利益，对于加快西藏经济社会发展的步伐，实现西藏跨越式发展和长治久安，已经并将继续产生重大而深远的影响。

在中央帮助西藏发展教育的过程中，一直坚持资金投入、选派教师和教育管理干部相结合，支援西藏教育。从20世纪50年代到2000年，全国共选派援藏教师6800余名，他们与西藏人民一道为发展西藏教育做出了巨大贡献。上世纪80年代，中央相继召开了两次西藏工作座谈会和两次教育援藏工作会议，国家有关部委和各省市采取多种措施，帮助西藏发展教育事业。除保证正常的教育事业费以外，先后两次拨专项资金3700万元和6800万元，用于改善西藏的中小学建设。1993年国家第三次教育援藏工作会议决定投资4100万元，1994年中央西藏工作座谈会确定的援藏工程中教育工程投资6900万元，改善西藏教育的基础设施建设。同时制定了教育援藏工作“长期坚持，努力搞好，实行对口、定点、包干责任制”的方针，由北京、上海、天津、江苏、陕西、河北、辽宁、山东、广东、福建、浙江、湖南、湖北、四川等省市和中央有关部委分别支援西藏有关地市和中等专业学校，对口支援省市在人力、物力、财力上对西藏的教育给予极大帮助和支持。仅1995年至2000年，各对口支援省市为西藏教育投资达2.95亿元，选派援藏教师117人次，培训西藏教学管理人员、教师273人次。2001年中央第四次西藏工作座谈会召开至2004年底，全国17个省市，17个大型国有企业对口支援我区7地市教育援藏项目188项，资金总额2.37亿元；30所内地高等院校对口支援我区三所高等院校项目38项，师资援助和培训70人次，援助资金总额达970万元。[①]

① “西藏教育事业发展与展望”，http：//www.zytzb.org.cn/zytzbwz/nation/xxdl/80200511045110.htm

在2007年1月26日举行的全国内地西藏班办学和教育援藏工作会议上，贾庆林强调指出，要坚持以邓小平理论和“三个代表”重要思想为指导，牢固树立和落实科学发展观，全面贯彻党的民族政策和教育方针，今后将大力实施“科教兴藏”和“人才强藏”战略，坚持西藏自力更生与国家扶持、内地支援相结合，推动西藏各级各类教育的快速、协调、健康发展，为促进西藏的繁荣发展和社会稳定提供强有力的保障。

6. 人民健康状况大幅改善，生活水平不断提高

经过了40年的发展，西藏人民的生活水平从“衣不遮体、食不果腹”的状态，提高和改善到了如今的城市居民私家车、移动电话拥有率名列全国前茅，服饰消费、文化消费、教育消费等逐年增加；农牧民群众争相购买大型客运和货运车辆致富、传统农业耕作方式逐步向机械化转变的可喜景象。

人民物质生活水平的提高和改善，直接带动了人们精神文化生活的享受。新修建的拉萨电影城，不时能够跟全国同步上映新片，而观众也常常爆满；年轻人能够在第一时间购买到正版的流行音乐唱片；传统藏族音乐也以现代形式更多地展现在人们面前，受到人们的青睐；图书市场愈加繁荣，涌现出越来越多的本地作家；年轻人的服饰流行风几乎不比国内任何一个地方落伍。

封建农奴制度下的旧西藏，只有三所医疗设备极其简陋、规模有限的官办藏医机构和少量私人诊所，从业人员近百人，加上民间藏医也只有400余人，平均每千人口只有不到0.4名医务人员。这些藏医机构和人员主要为贵族、官员服务，广大农奴和奴隶有病得不到治疗。天花、鼠疫等烈性传染病屡有发生和流行。据记载，西藏和平解放前的150年间，天花大流行过四次，其中1925年的一次，仅拉萨地区就有7000人丧生。1934年和1937年的两次伤寒流行，拉萨又有5000余人死亡。当某些传染病暴发时，原西藏地方政府不但不采取措施救治病人，反而把病人赶

进深山峡谷，派兵把守山口，将病人困死。根据历史资料记载，旧西藏人均寿命只有36岁，人口增长长期处于停滞状态。

民主改革后，自治区逐步建立了遍布城乡的医疗卫生网。西藏的传统医学藏医、藏药得到继承和发展。西藏医学科研机构对危害西藏人民健康的高原病等疾病进行重点研究，取得了重要成果。西藏医疗工作者在高原肺水肿、高山昏迷和慢性高原病的抢救和治疗方面，一直处于国内外领先地位。1985年与1965年相比，拉萨地区藏族青少年平均身高增加8.8厘米，平均体重增加5.2公斤。40年来，西藏农牧民健康保障显著提高，人口平均寿命从旧西藏的36岁提高到现在的67岁。

7. 边远地区得到快速发展

西藏有21个边境县、104个边境乡镇，总人口36万多人。这些地区交通不便，基础设施落后，既是西藏少数民族的主要聚居区，也是西藏经济欠发达地区。如何促进边境稳定、民族团结，让边境地区群众脱贫致富，始终牵动着自治区历届党委、政府领导的心。2004年，在国家有关部门支持下，西藏启动“兴边富民行动”。一年来，国家共投入少数民族发展资金1亿多元，安排项目267个，着重用于边境地区和区内人口较少民族聚居地区的交通、水利、能源、卫生等基础设施和社会事业的发展，困扰群众的饮水难、行路难、照明难、上学难、就医难等问题初步得到解决。通过自治区实施的“兴边富民行动”，西藏的邻近边境县迎来了难得的发展机遇。①

西藏自治区交通运输以公路建设为重点，航空、管道运输协调发展，形成了以拉萨为中心四通八达的交通运输网络。目前，全区共有20条国、省道干线公路，401条县、乡公路和74条专

① 边巴次仁、次仁德吉：“腾飞的西藏——西藏自治区成立40周年巡礼”《中国民族》，2005年第8期。

用公路，公路通车里程达到 42 203 公里，并建成了两个民用机场，开辟了拉萨至北京等地的 10 多条国内、国际航线，建成了总长 1080 公里的格尔木至拉萨输油管道。目前，全长 1956 公里的青藏铁路已于 2006 年 7 月 1 日通车。2004 年，西藏自治区共建成各类电站 520 多座，电力装机总容量达到 50 万千瓦，年发电量达到 11.65 亿千瓦时。全区基本实现县县通电，乡（镇）、行政村通电率分别达到 71%和 41%。

40 年来，西藏建成了以拉萨为中心，连接全国，通达世界，集程控交换、卫星、数字、移动、邮政通信于一体，达到当代先进水平的通信网络，截至目前，西藏 73 个县除墨脱以外全部实现通光缆，683 个乡镇（包括全区所有边境县，所有边境乡镇）全部实现通电话。

今后，西藏还将着力推进天然林保护工程、退耕还林工程、防沙治沙工程、森林防火工程和野生动植物、湿地、自然保护区和森林公园建设工程等五大生态工程和五大产业的建设，打造雪域高原一流的生态环境。

历经 40 年波澜壮阔的奋斗历程，今天的西藏，经济发展，社会进步，文化繁荣，民族团结，局势稳定，边防巩固，人民安居乐业，到处生机勃勃，而这些都是建立在如今西藏和谐的民族关系和稳定的社会基础上的。现今的西藏，正处在历史上发展和稳定的最好时期，西藏地区的民族关系也同样处在历史上最好的时期。

四、全国对口支援西藏取得重大成绩

1. 全国对口支援西藏的情况

全国支援西藏，促进西藏加快发展，是中央确定的一项重大战略决策。西藏和平解放 50 多年来，中央始终把帮助西藏加快发展、赶上全国前进步伐作为一项根本性的方针，在西藏实行了一系列优惠政策。特别是党的十一届三中全会以来，中央先后四次召开西藏工作座谈会，不断加大援藏工作的力度。1980 年，第一次西藏工作座谈会，确定了对西藏实行特殊政策，让农牧民休养生息、发展生产，尽快富裕起来。1984 年，第二次西藏工作座谈会，进一步放宽政策，集中帮助西藏建设迫切需要的 43 个中小型工程项目。1994 年，第三次西藏工作座谈会，作出了全国支援西藏的战略决策，中央有关部委和 15 个省市对口支援西藏，确定援建 62 个重点建设项目。2001 年，第四次西藏工作座谈会，继续动员全国支援西藏，鼓励积极探索新的支援方式和机制，确定国家直接投资建设 117 个重大项目，有关省、市对口支援建设 70 个项目。

全国对口援藏工作从 1994 年正式开始实施，通过 10 多年的伟大实践，取得了举世瞩目的巨大成就。1994 年至 2004 年，中央政府对西藏直接投资达 504.41 亿元，用于西藏的基础设施建设项目。

对口支援西藏的中央部委、省市、中央企业，对口援藏干部工作已进入第四批，先后派出援藏干部 2892 名（其中，专业技术干部 289 名），援藏教师 187 人次。

承担对口支援任务的 18 个省市、61 个中央国家部委和 17 个中央企业为西藏提供援助资金约 64 亿元（其中包括直接项目投资、援助物资设备折合资金和援助其他专项资金），援建项目约 1698 个。其中，北京市援建项目 50 个，江苏省援建项目 108 个，广东省援建项目 167 个，福建省援建项目 170 个，上海市援建项目 315 个，山东省援建项目 258 个，吉林省援建项目 16 个，黑龙江省援建项目 20 个，湖北省援建项目 98 个，湖南省援建项目 96 个，安徽省援建项目 17 个，天津市援建项目 18 个，重庆市援建项目 20 个，四川省援建项目 23 个，浙江省援建项目 101 个，辽宁省援建项目 53 个，陕西省援建项目 22 个，河北省援建项目45个，内蒙古自治区援建项目2个，新疆维吾尔自治区援建项目2个，广西壮族自治区援建项目2个，贵州省援建项目2个，海南省援建项目2个，河南省援建项目2个，江西省援建项目2个，山西省援建项目2个，甘肃省援建项目1个，云南省援建项目1个，青海省援建项目1个。[①]

对口支援工作开展10多年来，各对口支援省市、中央国家机关和中央企业，按照完成西藏“一加强、两促进”的历史任务和全面建设小康社会、和谐社会奋斗目标的需要，着眼于增强西藏的发展后劲，在项目资金安排上从一般性建设项目向生产型、特色化和重点项目转移，在援助重点上从注重城镇基础设施建设向注重促进农牧区经济社会发展转变，在经济社会发展规划、基础设施建设、社会事业发展、实用技术推广、扶贫开发、招商引资、发展特色经济、培育新的经济增长点，特别是增加农牧民收入、提高农牧民生活质量等方面做了大量工作。

中央政府和全国各地的支援极大地改善了西藏的生产和生活条件，有力地促进了西藏经济和社会的快速发展。这些措施体现了中央对西藏发展的高度重视，凝聚了全国人民的深厚感情。

1992年4月4日，援助西藏发展基金会在班禅大师和阿沛·阿旺晋美的倡议下在北京成立，旨在促进西藏和其他藏区的文教、卫生和社会福利事业的发展。援助西藏基金会成立后，不断加强“育人工程”为主的文化教育援藏工作力度，兴办学校，资助贫困生，培训外语人才，资助藏文译制片等。

2. 全国对口支援西藏取得了伟大成就

在中央第三、四次西藏工作座谈会精神的鼓舞下，在党中央、国务院和各省市的大力支持和全国人民的无私援助下，西藏各族人民团结一致、艰苦奋斗，西藏经济迅速发展，经济总量快

---

① http：//www.china5000.cn/wenming/statics/xizang/yzgc25.htm

速扩大，生产力水平显著提高，城乡面貌日新月异，社会局势保持稳定，整个西藏的面貌都发生了历史上前所未有的新变化，西藏的发展呈现出前所未有的勃勃生机。

（一）在对口支援工作的有力推动下，西藏经济社会呈现出跨越式发展的良好势头

在全国人民特别是中央国家机关、对口援藏省市 和中央企业的大力支持下，西藏各族人民始终坚持“一个中心、两件大事、三个确保”的新时期西藏工作指导方针，经济社会迅速发展，改革开放不断深入，民族团结不断加强，社会局势日益稳定，西藏进入了历史上发展与稳定的最好时期。经济平稳快速发展，增长速度位居西部地区前列。农牧业经济保持良好发展态势，产业结构调整取得积极进展。基础设施建设取得突破性进展，“瓶颈”制约得到进一步缓解。第三产业发展迅速，已成为西藏第一大产业，旅游业快速发展。城镇化水平不断提高，区域经济格局发生新的变化。改革开放加快推进，市场化程度不断提高。固定资产投资力度进一步加大，重点项目建设进展顺利。2006年青藏铁路的全线铺通运行，结束了西藏没有铁路的历史。各项社会事业蓬勃发展各族人民建设社会主义新西藏的热情空前高涨。教育事业持续快速发展，已形成一个涵盖幼儿教育、义务教育、特殊教育、职业教育、高等教育和成人教育在内的较为完备的民族教育体系，民族科学文化素质得到了很大提高。农牧民生活水平大幅度提高，城乡居民生活条件不断改善。

实践证明，对口援藏工作是全国支援西藏的有效途径，是实现西藏各族人民根本利益和西藏跨越式发展、构建社会主义和谐社会的重要举措，是“三个代表”重要思想在西藏的具体体现和生动实践。

（二）对口支援省市援藏力度不断加大，为西藏的发展进步事业提供了强大动力

对口支援工作10年来，各对口支援省市以强烈的政治责任感和历史使命感，高度重视援藏工作，切实加大对口支援力度，为西藏的发展进步事业提供了强大动力。自1994—2004年6月底，西藏接受对口支援的各地区在支援省区的大力帮助下，完成了许多建设项目，城市发展面貌焕然一新。

拉萨市：共受援建设项目166个，完成投资89 836万元，共受援物资设备折合资金7 526万元和资金3 790.3万元。北京市先后完成北京中路、拉萨北京中学、北京东路（改扩建）、市委综合楼、民族文化宫、北京小学、115个村民委员会基层政权建设等一大批重点工程建设；江苏省也完成江苏路、拉萨师范学校师资培训中心、西藏藏药厂、拉萨市急救中心、拉萨市人民医院、130个村民委员会等一大批重点工程；而且河南、河北、四川等省也完成拉萨市新华书店、自治区党校暨行政学院综合楼、拉萨市粮油加工厂等项目建设。

日喀则地区：共受援建设项目626个，完成投资106 877.48万元，受援物资设备折合资金14 170.04万元和资金11 411.55万元。上海市先后建设上海广场、上海路、上海体育场等一批标志性市政重点建设项目和安康工程；山东省也建成山东大厦、山东路、高原明珠雕塑等一批标志性市政重点建设项目和菜篮子工程；自中央第四次西藏工作会议以来，吉林省、黑龙江省、上海宝钢、中国化工等省市和中央企业根据中央新时期西藏工作的方针政策，认真研究制定近期和远期援助规划，合理安排建设项目和援助计划，也完成一批项目建设；而且山西、辽宁等省也完成日喀则市第二中学等项目建设。

山南地区：共受援建设项目220个，完成投资70 641.9万元，受援物资设备折合资金2 754.35万元和资金7 251.59万元。湖北省先后建设措美县当巴水电站、西藏湖北大厦、泽当镇湖北路、山南地区广播电视中心等一批标志性市政重点建设项目；湖南省也建设湖南大道、湖南体育场、山南地区行署行政会议中心等一批标志性市政重点建设项目；自中央第四次西藏工作会议以来，安徽省、中粮公司等省市和中央企业根据中央新时期西藏工作的方针政策，认真研究制定近期和远期援助规划，合理安排建设项目和援助计划，也完成安徽大道等一批项目建设；而且广西、贵州等省区也完成山南地区乃东县中学、山南地区沃卡河三级电站改造等项目建设。

林芝地区：共受援建设项目 338 个，完成投资 129 689.74 万元，受援物资设备折合资金 10 883.6 万元和资金 10 817.7 万元。广东省先后建设林芝广东文化中心、深圳广场、八一镇、深圳大道、广州大道等一批标志性市政重点建设项目；福建省也建设林芝福建公园、八一防洪堤等重点建设项目；而且内蒙古、云南等省区也完成林芝地区朗县中学、林芝地区西藏边茶厂等项目建设。

昌都地区：共受援建设项目 80 个，完成投 35 340.73 万元，受援物资设备折合资金 3478.16 万元和资金 3855.4 万元。天津市建设澜沧江天津广场、昌津大桥等一批重点项目；重庆市也建设昌都地区粮油加工厂、老城改造等一批重点项目；自中央第四次西藏工作座谈会以来，中国一汽、东风汽车、中国远洋、中国电信、中国铝业、武钢集团等中央企业根据中央新时期西藏工作的方针政策，认真研究制定近期和远期援助规划合理安排建设项目和援助计划也完成加强昌都地区各县的城镇基础设施和农牧区基础设施建设；而且江西、海南等省也完成昌都地区贡觉县中学、丁青县水电站等项目建设。

那曲地区：共受援建设项目 180 个，完成投资 68 546 万元，受援物资设备折合资金 5043.35 万元和资金 4304.8 万元。浙江省建设那曲地委办公楼、客运大厦等一批重点项目建设；辽宁省也建设那曲地区综合市场、辽宁广场等一批重点项目建设；自中央第四次西藏工作座谈会以来，中国石油、神华集团、中国石化、中国海油、中国信托等中央企业根据中央新时期西藏工作的方针政策，认真研究制定近期和远期援助规划合理安排建设项目和援助计划也完成加强那曲地区各县的城镇基础设施和农牧区基础设施建设；而且吉林、青海、新疆等省区也完成了那曲地区巴青水电站、格尔木至101油库输油管道、嘉黎县中学等项目建设。

阿里地区：共受援建设项目85个，完成投资27 549.1万元，受援物资设备折合资金440.1万元和资金385万元。河北省建设河北会堂、阿里藏医院、阿里地区群艺馆等一批重点项目；陕西省也建设阿里地区陕西路、广电中心、延安宾馆等一批重点项目；自中央第四次西藏工作座谈会以来，中国联通、国家电网、中国移动等中央企业根据中央新时期西藏工作的方针政策，认真研究制定近期和远期援助规划，合理安排建设项目和援助计划，也完成加强阿里地区各县的城镇基础设施和农牧区基础设施建设。[①]

近年来，我国内地援藏项目和资金重点向西藏农牧区倾斜，这不仅有力地改善了西藏农牧区的基础设施条件，同时对提高西藏农牧民的生产生活水平起到了积极的促进作用。

教育援藏工作取得了丰硕成果。1984年，国家为加大西藏各类人才的培养力度，帮助西藏更快更多的培养人才，决定在北京等省市筹建3所西藏学校，在上海等16个省、市的中等以上城市各选择条件较好的一二所中学举办西藏班。1985年，以藏族为主体的第一批西藏学生开始来到内地学习。现已有北京市等21个省（市）为西藏办有33个西藏班（校），形成了全国支援西藏发展教育事业的好局面。

（三）援藏干部充分发挥作用，为西藏经济社会的快速发展

① “全国对口支援西藏取得伟大成就”，http：//www.newssc.org/gb/Newssc/zt/xzss/yzsn/userobject1ai427903.html

注入了新的活力。

内地派遣援藏干部是在第三次西藏工作会议时决定的。承担对口支援任务的省市和中央国家机关、中央企业选派优秀的中青年干部到西藏工作，这些援藏干部是西藏不可多得的人才资源。从和平解放到今天，成千上万的各族共产党员和优秀干部怀着对西藏人民的深厚感情，响应党的号召奔赴西藏，积极投身西藏的革命和建设事业，以满腔的热情和扎实的作风投身于西藏的发展进步事业，把西藏当作自己的第二故乡，真心实意地为西藏人民办实事，与西藏人民建立了深厚感情。这些援藏干部为维护西藏社会稳定、促进经济发展和增进民族团结作出了巨大的贡献。各族援藏干部在实际工作中无私地奉献了自己的青春年华，许多同志还献出了宝贵的生命，为西藏的建设事业谱写了一曲曲可歌可泣的动人篇章。

目前，西藏自治区政府正在认真贯彻落实中央关于对口支持西藏的各项方针政策，认真总结援藏工作经验，进一步落实和完善以干部援藏为主，干部援藏和经济援藏、人才援藏、技术援藏相结合的工作机制，不断推动援藏工作向纵深发展。

对口援藏10多年来的发展成就鼓舞了西藏人民，凝聚了全国各民族人心。这些成绩来之不易。对口支援西藏的工作体现了党中央对西藏的深切关怀，体现了社会主义制度的优越性，体现了祖国大家庭民族团结的温暖，这更加坚定了西藏各族人民一心建设团结、民主、富裕、文明、和谐的社会主义新西藏的信心和决心。

第四节　西藏的统战和宗教工作

一、党在西藏的统一战线工作

统一战线在中国革命的历史上是一个重要法宝，在社会主义建设时期仍然是重要的法宝，它是调动一切积极因素，团结一切可以团结的力量的重要手段。西藏自治区成立40年来，西藏统战工作成效显著，为西藏的稳定、发展、和睦、和谐提供了强大的支持。

1. 全国统战工作会议及党的统战工作方针

1979年8月15日—9月2日，第十四次全国统战工作会议在北京召开。这是从1963年相隔16年以后召开的一次全国规模的统战工作会议，也是“文化大革命”结束、特别是党的十一届三中全会以后，我国进入新的历史时期召开的一次具有重要历史意义的统战工作会议。也是西藏自治区成立后经历的第一个全国统战工作会议。同年10月14日，中共中央批转全国统战工作会议文件《新的历史时期统一战线的方针任务》的通知中明确规定，在新的历史时期，统一战线仍然是一个重要法宝。不是可以削弱，而是应该加强。新时期党和国家民族工作的任务是：高举毛泽东思想的伟大旗帜，贯彻执行新时期的总路线总任务，坚决贯彻党的民族政策，加强民族团结，巩固祖国统一，维护边疆和少数民族地区的安定，充分调动各少数民族人民的社会主义积极性，为把我国建设成为社会主义现代化强国而奋斗。国家在实现现代化的过程中，大力帮助少数民族加速发展经济和文化建设，大力培养有共产主义觉悟的少数民族干部和各种专业技术人才，逐步消除历史遗留下来的各民族间事实上的不平等，使各少数民族能够赶上或接近汉族的发展水平。

此后，第十五至第十九次全国统战工作会议分别于1981、1986年、1990年、1993年、2000年召开。1979年、1983年、1986年召开的三次全国统战工作会议体现了邓小平的新时期统一战线的思想。邓小平认为，新时期的统一战线已发展成为工人阶级领导的、工农联盟为基础的全体社会主义劳动者、拥护社会主义的爱国者和拥护祖国统一的爱国者的联盟，是最广泛的爱国统一战线。1990年、1993年、2000年召开的三次全国统战工作会议体现了以江泽民为核心的第三代领导集体的统战基本观点：巩固和发展最广泛的爱国统一战线是事关全局的长远战略方针。加强民族团结、促进各民族共同发展和共同繁荣成为中国民族工作的行动纲领。宗教问题具有长期性。只要赞成“一个中国”原则，不管什么人都要团结。

2006年第二十次全国统战工作会议在北京召开。会上，胡锦涛总书记作了重要讲话，维护团结稳定、促进社会和谐成为新世纪新阶段统一战线的突出任务。胡锦涛强调平等、团结、互助、和谐的社会主义民族关系，体现了中华民族多元一体的基本格局，体现了中华民族大家庭的根本利益。平等是社会主义民族关系的基石，团结是社会主义民族关系的主线，互助是社会主义民族关系的保障，和谐是社会主义民族关系的本质。正确认识和处理我国民族关系，最根本的就是要始终不渝地坚持民族平等，加强民族团结，推动民族互助，促进民族和谐。要牢牢把握各民族共同团结奋斗、共同繁荣发展的主题，充分发挥民族区域自治制度的优越性，全面贯彻落实民族区域自治法，加快少数民族和民族地区经济社会发展，加强和维护民族团结，坚决防范和打击境内外敌对势力利用民族问题进行的各种分裂、破坏活动。胡锦涛强调，做好新形势下的宗教工作，关键是要全面理解和认真贯彻党的宗教工作基本方针。要全面正确地贯彻党的宗教信仰自由政策，坚持政治上团结合作、信仰上互相尊重，努力使广大信教群众在拥护中国共产党的领导和社会主义制度、热爱祖国、维护祖国统一、促进社会和谐等重大问题上取得共识。要坚持依法管理宗教事务，保护合法，制止非法，打击犯罪，确保宗教活动规范有序进行。要坚持独立自主自办的原则，帮助和支持各宗教团体加强自身建设。要积极引导宗教与社会主义社会相适应，使信教群众在全面建设小康社会的宏伟目标下最大限度地团结起来。

在全国统战工作会议精神的指导下，在党的统战工作大政方针的指引下，西藏的统一战线工作稳步发展，并取得了显著的工作成效。

2. 西藏的统一战线工作

根据时代发展的需要，1980 年 4 月，西藏自治区召开了统一战线工作会议，宣布西藏自治区的统一战线在民主革命时期所担负“消灭剥削阶级，并改造这个阶级的人”的任务已经完成。西藏的统一战线也由人民民主统一战线发展到爱国统一战线新阶段。在爱国主义旗帜下，统战工作范围不断扩大，既包括解放前后在西藏有地位、有影响的军政、民族、宗教界人士以及他们中在世和去世的家属子女，宗教职业者，民主改革时的赎买对象及其家属子女和领主代理人，藏族中的旧知识分子和民间艺人。也包括随同达赖逃亡国外人员留下的家属子女，曾被关押后刑满释放或宽大释放的旧军政人员。指出西藏爱国统一战线的政治基础是爱国，爱国和不爱国是最大的政治分野。在西藏维护祖国统一，维护民族团结，反对分裂，反对西藏独立就是最大的政治。在这个基础上，求大同存小异，使各方面的爱国人士，都能为维护祖国统一和西藏建设作贡献。①

中央第一次西藏工作座谈会以后，随着西藏形势的好转，各项工作都步入了一个新的发展阶段。党中央对统一战线工作给予了高度的重视，指出党的统一战线是在新的历史时期进行“四化”建设、完成祖国统一大业和反对霸权主义斗争的一个重要法宝，统一战线由人民民主统一战线发展到爱国统一战线阶段。自此，西藏统一战线工作也进入了新的发展时期。

---

① 丹增主编：《当代西藏简史》，当代中国出版社，1996 年版，第 394～395 页。

西藏的统一战线工作在新的历史时期呈现出新特点，主要表现为：（一）西藏实行民主改革已20年，社会阶级状况和阶级关系已与过去不同，统一战线内部阶级构成发生了重大变化，工人阶级队伍不断壮大，农牧民觉悟进一步提高，工人阶级领导的工农联盟更加巩固和广泛。（二）社会主义改造已经10年，西藏已走上社会主义道路，民族关系已结成了团结友爱、互助合作的新型的民族关系，党坚持的“四项基本原则”和提出的“四个现代化”的目标，反映了各民族的共同愿望和利益。在这一新的基础上，社会主义一致性更加巩固和发展。（三）民族宗教界爱国人士经过长期教育、改造和在工作中锻炼，进步很大，改变了原来的成分，愿继续为祖国统一和四化建设作贡献。（四）农奴主阶级已经消灭，作为这个阶级中的人，绝大多数已改造为自食其力的劳动者，摘掉了原阶级成分的“帽子”。（五）参加1959年叛乱的在押犯人，经过教育和劳动改造，已转到劳动人民方面来，全部释放，并享有公民权。

此时，为适应新时期统一战线工作的需要，自治区和各地市都加强了统战工作部门和政协、佛协建设。全区约有90%的县建立了统一战线工作部、20多个县建立了政协。统一战线工作已深入到基层单位。

正当西藏的爱国统一战线步入正常发展轨道的时期，1987年9月开始的拉萨持续骚乱使西藏的爱国统一战线受到了反分裂、反骚乱斗争的极大考验。自治区党委适时明确提出爱国统一战线的主要任务是高举爱国主义、社会主义旗帜，团结一切可以团结的力量，调动一切积极因素，紧紧围绕党的中心任务，维护祖国统一，增强民族团结，反对分裂倒退，为大力发展社会生产力和商品经济服务，为大力发展科技、教育、文化服务，为确保社会的长治久安服务，为建设社会主义民主和法制服务。进一步扩大和加强与爱国人士的团结合作，进一步发展爱国统一战线。

团结一切可以团结的力量坚定不移地贯彻“长期共存，互相监督，肝胆相照，荣辱与共”的方针，使以拥护祖国统一为基础的爱国统一战线不断壮大发展，发挥统一战线在反分裂斗争和社会主义建设中的积极作用。在这次斗争中，广大爱国人士在反分裂、反骚乱、维护祖国统一斗争中发挥了重要作用。

1990年5月9日，自治区党委发出关于贯彻执行《中共中央关于坚持和完善中国共产党领导的多党合作和政治协商制度的意见》的决定，要求加强同党外人士合作共事与政治协商，进一步发挥党外人士在人民代表大会中的作用，选拔、培养、推荐各族各界爱国人士担任人大、政府及有关部门的领导工作，进一步发挥人民政协的作用，重视和发挥各级佛协的作用。同年7月，中共中央总书记江泽民到西藏考察，充分肯定了西藏各族各界爱国人士的工作，强调要坚定不移地团结他们，使各族各界人士心情舒畅地在爱国主义、社会主义的旗帜下更紧密地团结起来，致力于建设团结、富裕、文明的新西藏的伟大事业。11月，自治区党委在拉萨召开全区统战工作会议，制定了《关于进一步加强全区统一战线工作的决定》，会议确定了今后一个时期全区爱国统一战线的主要任务，就是高举爱国主义、社会主义旗帜，团结一切可以团结的力量，调动一切积极因素，维护祖国统一，增强民族团结，反对分裂倒退，为经济建设和文化建设服务，为确保社会的长治久安服务，为健全社会主义民主和法制服务。会议指出，只要有利于建设团结、富裕、文明的新西藏，只要有利于维护祖国统一，只要有利于社会的长治久安，只要有利于民族的繁荣和进步、人民的幸福，不论哪一个阶级，哪一个阶层，哪一部分人，不论信教和不信教的，国内的国外的，都要在爱国主义的旗帜下，实现最广泛的团结。爱国与否是最大的政治分野。

1994年2月26—28日，西藏自治区召开了“全区统战工作会议”，认真研究和明确了全区统一战线面临的新形势和任务，安排部署了今后的统战工作。1994 年 8 月中共中央、国务院《关于加快西藏发展、维护社会稳定的意见》中明确指示西藏进一步壮大爱国统一战线，意见指出，要加强党对统一战线工作的领导，调动一切积极因素，团结一切可以团结的力量，巩固和壮大爱国统一战线。对与党长期合作共事、肝胆相照、荣辱与共，一贯坚持爱国进步立场的爱国人士，要特别关怀和照顾。在对统战工作对象进行安排的同时，要加强引导和教育，发挥其积极作用。要培养新一代的各界爱国代表人物。对国外藏胞继续实行“来去自由”、“爱国一家”、“爱国不分先后”的政策，争取他们中间的大多数人心向祖国。

2001 年 6 月 25 日，江泽民同志在中央第三次西藏工作座谈会上，进一步强调要充分发挥统一战线在维护祖国统一、反对民族分裂斗争中的重要作用。指出西藏的统战工作，要高举爱国进步的旗帜，以反对民族分裂、维护祖国统一为根本政治标准，坚持大团结、大联合，最大限度地团结一切可以团结的力量，最大限度地孤立和打击少数分裂分子。要做好统战成员的教育和引导工作，抵制达赖集团的渗透和策反活动。在继续做好民族、宗教界代表人士工作的同时，充分发挥各方面人士在西藏稳定和发展中的重要作用。

二、党在西藏的宗教工作

宗教问题是个大问题。因为它关系到我们整个国家的安定团结，关系到民族的团结、祖国的统一，关系到我们整个社会主义物质文明和精神文明的建设，也关系到渗透与反渗透、和平演变与反和平演变的斗争。就是说，宗教工作如果做得好，可以对促进社会主义建设起好作用；如果做得不好，就会被国内外敌对势力所利用。因此，做好宗教工作具有重大的意义。①

宗教工作是党和国家工作中的重要组成部分，在党和国家事业发展的大局中有着重要的地位。做好西藏自治区的宗教工作，事关加强党同人民群众的血肉联系，事关西藏经济社会的跨越式发展和长治久安，事关民族团结和民族进步，事关祖国统一和国家安全。

宗教信仰自由政策是党和国家长期坚持的一项基本政策，1951 年 5 月 23 日签订的《十七条协议》第 7 条明确规定，“尊重西藏人民的宗教信仰和风俗习惯，保护喇嘛寺庙。”西藏和平解放后，西藏各级机构认真贯彻党的宗教信仰自由的政策，保护少数民族风俗习惯，保护喇嘛寺庙、保护文物古迹，受到广大僧俗群众的赞扬。

在 1960 年，十世班禅额尔德尼·确吉坚赞提出了寺庙改革的 5 条办法：（1）放弃剥削；（2）民主管理；（3）执行政府法令，宪法进寺庙；（4）喇嘛要参与生产；（5）老弱喇嘛和专门念经的喇嘛，生活由政府包起来。经过改革，西藏人民群众有当喇嘛的自由，喇嘛也有还俗的自由；各教派一视同仁、平等对待；寺庙僧人通过民主选举，建立民主管理委员会或民主管理小组，自行管理宗教事务，自行开展佛事活动。宗教工作顺利开展并取得了一定的成果。

但在“文化大革命”时期，党在西藏的宗教信仰自由政策遭到破坏，正常的宗教活动受到限制，宗教活动设施受到严重损坏，宗教活动场所受到不同程度破坏。

党的十一届三中全会以后，党的宗教信仰自由政策得到全面贯彻和落实。中央召开的历次西藏工作座谈会和中央历次对西藏

① 江泽民：《一定要做好宗教工作》（1990 年 12 月 7 日），《新时期统一战线文献选编（续编）》，中共中央党校出版社，1997 年版，第 286 页。

工作的重要指示，都特别强调西藏宗教工作的重要性，指示要在西藏坚决贯彻执行宗教信仰自由政策，团结宗教界人士，做好西藏的宗教工作。

1. 西藏全面贯彻执行党的宗教信仰自由政策

在党的领导下，西藏自治区党委和人民政府全面正确贯彻落实党的宗教信仰自由政策，同时结合西藏的实际，运用马克思主义立场、观点和方法，不同时期，制定了很多解决宗教问题的具体政策和工作措施。

西藏是藏传佛教的策源地，西藏的宗教信仰有其特殊性，藏传佛教对西藏的信教群众影响很深。妥善处理宗教工作中出现的问题和妥善处理好宗教问题，是西藏民心稳定、社会稳定的关键因素之一。西藏自治区党委根据中央精神和对西藏宗教工作的指示，结合西藏实际，全面正确地贯彻执行了党的宗教信仰自由政策，采取一系列重要举措，维护信教群众和不信教群众的合法权益，维护宗教界人士的权利。

1982 年，党中央颁布了《我国社会主义时期宗教问题的基本观点和基本政策》，总结了建国以来宗教工作正反两方面的经验，阐明了党对社会主义时期宗教问题的基本理论观点和必须坚持执行的基本政策。文件指出“在新的历史时期中，党和政府对宗教工作的基本任务，就是要坚定地贯彻执行宗教信仰自由的政策，巩固和扩大各民族宗教界的爱国政治联盟，加强对他们的爱国主义和社会主义教育，调动他们的积极因素，为建设现代化的社会主义强国，为完成祖国统一大业，为反对霸权主义、维护世界和平而共同奋斗。”为此后西藏的宗教工作指明了方向。

在党中央的领导下，西藏自治区党委和政府坚决打击分裂主义势力利用宗教进行分裂祖国等非法活动。在 1987 年 9 月至 1989 年 3 月拉萨发生多次骚乱期间，达赖分裂主义集团利用少数僧尼进行分裂活动，利用宗教从事破坏民族团结的违法活动，侵犯了西藏各族群众的根本利益。西藏自治区党委全面贯彻党的宗教信仰自由政策和政教分离的原则，1989 年 9 月，制定并颁布了《寺庙民主管理章程》，把宗教活动纳入法治轨道。重申绝不允许任何社会团体和个人利用宗教进行违法活动。国家保护正常的宗教活动，但不是听任宗教界中的破坏分裂势力利用宗教进行分裂祖国活动。任何人不得利用宗教进行破坏社会秩序、损害公民身体健康，妨碍国家教育制度的活动。宣布寺庙在经济上实行以寺养寺政策。政府支持寺庙办经济实体，对寺庙占用的土地、牧场及为自养开办的公司、商店企业实行减免税收的政策，但不得恢复寺庙封建特权，使寺庙真正成为继承弘扬宗教文化活动的场所，依法从事宗教事务活动的场所。

1991 年 10 月发出《关于认真贯彻＜中共中央、国务院关于进一步做好宗教工作若干问题的通知＞的意见》，指出了今后西藏宗教工作的基本任务，就是全面正确地贯彻执行党的宗教政策，维护公民宗教信仰自由权利，对宗教界人士和广大爱国僧尼加强爱国主义和社会主义教育，巩固和发展同宗教界的爱国统一战线。依法加强对宗教事务的管理，制止和打击利用宗教进行分裂祖国统一、破坏民族团结和其他违法犯罪活动，抵制国外宗教敌对势力的渗透，使宗教工作更好地为维护祖国统一、维护社会稳定、增进民族团结、振兴西藏经济文化服务。

自治区有关部门于 1991 年 12 月 20 日颁布了《西藏自治区宗教事务管理暂行办法》。强调宗教事务不断地规范化、严格化、正常化。使一切正常的宗教活动纳入到法律的轨道，进一步用条文的形式明确宗教信仰、正常宗教活动与利用宗教搞分裂活动和其他违法犯罪行为的具体政策界定。要在寺庙通过爱国主义和社会主义教育使僧尼提高认识水平，增强爱国之心和法律意识。此后，又进一步建立健全了寺庙和僧尼行为的规章制度。这使得广大信教群众的宗教活动和僧尼从事的宗教活动得到了法律的保护，同时也使借用宗教搞分裂祖国的活动及危害公民人身安全等违法犯罪行为得到了严厉的打击。这样，宗教与社会主义社会相适应的较完善的宗教秩序初步建立起来，为西藏的社会稳定、经济发展起到了积极的作用。

1992年8月25—28日，中共中央统战部、国务院宗教事务局在北京召开了有西藏、四川、青海、甘肃、云南、内蒙古六个省区参加的藏传佛教工作座谈会，会议进一步明确了今后藏传佛教工作的方针、任务和若干具体政策。会议指出要正确认识藏传佛教的特点和做好藏传佛教工作的重要性；要全面正确地贯彻执行党的宗教政策；要充分发挥爱国宗教团体和宗教界人士的作用；要认真抓好寺庙管理工作；要积极稳妥地做好活佛转世工作；要加强党和政府对宗教工作的领导。强调党对宗教的工作是党的统战工作和群众工作的重要组成部分，涉及社会生活的许多方面，统战、宗教部门要密切配合，各部门共同把这一事关藏区稳定与发展的工作坚持不懈地认真做好。这次会议纪要是西藏做好藏传佛教工作的重要指导文件。

进入新世纪，西藏党委对宗教工作提出了“划清两个界限，尽到一个责任”的政策原则和工作要求，就是必须认清达赖的本质，划清同十四世达赖分裂主义势力的界限，必须全面正确地理解党的宗教信仰自由政策，划清正常宗教活动和利用宗教从事分裂活动的界限，尽到积极使宗教与社会主义社会相适应的责任。

在2001年底召开全国宗教工作会议上，江泽民总书记发表了重要讲话，提出宗教工作上的“四句话”，即“全面贯彻党的宗教信仰自由政策，依法管理宗教事务，积极引导宗教与社会主义社会相适应，坚持独立自主自办的原则，巩固和发展党同宗教界的爱国统一战线。”西藏自治区党委坚决贯彻党在新时期的宗教工作方针。2006年5月18日自治区人民政府第11次常务会议审议通过了《西藏自治区实施〈宗教事务条例〉办法（试行)》，定于 2007 年 1 月 1 日起施行。

西藏人民充分享受了宗教信仰自由政策。西藏自治区的绝大部分藏族和门巴、珞巴、纳西族群众等信奉藏传佛教，同时还有不少群众信奉伊斯兰教和天主教。截止 2004 年底，西藏自治区共有 1700 多处藏传佛教活动场所，住寺僧尼约 4.6 万人；清真寺 4 座，伊斯兰教信徒约 3000 余人；天主教堂一座，信徒 700 余人。各种宗教活动正常进行，信教群众的宗教需求得到充分满足，信教自由得到充分尊重。

贯彻执行宗教信仰自由的同时，西藏宗教场所和文物得到保护，宗教典籍的收集、整理和出版、研究工作不断取得进展。西藏自治区成立以来，颁布实施了一系列文物保护法规，先后投资 3 亿多元人民币，修复开放了 1400 多座寺庙，及时修缮和保护了大批文物。特别是 1989 年到 1994 年间，中央人民政府拨出 5500 万元和大量的黄金、白银等珍贵物资实施了维修布达拉宫一期工程。从 2001 年开始，国家又拨专款 3.3 亿元人民币，用于布达拉宫二期维修工程和罗布林卡、萨迦寺三大文物古迹的维修。

布达拉宫、罗布林卡、萨迦寺等所藏经卷和佛教典籍得到很好的保护，《布达拉宫典籍目录》、《雪域文库》和《德吴宗教源流》等文献典籍得到及时抢救、整理和出版。1990 年以后，藏文《中华大藏经·丹珠尔》（校勘本）、《藏汉对照西藏大藏经总目录》等陆续整理出版。已经印制出版《甘珠尔》大藏经 1490 部，还印行藏传佛教的仪轨、传记、论著等经典的单行本供给寺庙，满足僧尼和信教群众的学修需求。中国佛教协会西藏分会办有藏文会刊《西藏佛教》和一所西藏佛学院、一个藏文印经院。1983 年，中国佛教协会西藏自治区分会在拉萨创办了西藏佛学院，并在各教派的一些寺庙中开办学经班等。为使佛教事业后继有人，1987 年，国家还在北京开办了中国藏语系高级佛学院，专门培养藏传佛教的高级人才。

在西藏，由于认真贯彻执行了宗教信仰自由政策，各宗教、教派和寺庙之间，信教与不信教群众之间都相互尊重，和睦相处。同时，国家宪法也明确规定，任何人不得利用宗教进行破坏社会秩序、损害公民身体健康、妨碍国家教育制度的活动。对于利用宗教进行违法犯罪活动者，一律依法处理。

西藏佛教组织和宗教界人士积极开展同外国宗教团体和宗教界人士之间的友好往来活动。改革开放以来，中国佛教协会西藏分会和一些寺庙，组织了宗教人士出国进行友好访问、参观、考察和学术交流；热情地接待了几十个国家前来西藏朝佛、参观、考察的团体和个人，共计上万人次。

2. 活佛转世制度的延续发展。

活佛转世制度是藏传佛教特有的传承方式，国家和西藏自治区各级政府高度尊重这一藏传佛教特有的传承方式，活佛可以按宗教仪轨和历史定制寻访、认定，经政府批准。国务院宗教局和中国佛教协会于 1992 年 6 月 25 日正式批准藏传佛教噶玛噶举派第十六世转世灵童伍金赤列继任第十七世噶玛巴。这是西藏自治区民主改革以来，经中央政府正式批准的第一位转世活佛，其他藏区藏传佛教寺庙相继效仿，活佛转世制度延续下来。

1995 年，西藏自治区按照宗教仪轨和历史定制，经过金瓶掣签，报国务院批准，完成了第十世班禅转世灵童的寻访、认定以及第十一世班禅的册立和坐床。

3. 圆满完成十世班禅大师的转世工作。

十世班禅额尔德尼·确吉坚赞在扎什伦布寺主持五至九世班禅遗体合葬灵塔祀殿——班禅东陵扎什南捷开光典礼期间，因操劳过度，心脏病突发，于 1989 年 1 月 28 日 20 时 16 分在他的驻锡地德钦格桑颇章宫圆寂，享年 51 岁。班禅大师是伟大的爱国主义者、著名国务活动家、中国共产党的忠实朋友、中国藏传佛教的杰出领袖。十世班禅大师一生为维护祖国统一、增进民族团结、弘扬藏传佛教做出了历史性的贡献。

班禅大师日圆寂后，中央人民政府出于对班禅大师遗愿的尊重，出于对广大藏族信教群众宗教信仰、宗教感情的尊重，出于对藏传佛教宗教仪轨的尊重，于1989年1月30日，即大师圆寂后第三天，就作出了《关于第十世班禅大师治丧和转世问题的决定》。决定中说："根据扎什伦布寺民主管理委员会和僧众的请求，并参照历史惯例，国务院特就治丧和转世问题决定如下：(1)在日喀则市扎什伦布寺修建第十世班禅额尔德尼·确吉坚赞法体灵塔和祀殿，供后人瞻仰朝拜，缅怀他爱国爱教的业绩。修建灵塔和祀殿事宜，责成西藏自治区人民政府和扎什伦布寺民主管理委员会共同办理。经费由国家拨专款。(2)由扎什伦布寺民主管理委员会按照藏传佛教的仪轨，举行宗教悼念活动，办理遗体保存等事宜，经费由国家拨专款。(3)由扎什伦布寺民主管理委员会负责，并视必要请中国佛教协会、佛协西藏分会协助，办理第十世班禅额尔德尼·确吉坚赞转世灵童的寻访、认定等事宜，报国务院批准。"

转世灵童的寻访工作，在第十世班禅圆寂的当年就已开始。1989年8月19日，国务院正式批复了西藏扎什伦布寺通过自治区人民政府转呈的《关于寻访认定第十世班禅额尔德尼·确吉坚赞转世灵童的请示》，批准成立了由第十世班禅的经师嘉雅活佛、扎什伦布寺民主管理委员会部分成员和主要活佛、堪布、高僧以及其他藏区知名大活佛参加的转世灵童寻访工作领导班子，由他们具体领导灵童的寻访工作。同时还组成了以中国佛教协会会长赵朴初和副会长、佛教协会西藏分会名誉会长帕巴拉·格列朗杰为总顾问的顾问班子进行咨询。

中央对寻访工作始终十分关注，1991年4月和1993年7月，先后两次在北京召开寻访工作会议，调整充实了寻访班子，明确了寻访工作的原则，强调在整个工作中必须尊重宗教仪轨和历史定制，必须坚持爱国主义，接受中央政府的领导。

正当班禅转世灵童寻访工作顺利进行的时候，达赖插手进行干扰和破坏。1993 年 12 月以后，达赖多次派人潜入西藏与扎什伦布寺个别人勾结。该寺个别人按照达赖旨意，蓄意拖延寻访工作进程，后又私自将 20 多名候选男童的名册送给达赖。在中央政府准备批准采用金瓶掣签方式认定班禅转世灵童时，达赖突然于 1995 年 5 月 14 日擅自宣布一名儿童为“班禅真正转世灵童”。达赖的这一行径，受到寻访小组的坚决反对。扎什伦布寺民主管理委员会名誉主任、寻访领导小组成员生钦·洛桑坚赞发表谈话，认为达赖勾结扎什伦布寺个别人擅自指定灵童，完全违背了藏传佛教仪轨，违背了十世班禅大师遗愿。他在谈话中强调指出，按历史定制，班禅转世灵童的认定，必须经中央政府批准，进行金瓶掣签，认定灵童真身，应再报中央政府批准。他还指出，达赖擅自指定的“班禅转世灵童”的年龄，是在第十世班禅大师圆寂前出生的，是不符合寻访灵童的出生日期的。生钦·洛桑坚赞说：“达赖擅自宣布的‘转世灵童’不具备任何人瓶掣签的条件。我们扎什伦布寺民主管理委员会班禅转世灵童寻访小组和广大僧众坚决不同意把他作为入瓶掣签候选灵童。”

1995 年 11 月 8 日至 11 日，具有决定性意义的班禅转世灵童寻访领导小组第三次会议在北京召开。全国藏传佛教界主要高僧大德聚集一起，就班禅转世灵童寻访认定中的一些重大问题进行了认真、严肃、充分的讨论。参加会议的高僧大德人数之多，在活佛转世历史上是空前的。全国政协主席李瑞环在会上宣布：“达赖的这一系列活动，破坏宗教仪轨，违背历史定制，否定中央政府在班禅转世问题上的最高权威，完全是非法的、无效的。”他还指出：“围绕班禅转世的这场斗争不是偶然的，它再次暴露了达赖集团的反动本质”。“大量事实表明，达赖是图谋西藏“独立”的分裂主义集团的总头子，是国际反华势力的忠实工具，是在西藏制造社会动乱的总根源，是阻挠藏传佛教建立正常秩序的最大障碍。”“在我们国家，任何人、任何团体，包括任何宗教都应当维护法律尊严，维护人民利益，维护民族团结，维护国家统一。”要求“西藏僧俗各界都应当立场坚定、旗帜鲜明地同达赖这种祸藏祸教的行径进行坚决的斗争”。与会的宗教界人士，经过充分酝酿，一致认为，以扎什伦布寺活佛、高僧为主组成的寻访班子，严格按照宗教仪轨和程序，认真寻访提出的3名班禅转世灵童人选完全可以作为参加金瓶掣签的候选对象，恳请西藏自治区政府审核后报请国务院批准。

1995年11月29日，认定第十世班禅转世灵童的金瓶掣签仪式，在拉萨大昭寺释迦牟尼像前，按照藏传佛教仪轨隆重举行。首先由专程赴藏主持金瓶掣签的国务院代表、国务委员罗干庄严宣读国务院对西藏自治区人民政府《关于确定三名男童为第十世班禅转世灵童金瓶掣签候选对象的请示》的批准书。之后，国务院特派员、西藏自治区人民政府主席江村罗布宣布：“第十世班禅额尔德尼转世灵童金瓶掣签仪式现在开始!”整个掣签仪式严格按照藏传佛教仪轨进行。江村罗布对中签和余签进行验核后，宣布：“嘉黎县，父索朗扎巴、母桑吉卓玛于公元1990年2月13日（藏历第十七绕迥土蛇年十二月十九日）所生男孩坚赞诺布中签，待报请国务院批准，继任第十一世班禅额尔德尼。”取法名“吉尊洛桑强巴伦珠确吉杰布贝桑布”，金瓶掣签仪式圆满结束后的当日下午，在拉萨的班禅行宫举行了册立第十一世班禅额尔德尼典礼。典礼由国务院特派员、自治区人民政府主席江村罗布主持。国务院代表、国务委员罗干宣读了《国务院关于特准经金瓶掣签认定的坚赞诺布继任为第十一世班禅额尔德尼的批复》。

1995年12月8日，在西藏的日喀则扎什伦布寺举行了第十一世班禅坐床庆典，国务院向第十一世班禅颁授金册、金印，班禅转世灵童的寻访工作圆满结束。

1996年初，按历史惯例，新册立的第十一世班禅进京致谢。江泽民在接受第十一世班禅额尔德尼和扎什伦布寺致谢团拜见时谈到，我们党和政府一贯实行宗教信仰自由政策，保护正常的宗教活动，同时要求宗教届人士和信教群众爱国爱教，团结进步。并殷切希望第十一世班禅额尔德尼好好学习，健康成长，继承和发扬历世班禅爱国主义精神，做一个拥护党的领导，热爱祖国，热爱人民，热爱社会主义，有渊博知识和佛教造诣，又具有现代科学文化知识的新一代爱国爱教的宗教领袖，为维护祖国统一、民族团结，为西藏的繁荣发展，为西藏各族人民的生活幸福作出贡献。

2005年2月3日，胡锦涛在接受第十一世班禅额尔德尼拜见时表示，党中央、国务院对第十一世班禅十分关心，藏族同胞和藏传佛教界对他寄予厚望，我们真诚地希望第十一世班禅更好地成长和进步。胡锦涛对第十一世班禅提出三点希望。一是希望他以十世班禅大师为榜样，继承和发扬爱国主义的光荣传统，为巩固民族团结和维护祖国统一作出自己的贡献，成为爱国爱教的典范。二是希望他加强自身修养，适应时代发展和社会进步的要求，牢记先辈的遗训，秉承佛教众生平等、慈悲为怀的理念，关注社会，心念众生，谦虚谨慎，护国利民，真正得到信教群众的爱戴。三是希望他继续加强对宗教和文化知识的学习，为藏传佛教与社会主义社会相适应作出积极努力。胡锦涛说，引导宗教与社会主义社会相适应，是时代发展和社会进步的要求，也是新的时代对藏传佛教的要求和藏传佛教延续传承的内在要求。宗教与社会主义社会相适应，就是要自觉遵守国家法律法规，努力维护社会稳定、民族团结和祖国统一，积极弘扬宗教教义中扬善抑恶、平等宽容、扶贫济困等与社会主义社会道德要求贴近的积极内容，自觉抵制破坏祖国统一、民族团结、宗教和睦的行为。胡锦涛指出，当前，我国民族团结、宗教和睦的良好局面更加巩固。在中央的关心和全国人民的大力支援下，西藏继续保持经济社会较快发展，广大农牧民的生活水平日益提高，西藏进入了历史上最好的发展时期。2005年是西藏自治区成立40周年，中央将派代表团去西藏，同西藏各族各界群众一起庆祝这一盛大节日。中央将进一步加大支持西藏发展进步的力度，特别是将进一步加大支持西藏广大农牧民脱贫致富的力度。我们相信，西藏的发展一定会越来越好。

第十一世班禅在拜见时汇报了自国务院批准坐床以来的成长历程，对党中央、国务院的亲切关怀，对西藏自治区和有关部门的关心指导，表示衷心的感谢。他表示，一定不辜负党中央、国务院的亲切关怀，不辜负胡锦涛主席的谆谆教导，不辜负信教群众的期望，坚决维护祖国统一和民族团结，更加刻苦地学习宗教和科学文化知识，更加注重自身修养和形象，做一个爱国爱教、护国利民的好活佛。

总之，西藏社会主义时期的宗教问题，属于人民内部矛盾的范畴。但是，长期以来，达赖集团在西方反华势力支持下，打着“民族”、“宗教”的幌子，行祸国、祸藏、乱教之实，图谋“西藏独立”。所以，在复杂的国内外形势下，宗教问题体现出特殊复杂性。这就要求我们在处理宗教问题时，切不可掉以轻心。必须划清正常宗教活动和利用宗教从事分裂活动的界限，划清群众有宗教信仰自由和共产党员不得信仰宗教的界限，分清人民内部矛盾和敌我矛盾。

第五节 西藏的民族区域自治制度

世界上的多民族国家在处理民族问题方面有不同的制度模式，中国采用的是民族区域自治。民族区域自治制度，是我国的一项基本政治制度，是发展社会主义民主、建设社会主义政治文明的重要内容，是党团结带领各族人民建设中国特色社会主义、实现中华民族伟大复兴的重要保证。

西藏是藏民族聚居区，藏族占全自治区总人口244万的95%，汉族和其他民族人口占5%。西藏实行民族区域自治制度，是西藏人民在中国共产党领导下坚持走中国特色社会主义发展道路的自觉选择，是中国共产党顺应西藏社会历史发展进步的客观要求而实行的民族政策的鲜活实践。

西藏从1951年和平解放到1965年9月建立西藏自治区、实行民族区域自治，用了15年的时间，经历一个艰难复杂的工作过程。但是自从1965年西藏实行民族区域自治制度以来，西藏人民在中央政府的领导下，以主人翁的姿态积极地参与管理国家和地方事务，充分行使宪法和法律赋予的自治权利。西藏自治区人民代表大会及其党务委员会依据西藏的政治、经济和文化特点，制定并颁布了地方性法规和具有法律效力的决议和决定共225件，对促进西藏自治区各项事业的发展，起到了重要的法律保障作用。自治机关带领全区人民实现了西藏社会的跨越式发展，深刻地改变了西藏的贫穷落后面貌，大大提高了自身的物质文化生活和政治生活的水平。

中国的民族区域自治制度有效地保证了西藏各族人民当家作主的权力，完全符合西藏的实际，代表了西藏各族人民的根本利益。

一、西藏民族干部队伍不断发展壮大

依据宪法和民族区域自治法的规定，民族自治地方的自治机关，是自治区、自治州、自治县的人民代表大会和人民政府，它们在行使同级地方国家机关职权的同时，拥有自治权。一是自主管理本民族、本地区的内部事务。民族自治地方的自治机关所属工作部门的其他组成人员中，依法合理配备实行区域自治的民族干部和其他少数民族干部。

毛泽东同志说过，政治路线确定之后，干部就是决定的因素。加快西藏发展，稳定西藏局势，必须有一批具有社会主义觉悟，坚定地维护祖国统一和民族团结，具有较强业务能力的藏族干部，同时要保持一定数量的汉族干部。大力培养以藏族为主的少数民族出身的共产主义干部，是党在西藏长期执行的一项重要政策，也是西藏实行民族区域自治的关键。

西藏和平解放后经过30年的发展，到1991年，藏族干部达37 000人，占西藏干部总数的66.6%，在自治区一级干部中占71.7%，在地级干部中占69.6%，在县干部中占74.8%，藏族和其他少数民族专业技术人员占全区专业技术干部的62.1%。注重培养女干部，旧西藏法典中规定的"勿予妇女议论国事之权"的状况在新西藏已不再存在。藏族和其他少数民族妇女干部占妇女干部总数的69.7%。大批具有共产主义觉悟的少数民族干部茁壮成长，是西藏人民当家作主的重要体现，也为实行民族区域自治制度提供了重要条件。

又经过十几年的发展，西藏形成了以藏族和其他少数民族为主体的干部队伍，整体素质也在显著提高。2004年，全区干部总数由自治区成立时的22 818人增加到77 778人，增长了2.4倍。其中，藏族和其他少数民族干部从1965年的7608人增加到现在的54 651人，占全区干部队伍总数的71.53%，增长了6倍多。藏族和其他少数民族干部中，专业技术人员28 914人，占全区专业技术干部队伍总数的74.08%。在具有中级、高级职称的专业技术干部中，藏族和其他少数民族达5140人，占64.26%。同时，藏族和其他少数民族干部的文化程度有了较大提高，具有大专以上学历的民族干部占全区干部队伍总数的23.1%，并有逐年增长的趋势。

不断发展壮大的民族干部队伍是西藏人民当家作主的有力保证。西藏民族干部队伍的成长壮大，也充分体现了党中央和国务院对西藏民族的关怀，保障了宪法和民族区域自治法的实施，为深化干部培养机制改革，不断加强西藏干部队伍建设，提高干部队伍素质，根据中央的精神，从1992年开始，西藏自治区选派优秀藏汉中青年干部到内地挂职锻炼。

西藏干部队伍建设存在着特别之处，就是西藏的每一项建设成就都凝聚着广大内地进藏干部和科技人员的心血。特别是五六十年代进藏的各级干部和各类专业技术人员，他们响应党和政府的号召，在十分艰难困苦的条件下，响应“长期建藏、边疆为家”的号召，长期在西藏工作。他们以自己执行党的民族政策的模范行动和兄弟般的情谊，从各个方面帮助民族干部成长，为消除历史上遗留下来的民族隔阂，增强民族团结，为民族干部队伍发展壮大做出了历史性的贡献。充分体现了祖国大家庭内各民族平等、团结、互助的社会主义新型民族关系。几十年来先后到西藏工作的有汉、藏、满、蒙、壮、回、彝、朝鲜等20多个民族的干部20多万人。他们中80％的人完成一定任务后即调回内地，留下3万余人，长期在藏坚持工作。数千名内地进藏的各族优秀儿女还为了西藏的革命和建设，长眠在世界之巅。

西藏当地的民族干部、从内地进藏的各族干部以及驻藏军队干部，为西藏革命和建设事业做出了重要贡献，是党和国家完全可以信赖的依靠力量。

二、不断加强自治机关建设，充分行使民族区域自治权利

西藏自治区人民群众充分行使了当家作主的权力，人民代表大会制度不断得到完善。

西藏逐步恢复和完善各级人民代表大会制度和健全自治区自治机关、县、市自治机关建设的同时，对乡、镇一级基层政权进行了民主选举和建制调整。为了保障自治区内非藏族的其他少数民族享有民族平等，当家作主的民主权利，80年代初，在门巴、

珞巴、纳西族等少数民族聚居的乡，共建立了8个民族乡，充分保障了西藏杂散居少数民族的平等权利。使宪法、民族区域自治法赋予他们享有的权利得以充分实施。1989年，自治区党委发出了《关于进一步加强人大工作的意见》，加强人大的组织建设和业务建设，加强全区人大的工作。

西藏自治区成立以来，西藏人民积极行使宪法和法律赋予的选举权和被选举权，参加选举全国和自治区各级人民代表大会的代表，并通过人大代表参与管理国家和地方事务。2002年，在西藏的自治区、地（市）、县、乡（镇）四级换届选举中，全区有93.09%的选民参加了县级直接选举，有些地方选民参选率达到100%。在选举出的人大代表中，藏族和其他少数民族代表所占的比例，在自治区和地市两级达80%以上，在县、乡（镇）达90%以上。西藏的门巴、珞巴等少数民族虽然人口极少，在全国人大及西藏各级人大中也均有自己的代表。

西藏地方自治机关充分行使宪法和法律赋予的自治权。根据宪法规定，西藏自治区的自治机关依法行使省级地方国家机关的职权，同时依法行使自治权，根据本地方的实际情况贯彻执行国家的法律、政策。西藏自治区人民代表大会既享有普通省级行政区制定地方法规的权力，又享有依照当地民族的政治、经济和文化的特点制定自治条例和单行条例的权力。

西藏自治区成立以来，西藏人民当家作主，依法自主管理本地区和本民族事务的权利得到充分保证，以藏族和其他少数民族干部为主体的干部队伍，充分行使当家作主的权利，成为带领全区人民建设新西藏的主体。据统计，目前藏族和其他少数民族在自治区人大常委会主任、副主任中占87.5%，在人大常委会委员中占69.23%；在自治区主席、副主席中占57%；在自治区政协常委和委员中分别占90.42%和89.42%；在国家机关地厅级干部中，藏族和其他少数民族达334人，占64.73%；县处级干部中，藏族和其他少数民族达 2385 人，占 57.36%。除在西藏自治区担任职务外，还有一批西藏的藏族和其他少数民族公民担任国家领导人和国家有关部门的负责人，直接参与管理国家事务。在历届全国人民代表大会常务委员会中，先后有十四世达赖、十世班禅、阿沛·阿旺晋美、帕巴拉·格列朗杰、热地等藏族公民担任全国人大常委会副委员长。

自西藏自治区成立以来，西藏自治区人民代表大会及其常务委员会依据西藏的政治、经济和文化特点，制定并颁布了 225 件地方性法规和具有法律效力的决议和决定等，内容涉及政治、经济、文化、教育等各个方面，其中包括《西藏自治区文物保护管理条例》、《西藏自治区环境保护条例》、《西藏自治区对外国人来藏登山管理条例》、《西藏自治区信访条例》、《西藏自治区学习、使用和发展藏语文的决定》、《关于维护祖国统一、加强民族团结、反对分裂活动的决议》、《关于严厉打击“赔命金”违法犯罪行为的决定》等。这些地方性法规的制定和实施，为维护西藏人民的特殊权益，促进西藏各项事业的发展，起到了重要的法律保障作用。

自治机关自主管理和发展本地区的教育、科技、文化、卫生、体育等各项社会事业，继承和发展优秀的民族文化传统，建设和发展社会主义先进文化。自治机关依法行使经济自治权，从西藏实际出发制定特殊政策，采取灵活措施，加速自治区经济发展，取得了前所未有的历史性成就。

根据《民族区域自治法》的规定，上级国家机关的决议、决定、命令和指示，如有不适合西藏自治区实际情况的，自治区可以报经上级国家机关批准，变通执行或者停止执行。如，在执行全国性法定节假日的基础上，西藏自治机关还将“藏历新年”、“雪顿节”等藏民族的传统节日列入自治区的节假日。又如，根据西藏特殊的自然地理因素，西藏自治区将职工的周工作时间规定为35小时，比全国法定工作时间少5小时。此外，西藏自治区立法机关还可以根据授权，结合当地实际情况，制定实施国家有关法律的变通条例和补充规定。如，1981年，西藏自治区人民代表大会常务委员会从西藏少数民族历史婚俗等实际情况出发，通过了《西藏自治区施行〈中华人民共和国婚姻法〉的变通条例》，将《婚姻法》规定的男女法定婚龄分别降低两岁，并规定对执行变通条例之前已经形成的一妻多夫和一夫多妻婚姻关系，凡不主动提出解除婚姻关系者，准予维持。在实际执行过程中，对于个别继续按照传统的习惯，自愿采取一妻多夫和一夫多妻的人，主要进行说服教育，劝其解除婚约，实行一夫一妻，但不定为重婚罪。这也是与国内其他地方不同的一个重要特点。这样的规定，既维护了《婚姻法》的严肃性，坚持了婚姻自由、一夫一妻的基本原则，坚决废除封建落后的婚姻形式，又考虑了历史的因素和一部分群众的习惯。对国家法律政策依法进行变通执行，有效地保障了西藏人民的特殊利益。

为了保护广大藏族妇女的平等权利，西藏自治区从西藏的实际出发，先后制定了十多种与保护妇女权益相关的地方性法规和条例，以明确的法律形式，切实保障了西藏妇女的地位。这些规定，在西藏地方具有强烈的现实针对性和重要的政治历史意义。现在，西藏妇女和全国其他各民族的妇女一样，与男子一样享有充分的民主权利，这些权利包括：政治权利、文化教育权利、劳动权利、财产权利、人身权利、婚姻家庭权利等。

三、保障民族语言文字的使用和发展

保障藏语文的学习和使用，是维护藏族人民自治权利和行使参与国家和地方事务管理的权利的一个重要方面。中国《宪法》规定，各民族都有使用和发展自己的语言文字的自由。中国的《民族区域自治法》规定，民族自治地方的自治机关在执行职务

时，依照本民族自治地方自治条例的规定，使用当地通用的一种或者几种语言文字。

在西藏自治区，藏语文得到广泛的学习、使用和发展。西藏自治区把使用和发展藏族语言文字作为行使民族自治权力的重要内容。早在上世纪50年代，西藏各级党、政机关就十分重视藏语文的学习、使用和发展。西藏自治区先后于1987年和1988年颁布实施了《西藏自治区学习、使用和发展藏语文的若干规定（试行）》（2002年修订为《西藏自治区学习、使用和发展藏语文的规定》）和《西藏自治区学习、使用和发展藏语文的若干规定（试行）的实施细则》，明确规定在西藏自治区，藏、汉语文并重，以藏语文为主，将学习、使用和发展藏民族语言文字的工作纳入法制化的轨道。

西藏自治区教育系统全面推行以藏语文授课为主的双语教学，编译出版了从小学至高中所有课程的藏文教材和教学参考资料。西藏自治区各级人民代表大会通过的决议、法规，西藏自治区各级政府和政府各部门下达的正式文件、发布的公告，都使用藏、汉两种文字。在司法诉讼活动中，对藏族诉讼参与人，都使用藏语文审理案件，法律文书都使用藏文。各单位的公章、证件、表格、信封、信笺、稿纸、标志以及机关、厂矿、学校、车站、机场、商店、宾馆、餐馆、剧场、旅游景点和体育场馆、图书馆等的标牌和街道、交通路标等都使用藏、汉两种文字。藏族的学术、文化艺术工作者，都有权使用本民族语言文字撰写和发表学术成果和艺术作品。目前，西藏自治区的广播、电视台专门开设有藏语频道。全区有藏文杂志、藏文报纸。《西藏日报》藏文版每天出版。近年来每年出版的藏文图书都在百种以上，大量发行。藏文专业术语规范化及信息技术标准化工作取得重大进展。藏文编码已通过国家标准和国际标准，使藏文成为中国第一个具有国际标准的少数民族文字。优秀的传统文化得到继承、保护和发展。

实践证明，西藏实行民族区域自治制度，不仅保障了少数民族与汉族之间平等团结的互助关系，也保障了各少数民族之间平等团结的互助关系。上级国家机关和西藏自治区自治机关注重维护和发展各民族的平等、团结、互助的社会主义民族关系，保障本自治地区内各民族都享有平等权利，团结各民族的干部和群众共同建设和发展社会主义新西藏。各民族干部群众共同维护国家的统一和民族团结，促进了西藏自治区经济快速发展和社会全面进步。

在西藏，坚持民族区域自治制度，维护了祖国统一，增强了民族团结，确立了新时期和新世纪初西藏工作指导方针，实现了西藏社会局势的稳定和经济社会的全面发展。西藏的民族区域自治从制度上保证了党的各项有关西藏的方针政策在西藏的切实落实，同时，民族区域自治制度也在西藏社会的全面发展中得到了发展和完善，体现了国家领导和少数民族地方自治相统一的原则，代表了西藏人民的利益，表达了西藏人民的意愿，促进了西藏经济的快速发展和社会的全面进步。民族区域自治在西藏新时期的发展过程中显示了强大的生命力，必将随着西藏社会的发展而继续得到发展和完善。

第八章　西藏自治区民族工作的基本经验和中央进一步做好西藏民族工作的基本精神

第一节　西藏自治区民族工作的基本经验

一、坚持党的领导是西藏工作取得辉煌成就的前提条件

党的领导，是西藏解放、改革、发展、稳定的坚强政治保证。中国共产党将马克思主义民族理论与西藏的实际相结合制定的一系列正确的民族政策，带领西藏人民翻身解放，建立新政权，获得新发展。正是在中国共产党的领导下，西藏人民选择了民族区域自治制度，并充分行使宪法和法律赋予的自治权利，走上了中国特色社会主义的发展道路，以主人翁的姿态积极参与管理国家和西藏的地方事务，与全国人民一道分享祖国发展的伟大成果。在中国共产党的领导下，1980 年至 2001 年，中央人民政府根据西藏自治区的实际，先后召开了四次西藏工作座谈会，适时确定了新时期西藏工作的指导思想、主要任务和发展规划，做出了中央政府关心西藏、全国各地支援西藏的重大决策，制定了一系列加快西藏发展的优惠政策和措施，形成了国家直接投资西藏建设项目、中央政府实行财政补贴、全国进行对口支援的全方位支持西藏的现代化的格局。

党中央高度重视西藏工作。西藏和平解放 50 多年，西藏自治区成立 40 多年来，西藏发生了翻天覆地的变化，其关键因素

是有中国共产党和中央人民政府的高度重视和正确领导。党中央三代领导集体都一再强调西藏工作的重要性。每逢历史转折的关键时刻，党中央都及时关注西藏工作，妥善解决西藏问题。党中央主要领导同志毛泽东、周恩来、邓小平、胡耀邦、江泽民、胡锦涛、李瑞环都曾亲自给西藏领导人写信或谈话，甚至亲临雪域高原考察并指导工作。党的几代领导人都始终对西藏的发展进步和西藏人民的生活幸福给予了极大的关怀和高度的重视，倾注了大量心血。

中国共产党根据西藏不同发展时期的情况，制定了一系列切合西藏实际，有利于西藏发展的方针政策和灵活措施，指引西藏从黑暗走向光明，从落后走向进步，从贫穷走向富裕。因此，坚持中国共产党的领导是西藏发展进步，各族人民自由幸福的根本保证。

坚持和完善党的领导，加强和改进党的建设，是做好西藏一切工作的根本保证。经过几十年的发展，西藏自治区党的基层组织建设和干部队伍建设取得了重大成就，截至 2004 年底，自治区共有基层党组织 11 904 个，其中基层党委 1041 个，总支部 224 个，支部 10 639 个。全区共有党员 138 496 人，其中，少数民族党员 114 295 名，妇女党员 30 844 名。

西藏和平解放 50 年来，中国共产党领导西藏各族人民在西藏经济和社会发展中所写下的光辉篇章，是历史上任何一个时代都无法比拟的。可以说，没有中国共产党，就没有西藏各民族的解放和新生，就没有西藏经济社会的飞跃发展，就没有西藏社会的长治久安。西藏自治区成立 40 多年来所取得的伟大成就，是中国共产党光辉历史和伟大业绩的重要组成部分。只有在中国共产党的英明领导下，坚持走有中国特色的社会主义道路，西藏人民才有幸福的今天和更加美好的明天。

二、党中央的关怀和全国各民族人民的支援是西藏快速发展的坚强后盾

自西藏和平解放以来，党中央、国务院历来关心西藏的工作，在20世纪五六十年代，党的第一代领导人毛泽东、周恩来等都非常关心西藏工作，曾就西藏的经济建设、社会稳定做过许多重要指示，对于西藏的问题，毛泽东主席、周恩来总理要亲自过问，对基本情况要做详细了解。据不完全统计，在1949年下半年到1954年底的5年多时间内，仅毛泽东主席亲自对西藏工作的指示、批语、信件、谈话等，即多达50多次。[①] 正是因为有老一代革命家的关怀，西藏的革命和建设事业才会在复杂的形势下健康而快速的发展。党的十一届三中全会以后，国内外形势均发生了重大变化。此时，以邓小平同志为核心的第二代领导人更加关心西藏工作。在邓小平同志的亲自过问下，中央在80年代连续召开了西藏工作座谈会，对西藏经济发展和社会稳定方面的问题进行了认真研究，做出了进一步加大支援西藏工作力度的重大决策。西藏工作座谈会，在确定了西藏工作的重大方针、政策的同时，解决了43项工程和内地办学两个影响深远的问题。一系列重点工程和重大项目的落实，为西藏经济发展提供了强劲的动力。以江泽民总书记为核心的第三代领导集体关心和重视西藏工作。1990年7月20—26日，年过花甲的江总书记克服高原反应亲自带中央一些部委的负责人到西藏实地考察工作，并听取了自治区党、政、军负责人的汇报，在自治区干部大会上作了重要讲话，为西藏经济发展和社会稳定做了重要指示。

此后，中央和各部委经常派西藏工作组，到西藏实地考察和

① 《中共西藏党史大事记》（1949—1999）西藏自治区党史资料征集委员会编，西藏人民出版社，1996年版，第3页。

指导工作，形成了多个调研报告，直接为中央决策服务。1994年和2001年中央又召开了两次西藏工作座谈会，研究西藏的长治久安和长期健康发展的战略决策。正是在中央的大力支持下，2006年，青藏铁路建成通车，结束了西藏不通铁路的历史，开辟了西藏经济社会发展的新纪元。

今天的西藏，经济社会已由加快发展向跨越式发展迈进，人民生活已由总体上解决了温饱问题、部分群众过上小康生活向整体过上小康生活迈进，西藏社会局势已由基本稳定向长治久安迈进，各民族已由加强团结向巩固和发展安定团结和谐的局面迈进。这些辉煌成绩的取得，是以毛泽东、邓小平、江泽民为核心的三代中央领导集体和以胡锦涛为总书记的新一届党中央亲切关怀、英明领导的结果；是全国各族人民大力支持、无私支援的结果；是在党的领导下，西藏广大军警民团结奋斗，顽强拼搏的结果。

三、民族团结、祖国统一是西藏人民自由幸福的源泉

西藏人民只有团结在统一的祖国大家庭内，才能使自己的聪明智慧和勇敢顽强的精神同中央的帮助和全国的支援很好地结合起来，西藏才得以快速发展。同时，由于西藏基础条件差，经济水平低，西藏建设和发展不仅需要中央的关怀和特殊照顾，还需要全国各兄弟民族的大力支持和支援。可以说，这些年来，正是全国各族人民的大力支援，才使西藏工作取得了突出的成绩。全国支援西藏也充分体现了我国社会主义制度的优越性。

西藏和平解放以来，通过实施民族区域自治政策，西藏经济发展速度不断加快，各项社会事业包括民族工作取得了很大成就。西藏自治区在建设社会主义道路的进程中涌现出了许多民族团结进步先进集体和个人，西藏自治区 自1990年9月—2004年9月召开了四次民族团结进步表彰大会，表彰在民族工作表现突出的单位和个人。1990年召开了全区首次民族团结进步表彰大会，表彰

了104个“自治区民族团结进步先进集体”，298名“自治区民族团结进步先进个人”。1995年召开了全区第二次民族团结进步表彰大会，表彰了123个“自治区民族团结进步先进集体”，170名“自治区民族团结进步先进个人”。1998年召开了全区第三次民族团结进步表彰大会，表彰了168个“自治区民族团结进步先进集体”，151名“自治区民族团结进步先进个人”，36个“民族团结进步模范单位”，23个“民族团结进步模范”。2004年召开了全区第四次民族团结进步表彰大会，表彰了151个“自治区民族团结进步先进集体”，200名“自治区民族团结进步先进个人”。

在国务院、国家民委和自治区先后召开的四次民族团结进步表彰大会上，西藏共有500多个先进集体、800多名先进个人受到表彰。通过宣传和表彰民族团结进步先进集体和先进个人，形成了以民族团结为荣的社会舆论和社会风气，更加有利于西藏各项工作在团结和谐的氛围中展开。

西藏上下广泛深入地开展民族团结宣传，贯彻落实党的民族政策，进一步宣传了马克思主义民族观，不断巩固和发展了平等、团结、互助的社会主义民族关系。没有国家的统一、富强和全国各族人民的团结、互助，就没有西藏社会的新生和跨越式发展；同样，没有西藏的繁荣发展，就不可能实现国家的完全现代化和中华民族的伟大复兴。

四、正确处理好发展与稳定的关系是西藏工作的中心

当前，坚持以经济建设为中心，紧紧抓住发展经济和稳定局势两件大事，确保西藏经济加快发展和社会全面进步，确保西藏社会的长治久安，是西藏工作的中心任务。

正确处理发展与稳定关系，是我国社会主义建设中普遍需要注意的问题。因为西藏特殊的地理位置和战略位置，加之有达赖集团的分裂图谋，使得西藏的发展和稳定问题显得尤为重要。西藏的发展和稳定关乎西藏人民的切身利益，关系全国各族人民的共同利益。西藏要全面发展和进步，就必须抓好发展经济和稳定社会两件大事。其中，发展是根本，稳定是前提。发展需要稳定，稳定保障发展。

发展是我们党执政兴国的第一要务，坚定不移地抓发展是确保西藏各族人民安居乐业的根本。西藏之所以有今天繁荣进步、和谐稳定的良好局面，根本在于经济、社会的持续快速发展和各项社会事业取得的巨大进步。今后西藏要实现全面建设小康社会的宏伟目标，各族群众过上更加幸福美好的生活，仍然要靠发展。

西藏自治区成立几十年正反两方面的工作经验证明，没有稳定有序的社会环境和安定团结的政治局面，就不能集中力量搞建设，已有的成果也有可能丧失。没有经济、社会发展和人民生活改善，就不可能实现长期稳定。西藏工作必须争取处理好改革、发展和稳定的关系，坚持一手抓改革开放和经济发展，一手抓维护社会稳定。做好西藏地区的社会稳定工作，必须始终高举加强民族团结、维护祖国统一的旗帜，高度重视并深入开展反分裂斗争。

中央第三次西藏工作座谈会围绕西藏的稳定和发展两件大事，进一步明确了加强西藏工作的指导思想，落实了维护稳定和加快发展的各项措施。中央第四次西藏工作座谈会分析新世纪初西藏工作面临的形势和任务，提出西藏实现跨越式发展和长治久安的战略目标。在党中央的正确领导下，西藏各级党委和政府狠抓反分裂斗争和维护稳定工作，使西藏社会局势呈现出从基本稳定到长治久安的良好态势，为西藏聚精会神搞建设、一心一意谋发展创造了良好的环境。因此，今后的西藏仍然必须狠抓稳定不放松，继续把揭批达赖、反分裂斗争摆在维护稳定工作的首位，不断提高斗争艺术和策略，以确保西藏经济建设各项工作的顺利进行。

五、正确贯彻和落实党的民族宗教政策是西藏发展的关键

西藏是一个以藏族为主体的少数民族自治区，除藏族外，还有汉族、回族、门巴族、纳西族、珞巴族以及僜人、夏尔巴人等，西藏共有45个民族成分。由于特殊的历史原因，民族问题和宗教问题是西藏工作中比较突出的两个问题。做好这两项工作，就必须全面正确地贯彻落实党的民族区域自治制度和宗教信仰自由的基本政策。坚持全面贯彻党的民族政策和宗教政策，在西藏各族群众中不断巩固和发展平等、团结、互助的社会主义民族关系，坚持和发展壮大爱国统一战线是西藏发展的关键。

在西藏，民族问题往往与宗教问题交织在一起，达赖分裂主义集团又经常把宗教寺庙作为搞分裂活动的前沿阵地，有时人民内部矛盾与敌我矛盾交织在一起，构成了西藏复杂的民族问题形势。如果对宗教问题处理不慎或不当，会影响到民族关系。可以说，西藏面临着政治上的反分裂斗争，是我国边疆民族工作的重点地区，西藏的民族宗教工作具有战略意义。要做好民族工作，必须全面贯彻党的宗教信仰自由政策，依法管理宗教事务，坚持独立自主自办的原则，积极引导宗教与社会主义社会相适应，进一步提高依法管理宗教事务的水平。

中国共产党在历次西藏工作座谈会上都反复强调要贯彻落实党的民族政策和宗教政策。

中国共产党在第一次西藏工作座谈会上指出，要坚决执行党的民族政策。强调密切各族人民的关系，加强各族人民的的关系，加强各族人民的团结，始终是西藏必须非常重视的大问题，是我们各项工作成败的关键所在。要经常对党员、干部、军队、职工群众和各族群众进行党的民族政策的教育，既要着重反对大汉族主义，也要防止地方民族主义。今后每年都要定期检查一次民族政策的执行情况，发扬成绩、纠正错误，解决民族关系方面存在的问题，消除一切不利于民族团结的因素，全面贯彻党的宗教政策。

中国共产党在第二次西藏工作座谈会上指出，要继续认真落实党的民族政策，加强民族团结的工作。要在藏汉等各族干部和群众中经常进行民族政策的教育，进行汉族离不开藏族和其他少数民族，藏族和其他少数民族也离不开汉族的两个离不开教育。要切实保障藏族实行民族区域自治的权力，使藏族干部和人民做到既当家又做主。坚决、全面地执行党的宗教政策，积极、慎重、稳妥地做好宗教工作。

中国共产党在第三次西藏工作座谈会上指出，做好西藏的民族工作，对加强藏族同汉族及其他民族的团结，对增强中华民族的大团结具有重大意义。关心和支持民族工作和宗教工作，使党的民族政策和宗教政策以及国家的有关法律在西藏的政治、经济、文化等各项工作中都得到认真的贯彻和体现。坚持和完善民族区域自治制度，全面贯彻落实民族区域自治法。认真贯彻执行党的民族政策。全面正确地贯彻党的宗教信仰自由政策。

中国共产党在第四次西藏工作座谈会上指出，坚持和完善民族区域自治制度，全面贯彻落实党的民族政策，巩固和发展民族平等、团结、互助的社会主义民族关系，进行汉族离不开少数民族、少数民族也离不开汉族、各少数民族之间也相互离不开的宣传教育。宗教工作在西藏工作中具有特殊重要性，必须全面正确地贯彻党的宗教政策。

2001 年，胡锦涛在庆祝西藏和平解放 50 周年大会上的讲话当中，进一步指出加强民族团结是西藏各族人民的根本利益所在。要进一步巩固和发展平等、团结、互助的社会主义民族关系。要全面正确地贯彻党的宗教信仰自由政策，做到政治上团结合作，信仰上相互尊重，努力把各方面力量凝聚到加快发展和维护稳定上来。

西藏这些年在民族宗教工作上所取得的成绩，正是西藏各有关部门全面正确地贯彻了党的民族政策和宗教政策的结果。当前，在中央人民政府的领导下，经过西藏自治区党委和民族工作部门的努力，西藏少数民族生活状况得到极大改善。根据中央和自治区党委、政府的有关指示精神，西藏民族工作的中心逐步转移到帮助各族群众发展生产、改善生活条件和促进社会共同进步方面。

我们党在西藏实行的民族平等、民族团结、民族区域自治、宗教信仰自由等一系列政策，加强了西藏各族人民的团结一致，友爱互助，共同劳动，共同斗争，共同发展，推动了西藏革命和建设事业的胜利前进。今后的西藏，要实现跨越式发展的宏伟前景，必须全面贯彻党的民族宗教政策，调动一切积极因素，巩固和发展全区各族人民和睦相处、和谐发展的大好局面。坚持民族区域自治制度，牢牢把握“共同团结奋斗、共同繁荣发展”的民族工作主题，广泛深入地开展以“三个离不开”为主要内容的民族团结进步实践活动。促进边境地区和人口较少民族地区的加快发展。认真实施《西藏自治区实施〈宗教事务条例〉办法（试行）》，贯彻落实“划清两个界限、尽到一个责任”的政策原则和工作要求，牢牢把握“两条底线”，依法管理宗教事务和宗教活动场所，维护正常的宗教秩序。积极引导宗教与社会主义社会相适应，加强对宗教界爱国人士的教育培养，进一步深化对寺庙的爱国主义教育。

第二节 中央进一步做好西藏民族工作的基本精神

2005 年，胡锦涛总书记在中央民族工作会议暨国务院第四次全国民族团结进步表彰大会上的讲话中，强调民族问题始终是我们建设中国特色社会主义必须处理好的一个重大问题，也决定了民族工作始终是关系到党和人民事业发展全局的一项重大工作。进入新世纪新阶段，实现全面建设小康社会的宏伟目标，对做好民族工作提出了新的课题和更高的要求。正确认识和把握新形势下的民族问题，切实做好民族工作，加快少数民族和民族地区经济社会发展，促进各民族共同繁荣发展，是全面建设小康社会、加快推进社会主义现代化的必然要求，是巩固和发展全国各族人民的大团结、确保党和国家长治久安的必然要求，也是开创中国特色社会主义事业新局面、实现中华民族伟大复兴的必然要求。新世纪新阶段的民族工作必须把各民族共同团结奋斗、共同繁荣发展作为主题。我们党在长期实践中积累了处理民族问题的丰富经验。毛泽东同志、邓小平同志、江泽民同志都对正确处理民族问题、切实做好民族工作作出了深刻论述，提出了一系列重要思想，指导我们党形成了解决民族问题、做好民族工作的基本理论和基本政策。党的三代领导核心关于正确处理民族问题、切实做好民族工作的重要思想，我们党长期形成的关于民族问题、民族工作的基本理论和基本政策，是我们的宝贵精神财富，必须始终坚持和全面贯彻，并结合新的实际不断丰富和发展。我们要始终坚持和贯彻以下重要指导原则。

——坚持从实际出发，充分认识我国多民族的国情和民族问题的长期性、复杂性，根据我国民族问题的特点和规律，着眼于党和人民事业发展的全局，正确处理我国的民族问题，做好民族工作，促进各民族共同团结奋斗、共同繁荣发展。

——坚持巩固和发展平等、团结、互助、和谐的社会主义民族关系，大力弘扬爱国主义精神，牢固树立汉族离不开少数民族、少数民族离不开汉族、各少数民族之间也相互离不开的思想观念，促进各民族互相尊重、互相学习、互相合作、互相帮助，始终同呼吸、共命运、心连心。

——坚持和完善民族区域自治制度，切实贯彻民族区域自治法，充分保证民族自治地方依法行使自治权，切实尊重和保障少数民族的合法权益。坚持因地制宜、因族举措、分类指导，制定并实施符合少数民族和民族地区实际的政策措施。全面贯彻党的宗教政策，尊重少数民族的宗教信仰。

——坚持把加快少数民族和民族地区经济社会发展作为解决我国民族问题的根本途径，坚持国家帮助、发达地区支援、民族地区自力更生相结合，不断改善各族群众的生产生活条件，不断提高各族群众的思想道德素质、科学文化素质和健康素质。

——坚持维护法律尊严，维护各族人民利益，依法妥善处理影响民族关系的各种矛盾和问题，依法打击民族分裂主义势力及其活动，坚决反对境内外敌对势力利用民族问题进行的渗透、破坏活动，坚决维护民族团结、祖国统一、国家安全、社会稳定。

现阶段民族工作的主要任务是：坚持以邓小平理论和“三个代表”重要思想为指导，以科学发展观统领经济社会发展全局，围绕全面建设小康社会的宏伟目标，牢牢把握各民族共同团结奋斗、共同繁荣发展的主题，全面贯彻执行党和国家的民族政策和民族法律法规，坚持和完善民族区域自治制度，巩固和发展社会主义民族关系，大力培养少数民族干部和各类人才，加快少数民族和民族地区经济社会发展，为我国社会主义物质文明、政治文明、精神文明与和谐社会建设全面发展作出贡献。为实现这一任务，当前和今后一个时期要着重抓好以下几项工作：牢固树立和全面落实科学发展观，加快少数民族和民族地区经济社会发展；加强民族地区人才资源开发和少数民族干部队伍建设；加强民族团结、维护祖国统一；坚持和完善民族区域自治制度。

中央民族工作会议精神是我国今后民族工作的指针。西藏民族工作也必须遵循中央民族工作会议精神。

进入21世纪，西藏同全国一样取得了经济社会发展的显著